现代物流配送管理与应用

Modern Logistics Delivery Management and Application

鲁馨蔓 白晨星 于宝琴 等编著

北京大学出版社
PEKING UNIVERSITY PRESS

图书在版编目(CIP)数据

现代物流配送管理与应用/鲁馨蔓等编著. —北京:北京大学出版社,2017.9
(21世纪经济与管理规划教材·物流管理系列)
ISBN 978-7-301-28747-7

Ⅰ. ①现…　Ⅱ. ①鲁…　Ⅲ. ①物流管理—高等学校—教材　Ⅳ. ①F252

中国版本图书馆CIP数据核字(2017)第218460号

书　　名　现代物流配送管理与应用
XIANDAI WULIU PEISONG GUANLI YU YINGYONG
著作责任者　鲁馨蔓　白晨星　于宝琴　等编著
责任编辑　任京雪　刘　京
标准书号　ISBN 978-7-301-28747-7
出版发行　北京大学出版社
地　　址　北京市海淀区成府路205号　100871
网　　址　http://www.pup.cn
电子信箱　em@pup.cn　　　QQ:552063295
新浪微博　@北京大学出版社　@北京大学出版社经管图书
电　　话　邮购部62752015　发行部62750672　编辑部62752926
印 刷 者　三河市博文印刷有限公司
经 销 者　新华书店
787毫米×1092毫米　16开本　19.5印张　450千字
2017年9月第1版　2019年4月第2次印刷
印　　数　3001—6000册
定　　价　38.00元

内容提要

本书以物流配送系统为对象,重点论述了配送的基本原理,提出了物流配送的系统观,研究了配送方案优化的数学方法,对配送作业相关技术及配送中心进行了深入探讨,对智能配送系统与云物流的相关进展进行了梳理,总结了配送绩效管理评价的指标及常用方法。

本书既可作为普通高等院校(含高职高专类院校)物流管理、电子商务及相关专业的教学用书,也可作为初学者入门的向导书籍,同时还可为物流配送理论的研究者、教师、物流配送管理人员和决策者提供值得参考或借鉴的思想和方法。

前　言

在经济全球化和电子商务的双重推动下，物流业正在从传统物流向现代物流迅速转型并成为当前物流业发展的必然趋势。物流的发展水平成为衡量一个国家或地区综合实力的重要标志之一。而配送作为一项特殊的、综合性的物流运动，其运行和发展有着深刻的社会根源和历史背景。传统的作坊式营销方式，以及分散、低效、高耗的物流形式，必然导致流通成本居高不下。2016 年，中国社会物流总费用约为 11 万亿元，同比增长 3%左右，与 GDP 的比率降至 15%以内，这是该数值连续 4 年下降，但这一比率仍然高于世界平均水平。当今世界没有哪一家企业不关注成本控制、经营效率提高、顾客服务改善，而这一切都建立在高效率的物流配送基础之上。在市场经济体系中，物流配送如同人体的血管，把国民经济各个部分紧密地联系在一起。

本书以物流配送系统为对象，论述了配送的基本原理、类型；归纳了配送的主要模式、基本环节；研究了配送合理化和配送方案优化的数学方法；介绍了配送作业及相关技术；对配送中心的功能、作用、作业流程、规划与设计、选址和设施设备进行了深入探讨；对智能配送系统和云物流的相关进展进行了梳理；总结了配送绩效管理评价的指标及常用方法。本书触及了现代物流配送中的一些深层次问题，提出系统和系统工程的观点是物流学最基本的思想，对物流配送系统的操作是一个系统工程，强调了只有系统化才能科学化；要让物流配送形成一门科学，就必须把它建立在系统基础之上。本书注重理论与实践的结合，将案例有机地整合到篇章中，加入了更多的新动态、新趋势。因此它既可作为物流管理、电子商务及相关专业的教学用书，也可作为企业界实际工作者的阅读参考书，还可作为对物流配送理论感兴趣的非专业读者的向导书籍。

本书的编写主要由天津财经大学商学院的教师和博士、硕士研究生共同完成。其中，第 1 章由武淑萍、于宝琴编写；第 2 章由崔林林、单芳编写；第 3 章由白晨星、鲁馨蔓、刘世杰编写；第 4 章由陈晓编写；第 5 章由白晨星、鲁馨蔓编写；第 6 章由鲁馨蔓、吴迪编写；第 7 章由白晨星编写，全书由鲁馨蔓、白晨星和于宝琴组稿、审定。另外，参加本书数字化教学资源制作的学生团队成员包括程昌平、李静、陈春晖、隋鹏宇、张瑞祥、周梦娜、张宸熙。在此衷心感谢参与本书编写和数字化教学资源制作的所有团队成员。

本书在编写过程中，参阅了许多报刊、专著、论文和网站资料，并跟踪了物流配送管理发展的最新情况，力求真实、全面地体现物流配送系统的理论和方法。本书的出版得到了北京大学出版社的大力支持，在此一并表示感谢！

尽管我们在本书的编写过程中做了很多尝试和探索，但限于物流配送管理发展迅速，作者水平有限，书中难免有疏漏和不足之处，敬请广大读者和学术同仁不吝指教！

编　者

2017 年 6 月

目　录

第1章

配送概述

教学目的

- 配送产生的背景及配送概念
- 配送的类型
- 零库存概念
- 现代配送的特点与新发展模式

配送是现代物流的一个重要内容。它是现代市场经济体制、现代科学技术和现代物流思想的综合产物。它与人们所熟知的"送货"有着本质的区别。现代企业界普遍认识到配送是企业经营活动的重要组成部分，它能给企业创造出更多的效益，是企业增强自身竞争力的重要手段。本章从引导案例"城市100模式"出发，介绍了配送的概念与功能要素，论述了配送的产生与发展，给出了配送的分类，分析了现阶段配送的特点及配送的未来发展模式。

引导案例

城市100模式

随着电子商务的迅猛崛起,伴随着快递业的快速发展,上下游客户的服务需求日益呈现出多样化、个性化的趋势。而快递延误、丢失、损毁等情况时有发生,特别是在校园末端配送环节,快递企业往往采取地摊式的作业方式,这不仅影响了周边环境,也增加了快递丢失或错投的概率。固定操作场地的缺失导致快递企业无法提供24小时的服务,从而限制了快递服务水平的提升。正是看到了"最后一千米"末端配送存在的不足,北京城市100物流末端配送理念应运而生,并于2011年12月20日正式挂牌营业,推出了针对末端的共同配送运营模式。

"城市100"意为"配送最后100米,百姓满意100分"。共同配送的基本思路是,通过"城市100"的物流配送社会服务平台,以最优的行车线路将货物送入社区或校园,由专门建立的配送末端进行统一配送,从而使末端配送更便利,同时降低各企业的成本。"城市100"实行政府引导、协会协调、企业主推、市场化运作的运营机制,以营业门店为载体,整合上下游供应商、服务商,力求打造面向公众的末端物流配送及社会服务平台。

物流配送社会服务平台最大限度地整合北京地区优质的快递网络资源,有助于提高物流资源率,加强物流企业之间的合作,优化配送供应链,推动北京地区电子商务的发展。物流配送社会服务平台主要由信息管理、车辆管理、统计查询、系统管理四个部分组成。参与共同配送的物流企业和用户通过系统接口或客户端软件向平台提供货运清单、装卸地点、运输时间及其他特殊需求,平台做出成本价格估算并反馈给各企业业务管理系统或客户端软件。企业确定成本报价后下订单,平台根据订单制订运输计划,结合现有的车辆、司机、货柜等物流资源情况,选择合适的运输资源,并根据配送客户情况在电子地图上生成相应的网络模型,将数据传递到行车路线规划系统,通过遗传算法优化配送路线并进行计算,得出行车优化路线并形成配送计划。配送计划经过智能配载系统检验后,进行车辆调度,选择车辆和发车时间,最终生成配送计划并保存调度计划。平台会将车辆调度结果传递给物流过程可视化监控系统,系统通过GPS和GIS实时显示车辆位置,跟踪车辆装卸状况、车辆剩余运输状况等,对车辆进行全程监控与智能调度,实现在途可视化,并将货物运输情况反馈给参与共同配送的企业和消费者。参与共同配送的企业和消费者如对配送服务不满意,可以在平台上投诉,系统会记录投诉信息,在一定时间内进行处理并反馈给企业和消费者。物流配送社会服务平台是一个从城市共同配送的整体出发,基于网络化、实时化、可视化的,集信息发布、车辆管理、配送线路管理、配送优化为一体的综合性决策支持系统。其核心在于建立内容丰富的城市交通地理数据库、配送信息数据库、车辆管理数据库,服务于配送模式、运力资源、产品、仓储能力的综合物流优化,并给每辆车装载相应的移动终端,以实现平台到车辆之间的数据交换,达到车辆优化配置、调度和管理的目的。实时掌握行车路况以实现行车路线的最优,提高了城市货物的配送效率,降低了城市货物的配送成本。物流配送社会服务平台要解决的核心问题就是在尽量采取多客户货物拼车运送的情况下,合理安排车辆的行车路线,优化配送距离和线路,以节约配送成本,提高配送效率。那么,究竟什么是配送?配送的功能又是什么?这些正是我们接下来要学习的内容。

资料来源:张春梅,"基于末端物流配送和社会服务平台的城市共同配送案例分析",《物流技术(装备版)》,2013年第9期,第43—46页。

1.1 配送的概念与功能要素

1.1.1 配送的概念

1. 概念

“配送”一词来源于英文的“Delivery”，其意义是运送、输送和交货。

2001 年 4 月，中国国家标准《物流术语》将“配送”定义为：配送是在经济合理区域范围内，根据用户要求，对物品进行拣选、加工、包装、分割、组配等作业，并按时送达指定地点的物流活动。

配送主要有两方面含义：一是配货，即把用户所需要的多种不同的商品组合在一起；二是送货，即把用户所需要的商品送到用户手中。配送将“配”和“送”有机地结合了起来，它是一种特殊的、综合的物流活动方式，是一种商流与物流相结合，包含物流若干功能要素的物流活动方式。

2. 概念辨析

(1) 配送和送货概念的区别。配送是随着市场的出现而诞生的一种必然的市场行为，它是生产和流通发展到一定阶段的必然产物，配送不是一般概念的送货，也不是生产企业推销产品时直接从事的销售性送货，而是从物流据点至用户的一种特殊送货形式。它与送货之间的差异表现在：

第一，目的不同。送货只是推销的一种手段，目的仅在于多销售一些产品。而配送则是社会化大生产、专业化分工的产物，它是流通领域内物流专业分工的必然产物。因此，如果说一般送货是一种推销服务方式的话，那么配送则是一种体制形式。

第二，内容不同。送货一般是有什么送什么，对用户来说，只能满足其部分需要。而配送则是用户需要什么就送什么，它不单是送货，在业务活动内容中还包括“分货”“配货”“配装”等工作。配送是具有很大难度的工作，它必须有发达的商品经济和现代化的经营水平做保证。在商品经济不发达的国家或市场经济的初级阶段，很难实现大范围、高效率的配货。送货制与配送制有着时代的区别。

第三，发展程度不同。配送是一种现代化的物流方式，它是送货、分货、配货等活动的有机结合体，同时还与订货系统紧密联系。配送必须依赖信息的处理，使整个系统得以建立和完善，成为一种现代化方式，这是送货所不能比拟的。

第四，装备不同。配送全过程中的现代化技术和装备，使配送在规模、水平、效率、速度、质量等方面远远超过了旧的送货形式。在这些活动中，大量采用各种传输设备和识码、拣选等机电装备，很像工业生产中广泛应用的流水线，使流通工作的一部分工厂化。所以，配送是技术进步的产物。

(2) 配送和输送、运输概念的区别。配送不是单纯的运输或输送，而是运输与其他活动共同构成的有机体。配送中所包含的那一部分运输活动在整个输送过程中是处于“二次输送”“支线输送”“末端输送”的位置，其起止点是物流据点至用户。

(3) 配送和一般概念的供应或供给的区别。配送不是广义概念的组织物资订货、签约、结算、进货及对物资进行分配并配送，而是以供给者送货到户的形式进行供应。从服务方式来说，配送是一种“门到门”的服务，可以将货物从物流据点一直送到用户的仓库、营业所、车间乃至生产线的起点。

(4) 配送和运送、发放、投送概念的区别。配送是在全面配货的基础上，充分按用户的要求，包括种类、数量、时间等方面的要求所进行的运送。因此，除了各种“运”“送”活动外，配送还要从事大量的分货、配货、配装等工作，是“配”和“送”的有机结合形式。

1.1.2 功能要素

1. 集货

集货，即将分散的或小批量的物品集中起来，以便进行运输、配送的作业。

集货是配送的重要环节，为了满足特定客户的配送要求，有时需要把从几家甚至是数十家供应商处预订的物品集中起来，并将要求的物品分配到指定的容器和场所。

集货是配送的准备工作或基础工作，是配送的优势之一，就是可以集中客户的货物进行一定规模的集货。

2. 分拣

分拣是将物品按品种、出入库先后顺序进行分门别类堆放的作业。

分拣是配送不同于其他物流形式的功能要素，也是配送成败与否的一项重要支持性工作。它是完善送货、支持送货的准备性工作，是不同配送企业在送货时进行竞争和提高自身经济效益的必然延伸。所以，也可以说分拣是送货向高级形式发展的必然要求。有了分拣，就会大大提高送货服务水平。

3. 配货

配货是使用各种拣选取设备和传输装置，将存放的物品，按客户要求分拣出来，配备齐全，送入指定发货地点。

4. 配装

在单个客户配送数量不能达到车辆的有效运载负荷时，就存在如何集中不同客户的配送货物，进行搭配装载以充分利用运能、运力的问题，这就需要配装。和一般送货的不同之处在于，通过配装送货可以大大提高送货水平及降低送货成本，所以配装也是配送系统中有现代特点的功能要素，也是现代配送不同于以往送货的重要区别之一。

5. 运输

运输中的末端运输、支线运输和一般的运输形态的主要区别在于：配送运输是距离较短、规模较小、额度较高的运输形式，一般使用汽车作为运输工具。与干线运输的另一个区别是：配送运输的路线选择问题是一般干线运输所没有的，干线运输的干线是唯一的运输线，而配送运输由于配送客户多，一般城市交通路线又较复杂，如何组合成最佳路线、如何使配装和路线有效搭配等，既是配送运输的特点，也是难度较大的工作。

6. 送达服务

将配好的货物运输到客户手中还不算配送工作的结束，这是因为送达货物和客户接货往往还会出现不协调问题，使配送前功尽弃。因此，要圆满地实现运到货物的移交，有效、方便地处理相关手续并完成结算，还应讲究卸货地点、卸货方式等。送达服务也是配送独具的功能要素。

7. 加工

配送加工是按照配送客户的要求所进行的流通加工。

在配送中，配送加工这一功能要素不具有普遍性，但往往是有重要作用的功能要素。这是因为通过配送加工，可以大大提高客户的满意程度。配送加工是流通加工的一种，但配送加工有它不同于流通加工的特点，即配送加工一般只取决于客户要求，其加工的目的较为单一。

1.2 配送的产生与发展

1.2.1 配送的产生

配送产生的背景虽然在各个国家不尽相同，但其产生的根本原因却是相同的，即经济利益的驱使。发达国家从20世纪60—70年代开始，经济发展出现了两个显著的特点：一是通过生产过程中的物质消耗而获取利润的潜力越来越小。因而努力方向转向了流通领域。二是流通量日益增大和市场竞争日趋激烈。因此，通过配送，提高流通中的专业化、集约化经营程度，进一步满足用户的各种需求，提高服务水平，降低流通成本，使产业资本在流通中产生更大的效益，就成为资本的一种内在要求。

在美国，自20世纪60年代以来，仓库主要是用于储存货物，离生产厂家很近。那时，美国的工业产地主要在东海岸，粮食产地主要在中部，所以仓库大多建在东海岸和中部地区。随着生产力的发展，人们开始向西部和南部迁移，所以西部和南部地区也出现了制造业，仓库也随之建立起来。后来，随着科学技术的发展，为满足越来越多的生产需要，周转越来越快，储存期越来越短，对物流的要求也发生了变化，提出了“配送”的概念，原来的仓库也开始由“储备型”向“流通型”转变。据有关资料介绍，美国“20世纪财团”曾组织过一次调查，他们提供了如下数据：“以商品零售价格为基数进行计算，流通费用所占的比例达到了59%，其中大部分为物流费用。”该调查团得出的结论是：“在商品成本中，流通成本确实太大。”流通结构分散和物流费用逐年上升，严重阻碍了生产发展和企业利润率的提高。在这种形势下，改变传统的物流方式，采用现代化的物流技术，进一步提高物流合理化程度，自然成了一些国家实业人士的共同要求，并且就此采取了一系列改革措施。美国实业界人士受到第二次世界大战期间“军事后勤”观念与实践的影响并得到启发，率先把“军事后勤”的概念引入了企业管理中，推行新的供货方式，将物流中的装卸、搬运、保管、运输等功能一体化和连贯化，取得了很大的成效。与此同时，他们改革了不合理的流通体制，改造了原有的仓库，统一了装卸、搬运等物流作业标准。在此期间，不少公司设立了新型的送货方式，这不仅降低了流通费用，而且节约了劳动消耗。美国30%以上的生产资料是通过流通企业配送中心销售的。

在日本，第二次世界大战后，其虽然出现了工业的复兴和经济的高速增长，但也相伴产生了流通落后的问题，严重阻碍了生产的进一步发展。分散的物流使得流通机构庞杂，主要存在下列问题：一是物流分散，生产企业自备车辆，出行混乱；二是道路拥挤，运输效率较低而流通费用较高。当时，日本曾就这方面的情况进行过大量的调查，结果表明，由于社会上自备车辆较多、道路拥挤及停车时间较长，使得企业收集和发送货物的效率明显下降。但是，如果减少企业的自备车辆就意味着企业运输能力的下降。为了保证企业生产和销售的顺利开展，就需要依靠社会的运输力和仓储力，可这不是单个企业能够解决的。因此，日本政府在筹划建立物流中心的同时，还积极推行了"共同配送"制度。经过不断变革，一种被日本实业界称为"配送"的物流体制便应运而生了。

在英国，实业界普遍认识到配送是企业经营活动的组成部分。这种态度和认识的转变，首先发生在实业界的销售行业。消费者需求的变化、对服务要求的提高及销售企业向大型化、综合化方向发展，引起了市场结构的变化。过去许多单一品种的销售机构已经消失，或被并入一些企业集团，销售企业的大型化、综合化，不仅对物品的需求量猛增，而且对物品的花色、品种的要求也越来越高，配送正是适应了这一需求而产生的。

需要指出的是，作为一种新型物流手段，配送首先是在变革和发展仓库业的基础上开展起来的。从某种意义上来说，配送是仓储业功能的扩大和强化。传统仓储业是以储存和保管货物（包括生产资料和生活资料）为主要职能的，其基本功能是保持储存货物的使用价值，为生产的连续运转和生活的正常进行提供物资保障。然而，随着生产节奏的逐步加快、社会分工的不断扩大及竞争的日趋激烈，各个企业迫切要求缩短流通时间和减少库存资金的占用，因此，急需社会上的流通组织提供系列化、一体化和多项目的后勤服务。正是在这样的形势下，许多经济发达国家的仓储业开始调整内部结构，扩大业务范围，转变经营方式，以适应市场变化对仓储功能提出的新要求。其中，不少老式仓库转变成了商品流通中心，其功能由货物"静态储存"转变成了"动态储存"，其业务活动由原来的单纯保管、储存货物转变为向社会提供多种类的后勤服务，并且将保管、储存、加工、分类、拣选、输送等连成了一个整体。从服务方式来看，变革以后的仓库可以做到主动为客户提供"门到门"的服务，可以把货物从仓库一直运送到用户的仓库、车间生产线或营业场所。至此，配送就形成并推广起来了。

1.2.2 配送的发展

配送是由送货逐渐演变过来的。一般的送货形态在西方发达国家已经有相当长的历史，可以说是随着市场而诞生的一种必然的市场行为。尤其是在资本主义经济生产过剩时，在买方市场的情况下，必然要采取各种各样的推销手段，而最初的送货便是作为一种迫不得已的推销手段而出现的。

仅将配送作为一种推销手段而没有认识到它其实是企业发展的一种战略手段，这种情况在有些国家持续了很长时间，甚至在经济发展的高峰时期仍然如此。许多企业直到20世纪70年代仍将送货看成是"无法回避、令人讨厌、费力低效的活动，甚至有碍企业的发展"，这种看法很好地反映了当时的现实。

配送和其他新生事物一样，是伴随着生产的不断发展而发展起来的。回顾历史，配送的发展大体经历了三个阶段，即萌芽阶段、发育阶段和成熟阶段。

1. 配送的萌芽阶段

配送的雏形最早出现于20世纪60年代初期。在这个时期,物流运动中的一般性送货开始向备货、送货一体化方向转化。从形态上来看,初期的配送只是一种粗放型、单一型的活动,其活动范围很小,规模也不大。在这个阶段,企业开展配送活动的主要目的是为了促进产品销售和提高其市场占有率。因此,在发展初期,配送主要是通过促销手段的职能来发挥其作用的。

2. 配送的发育阶段

20世纪60年代中期,随着经济发展速度的逐步加快、货物运输量的急剧增加及商品市场竞争的日趋激烈,配送在一些发达国家得到了进一步的发展。在这个阶段,欧美一些国家的实业界相继调整了仓库结构,组建或设立了配送中心,普遍开展了货物配装、配载及送货上门活动。在这期间,不但配送的货物种类日渐增多,而且配送活动的范围也在不断扩大。例如,在美国,已经开展了州际的配送;在日本,配送的范围则由城市扩大到了区域。从配送形式和配送组织上来看,这个阶段曾试行了"共同配送"制度,并且建立起了配送体系。

3. 配送的成熟阶段

20世纪80年代以后,受多种因素影响,配送有了长足的发展。在这个阶段,配送已演化成了广泛的、以高新技术为支撑的系列化、多功能的供货活动。具体表现如下:

• 配送区域进一步扩大。近几年,实施配送制度的国家已不再限于发达国家,许多次发达国家和发展中国家也按照流通社会化的要求试行了配送制度,并且积极开展配送活动。

• 劳动手段日益先进。技术不断更新,劳动手段日益先进,是成熟阶段配送活动的一个重要特征。进入20世纪80年代以后,发达国家在开展配送活动的过程中,普遍采用了诸如自动分拣、光电识别、条形码等先进技术,并且建立起了配套的体系并配备了先进的设备,这大大提高了配送作业效率。

• 配送的集约化程度明显提高。随着市场竞争的日趋激烈及企业兼并速度的明显加快,配送企业的数量在逐步减少,但是,其总体实力和经营规模却与日俱增,配送的集约化程度不断提高。

• 配送方式日趋多样化。进入20世纪80年代以后,由于经济发展的外部环境发生了变化,不但配送规模和配送活动的范围明显在扩大,而且配送的形式(或方式)也逐渐多了起来。在配送实践中,除了存在着独立配送、直达配送等一般性的配送形式,人们又推出了许多新的配送形式,如"共同配送""即时配送""交货代理配送"等。

1.3 配送的分类

在长期的实践中,配送以不同的运作特点和方式满足着不同顾客的要求,从而形成了不同的配送类型,如表1-1所示。由表1-1可知,这些配送类型是根据不同的标准来划分的,下面分别叙述各类的特点。

表 1-1　配送类型

分类标准	配送机构	配送商品的种类及数量	配送时间及配送数量	配送组织的经济功能	配送组织的专业化程度
类型	• 配送中心配送 • 商店配送 • 仓库配送 • 生产企业配送	• 少品种大批量配送 • 多品种少批量配送 • 配套(成套)配送	• 定时配送 • 定量配送 • 定时定量配送 • 定时定路线配送 • 即时配送	• 销售配送 • 供给配送 • 销售—供应一体化配送 • 代存代供配送	• 综合配送 • 专业配送

1.3.1　按照配送机构划分

按照配送的组织机构的不同，可以把配送分为以下几种形式：

1. 配送中心配送

这种配送的组织者是专职从事配送的配送中心。这种配送中心专业性强，和客户有固定的配送关系，一般实行计划配送。需配送的商品通常有一定的库存量，一般情况下很少超越自己的经营范围。这种配送中心的设施及工艺流程是根据配送需要专门设计的，所以配送能力强，配送品种多，配送数量大，可以承担企业主要物资的配送及实行补充性配送等，是配送的主要形式。

配送中心的配送覆盖面宽，是一种大规模的配送形式，必须有配套的大规模实施配送的设施，如配送中心建筑、车辆、路线等，一旦建成就很难改变，灵活机动性较差，投资较高。因此，这种配送形式有一定的局限性。

2. 商店配送

这种配送形式的组织者是商业或物资的门市网点，这些网点主要承担商品的零售，一般来说规模不大，但经营品种比较齐全。除日常经营的零售业务外，这种配送方式还可以根据用户的要求，将商品经营的品种配齐，或代用户外订、外购一部分本商店不经营的商品，与商店经营的品种一起配齐运送给客户。

这种配送形式的组织者实力有限，往往只是零售商品的小量配送，所配售的商品种类繁多，但是用户的需求量并不大，甚至于某些商品只是偶尔需要，很难与大配送中心建立计划配送关系，所以常常是利用小零售网点从事此项工作。

由于商业及物资零售网点数量较多，配送半径较小，所以这种配送形式比较灵活机动，可承担生产企业非主要生产物资的配送及对消费者个人的配送。可以说，这种配送是配送中心配送的辅助及补充形式。商店配送有两种主要形式：

(1) 兼营配送形式。进行一般销售的同时，商店也兼行配送的职能。商店的备货可用于日常销售及配送，因此，有较强的机动性，可以使日常销售与配送相结合，作为相互补充的方式。这种配送形式，在铺面一定的情况下，往往可以取得更多的销售额。

(2) 专营配送形式。商店不进行零售销售，而是专门进行配送。一般情况下，如果商店位置条件不好，不适合门市销售，而又具有某些方面的经营优势及渠道优势的话，可采用这种配送方式。

3. 仓库配送

这种配送形式是以一般仓库为据点来进行配送。它可以把仓库完全改造成配送中心,也可以是在保持仓库原功能的前提下,以仓库原功能为主,再增加一部分配送职能。由于其并不是按配送中心专门设计和建立的,所以,一般来说,仓库配送的规模较小,配送的专业化较差。但是,由于可以利用原仓库的储存设施及能力、收发货物场地、交通运输路线等,所以仓库配送既是开展中等规模的配送可以选择的形式,同时也是较为容易利用现有条件而不需大量投资的形式。

4. 生产企业配送

这种配送形式的组织者是生产企业,尤其是进行多品种生产的生产企业。这些企业可以直接从本企业开始进行配送,而不需要再将产品发送到配送中心进行中心配送。

由于避免了一次物流中转,所以生产企业配送具有一定的优势,但是由于生产企业,尤其是现代生产企业,往往进行大批量低成本的生产,品种较为单一,因此无法像配送中心那样依靠产品凑整运输取得优势。实际上,生产企业配送不是配送的主体,它只是在地方性较强的产品生产企业中应用较多,比如就地生产且就地消费的食品、饮料和百货等。此外,在生产资料方面,某些不适合中转的化工产品及地方建材也常常采用这种方式。

1.3.2 按照配送商品的种类及数量划分

按照配送商品的种类及数量的不同,可以把配送分为以下几种形式:

1. 少品种大批量配送

当客户所需要的商品品种较少,或对某个品种的商品需求量较大、较稳定时,可以实行此种配送形式。这种配送形式往往由于商品数量较大,不必与其他商品配装,可使用整体运输。这种形式多由生产企业或者专业性很强的配送中心直接送达客户,由于配送量较大,商品品种较少,既可以提高车辆的利用率,同时也可以简化配送组织内部的工作,因此配送成本较低。

2. 多品种小批量配送

现代企业生产中,除了需要少数几种主要物资,大部分都属于次要物资,品种数量较多。但是由于每一品种的需求量不大,如果采取直接运送或大批量配送的方式,由于一次进货批量较大,必然造成客户库存增大等问题。类似的情况在向零售店补充一般生活消费品的配送中心也存在,所以以上这些情况,适合采用多品种小批量的配送方式。

多品种小批量配送是根据用户的要求,将所需要的各种物品(每种物品的需要量不大)配备齐全,凑整装车后由配送据点送达客户。这种配送作业水平要求较高,配送中心设备要求复杂,配送送货计划难度大,因此需要较高水平的组织工作保证和配合。而且在实际中,多品种小批量配送往往伴随多用户、多批次的特点,配送频度往往较高。

配送的特殊作用主要反映在多品种小批量的配送中。因此,这种配送方式在所有配送方式中是一种高水平、高技术的方式。这种方式也与现代社会中的“消费多样化”“需求多样化”等新观念相符合,因此是许多发达国家推崇的方式。

3. 配套(成套)配送

这种配送方式是为了满足企业生产的需要,依照企业生产的进度,将装配的各种零配件、部件、成套设备定时送达企业,生产企业随即可将这些成套的零部件送上生产线进行组装,生产出产品。在这种配送方式中,配送企业完成了生产企业大部分供应工作,从而使生产企业专门致力于生产,这与多品种、小批量、多批次配送方式效果相同。

1.3.3 按照配送的时间及数量划分

按照配送的时间及数量的不同,可以把配送分为以下几种形式:

1. 定时配送

定时配送是指按照规定的时间间隔进行配送,比如数天或数小时一次等。而且每次配送的品种及数量既可以根据计划实行,也可以在配送之前以商定的联络方式(比如电话、计算机终端输入等)通知配送的品种及数量。

由于这种配送方式时间固定、易于安排工作计划、易于计划使用车辆,因此,对于用户来说,也易于安排接货的力量(如人员、设备等)。但是,由于配送物品种类的变化,配货、装货难度较大,因此如果要求配送的数量变化较大时,也会使安排配送运力出现困难。

2. 定量配送

定量配送是指按照规定的批量,在一个指定的时间范围内进行配送。这种配送方式数量固定,备货工作较为简单,可以根据托盘、集装箱及车辆的装载能力规定配送的定量,既能够有效地利用托盘、集装箱等集装方式,也可以做到整车配送,配送效率较高。由于时间不严格限定,因此可以将不同用户所需的物品凑成整车后配送,运力利用也较好。对于用户来说,每次接货都处理同等数量的货物,有利于人力、物力的准备工作。

3. 定时定量配送

定时定量配送是指按照规定的时间和规定的商品品种及数量进行配送。它结合了定时配送和定量配送的特点,对配送企业的服务要求比较严格,管理和作业难度较大,由于其配送的计划性较强、准确性较高,所以,相对来说比较适合生产和销售稳定、产品批量较大的生产制造企业或大型连锁商场的部分商品配送。

4. 定时定路线配送

定时定路线配送是指通过对客户分布状况的分析,设计出合理的运输配送路线,根据运输路线达到站点的时刻表,按照时刻表研究规定的运行路线进行配送。这种配送方式一般由客户事先提出商品需求计划,然后按规定的时间在确定的站点接收商品,易于有计划地安排运送和接货工作,比较适合消费者集中的地区。

5. 即时配送

即时配送是指根据客户提出的时间要求和商品品种、数量要求及时地将商品送达指定的地点。即时配送可以满足用户的临时性急需,对配送速度、时间要求严格,因此,通常只有配送设施完备,具有较高管理和服务水平及作业组织能力和应变能力的专业化配送机构才能较广泛地开展即时配送业务。完善和稳定的即时配送服务可以使用户保持较低的库存水平，真正实现“准时制”生产和经营。

1.3.4 按照配送组织的经济功能划分

按照配送组织配送功能的不同，可以把配送分为以下几种形式：

1. 销售配送

销售配送是指配送企业是销售型企业，或者是指销售型企业作为销售战略的一环所进行的促销型配送。一般来说，这种配送的对象、用户是不固定的，往往要根据对市场的占有情况而定。其配送的经营状况也取决于市场状况，因此，这种形式的配送随机性较强，而计划性较差。各种类型的商店配送一般多属于销售配送。

用配送方式进行销售是扩大销售数量、扩大市场占有率、获取更多销售收益的重要方式。由于是在送货服务的前提下进行的活动，所以一般来说，这种配送方式也受到了用户的欢迎。

2. 供给配送

供给配送是指用户为了自己的供应需要所采取的配送形式。在这种配送形式下，一般来说，是由用户或者用户集团组建配送据点，集中组织大批量进货(以便取得批量折扣)，然后向本企业配送或向本企业集团若干企业配送。在大型企业、企业集团或联合公司中，常常采用这种配送形式组织对本企业的供应，例如商业中广泛采用的连锁商店就常常采用这种方式。用配送方式进行供应，在保证供应水平、提高供应能力、降低供应成本方面具有重要意义。

3. 销售—供应一体化配送

销售—供应一体化配送是指对于基本固定的用户和基本确定的配送产品，配送企业可以在自己销售的同时，承担用户有计划供应者的职能，即既是销售者同时又成为用户的供应代理人，起到用户代理人的作用。

对于某些用户来说，这样就可以减少自己的供应机构，而委托销售者代理。对于销售者来说，这种配送方式能够获得稳定的用户和销售渠道，有利于扩大销售数量，有利于本身的稳定和持续发展。对于用户来说，其能够获得稳定的供应，而且可以大大节约本身为组织供应所耗用的人力、物力和财力。我们知道，销售者能够有效地控制进货渠道，这是任何企业供应机构所难以做到的，因而委托销售者代理，对供应的保证程度可望大大提高。销售—供应一体化配送是配送经营中的重要形式，这种配送形式有利于形成稳定的供需关系，有利于采取先进的计划手段和技术手段，有利于保持流通渠道的畅通稳定。

4. 代存代供配送

代存代供配送是指用户将属于自己的货物委托给配送企业代存、代供，有时还委托代订，然后组织对货物的配送。这种配送在实施时不发生商品所有权的转移，配送企业只是用户的委托代理人。商品所有权在配送前后都属于用户所有，所发生的仅是商品物理位置的转移，配送企业仅从代存代供中获取收益，而不能获得商品销售的经营性收益。在这种配送方式下，商物是分流的。

1.3.5 按照配送企业专业化程度划分

按照配送企业专业化程度的不同,可以把配送分为以下两种形式:

1. 综合配送

综合配送是指配送的商品种类较多,在一个配送网点中组织不同专业领域的产品向用户配送。由于综合性较强,称这一类配送为综合配送。综合配送可以减少用户组织所需全部物资的进货负担,它们只需要和少数配送企业联系,便可以解决多种需求的配送。因此,这是对用户服务较强的方式。

综合配送的局限性在于,由于产品性能、形状差别很大,在组织时技术难度较大。因此,一般只是在性状相同或相近的不同类产品中实行综合配送,而对于差别过大的产品则难以实现综合化。

2. 专业配送

专业配送是指按照产品形状的不同,适当划分专业领域的配送方式。专业配送并非越细分越好,实际上在同一形状而类别不同的产品中,也是有一定综合性的。专业配送的重要优势,是可以根据专业的共同要求来优化配送设施,优选配送机械及配送车辆,制定适应性较强的工艺流程等,从而大大提高配送各环节工作的效率。

1.4 现代配送的特点与新发展模式

1.4.1 现代配送的特点

与传统配送相比,现代配送具有以下特点:

1. 虚拟性

虚拟性是在信息网络构筑的虚拟空间中进行的配送活动(配送的虚拟性源于网络所具有的虚拟性),它通过对配送活动的现实虚拟,生成各种虚拟的环境,作用于人们的视觉和听觉等,人们不仅可以看到配送活动的图像,而且可以进行配送的操作演示,产生身临其境的感觉。虚拟现实是一种可创建和体验虚拟世界的计算机系统,企业利用虚拟现实系统有如下好处:一是可以建立配送中心的虚拟订货系统,科学合理地确定库存的品种和规模;二是可以建立库存信息系统,规划库存的利用效率;三是可以建立虚拟配货装配系统,实现科学合理的配货与装配、合理的人力分布、合理的装卸和设备分配,选择合理的运输工具;四是可以建立虚拟送货系统,以科学合理地确定运输路线和时间等。此外,网络经济的虚拟性特点可使企业有效地对配送活动进行实时监控,保证配送环节的合理衔接,提高配送效率。

2. 高效性

通过信息系统可以提高配送企业的配送效率。配送企业可以根据用户的需求情况,通过信息传递系统调整库存的数量和结构及订货的数量和结构,进而调整配送作业活动;而对于一些非程序的活动,可以通过信息自动传递系统进行提示或预报,调节配送,提高信息的传输和配送效率。

配送企业通过建立一套有效的计算机辅助决策系统，将一些程序化的活动通过计算机辅助决策系统来完成，可以提高决策效率。

此外，基于网络的信息系统也可以迅速有效地完成信息的交流、单证的传输，以及提高配送过程中的支付效率。

3. 低成本性

现代网络信息技术不仅使配送双方节约了成本，而且也降低了整个社会的配送成本。首先，现代配送节约了配送双方的库存成本。在现代配送的情况下，可以有效地利用现代信息技术及交易等优势，减少配送双方的库存规模；同时对于社会来说，库存水平也能够得到降低，使库存管理的成本和费用相对下降。其次，现代配送降低了配送双方的销售成本。提供配送的一方可实现信息采集成本等的降低，节约自建配送系统的投资及相应的管理费用。再次，现代配送降低了配送双方的结算成本及单证传输成本。最后，现代配送还降低了租金成本。

4. 个性化

个性化的特点是指现代配送能够根据用户的不同需求提供一对一的配送服务，以更好地满足不同用户的配送需求。个性化服务在配送中的应用、推广和发展，将开创配送服务的新时代。它不仅使得普通的大宗配送业务得到了发展，而且能够适应用户需求多样化的发展趋势和潮流。

个性化服务的实现主要是通过共同筛选技术和神经网络匹配技术来进行的。共同筛选技术可以把用户需求配送习惯、喜好的配送方式等与其他用户需求配送习惯、喜好的配送方式等加以比较，以确立用户下一次对配送的具体要求。神经网络匹配技术通过模仿人的大脑程序，识别复杂数据中的隐含模式，使提供配送服务者能够迅速地与每一位用户通讯和交流，从而满足用户提出的特殊配送需求。

1.4.2 现代配送的新发展模式

1. 零库存配送

(1) 零库存的概念。零库存是实现库存合理化的一种重要现象形态，是在物流运动合理化背景下提出并着手解决的一个理论问题和实际问题，其目的是减少社会劳动占用量(主要表现为资金占用量)和提高物流运动的经济效益。如果把零库存仅仅看成是仓库中存储物的数量变化或数量变化趋势而忽视了其他物质要素的变化，则上述目的很难实现。从物流活动合理化的角度来研究问题，零库存的概念应当包含两层意思：其一，库存对象物的数量趋于零或等于零(近乎无库存物资)；其二，库存设施、设备的数量及库存劳动耗费同时趋于零或等于零(即不存在库存活动)。而后一种意义上的零库存，实际上是社会库存结构的合理调整和库存集中化的表现，它并不亚于通常意义上的仓库物资数量的合理减少。然而零库存并不等于不要储备和没有储备，亦即某些经营实体不单独设立仓库和库存物资，并不等于取消其他形式的存储。

零库存是针对微观经济领域内经营实体的库存状况而言的一种库存变化趋势，它属于微观经济范畴。从全社会来看,不可能、也不应该实现零库存。为了应付可能发生的各种自然灾害和其他各种意外事件,为了调制生产和需求,通常国家都要以各种形式储备一些重要物资。因此,就微观主体的储存行为而论,零库存是在特定经济环境下实现的,也就是某些经营实体在社会集中库存及保证供应的前提下实现的,可见,零库存是对社会库存结构进行合理调整的结果。

(2) 零库存与配送。零库存是伴随着配送而产生的一种经济现象。在传统生产方式下,零库存是企业家的一种梦想,而这个梦想今天已经变成现实。社会库存结构之所以会发生如此大的变化,除了人们在生产领域中普遍采用了一些新的组织形式和管理制度,也与广泛推行配送制度及积极开展配送活动有直接的关系。从某种意义上来说,零库存现象是实行配送制度的必然结果,是配送制度的伴生物。

实践告诉我们,零库存能否实现,不以人们的主观意志为转移;作为一种库存状态和库存结构,它是在一定条件下形成的。从行为主体的角度来分析问题,欲使其库存物资减少和取消自行设立仓库环节,至少需具备以下几个条件:经济环境相对稳定;物流能与生产或经营活动同步运动;取消库存之后,既不影响当事者的正常经营活动,又不影响其物流成本和营业利润。

在生产和流通实践中,广泛推行配送制度及采用配送方式向企业供货,之所以能够促使企业缩减乃至取消自己的库存,原因之一就在于由配送企业所组成的社会供应系统能够有效替代企业内部的供应系统,并且社会供应系统能够负担得起向企业的一线组织直接供货、配套供货和及时供货的任务。另一个重要原因在于,这种先进的、带有现代化色彩的物流运动可以集中库存的优势,为众多的生产者和经营者提供周到的、全方位的后勤服务,能够有效地适应生产节奏的变化和市场形式的变化。

通过配送方式实现零库存的具体做法是:以多批次、小批量的方式向用户配送货物;用集中库存和增强调节功能的办法,有保障地向用户配送货物;配送企业采用即时配送和准时配送的方式,向需求者供货。

2. 共同配送

(1) 共同配送的概念。简单来说,共同配送是一种两个或两个以上的有配送业务的企业相互合作对多个用户共同开展配送活动的物流模式。

共同配送一般由生产、批发或零售、连锁企业共建一家配送中心来承担他们的配送业务或共同参与由一家物流企业组建的配送中心来承担他们的配送业务,以获取物流集约化规模效益,从而解决单独配送的效率低下问题。其业务范围可以是生产企业生产所用的物料、生产的产品或是商业企业所经销的商品的供应。

(2) 共同配送的特点。

- 可以控制各个配送企业的建设规模。多个企业共建配送中心,旨在建立配送联合体,以强化配送功能为核心,分工合作,优势互补,为社会服务,使各自的建设规模可以控制在适当的范围之内。

- 实现设施共享,减少浪费。在市场经济条件下,每个企业都要开辟自己的市场和供应渠道。因此,不可避免地要建立自己的供销网络体系和物流设施。这样一来,便容易出现在用户较多的地区设施不足或在用户稀少的地区设施过剩的问题,造成物流设施的浪费和不同配送企业重复建设物流设施的状况。实行共同配送，旨在强调联合体的共同作用，可实现物流资源的优化配置，减少浪费。

• 改善交通环境。由于近些年来出现的"消费个性化"趋势和"用户是上帝"的观念，准时配送的物流方式便应运而生。送货次数和车辆急剧增加，大量的配送车辆云集在城市商业区，导致了严重的交通堵塞问题。共同配送可以使用一辆车代替原来多个配送企业的多辆车，自然有利于缓解交通压力，减少环境污染。

• 提高效益。共同配送通过统筹规划，提高车辆使用效率和设施利用率，以减少成本支出，提高企业的经济效益。

(3) 共同配送的具体方式。共同配送的目的主要是合理利用物流资源。根据物流资源的利用程度，共同配送大体上可分为以下几种具体形式：

• 系统优化型共同配送。系统优化型共同配送是指由一个专业物流配送企业综合各家用户的要求，对各个用户统筹安排，在配送时间、数量、次数、路线诸多方面做出系统最优的安排，在用户可以接受的前提下，全面规划、合理计划地进行配送。这种方式不但可以满足不同用户的基本要求，而且能够有效地进行分货、配货、配载，选择运输方式、运输路线，合理安排送达数量和送达时间。这种对多家用户的配送，可充分发挥科学计划、周密计划的优势，虽实行起来较为复杂，但却是共同配送中水平较高的形式。

• 车辆利用型共同配送。车辆利用型共同配送有三种方式，分别为车辆混载运送型共同配送、返程车辆利用型共同配送和利用客户车量型共同配送。

车辆混载运送型共同配送。是一种较为简单易行的共同配送方式，仅在送货时尽可能安排一个配送车辆，实行多货主货物的混载。这种共同配送方式的优势在于，以一辆较大型的且可满载的车辆代替了以往多货主分别送货或客户分别提运货物的多辆车；并且克服了多货主、多辆车都难以满载的弊病。

返程车辆利用型共同配送。是指为了不跑空车，让物流配送部门与其他行业合作，装载回程货物或与其他公司合作进行往返运输。

利用客户车辆型共同配送。是指利用客户采购零部件或采办原材料的车辆进行产品的配送。

• 接货场地共享型共同配送。这是一种多个用户联合起来，以接货场地共享为目的的共同配送形式。一般是用于用户相对集中，并且用户所在地区的交通、道路、场地较为拥挤，各个用户单独准备接货场地或货物处置场地有困难的配送，由多个用户联合起来设立配送的接收点或货物处置场所。这样不仅解决了场地的问题，也大大提高了接货水平，加快了配送车辆的运转速度。而且接货地点集中，可以集中处置废弃包装材料，减少接货人员数量。

• 配送设施利用型共同配送。在一个城市或一个地区中有数个不同的配送企业时，为节省配送中心的投资费用，提高配送运输的效率，多家企业会共同出资合股建立配送中心进行共同配送，或者多家企业会共同利用已有的配送中心、配送机械等设施对不同配送企业用户共同实行配送。

物流作为一种经济活动，随着商品经济的发展而形成。在经济日益全球化的今天，现代物流作为"第三种利润源泉"和第三产业的重要组成部分，正在日益受到广泛的重视并面临着前所未有的发展机遇。物流就其本意来说，是指物质实体所发生的物理转移或时空性转移的各种活动，随着社会生产力的发展和社会分工的细化，流通业逐步从其他产业中分离出来成为生产与消费的桥梁。配送是在物流系统中由运输环节派生出来的功能，是短距离的运输，是物流中一种特殊的、综合的活动形式，它同时也包含了物流中若干功能要素。

3. 云配送

(1) 云配送的概念。云配送是指通过云计算技术实现物流配送软件、硬件资源的组织、管理与共享；通过物流网技术和嵌入式技术等实现物流配送资源的自动接入、管理、监控和共享；并通过虚拟化技术实现物流配送资源的全面互联、感知与反馈控制，将物流的配送资源转化为虚拟配送资源池，构建一个自治的、动态扩展的配送服务云体系，并在高性能计算技术的支持下，实现配送云服务的自动搜索、智能匹配、成本优化、智能结算、数据安全等管理；通过任务匹配、动态结合与分解为配送云的终端用户提供按需、快捷的物流配送服务平台。

云配送模式通过云服务配送平台能够很好地沟通配送资源供给者和配送需求者之间的联系，实现基于知识的配送资源、配送能力、配送知识的共享与按需使用，能够提高配送资源的利用效率，满足使用者对服务的个性化需求，促进节能减排，实现绿色和低碳制造。

云配送思想的提出，为解决复杂配送问题、共享配送服务资源及开展大规模共同配送提供了可能，为物流企业更广泛和更优化地选择、利用社会物流资源提供了更好的模式。在云配送服务环境下，大量分散的物流资源按照一定的标准与规范进行虚拟化接入，构建庞大的物流配送资源池，通过公共的云服务配送平台，为配送需求企业或个人提供沟通渠道和任务匹配，从而实现用户随时获取、按需服务、安全可靠、优质价廉的物流配送服务。

(2) 云配送模式的特点。由云配送的定义可见，云配送是一种面向服务的、低耗费的高效率的网络化物流配送新模式，它突破了传统空间地域对物流配送范围和方式的约束。根据以上分析，云配送模式具有以下特点：

• 云配送模式是面向服务与需求的配送模式。传统的物流配送是伴随着生产或商品流通而产生的配送模式，是面向设备、资源、生产、流通等的形态，而云配送模式通过资源整合、资源虚拟接入，能够实现资源的全面共享，实现真正的面向服务、面向需求的物流配送模式。在云配送模式中，以期能够封装和虚拟化的物流资源都可以作为配送云服务。

• 云配送模式是面向个性化需求与动态的配送模式。云配送模式能够通过云服务配送平台将物流配送资源进行整合，将物流配送需求进行集中，同时，借助云计算的强大计算能力能够实现配送云服务的自动搜索、智能匹配、成本优化、智能结算及支付等功能，完成社会物流配送的个性化需求和动态配送等要求，满足现代社会快速的生活节奏和人们对物流配送及时性的要求。

• 云配送模式是基于资源共享与能力共享的配送模式。与传统配送模式相比，云配送模式不仅能够实现资源共享，同时还能够实现能力共享，在相应知识库、数据库、模型库等支持下，云配送能够实现基于知识的制造资源和能力的虚拟化封装、描述、发布、注册与调用，真正实现制造资源和能力的全面共享与交易，提高资源的利用效率。

• 云配送模式是高敏捷性与可伸缩性的配送模式。云配送模式将虚拟资源和物流资源通过虚拟化技术和耦合映射机制，实现配送资源的按需使用、动态调度和增减资源的灵活使用方式，不仅使得物流配送服务需求能够及时得到响应，同时也提高了资源的利用效率，实现了资源增效。

• 云配送模式是用户参与的配送模式。云配送模式强调将配送资源、配送能力、配送知识和计算资源嵌入到网络和环境中，这使得物流企业将关注重心转移到了用户的需求本身，致力于构建包括物流企业、需求客户、中间方（云服务配送平台）等可以相互沟通的公共网络配送环境。在云配送模式下，用户的身份不再是单一的使用者，而是服务需求的提供者或开发者，用户可以提出配送的方式、到货的时间，可以对配送过程进行监控、对配送服务质量进行评价等，体现的是一种用户参与的配送模式。

• 云配送模式是按需使用与计量付费的配送模式。云配送模式是一种需求驱动、按需付费的面向服务的物流配送新模式，在这种模式下，用户提出需求，云服务配送平台匹配符合的资源，供用户进行选择并完成配送任务，在此过程中，用户根据需要调用资源的云服务进行支付，不需要详细、具体的配送服务提供者，双方之间是即用即组合、即用即付费、用完即解散的关系。

• 云配送模式是低门槛与合作式的配送模式。传统的物流配送模式不仅要求物流企业必须具有配送设施、车辆、仓库、配送中心、信息系统和技术人员等配送资源，而且要求其具有管理和销售（销售服务）等能力。而在云配送模式下，企业不必具有这些能力或资源，通过云服务配送平台，企业可以随时调用合适的而自己没有的物流资源，通过合作完成物流配送任务，同时，企业无须自己寻找配送任务，同样可以通过云服务配送平台匹配配送任务，从而降低了企业的入门门槛，使企业的组织方式更加灵活多样。

• 云配送模式是低成本高效率的配送模式。云配送模式实现了配送资源、能力、知识的全面共享与协同，物流企业只需关注本企业的核心服务，其他相关业务或服务可以通过云服务配送平台调用其他企业的闲置资源，使得服务更为灵活高效，这不仅提高了资源的利用效率，实现了资源增效，同时也降低了物流服务成本。

4. 智能配送

智能物流配送是指在配送规划时，运用计算机、图论、运筹、统计、GIS（Geographic Information System）等技术，根据配送的要求，由计算机自动规划出一个最佳的配送方案，包括物品的装载与车辆的调度、配送路线规划的优化等方案，旨在降低物流成本，提高客户服务水平，减轻调度人员和司机劳动强度，满足城市配送、电子商务、电话购物等现代城市物流配送业务的发展需要；以车辆最少、里程最少、运输费用最低、时间最快、满意度最高等因素为目标，把配送订单科学地分配给可用的车辆，结合配送路线的规划进行合理的装载，以完成配送任务。

在实际配送过程中，由于受交通路况、客户需求、商品本身特性等条件的制约，而且各种因素又具有不确定性的特点，物流配送规划往往是一个极其复杂的系统工程。目前解决这一问题的办法是将复杂问题分解或转化为一个或几个已经研究过的基本问题，如背包问题、最短路径问题、最小费用流问题等，再采用较为成熟的理论和方法进行求解，以得到智能配送问题的最优解或满意解。

智能配送体系即配送体系的智能化，它包括配送链条各节点的数字化、感知化、网络化、系统化和操控人员智力化。数字化是信息采集的基础，感知化是信息汇聚的路径，网络化是信息传递的渠道，系统化是信息应用的保障。系统化的信息为配送增添了智能，智力化人员的即时调控展现了配送体系智能化的成果。通过智能配送体系的构建，将进一步降低配送成本，提高配送绩效。

5. 绿色配送

绿色配送是指通过选择合理的运输路线，有效利用车辆，科学配装，以提高运输效率，降低物流成本和资源消耗，并降低尾气排放。

绿色配送运输是指在配送运输过程中抑制配送对环境造成危害的同时，实现对配送环境的净化，使配送资源得到最充分的利用。它包括配送作业环节和配送运输管理全过程的绿色化。从配送运输管理全过程来看，主要是从环境保护和节约资源的目标出发，实现配送运输管理全过程的绿色化。

为实现绿色配送运输，使降低成本成为企业的“第三利润源”，通过利用配送运输中的节能减排，调整和优化配送运输网络，使用权威的车辆调度指挥系统，结合合理的配送运输路线优化方法，灵活运用于纵横交错的运输网络中，及时处理在配送运输过程中因高耗能造成的资源浪费问题。实现配送系统的整体最优化和对环境的最低损害，将有利于企业配送管理水平的提高，有利于环境保护和可持续发展，这对企业经济的发展意义重大。

本章小结

本章以“城市100模式”为引导案例，介绍了配送产生的背景，讲解了配送的概念和类型。详细论述了零库存的概念及零库存与配送的关系等，进一步阐述了零库存在传统生产方式下是不可能实现的，零库存现象是实行配送制度的必然结果。本章通过描述现代配送的特点，引出了现阶段我国配送的新模式。

思考题

1. 配送的概念是什么？
2. 配送的类型有哪些？
3. 什么是零库存？
4. 什么是电子商务物流配送“最后一千米”？
5. 现代配送的特点是什么？

第2章

物流配送系统

教学目的

- 掌握系统和物流系统的概念
- 熟悉物流系统各环节的基本功能
- 掌握增值服务的概念
- 了解效率背反的有关知识和物流系统化的思想

重点掌握配送系统的理论，如配送的基本功能、环节、配送模式和一些典型的配送系统；同时掌握配送领域中各种技术方法的应用及配送管理难题的应对策略。

引导案例

日本物流配送业的经验与启示

现代化物流配送系统是社会化大生产和国民经济发展的客观要求，它的发展状况对经济发展、商品流通和大众消费起着重要的促进或抑制作用。

日本物流配送社会化、系统化、网络化的程度比较高。生产企业、商品流通企业不是都自设仓库等流通措施，而是将物流业务交给专业物流企业去做，以达到减少非生产性投资、降低成本的目的。如日本岗山市的一些企业就把生产需要的原材料和产成品放在专业物流企业的仓库里，交由它们去保管和运送，自己不设仓库。日本菱食公司的配送公司面向1.2万个连锁店、中小型超市和便利店配送食品，它们自己不设配送中心，而是全部交由菱食公司的配送中心实行社会化配送、统一采购，而且供货一般都是通过当地的物流配送或代理商按需要配送，各大型超市只有很小的周转率，仅保持两三天的销售商品库存。许多物流配送企业的运输车辆等也是按需向社会租用，且同样是出于减少投资、降低成本的考虑。

日本的大型物流配送企业比较注重网络的发展。在日本，物流配送行业排名第五的日本物流株式会社，在日本国内设有124个网点，在国外15个国家设有62个网点。由于拥有比较完善的物流配送网络，其在发展和承揽业务、满足客户需要、降低物流成本等方面具有较大优势。

日本的物流配送企业还十分重视不断提高物流服务质量，降低物流成本，增强在市场的竞争力，注意研究探索物流配送的新技术、新方法，如引进美国的物流新技术和先进方法等。同时，日本的流通企业比较注重商品流通中对商品的加工增值服务，按照消费者和客户的要求，对商品进行分拣、包装、拼装，使生产企业生产或进口的商品更能符合本国客户和消费者的要求。这些流通领域的中间加工作业一般都是在物流配送过程中，在物流企业的仓库里进行的。此外，日本物流配送企业都比较注重降低人工成本，提高劳动效率。

日本重视现代物流业的发展，实行统筹规划。日本是一个国土面积较小的国家。国内资源和市场有限，商品进出口量大，各级政府对商品物流发展都很重视、在大中城市、港口、主要公路枢纽都对物流设施用地进行了规划、形成了大大小小比较集中的物流区域，集中了多个物流企业，如日本横滨港货物中心就集中了42家物流配送企业。这样便于对物流区域的发展进行统一规划、合理布局，有利于物流配送业的发展。

由此可见，发展物流产业，建立高效的物流配送系统对经济发展具有重要的意义。物流活动形成物流系统，物流配送活动形成物流配送系统。对物流配送系统的操作是一个系统工程。系统和系统工程的概念，是物流学最基本的概念。只有系统化才能科学化。要让物流配送形成一门科学，就必须把它建立在系统基础之上。

资料来源：迦南，"日本物流配送业的经验与启示"，《物流与供应链》，2011年第1期，第76—77页。

2.1　系统和系统工程

我们周围存在大量的系统。例如，一个学校就是一个系统。一个学校可以分为若干系、部，一个系是一个子系统，一个部也是一个子系统。一个子系统还可以向下分为更小的子系统。若干子系统也可以合并为一个更大的系统，如若干个班合并为一个系。站在系的立场上，学校便是这个系的外部环境。

2.1.1　系统

所谓系统，就是由两个及以上既相互区别又相互联系的单元结合起来为完成特定功能的有机结合体，这个整体又是它从属的更大的系统的组成部分。每个单元可以称为一个子系统，每个子系统又可以分为更小的子系统。系统本身又处在更大的系统之中，这个更大的系统就是系统所处的环境，相对于环境而言，系统具有一定的目的和一定的功能，并且相互独立，如图 2-1 所示。

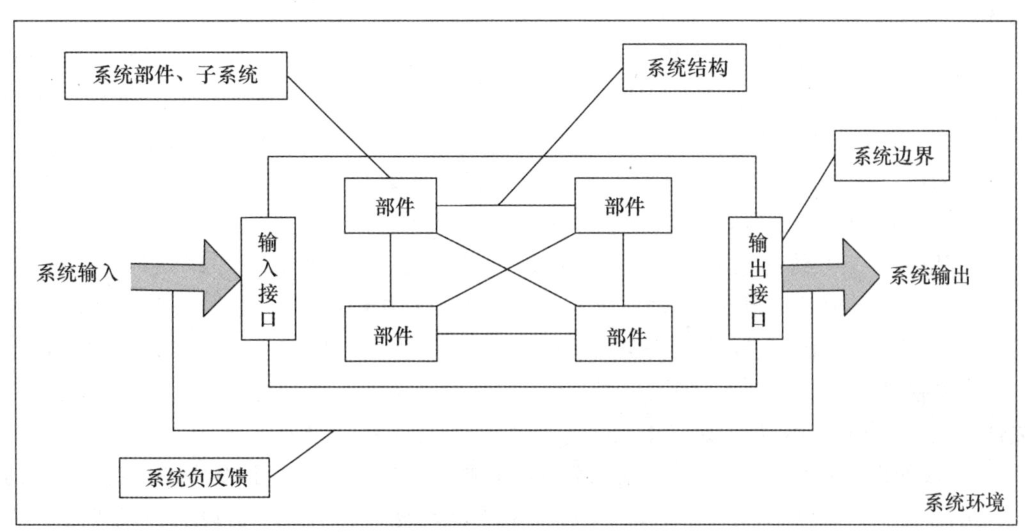

图 2-1　系统概念模型

1. 系统的特征

(1) 系统的结构特征。

• 多单元、多因素。一个系统由两个及以上的单元构成，这些单元既可以是人、事、物，也可以是其他一些因素。在一个学校中，构成不同层次系统的单元可以是系、班、人。

• 单元之间既相互区别又相互联系。在任何一个层次的系统中，构成它的不同单元是有区别的，没有区别的单元不能构成系统；但是，有区别而无联系的单元，也不能构成系统。例如，班上某个同学，就不能同社会上一个毫不相干的人构成系统。这里的区别既可以是个体上的或逻辑上的，也可以是空间上的或时间上的。

• 具有特定功能。一个系统必定具有一个特定功能，它是系统的目的或宗旨。系统的功能不同,系统的结构也不同,是系统的功能决定了系统的结构。例如,不同的管理信息系统有不同的功能,因而有不同的结构。

• 有机结合体。一个系统是多个单元的有机结合体,而不是若干单元的简单组合,更不是凑合。有机结合体的意思是,组成系统的各单元之间互相协调配合、互相联系、不可分割,“我中有你,你中有我”。

• 往下可以再分,往上可以再合。一个系统可以往下分为若干个子系统,可以依次分解到最小基本单元,往上可以是一个更大系统的组成部分。这样就在系统内部构成了一个等级层次结构,在外部它又和其他系统合成了一个更大的系统,并且自己作为一个整体处于外部更大的系统之中。

• 系统都有一个环境。每一个系统都毫无例外地处在一个更大的系统之中,这个更大的系统就是系统的环境。系统的外部环境是系统生成和正常运行的条件,如物质条件、人员条件、能源条件、信息条件等。没有这个环境条件,系统就不能生存和正常运行。

(2) 系统的功能特征。

• 集合性。系统是由两个或者两个以上可以相互区别的要素组成的,要素既可以是实体的,例如人、设备、粉笔、教师等;也可以是非实体的,例如文件、程序等。单个要素不能构成系统。结合起来的有机集合体,是一个有序有效率的整体。系统追求整体效益最大化,整体的功能可能大于各个子系统的分功能之和。评价一个系统时不要只从系统的单独部分,即系统的要素和子系统来评价,而要从整体系统出发,从总目标、总要求出发。只有当系统的各个组成部分和它们之间的联系服从系统的整体目标和要求、服从系统的整体功能并协调地活动时,这些活动的总和才能形成系统的有机活动。

• 相关性。系统的相关性是指系统内部各要素之间的某种相互作用、相互依赖的特定关系。系统是由要素组成的,这些要素可能会存在直接或间接的联系。例如在成语“城门失火,殃及池鱼”中,鱼和火从表面上看没什么关系,但是它们却通过中间的水联系在了一起。系统相关性是系统建立并且稳定运行的基础和条件。不论何种原因破坏了这种相关性,就会影响系统本身的成立,自然也会影响系统有效稳定的运行。

• 目的性。系统的目的性是指系统具有明确的目标。为了达到既定的目的,系统具备一定的功能,这是区分系统的标志。有些系统比较复杂,具有多重目标,因此需要一个指标体系来描述,当指标体系中的指标之间相互矛盾时,就需要从整体出发,力求获得一个全局最优的效果。

• 环境适应性。系统的环境是系统所处的外部条件,环境和系统之间必然存在着物质、能源、人员和信息的交换。系统要生存、要运行,就离不开这些物质、能源、人员和信息。因此,环境是系统无论情愿或不情愿都必须接受的外部条件,系统必须适应环境才能生存。当然,系统也不会只是完全消极地适应环境,它也可以通过自己的努力去能动地改造环境,为自己未来的生存与发展创造一个更好的环境。

• 结构的层次性。系统的层次性是指系统的每个元素本身又可看成一个系统,即系统可分为一系列的子系统,这种分解实质上是系统目标的分解和系统功能和任务的分解,而各子系统又可分解为更低一层的子系统。

• 整体性。系统的整体性是指相互统一和协调的各要素之间按照一定的方式进行组合。系统的整体功能也不是各个要素功能的简单相加，而是呈现出各组成要素所没有新功能。在一个系统中，即使所有的要素并不是都很完善，但是只要它们通过协调、综合能够成为一个具有良好功能的系统，即产生 1＋1＞2 的效果，那么这个系统就是完善的。相反，如果一个系统中所有的要素都是良好的，但是相互之间不能协调，不能发挥系统的良好功能，那么也不能称之为一个完善的系统。

2. 系统的环境

系统所处的环境是系统必须接受的约束和运行条件。它具体表现为为保证系统生存和正常运行，系统和外部间必须进行的物质、能源、人员和信息的交换。如原材料、设备、工具、电力、水源、资金、劳动力、技术、管理、政策、市场和信息，这些东西可以归结为两大类：有形的物质资料(物资)和无形的资料(信息)。这里的交换方式也可以分为两大类：直接的和间接的。交换形式也有两类：输入与输出。因此，系统与环境之间的交换关系具体包括以下三方面内容：

(1) 系统的输入。环境对系统的输入，如输入物资、人员、信息，是直接输入。

(2) 系统的输出。系统对环境输出系统处理的结果，是直接输出。

(3) 约束和干扰。环境对系统处理形成的外部条件，是环境对系统的间接输入、强迫性输入，是系统处理的约束条件。约束主要表现为环境对系统在能源、信息、物资、人员、技术、政策、风俗、地理、气候等方面的经常性的间接输入，即能源物资条件、政治政策环境、经济技术水平、气候地理条件等对系统满足和限制的程度。干扰也是一种约束，它具有偶然性、突发性，不能预先估计到。

系统和环境之间的交换，直接作用点是在系统和环境之间的交接面上。在系统内部就是系统处理。系统处理就是把系统的输入转化成系统的输出过程。

3. 系统的模式

从系统本身的立场来看，系统的输入、系统的输出和系统处理是构成系统的最基本组成部分，或者称为系统的三要素。

系统的模式如图 2-2 所示。由图 2-2 可知，系统的模式由两部分构成：一部分就是系统本身，即系统处理，它是一个等级层次结构，一个有机结合体，承担着特定的功能，即将

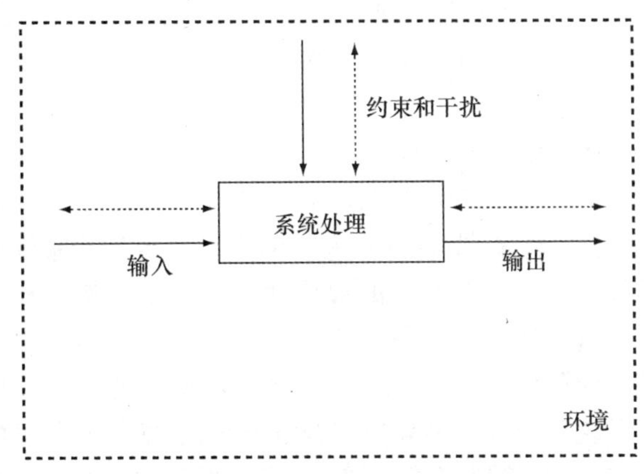

图 2-2　系统的模式

环境对它的输入转化为它对环境的输出。另一部分就是系统所处的环境。环境对于系统的作用,包括对系统的直接输入和间接输入,直接输入系统的处理对象,间接输入系统处理的运行条件和约束条件。这些输入中,有形的物资用实线表示,无形的信息用虚线表示。信息的输入和输出往往是双向的,因此用双向箭头表示。系统和环境有一个清晰的交界。而环境,从绝对意义上来说可以说是无限的,没有一个清晰的边界,但为了说明问题,设想有一个虚拟边界,或者模糊边界,用虚线表示。

4. 系统的分类

按照不同的特征可以将系统分成各种不同的类别。

(1) 自然系统和人工系统。这是按照系统形成的方式划分的。自然系统是自然力形成的系统,而人工系统是为达到人类需求的目的,由人所建立起来的系统。前者如山川、河流、生态系统等;后者如工程技术系统、经营管理系统、科学技术系统等。人工系统可以转化为自然系统。事实上,大多数系统是自然系统与人工系统相结合的复合系统。系统工程研究与处理的对象主要是人工系统和经人们加工了的自然系统,即复杂系统。这类系统往往包含人的因素,是有人参与的复杂系统。

(2) 实体系统和概念系统。这是按照系统实体的性质划分的。实体系统是由物质实体构成的系统,而概念系统则是由概念、原理、方法、程序、制度等非物质实体所构成的系统。概念系统以软件为主体,以动态系统的形式来表现,如教育系统、程序系统。实体系统与概念系统有时候是交织在一起的,实体系统是概念系统的基础和服务对象,概念系统为实体系统提供指导、方案和服务。

(3) 静态系统和动态系统。这是按照系统参数是否随时间改变而划分的。动态系统中,系统的状态变量是时间的函数,即描述其特征的状态变量是随时间而变化的。静态系统则是表征系统运动规律的数学模型中不含有时间因素的系统,即模型中的变量不随时间而变化。静态系统只是动态系统的极限状态。前者如企业、学校、城市、管理信息系统;后者如山川、河流、已经建好的铁路、桥梁。世界上任何事物都是发展变化的,因此,我们看见的大多数系统都是动态系统。事实上,即使是被我们认为的静态系统,它本身也在变化,只是对我们所关心的那些内容来说,它们的变化比较缓慢,不影响系统的运行。因此,研究的视点不同,系统的运行性质也不同,系统的类型也就不同。几乎所有的系统都或快或慢地运动着、变化着,但是当变化和运动相对很慢时,为了研究方便,我们把这种动态系统近似地认为是静态系统。

(4) 开环系统和闭环系统。这是按照系统与环境的关系划分的。开环系统是与外界环境发生能量、信息、物质、人员交换的系统;闭环系统长期处于封闭状态,几乎不和外界发生往来,不和环境发生能量、信息、物质、人员的交换。但是从系统思想观点来看,几乎一切系统都是开环系统。开环系统运动的规律性趋势是走向稳定和有序,表现为系统内部可用能的不断增加和可用能指标熵值的不断减少。这是系统与环境相互作用的结果。系统内部产生的熵可以向外转移,从环境中吸取能量,使系统内部的组织化程度提高,有序化趋势增强。闭环系统则因与外界环境完全没有物质、能量和信息的交换,系统内部的摩擦损耗使可用能不断减少,熵值不断增加,系统内部组织化程度越来越低,最后达到熵极大值时,系统运动和发展停滞,相当于死亡状态。因此,任何系统必须是开放的才能使系统走向组织化、有序化。前者如学校、工厂、交通、管理；后者如未开发的原始森林、太空天体、海底资源。闭环系统是相对而言的，现实生活中的系统与环境都存在着或多或少的联系，不存在绝对的闭环系统。但是有时为了方便研究，对某些与环境联系很少或者联系很弱的系统，忽略其联系，近似地视为闭环系统。

(5) 对象系统和行为系统。这是根据系统的组成要素划分的。对象系统是按照具体研究对象进行区分而产生的系统。行为系统是将完成特定目的的行为作为组成要素的系统。行为是为达到某一确定的目的而执行某一特定功能，它的作用对外部环境能够产生一定的效用。不同的行为系统是根据行为特征的内容加以区别的，因此，尽管有些系统的组成要素相同，但是因为执行的特定功能不同，那么它们就不属于同一类系统。

(6) 确定性系统和不确定性系统。这是根据是否包含不确性因素划分的。确定性系统是指不包含不确定因素的系统。在确定性系统中，实时输入和实时状态能够明确地、唯一地确定下一时刻的状态和实时输出。不确定性系统是指系统中含有不确定因素的系统。在不确定性系统中，实时输入和实时状态不能明确地、唯一地确定系统下一时刻的状态和实时输出，被确定的只是一些可能状态的集合或一些可能输出的集合。不确定性系统又可以进一步分为随机系统和模糊系统等。随机系统又被称为概率系统。在随机系统中，根据实时输入和实时状态能够明确系统下一时刻状态或实时输出的概率分布。模糊系统中的状态变量、输入和输出都是模糊子集。系统在模糊输入的作用下，由一个模糊状态转移到另一个模糊状态，并产生模糊输出。

(7) 简单系统和巨系统。这是根据组成系统的子系统以及子系统种类的多少和它们之间关联关系的复杂程度划分的。简单系统是指组成系统的子系统或要素的数量比较少，而且子系统或要素之间的关系也比较简单的系统。如果组成系统的子系统数量巨大(如成千上万、上百亿、上万亿)，那么系统就是巨系统。巨系统又可以进一步分为简单巨系统和复杂巨系统。简单巨系统是指组成系统的子系统或要素的数量非常大，种类也很多(如几十种，甚至上百种)，但它们之间的关系较为简单的系统。由于这类系统的组成部分数量众多，所以在处理过程中一般的直接综合法已不再适用，多用统计方法。耗散结构理论和协同理论在这一方面都取得了成功。复杂巨系统是指组成系统的子系统或要素数量不仅巨大、种类繁多，而且它们之间的关系也较为复杂，具有多种层次结构的系统。在复杂巨系统中，有意识活动的人通常作为系统组成要素的一部分，而这些系统又都是开放的，所以又被称为开放的复杂巨系统。

此外，系统还可以分为线性系统和非线性系统、适应系统与非适应系统等，如图 2-3 所示。

2.1.2　系统工程

研究系统的更重要的目的是为了引入系统工程的方法，它是现代管理科学中一种具有时代意义的研究方法。

1. 系统工程的概念

系统工程是一门交叉学科，其仍在不断完善和发展，到目前为止，还没有一个统一的科学定义。系统工程在不同的学科领域有多种不同的定义，具有代表性的定义有以下

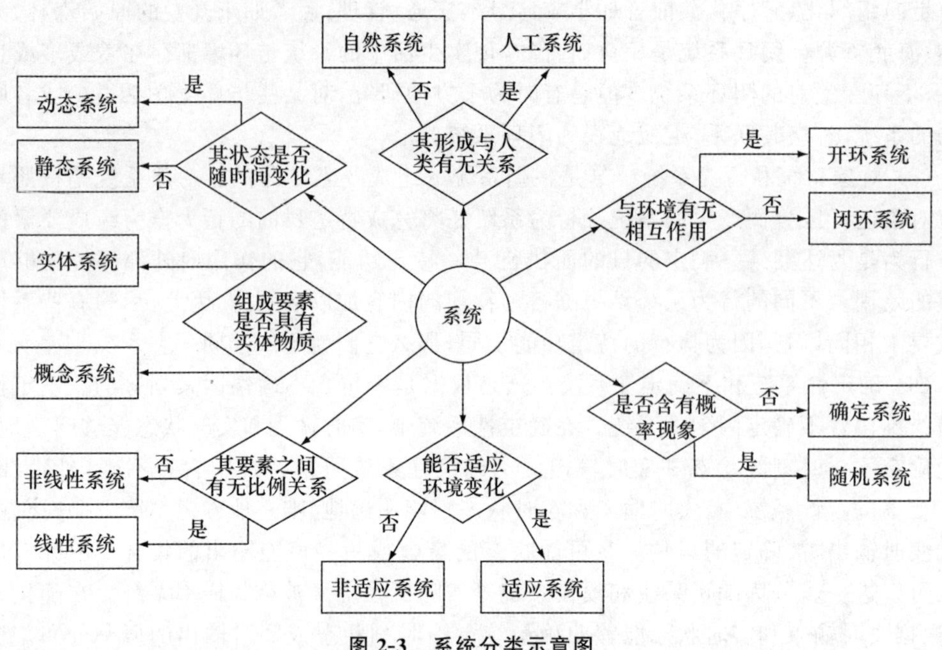

图 2-3　系统分类示意图

几种：

(1) 美国学者切斯纳指出："系统工程认为，虽然每个系统都是由许多具不同特殊功能的部分组成的，而这些功能部分之间又存在着相互关系，但是每一个系统都是一个完整的整体，每一个系统都要求有一个或若干个目标。系统工程按照各个目标进行权衡，全面求得最优解(满意解)的方法，并使各个组成部分能够最大限度的相互适应。"

(2) 1967 年，日本工业标准中的运筹学术语指出："系统工程是为了更好地达到系统目标，而对系统的构成要素、组织结构、信息流动和控制机制等进行分析和设计的技术。"

(3)《苏联百科全书》中指出："系统工程是一门研究复杂系统的设计、建立、试验和运行的科学技术。"

(4) 日本学者三浦武雄指出："系统工程与其他工程学的不同之处在于，它是一门跨越许多学科的科学，而且是填补这些学科边界空白的边缘科学。因为系统工程的目的是研究系统，而系统不仅涉及工程学的领域，还涉及社会、经济和政治领域。为了圆满解决这些交叉领域问题，除了需要某些纵向的专门技术，还要有一种技术从横向上把它们组织起来，这种横向技术就是系统工程。换句话说，系统工程就是研究系统所需的思想、技术、方法和理论等体系的总称。"

(5) 1978 年，我国学者钱学森等指出："系统工程是组织管理系统的规划、研究、设计、制造、试验和使用的科学方法，是一种对所有系统都具有普遍意义的科学方法。"

综合以上各种观点可以看出，系统工程是一门从整体出发合理开发、设计、实施和运用系统的工程技术，是一门以大型复杂的自然系统、人工系统及其复合系统为研究对象的交叉科学，既是一个技术体系又是一个管理体系。它将自然科学和社会科学的有关思想、理论和方法，根据总体协调的需要有机地联系起来，应用定量分析与定性分析相结合的方法及计算机等技术工具,对系统的构成要素、组织结构、信息交换、反馈控制等功能进行分析、设计、制造和服务,从而实现整体目标的最优化。

2. 系统工程的基本内容

系统工程的基本内容包括系统的开发、设计、制造、改造、实验、运行等方面的理论、方法和技术。下面我们分别叙述。

(1) 系统的开发。包括物质系统的开发、管理系统的开发、信息系统的开发。凡是开发一个系统,都需要用到系统工程学的理论、方法和技术。

(2) 系统的设计。包括物质系统的设计、管理系统的设计、信息系统的设计。凡是设计一个系统,都需要用到系统工程学的理论、方法和技术。

(3) 系统的制造。包括物质系统的制造、管理系统的制造、信息系统的制造,它们都是一个系统工程。

(4) 系统的改造。包括物质系统的改造、管理系统的改造、信息系统的改造,它们也是一个系统工程。

(5) 系统的实验。包括系统的调试等,也是一个系统工程。要考虑实验方案、考虑指标体系,然后进行实验方案实施,还要考虑到在实施过程中的各种因素。

(6) 系统的运行。系统运行也是一个系统工程。它要考虑人力物力配备、作业控制、系统监测维护等。例如铁路系统的运行、企业管理系统的运行、管理信息系统的运行。

系统工程基本内容的每个方面,都要用到系统工程的理论、技术和方法,如系统的观点、系统工程的基本概念、系统工程的方法程序、系统模型和模拟、系统分析与评价、系统预测与决策、系统可靠性技术、系统优化技术、网络分析技术等。

3. 系统工程的理论与观点

系统工程是一门范围广泛、内容丰富的学科,它是建立在一个坚实的基本理论基础之上的。系统工程的基本理论包括系统论、控制论、信息论和信息技术、运筹学、管理学等。

一个系统工程师,除了要掌握以上这些基本理论、技术、方法,还要在工作中掌握系统工程所必需的如下一些基本观点:

(1) 系统的观点。从事系统工程,总是要把工作对象看成是一个系统,要从组成系统的各单元、各因素的相互联系上去发现问题、解决问题。

(2) 整体最优的观点。从事系统工程,总是要着眼于系统的整体最优化。根据系统整体的需要,为最有效地实现系统的功能来合理地设置系统的结构和各单元的功能,要正确地处理好系统和单元、全局和局部的关系,在发生矛盾时,要做到单元服从系统,局部服从全局。

(3) 发展变化的观点。世界是不断发展变化的。市场在不断变化,经济在不断变化,技术在不断变化,社会在不断变化。系统工程的工作对象是一个系统,该系统必然处在这个不断发展变化的环境之中,它必须适应这个不断发展变化的环境,也必须适应未来环境的发展变化。它还必须适应由于系统内部各单元的发展变化而导致的系统相关性的变化,保证系统内部仍然能够和谐稳定。

(4) 协调配合的观点。系统各功能单元在功能分担、任务数量、作业进度、质量控制、成本分摊、利益分配等方面要相互衔接、统筹兼顾、协调合作,要克服本位主义、小团体主义、自私自利、斤斤计较等弊病。系统的效益源泉就在于协调配合,能够做到 1+1>2 的效果。协调配合也是生产力,也可以创造效益。

(5) 适应环境的观点。系统必须适应环境才能生存,但不是消极地任由环境摆布,而要通过自身的努力,在和环境的协调中,促使环境发展变化,为系统的未来创造一个更好的环境条件。

(6) 控制的观点。随时对系统进行调查测定,求出对象的状态值和输出管理特征值,并与管理目标进行比较,找出差距,采取必要措施进行修正。

(7) 人是系统主体的观点。人具有自主性、创造性和自我驱动力,是有自我发挥的能力。这是世间任何事物所不可相比的。发挥好人的创造力,就可以开创出新局面。因此,要重视人的作用,充分发挥人的作用,努力培养和造就人才。只有以人为主体的系统才能充满活力。

4. 系统工程的方法论

人们一直在探索系统工程的工作方法。系统工程的方法论是指运用系统工程研究问题的一套程序化的方法,也就是为了达到系统的预期目标,运用系统工程思想及其技术内容解决问题的工作步骤。系统工程方法论的特点,是从系统思想和观点出发,将系统工程所要解决的问题放在系统形式中加以考虑,始终围绕着系统的预期目的,从整体与部分、部分与部分和整体与外部环境的相互联系、相互作用、相互矛盾、相互制约的关系中综合地考察对象,以达到最优地处理问题的效果。它是一种立足整体、统筹全局的科学方法体系。

1940 年,美国贝尔电话公司提出了系统工程五个阶段的思想方法。1942 年,贝尔电话公司的工程师霍尔(A. D. Hall)在他的《系统工程方法论》一书中提出了在整个系统工程中要反复进行的七个步骤的思想方法。1969 年,霍尔又进一步在他的《系统工程的三维形态》新作中提出了系统工程三维系统的思想方法。下面我们将有关内容加以简单介绍。

(1) 三维结构方法论。三维即时间维(x 轴)、逻辑维(y 轴)和知识维(z 轴)组成的立体空间结构,它描述了系统工程的工作方法和步骤,如图 2-4 所示。时间维主要描述系统工程进行的时间阶段,它把整个系统工程的工作时间分成七个阶段;逻辑维主要描述系统工程各个时间阶段中的工作步骤,它把每个时间阶段上的工作分成七个步骤;而知识维则主要描述各个时间阶段上各个工作步骤中所要运用的知识种类。

x 轴表示系统工程进行的七个时间阶段。它们依次是:

- 规划阶段——制定系统工程活动的规划和战略;
- 拟订方案——设计具体的计划方案;
- 分析阶段——实现系统的研制方案,并制订生产计划;
- 运筹阶段——生产出系统的构件及整个系统,提出装配计划;
- 实施阶段——安装系统完毕,完成系统的运行计划;
- 运行阶段——系统为预定目标服务;

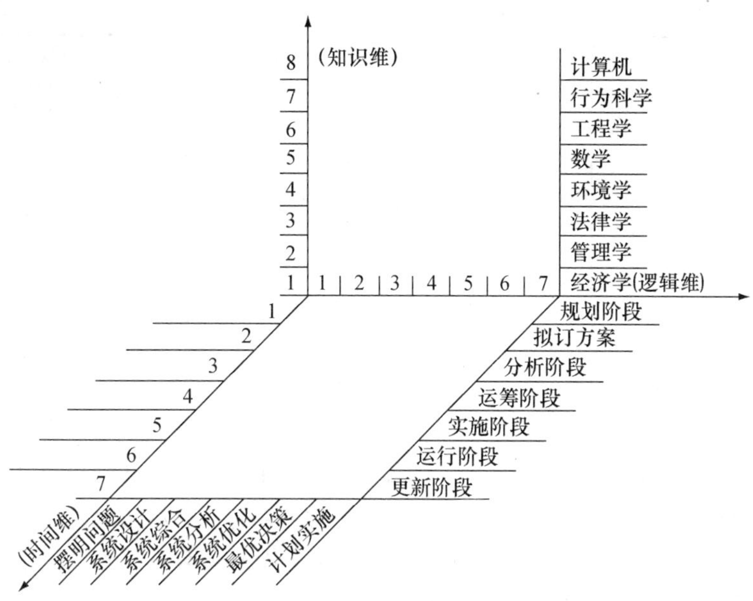

图 2-4　系统工程的三维结构

- 更新阶段——实施新系统或改进原有系统,使之更有效的工作。

y 轴表示系统工程进行的七个时间阶段上每一个阶段都要进行的七个步骤。这七个步骤依次是:

- 摆明问题——弄清要解决什么问题,问题的症结所在;
- 系统设计——要把问题解决到什么程度,达到什么目标;
- 系统综合——列出能解决问题、达到目标的各种可行方案;
- 系统分析——对各个可行方案进行分析;
- 系统优化——对各个可行方案分别调试、比较;对比较好的可行方案进一步优化、完善;
- 最优决策——将优化后的各个可行方案进行分析、比较,挑选出最好的方案;
- 计划实施——将挑选出来的最好方案付诸实施。

z 轴是知识维,表示每个时间阶段上的每个步骤所要运用的各种知识。分别包括自然科学、社会科学、管理科学、哲学、数学科学等。

系统工程,特别是比较大的系统工程,可以根据这个三维结构,逐个阶段、逐个步骤地制订规划、开展工作。

将逻辑维的七个逻辑步骤和时间维的七个工作阶段归纳在一起列成表格,如表 2-1 所示。

矩阵中的 α_{ij} ($i=1,2\cdots,7$; $j=1,2,\cdots,7$)表示系统工程的一组具体活动。如 α_{11} 表示在规划阶段对“摆明问题”步骤进行的活动。

表 2-1　系统工程活动矩阵

逻辑维 时间维	摆明 问题	指标 设计	系统 综合	系统 分析	系统 优化	择优 决策	计划 实施
1. 规划阶段	α_{11}						
2. 拟定方案							
3. 分析阶段							
4. 实验阶段							
5. 调试阶段						α_{56}	
6. 运行阶段							
7. 更新阶段							

(2) 软系统方法论。三维结构方法论的特点是强调明确目标，认为对任何现实系统的分析都必须满足其目标的需求。三维结构方法论的核心内容是模型化和定量化。霍尔认为，现实问题都可以归结为工程问题，从而可以应用定量分析方法求得最优的系统方法。在 20 世纪 60 年代期间，系统工程主要用来寻求各种战术问题的最优策略，或用来组织与管理大型工程建设项目，这最适合应用霍尔的三维结构方法论。这是由于工程项目的任务一般比较明确，问题的结构一般是清楚的，属于结构性问题，此类问题都可以应用数学模型进行描述，用优化方法求出模型的最优解。但是从 20 世纪 70 年代开始，系统工程面临的问题有三个特点：一是与人的因素越来越密切；二是与社会、政治、经济等众多复杂的因素纠缠在一起，属于非结构性问题；三是系统工程本身的定义并不清楚，难以用逻辑的严谨的数学模型进行定量描述。因此，国内外很多系统工程学者对霍尔的三维结构方法论提出了修正意见，其中，英国兰卡斯特大学切克兰德提出的一种系统工程方法论，受到了系统工程学界的重视。

切克兰德把霍尔系统工程方法论称为“硬系统”的方法论，他认为，完全按照解决工程问题的思路来解决社会问题和软科学问题，将遇到很多困难。至于什么是“最优”，由于人们的立场、利益各异，判断价值观不同，就很难简单地获得一致的看法，因此“可行”“满意”“非劣”的概念逐渐代替了“最优”的概念。还有一些问题只有通过概念模型或意识模型的讨论和分析后，才能使得人们对问题的实质有进一步的认识，经过不断磋商，再经过不断地反馈，逐步弄清问题，得出满意的可行解。切克兰德根据以上思路提出了他的方法论，被称为“软系统方法论”。软系统方法论的逻辑思维和内容如图 2-5 所示。

切克兰德的软系统方法论的核心不是“最优化”，而是进行“比较”，强调找出可行满意的结果。“比较”这一过程要组织讨论，听取各方面有关人员意见，为了寻找可行满意的结果，不断地进行多次反馈，因此它是一个“学习”的过程。

(3) 兰德方法论。美国兰德公司在 1947 年成立以后，主要为第二次世界大战后美国空军的发展战略提供咨询服务。后来逐渐扩大了业务范围，在长期经验积累的基础上，创立了系统分析方法论，并在人口、自动化技术、新式武器系统等问题的分析方面得到了很好的应用。

系统分析就是一个有目、有步骤地探索和思考问题的过程。系统分析人员应用科学的方法对系统的目的、功能、环境、费用、效益等进行调查研究，并分别处理有关资料和数

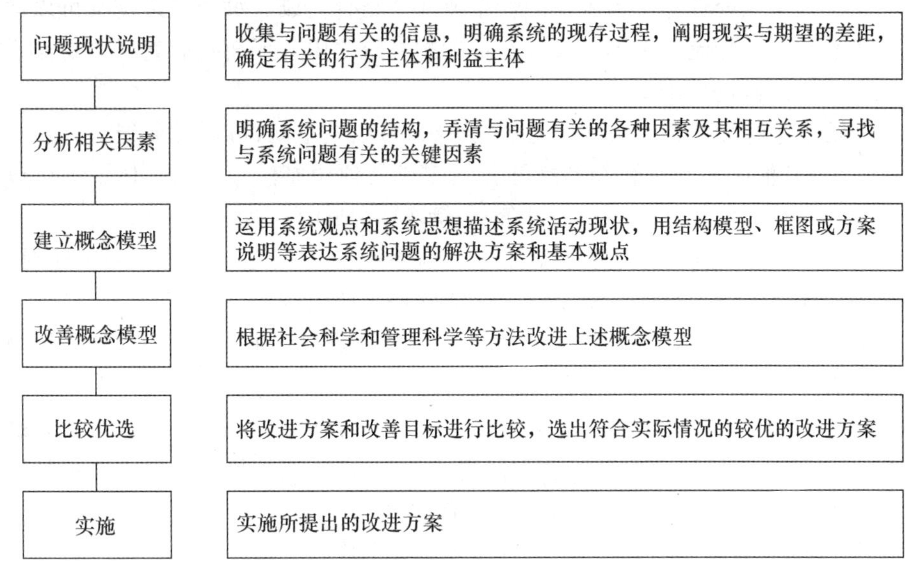

图 2-5　软系统方法论的逻辑思维和内容

据。在此基础上对有关备选的系统方案建立模型，并进行相应的模拟实验和优化计算，把计算、实验、分析的结果同预定的任务和目标进行比较和评价，最后整理成正确可靠的综合资料，作为决策者选择最优或次优系统方案的主要依据。运用系统分析解决问题的过程所遵循的一般步骤和要求成为系统分析程序，主要包括：

• 分析问题和确定目标。对问题的性质、产生问题的根源以及解决问题所需要的条件进行客观的分析，确定解决问题的目标。

• 收集资料和调查研究。对问题进行全面、系统的研究。收集与问题有关的数据资料，考察与问题相关的所有因素，研究问题中各种要素的地位、历史和现状，找出它们之间的联系，从中发现其规律性。

• 建立系统模型。根据系统的目的和目标，建立对象系统的各种模型，表示出系统的行为。

• 系统最优化。运用最优化的理论与方法，对备选方案的模型进行模拟和优化计算，并求解出相应的结果。

• 系统评价。在最优化系统的候选解的基础上，考虑前提条件和约束条件，结合经验和评价标准确定最优解，为选择最优方案提供足够的信息。

以上五个步骤相互关联，需要不断反复进行，直到得到最优方案。

• 实施方案。根据出现的新问题，对方案进行必要的调整和修改。

• 总结提高。对解决问题的全过程进行综合分析，为解决新问题提供可借鉴的经验。

2.1.3　物流系统概述

所谓物流系统，是由多个既相互区别又相互联系的单元结合起来，以物资为工作对象，以完成物资物质实体流动为目的的有机结合体。最基本的物流系统由包装、装卸、运输、存储、加工及信息处理等子系统中的一个或几个结合而成。每个子系统又可以向下分成更小的子系统。而物流系统本身又处在更大的系统之中。下面我们就对与物流系统密切相关的一些概念做进一步说明。

(1) 单元。这里所说的单元可以是单位组织,可以是空间,可以是职能、功能,可以是时间,也可以是其他因素。它们都是能够独立完成某种功能任务的独立体。大可以大到很大的系统,小可以小到一个人、一台设备、一辆车、一项工作等。

(2) 物流系统的特点。物流系统区别于一般系统的特点是它以物资为工作对象,以完成物资物质实体流动为目的。这个特定功能强调了两层意思:一是以物资为工作对象,物流就是处理物资的;二是强调物资物质实体流动,这是物流的本质意义,是一切物流活动所共同具有的本质特征。

(3) 基本子系统。包装、装卸、运输、存储、加工及信息处理是构成物流系统的最基本的子系统,没有这些子系统就没有最基本的物流活动,而对应的那个系统也就不是物流系统了。但并不是任何物流系统都必须具备所有这些物流活动,只要有一个或几个就可以了,然而这些子系统必须有机地结合在一起,才能够形成物流系统。

(4) 物流子系统可以往下再分。可以按空间分,按时间分,按功能分,按其他因素分,分到最基本的单元为止。这样由多个既相互区别又相互联系的单元构成的等级层次结构,才能称为一个系统。

(5) 物流系统往上可以再结合。即可以和同等级的其他系统再结合成一个更大的系统。这个更大的系统就是物流系统的环境。物流系统只有适应这个环境才能够生存发展。

物流系统示意图如图 2-6 所示。

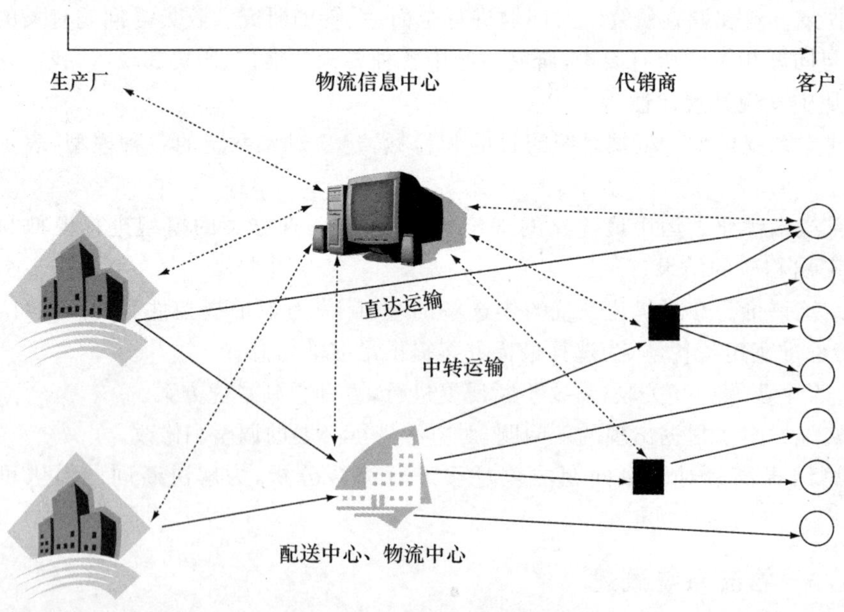

图 2-6 物流系统示意图

1. 物流系统的基本功能与增值服务功能

(1) 物流系统的基本功能。物流系统的基本功能可以从物流系统的组成角度进行理解。物流系统由物流作业系统和支持物流系统的信息流动系统即物流信息系统组成。

• 物流作业系统。在运输、仓储、装卸搬运、包装、流通加工等作业中,使用种种先进技能和技术,使生产据点、物流据点、输送配送路线、运输手段等网络化,从而提高物流活动的效率。

• 物流信息系统。在保证订货、进货、库存、出货、配送等信息畅通的基础上,使通信据点、通信线路、通信手段网络化,提高物流作业系统的效率。物流活动一般涉及运输、仓储、装卸搬运、包装、流通加工和物流信息传递等内容。

物流系统是由运输、仓储、装卸搬运、包装、流通加工这几个环节和物流信息组成的。

• 运输。运输的任务是将物资进行较远距离的空间移动。物流部门通过运输解决物资在生产地点和需求地点之间的空间距离问题,从而创造商品的空间效益,实现其使用价值以满足社会需要。运输是物流的中心环节之一,是物流最重要的一项功能。运输扩大了经济作用的范围,在一定的经济范围内促进了物价的平均化。运输的方式主要有铁道运输、汽车运输、船舶运输、航空运输、管道运输。运输在物流成本中所占的比重最大,因此运输合理化的意义重大。合理化的途径有以下几种:运输网络的合理化,选择最佳的运输方式,提高运输效率,推进共同运输。

• 仓储。仓储在物流系统中起着缓冲、调节和平衡作用,是物流活动的另一个中心环节。仓储的目的在于克服产品生产与消费在时间上的差异,使物资产生时间上的效果。它的内容包括存储、管理、保养、维护等活动。仓储是生产领域和消费领域中物资集散的中心环节。从现代物流系统的观点来看,仓库应具有存储和保管的功能,调剂供需的功能,调节货物运输能力的功能,配送和流通加工的功能。

• 装卸搬运。装卸搬运是在同一地域范围内进行的,它伴随着输送和保管进行,不产生任何价值。然而物流的主要环节(如运输和仓储)是靠装卸和搬运活动连接起来的。装卸搬运发生的次数较为频繁,作业内容复杂,是劳动密集型作业,其耗损费用在物流费用中占有较大的比重。装卸搬运作业既有对运动设备的装入和取出作业,也有对固定设备的出库和入库作业。

• 包装。包装是为了保证产品完好地运送到消费者手中。所以包装既是生产的终点,又是社会物流的起点。包装使物品形成一定的单位,便于处置;包装使物品的形状、性能、品质在物流过程中不受损坏;包装使物品醒目、美观,从而可以促进销售。包装材料有容器材料、内包装材料、包装用辅助材料,同时又可细分为:纸和纸板制品、塑料制品、木制容器、金属容器,包装用辅助材料。由于包装只起保护作用,对产品使用价值没有任何意义,因此包装应该轻薄化、单纯化,应该符合集装单元化和标准化的要求。

• 流通加工。在流通过程中辅助性的加工活动称为流通加工。流通与加工本属于不同的范畴:加工是为了改变物质的形状或性质,以形成一定的产品;而流通则是为了改变物质的空间与时间状态;流通加工是为了弥补生产过程的加工不足,更有效地满足用户或本企业的需要,使产需双方更好地衔接,将这些加工活动放在物流过程中完成。作为物流的一个组成部分,流通加工是生产加工在流通领域中的延伸。流通加工的形式有以下

几种:为了运输方便而进行的加工,由于用户需要的多样化而进行的加工,为了综合利用资源,在流通中将货物分解,按分类处理。

• 物流信息。物流活动进行中的必要信息为物流信息。信息是事物的内容、形式及发展变化的反映。因此,物流信息和运输、仓储等各环节都有着密切的关系,在物流系统中起着神经系统的作用。加强对物流信息的研究才能使物流成为一个有机系统,而不是各个环节孤立地活动。只有及时收集和传输有关信息,才能使物流定量化、通畅化。物流信息已向系统化发展,信息流和物流分离是其发展的一个特征。在信息流和物流一致的条件下,发货票据随货物发送,货物发出后无论是发出单位还是收货单位都对货物的中间状态不了解;在信息流和物流分离的条件下,通过统一的信息系统,各个方面均可以及时了解货物的运送状况。在垂直方向,物流信息系统可以划分为三个层次,即管理层、控制层和作业层;在水平方向,物流系统贯穿供应物流、生产物流、销售物流、回收和废弃物流的运输、仓储、装卸搬运、包装、流通加工等各个环节,呈金字塔结构。可见,物流信息系统是物流领域的神经网络,遍布物流系统各个层次、各个方面。

物流系统的效益并不是组成它的各局部环节效益的简单相加,因为各环节的效益之间存在着相互影响、相互制约的关系,也就是交替损益的关系。各环节都是物流系统锁链中的一个组成部分,任何一个环节过分削弱都会影响到物流体系链条的整体强度。重视系统观念,追求综合效益最佳,是物流学的基本观点之一。

(2) 物流系统的增值服务。如今的物流服务已经超出了传统意义上的货物包装、配送、仓储或寄存等常规服务,由常规服务延伸而出的增值服务正在成为物流发展的新趋势。

在 2003 年召开的国际物流博览会上,许多专家和学者认为,增值服务与全球物流趋向一体化、新技术提速物流业、第四方物流带来新的挑战一起构成了国际物流发展的四大趋势。美国学者 J. 迈克 · 琼(J. Mike Jone)指出:“对竞争激烈的物流企业而言,单独的物流服务已经无法构成企业牢固的基础,所以,一方面,他们必须提供新的附加业务,扩大业务范围;另一方面,必须不断推陈出新,为用户提供增值服务,以增加企业的核心竞争力。”

增值服务对于物流企业而言是既诱人又充满变数的,企业要想让增值服务成为自己的优势,需要做好以下三件事:

一是引导客户需求,实现客户增值新体验。企业在实施任何新的服务策略之前,一定要明白客户在什么时候、什么环境下需要何种服务,企业的服务策略要有很强的针对性。

二是对症下药,提供一体化的物流解决方案。传统物流服务的内容大多集中于传统意义上的运输、仓储范畴。它们对传统物流服务的内容有着比较深刻的理解,对物流环节中的某个单项服务内容有一定的运作经验,但却缺乏将多个单项服务内容有机组合起来的经验和尝试,即缺乏针对客户专门提供一体化物流的解决方案。

物流企业发展的现状客观上要求物流企业,尤其是 3PL(第三方物流企业)应加快向一体化物流解决方案提供商的转变速度,为客户提供个性化的增值服务,不仅需要突破人才“瓶颈”,还应该形成独特的商业模式,尽快开发出针对常见物流需求和物流问题的配套方案模型,包括物流信息系统解决方案、物流优化配送解决方案、物流供应链管理解决方案、一体化物流解决方案等。

三是借助信息技术，实现增值服务承诺。信息技术在物流运作中的广泛应用，不仅打破了传统的运输、仓储等各个物流环节各自为政的局面，使一体化物流运营成为可能，而且为物流企业为客户提供服务提供了有力保障。

通过建立物流管理信息系统，物流企业可以运用先进的信息技术来管理物流业务运作，实现业务信息的一体化运营，提高信息层面的透明度，缩短物流运作时间，这样企业才有可能实现服务承诺，为强化物流增值服务奠定基础。

2. 物流系统中的效益背反问题

物流系统要素具有"效益背反"关系。"效益背反"一词源自英语"trande-off"，其含义是"两种目的，对于同一种资源会产生两种不同的结果时，为了更好地完成一种目的，可能需要对另一种目的的完成作出部分的牺牲，这种目的间的关系，就是'效益背反'关系"。从现代物流的角度出发，所谓效益背反可以理解为改变物流系统的任一要素都会影响到其他要素；系统中任一要素的增益都将对其他要素产生减损的作用。解决物流系统的效益背反问题，是现代物流管理的精华所在。

在一个物流系统中，存在着广泛的效益背反关系，典型的效益背反关系可以归纳为：

(1) 物流服务水平和物流成本之间存在效益背反关系。要提高物流系统的服务水平，物流成本通常要增加。例如采用小批量即时运货制时，要增加费用。要提高供货率即降低缺货率时，必须增加库存费用，其关系如图 2-7 所示。

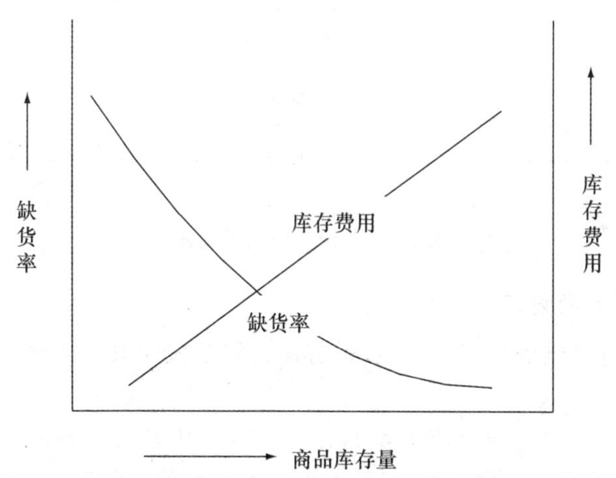

图 2-7　物流服务水平和物流成本之间的效益背反关系

(2) 构成物流系统的各子系统之间存在效益背反关系。

(3) 构成物流成本的各环节费用之间存在效益背反关系。

如为了降低库存采取小批量订货时，则因运输次数增加而导致费用上升，运费和保管费之间有效益背反关系。

(4) 各子系统的功能和所耗费用之间存在效益背反关系。任何子系统功能的增加和完善必须投入资金。如要增加信息系统的功能，就必须购置硬件和开发计算机软件；要增加仓库的容量和提高进出库速度，就要建设更大的库房并实现机械化、自动化。在实际中必须考虑在财力许可的范围内改善物流系统的功能。

2.1.4 物流系统的模式

1. 物流系统模式简图

物流系统的模式是一般系统模式的具体化，由输入、输出、处理(转换)、限制(约束)、反馈等功能组成。通过输入和输出可以使系统与社会环境进行交换。根据物流系统的性质，不同物流系统的具体内容可能有所不同，如图 2-8 所示：

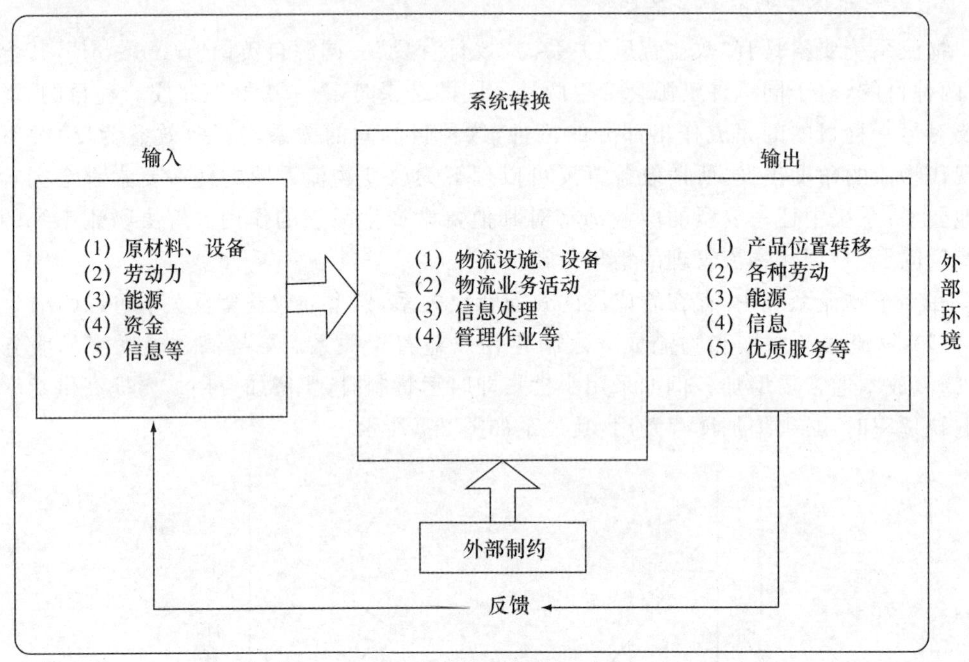

图 2-8 物流系统模式简图

2. 物流系统模式的内涵

(1) 输入。通过提供资源、能源、设备、劳动力等手段对某一系统产生作用，统称为外部环境对物流系统的输入。

(2) 处理(转换)。它是指物流本身的转化过程。从输入到输出之间所进行的生产、供应、销售、服务等活动中的物流业务活动称为物流系统的处理或转化。具体内容有：物流设施设备的建设；物流业务活动，如运输、仓储、包装、装卸、搬运；信息处理及管理。

(3) 输出。物流系统与其本身所具有的各种手段和功能，对环境的输入进行各种处理后所提供的物流服务称为系统的输出。具体内容有：产品位置与场所的转移；各种劳务，如合同的履行及其他服务；能源与信息。

(4) 限制(约束)。外部环境对物流系统施加一定的约束称为外部环境对物流系统的限制和干扰。具体内容有资源条件、能源限制、资金与生产能力的限制、价格影响、需求变化、仓库容量、装卸与运输的能力、政策的变化等。

(5) 反馈。物流系统在把输入转化为输出的过程中，由于受系统各种因素的限制，不能按原计划实现，需要把输出结果返回给输入，进行调整；即使按原计划实施，也要把信息返回，以便对工作作出评价，这称为信息反馈。信息反馈形式包括各种物流活动分析报告、各种统计报告数据、典型调查、国内外市场信息与有关动态。

2.1.5　物流系统化

物流是指从生产供应到消费资料废弃的一个范围很广的系统。这里主要就其中有关从生产到消费的范畴来研究所谓物流系统化问题。即把物流的各个环节(子系统)联系起来看成一个物流大系统进行整体设计和管理，以最佳的结构、最好的配合，充分发挥其系统功能、效率，实现整体物流系统化。

1. 物流系统化的目的

物流系统化的目的在于以速度、可靠、低费用的原则实现以最少的费用提供最好的物流服务。现代企业把物流系统化的目的定义为：按交货期将所订货物适时而准确地交给用户；尽可能地减少用户所需的订货断档；适当配置物流据点，提高配送效率，维持适当的库存量；提高运输、仓储、装卸搬运、包装、流通加工等作业的效率，实现省力化、合理化；保证订货、出货、配送的信息畅通无阻；使物流成本降到最低。

斯麦基教授倡导的物流系统的目的是 7R 原则：优良的质量(right quality)、合适的数量(right quantity)、适当的时间(right time)、恰当的场所(right place)、良好的印象(right impression)、适宜的价格(right price)、适宜的商品(right commodity)。

将物流系统化的目的细化，即是物流系统所追求的作业目标。在物流系统设计方面，每一个厂商都必须同时实现至少六个不同的作业目标。这些作业目标构成了物流表现的主要方面，其中包括快速响应、最小变异、最低库存、整合运输、质量以及生命周期支持等。

(1) 快速响应。快速响应反映了一个厂商及时满足顾客的服务需求的能力。快速响应的能力把作业的重点从根据预测和对存货储备的预期，转移到了以从装运到装运的方式对顾客需求作出反应上来。

(2) 最小变异。变异是指破坏系统表现出的任何意想不到的事件，它可以产生于任何一个领域的物流作业。物流系统的所有作业领域都容易遭受潜在的变异，减少变异的可能性关系到内部作业和外部作业。传统的解决变异的办法是安全储备存货或使用高成本的溢价运输，当前已被信息技术的利用所取代，以实现积极的物流控制。

(3) 最低库存。最低库存的目标涉及资产负担和相关的周转速度，是要把存货配置减少到与顾客服务目标相一致的最低水平，以实现物流的最低总成本。

(4) 整合运输。最重要的物流成本之一是运输成本。要减少运输成本，就需要实现整合运输，因此需要有创新的规划，把小批量的装运聚集成集中的、具有较大批量的整合运输。

(5) 质量。要寻求持续的质量改善。全面质量管理已成为全行业各方面承担的主要义务。对全面质量管理承担全面义务是对物流复兴作出贡献的主要动力之一。物流是发展和维护全面质量管理的主要组成部分。

(6) 生命周期支持。生命周期支持的含义是，从摇篮到摇篮的物流支持，这是物流活动的最后一个目标。在某些情况下，必须回收那些已流向顾客的额外存货。产品回收是由于不断地提高具有强制性的质量标准、产品有效期的到期和因危害而产生的责任等引起的顾客对产品的不满所造成的结果。逆向物流需求也产生于某些法律规定，其重要意义是，当存在潜在的健康责任时需要进行最大限度的控制。从这个意义上来说，产品回收规划就与不论代价大小都必须最大限度地执行的顾客服务战略相类似了。厂商必须设计一个物流系统的生命周期支持的能力。由于全世界对环境问题的注意，逆向物流能力需要具有再循环利用各种配料和包装材料的能力。

2. 物流系统化的目标

(1) 服务性(service)。在为用户服务方面要求做到无缺货、无货物损伤和丢失等现象，且费用便宜。

(2) 快捷性(speed)。要求把货物按照用户指定的时间和地点迅速送到。

(3) 有效的利用面积和空间(space saving)。目前，我国土地费用正在不断上涨，应注意对其的有效利用。应逐步发展立体化设施和有关物流机械，求得空间的有效利用。

(4) 规模适当化(scale optimization)。应该考虑物流设施集中与分散是否适当，机械化与自动化程度如何合理利用，情报系统的集中化所要求的电子计算机等设备如何利用等。

(5) 库存控制(stock control)。库存过多则需要更多的保管场所，而且会产生库存资金积压，造成浪费。因此，必须按照生产与流通的需要变化对库存进行控制。

(6) 安全性(safe)。安全始终是第一位的，没有安全性所有的一切都是没有意义的，要在保证安全的情况下把货物送到顾客手中。

(7) 总成本最低(sum cost minmum)。尽可能保证总成本最低是企业追求的目标之一，因此，总成本最低是物流系统化的目标之一。

上述物流系统化的目标简称为“7S”。还有学者把物流系统化的目标总结为“7R”，即适当数量(right quantity)的适当产品(right product)，在适当的时间(right time)和适当的地点(right place)，以适当的条件(right condition)、适当的质量(right quality)和适当的成本(right cost)支付给客户。

3. 物流系统设计要素

进行研究时需要以下几方面的基本数据：

(1) 所研究商品(product)的种类、品目等；

(2) 商品的数量(quantity)，年度目标的规模、价格；

(3) 商品的流向(route)，生产厂商、配送中心、消费者等；

(4) 服务(service)水平，速达性、商品质量的保持等；

(5) 时间(time)即不同的季度、月、周、日、时业务量的波动、特点；

(6) 物流成本(cost)。

以上 P、Q、R、S、T、C 称为物流系统设计有关基本数据的六个要素。这些数据是物流系统设计中必须具备的。

2.2　配送与配送模式

配送的对象是产品。不同的产品有不同的性质、特点及工业流程。配送模式是指构成配送运动的诸要素的组合形态及其运动的标准样式。配送模式是根据经济发展需要针对不同的配送对象，经过反复实践摸索出来的配送方式。不同种类的产品，其配送模式不尽相同；而同一类产品，在不同的市场环境下，其配送模式也不完全一样。但是，作为一项特殊的物流活动，配送所包括的基本要素(或称基本环节)及其运动规律却是完全相同的，由此构成了配送的基本模式。

2.2.1　物流系统中的配送

1. 配送在物流系统中的表现特点

配送是物流系统中由运输派生出的功能，是短距离的运输，其具有以下三个特点：

(1) 配送是距离较短的运输，位于物流系统的最末端，处于支线运输、二次运输和末端运输的位置，即到最终消费者的物流。

(2) 配送是物流系统的一个缩影，也可以说是一个小范围的物流系统。在配送过程中，也包含着其他的物流功能。一般的配送集装卸搬运、包装、仓储、运输于一身，通过这一系列活动完成将货物送达的目的。

但是，配送的主题活动与一般的物流却存在不同，一般的物流是运输及保管，而配送则是运输及分拣配货。分拣配货是配送的独有要求，也是配送中有特点的活动。

(3) 配送是物流系统中一种特殊、综合的活动形式，是商流和物流的紧密结合，既包含了商流活动，也包含了物流若干功能要素。从商流上讲，配送和物流的不同之处在于物流是商物分离的产物，而配送则是商物合一的产物。配送本身就是一种商业形式。在配送具体实施时，虽然也有以商物分离的形式实现，但从配送的发展趋势来看，商流和物流越来越紧密地结合，这是配送成功的重要保障。

2. 配送在物流系统中的作用与地位

配送是物流网络构成的基础，也是物流系统功能的核心。

物流系统具有三大效用，或称三大功能，即创造物品的空间效用、时间效用和形质效用。由于物流系统的功能是由各子系统来实现的，因此多数资料将物流系统的功能表述为运输功能、仓储功能、搬运装卸功能、流通加工功能、包装功能和信息处理功能等。

空间效用是通过运输或配送活动来实现的，这是物流系统三大功能中不可缺少的功能之一，因为在社会化大生产条件下，产品生产和消耗在空间位置上的矛盾不但不会消除，而且随着经济的全球化反而会不断扩大，这种扩大会增加对物流业，特别是运输、配送业务的需求。

时间效用主要由仓储活动来实现，这一功能虽然在物流系统中是不可缺少的功能之一，但也有弱化的趋势。之所以弱化是基于以下几方面的原因：一是生产技术的发展和管理水平的提高，生产企业可以做到柔性化和按订单生产，这缩短了产品制造与消费在时间上的差距。二是通过其他物流功能的强化,降低或消除仓储功能的作用,如通过流通加工和配送实现所谓的"零库存"生产。三是信息技术的发展。

形质效用是指通过流通加工,改变物品的形状和性质,达到促进销售、方便运输和提高物品利用效果的目的。流通加工功能,一部分从属于运输、配送功能,为运输、配送功能服务;另一部分也需要运输、配送功能与之紧密配合。

在物流系统的各个功能中,运输、仓储、流通加工是主体功能,装卸搬运、包装和信息处理则是从属功能,且主体功能中的配送功能的主导地位更加凸显,成为所有功能的核心。

3. 配送是物流合理化的关键

物流合理化是指在各物流子系统合理化基础上形成的最优物流系统总体功能,即系统以尽可能低的成本创造更多的空间效用、时间效用和形质效用。或者从物流承担的主体来说,以最低的成本为用户提供更多、更优质的服务。物流系统是由运输、仓存、装卸搬运、包装、流通加工和信息处理子系统构成的,所以,物流合理化是指各子系统合理化并相互协调产生结构效应,使物流系统总体功能达到最优。

从前面对物流功能结构的分析可知,运输、配送功能在物流系统中处于核心地位,显然,运输、配送合理化直接影响到其他物流子系统的构成,所以只有运输、配送合理化,才能使物流系统结构更加合理、功能更强,系统总体功能更优。因此,运输、配送合理化是物流系统合理化的关键因素。

2.2.2 配送模式

配送模式是根据配送对象的性质及状态、配送工作流程、配送设备等因素而定的。各模式都有各自比较特殊的流程、装备、工作方法。配送模式主要有以下五类:

1. 商流、物流一体化配送模式

商流、物流一体化配送模式又称为配销模式,是指配送的组织者既从事货物分拣、流通加工、配货和运送等物流活动,又负责商品的采购与销售等商流活动。这类配送模式的组织者大多数是商业流通企业附属的物流机构,有些也是生产企业附属的物流机构。以上这些经营实体,从现象上看,也在独立从事商品的存储、保管、分拣和运送等物流活动,但这些活动是作为商品销售活动的延伸而开展起来的,而且是将配送活动作为一种"营销手段"和"营销策略",既参与商品交易实现商品所有权的让渡与转移,又在此基础上向客户提供高效优质的物流服务,在这里,销售和配送是合二为一的。因此,这种集商流、物流为一体的配送,主要是围绕着商品销售和提高市场占有率这个根本目的而组织起来的。在我国的物流实践中,配销模式的组织方式,大多存在于以批发为主体经营业务的商品流通机构中。在国外,一些汽车配件领域所开展的配送业务也均属此类模式。

在商流、物流一体化的配送模式下,对于配送组织者来说,由于其直接负责货源组织和商品销售,因而能够形成储备资源优势,有利于扩大营销网络和经营业务范围,同时也便于满足客户的不同需求。但这种模式下由于其组织者既要参与商品交易,又要组织物流活动,因此,配送组织者不但需要较强的组织和经营能力,由于投入的资金、人力、物力比较多,也需要较强的经济实力。

2. 商流、物流相分离配送模式

商流、物流相分离配送模式是指配送组织者本身并不购销商品,而是专门为用户提供如货物保管、分拣、流通加工、运送等物流服务。其业务实质上属于"物流代理",从组织形式上看,其商流和物流活动是分离的,分别由不同的主体承担,配送组织者和用户是相互独立的,配送组织者并不是用户的附属物流机构。该模式中,配送组织者为第三方物流企业——配送中心,因此商流、物流相分离的配送模式又被称为配送中心配送模式。从实施配送较为普遍的国家来看,配送中心配送是配送的主体形式,不但在数量上占主要部分,而且是某些小配送单位的总据点,因而发展较快。配送中心是社会化大生产分工协作的产物,是现代配送的主要发展方向。

通常,配送中心的规模较大,专业性也比较强,与用户之间存在着固定的配送关系。因此,一般情况下都实行计划配送,需要配送的商品有一定的库存量,但是其很少超越自己的经营范围。配送中心的设施及工艺流程一般是根据配送的需要而专门设计的,所以其配送能力较强,配送距离较远,配送的品种多、数量大。

商流、物流相分离的配送模式中,配送组织者负责接收客户自行采购的商品,并组织入库、储存保管,再根据客户的计划安排,将其所需要的商品以其所必需的数量、品种和规格,在规定的时间段中准确地送达给客户,实质上就是替生产制造企业从事物流代理活动。配送中心专门从事商品的储存保管和代理发运,在整个业务过程中,配送中心不直接经销商品,也不具备商品的所有权,业务活动仅限于物流代理,业务比较单一,有利于其提高专业化的物流服务水平;同时,占用流动资金少,其收益主要来自服务费,经营风险较小。但由于配送企业不直接掌握货源,因此,其货物调度和货物调节能力较差。

3. 共同配送模式

共同配送是为了提高配送效益以及实现配送合理化,多个配送企业通过功能互补,联合组织实施的配送活动。市场经济条件下,在同一个地区不可避免地存在多家配送企业并存的局面,每个配送企业都要开辟自己的市场和渠道,并要分别建立自己的网络和设施,这样一来,便容易出现在用户较多的地区设施不足,或者在用户稀少的地区设施过剩,或者不同配送企业重复建设设施的浪费状况。多个配送企业分别配送,也容易引发交通拥挤、环境噪声及车辆废气污染等一系列社会问题。采取共同配送方式,可以以共同配送使用的一辆车代替原来的几辆或几十辆车,有利于缓解交通压力、减少污染,有利于提高车辆使用效率和设施使用效率,实现配送资源的有效配置,弥补配送企业功能的不足,促使企业配送能力的提高和配送规模的扩大,更好地满足客户需求,提高配送效率,降低配送成本。共同配送涉及面广,单位较多,配送组织工作难度较大。因此,在选择实施这种配送模式时,必须建立完善的物流信息网络,而且还需要建立层次性的管理系统。

4. 跨国配送模式

随着经济的发展,全球经济一体化将进一步推进,跨国公司的全球化布局也会进一步扩展。目前,跨国公司控制着全球 40%的生产总值、50%的国际贸易及 90%的国际投资,这就需要进行跨国配送。跨国配送是指在两个以上的国家进行的物流配送，是一种国际物流活动。跨国配送通常为多级配送，需建立区域配送中心。要使跨国配送畅通无阻，统一标准是非常重要的，标准化的配送工具和设施不仅使配送费用大大减少，也使配送的难度大为降低。

5. 电子商务配送模式

电子商务配送是指利用计算机技术、网络技术、通信技术，以外界物流资源为依托进行物流代理业务的企业，通过 Internet 从供应商那里获得配送业务信息后，再通过 Internet 寻找最佳配送代理，并与之签订协议，建立物流配送动态联盟，然后把配送业务委托给代理方，后者根据协议负责完成配送业务。电子商务配送模式可以优化企业的管理过程，改变企业传统的流程管理模式，减少企业的各项费用支出，拓展企业在市场的延伸范围。电子商务配送模式对物流配送的要求必须是物流配送的信息化、自动化、智能化、柔性化。这种模式的配送主要有两种形式：B2B 配送、B2C 配送。

2.3 配送系统举例

本节我们列举几个配送系统的例子，即服务周到的高频率小批量配送系统；降低经营成本的共同型配送系统；高效率运营的一体化配送系统。

2.3.1 服务周到的高频率小批量配送

1. 准时配送

准时配送是指零售业为了降低成本，实现零库存，防止商品滞销和缺货而进行的准时的、少量的、直接的供应。这是需要准时配送的一种场合。在这种场合下，店铺的库存负担减轻，营运效益提高，人工费用压缩，促进了销售的增长；对于生、鲜食品来说，当日配送尤为重要。

准时配送是丰田汽车公司开发的生产、工艺管理方式中的一项内容，被称为看板管理。采用这一方式，各工艺的零部件没有储存，而是将所需要的时间及数量记入看板，进行准时供应，这不仅保证了生产的连续性和稳定性，又降低了成本。把这一原理用于商业经营，仅根据必要的商品、时间、数量进行准时供应，既满足了顾客的需求，又实现了零库存。由于看板方式的采用，使得丰田公司的发展顺利，实现了中间库存减少，业务操作标准化、简单化。作为看板系列的代表，准时供应系列成为日本工业生产现代化的代名词，在全世界享有盛名。

2. 高频率小批量配送

准时配送会给物流企业的营运带来各种各样的困难，它将促使物流成本上升即为一例。由于消费者需求的多样化、个性化，消费品也从量到质发生了变化。零售业者为了及早发现滞销商品及避免库存积压，与此相应的要求就是商场的效率化及高频率小批量的配送。最初是大型的便利连锁业采用高频率小批量配送系统，后来很快成为燎原之火，迅速扩展到了超市业及其他零售业。然而这个系统的原型是美国的食品业和汽车运输业采用的散货出库方式,将这个方式和准时供应方式结合起来便成了独特的高频率小批量配送系统。

3. 高频率小批量配送的概念

一方面,批发商认为,所谓高频率小批量配送,就是配送间隔较传统的配送间隔短,但接收货物的单位小批量化,比传统的配送方式费工夫,它是要求在规定的时间内进行配送的系统。另一方面,便利店总部则认为,所谓高频率小批量配送,是满足消费者的需要,得到供应商的协助,将必要的商品,在必要的时间内,按照必需的数量供给零售业者,是合理的、高效率的物流系统。这两方面的理解反映了其各自对流通的态度,批发商认为高频率小批量配送是被动的;与此相反,便利店总部认为其是主动的。它们只是观察问题的角度不同,得到的结论却都是正确的。

4. 高频率小批量配送的作用与评价

从以下几个方面分析零售业的高频率小批量配送。

(1) 消除脱销。高频率小批量的配送是指进行"适品、适量、适时"的配送和进货。零售业者以此作为一个条件要求批发商采用高频率小批量配送使缺货率降低及消除脱销。此外,这种配送方式还要求附加免费进行流通加工(例如粘贴价格、标记)及商品陈列等服务,对于出现脱销、配送迟缓等现象要强化惩罚措施。

(2) 订、发货期间缩短。零售业者对批发商高频率小批量配送的基本要求是订、发货期间缩短,这样一方面,削减了零售业者的商品库存面积,能够确保店铺商品的陈列场地。另一方面就是削减了库存量,解决了因陈列面积不足而不得不压缩商品数量和因商品在店铺库存而使其新鲜度降低、品质恶化等问题,进而减少了商品损失。

(3) 流通加工多样化。高频率小批量配送是以消费者需求的高档次、多样化为背景,为使零售业店铺商品品种齐全、丰盛而形成的物流系统。由于商品品种的不断扩大,就要求商品进行分类、分装、标价、包装等流通加工的多样化。

(4) 验货成本压缩。新售商品可以根据统计结果有选择地进行销售,使店铺库存压缩,商场效率提高。对于要求批发商缩短订、发货周期的零售业者,必须备有高频率、小批量的验货系统,由于订、发货周期缩短,验货频率较以前增加,验货时间也比以前长,验货人员相应增加,人工费用随之增加是不可避免的。但是,如果零售业者同批发商配合较好的话,验货时间就能够缩短,验货成本也可以压缩。

一般说来,零售业者要求高服务水平,而批发商希望低服务水平,无论哪一方,无论什么方式都不应该仅以有利于自己的观点论事。

关于高频率小批量配送问题的三种不同意见。

(1) 人工费增加,库内作业的配送费用等也增加,因此带来总物流成本增加。

(2) 配送车辆装载效率低,总的运行距离长,平均装载率降低;另外,汽车数量增加,由于配送时间集中,易出现堵车及停车场紧张问题,接收货物的作业也比较繁杂。

(3) 带来城市交通拥挤、大气污染、噪音等公害问题。

2.3.2 配送策略与共同型配送

由于高频率小批量配送的有效进行，也推进了分拣等方面的机械化及物流技术的革新。为了防止配送车辆数量的增多和装载效率的下降，有必要进行车辆混载等共同搬运、共同配送。

1. 共同配送的概念及形态

为了提高车辆的装载率，有必要对多数企业有效地进行共同配送。对这种类型的配送来说，建立配送中心是必要的。同一辆车装载不同货主的货物，一次性地运到配送中心；配送中心则将所进货物汇总、分类后，统一进行配送；而货主则从配送中心领取他们各自的货物。如图 2-9 所示。这样，汽车的装载率增加，多数货主的货物一次便可送到，装卸搬运作业省力方便。

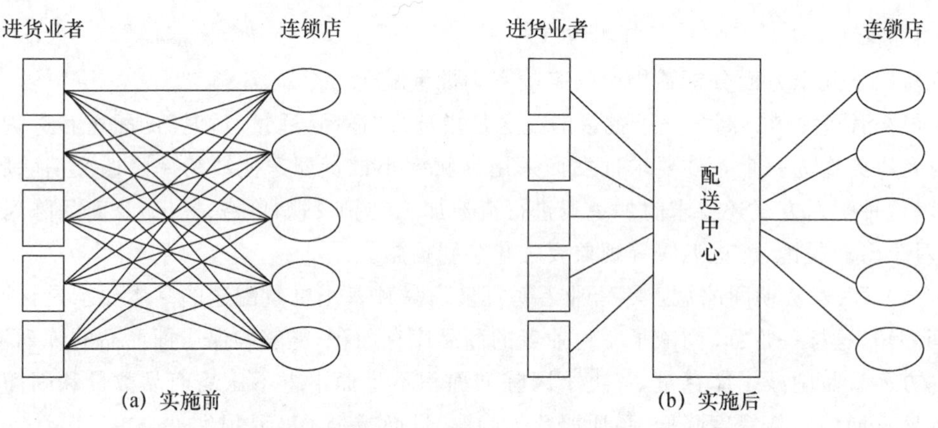

图 2-9 连锁店(百货店、量贩店、超级市场)的共同配送

2. 共同配送的作用与实施难点

(1) 共同配送与高频率小批量配送。这两种配送方式所存在的问题及应该采取的改进措施是当前研究的新课题。共同型配送也具有实现高频率小批量配送的可能性。如果批发业只有一家公司进行配送，零售业只能要求高频率小批量配送。共同配送进一步细化是实现高频率小批量配送的重要措施。共同配送是物流企业使用本公司的设施及配送网络，根据零售业的需要，将配送、流通加工、保管三个服务按商品种类、不同地区、不同配送地点捆绑在一起。

(2) 连锁店的共同进货。百货店、量贩店、自由连锁、特许连锁等连锁店，为了提高各店铺的进货效率及验收业务效率，将发货者发来的商品先集中到配送中心，再共同配送到各店铺。这种进货物流共同化的方法，在日本大体上可以分为以下两种类型：第一种类型是以大荣集团为代表的将自己的转运中心作为物流中心。这是为了追求多店铺功能性的优势，同时也是追求自己公司资产增加方法。第二种类型是以伊藤洋货堂为代表的共同型配送中心。这种方法构筑在本公司物流据点和物流系统之上，是将自己掌握主动权的物流网络进行信息化，因此是一种完全统一部署的开展市场营销的方法。对于连锁经营来说，具有自己的物流中心和不具有自己的物流中心由第三方物流代行配送，究竟选择哪一种方法为好，是目前研究的重要课题。但是，它至少是构成短期性的物流系统，而不进行设施投资，不负担营运责任，参与代行进货较易实施的方法。

(3) 共同配送的主要优点。共同配送有这样一些优点：车辆装载率提高，单位成本下降，进而可以削减物流总成本；复数企业之间不存在重复、交错运送问题，运输效率提高，单位成本下降；复数企业的货物一次运送，装卸、验货等作业也是一次性进行，可提高物流效率；可以缓解交通压力和减轻环境污染。

(4) 共同配送的主要问题。不可避免地会泄露企业之间的商业机密；不可能完全保证货物的不破损、不丢失等安全性问题；能否适当核算运费及其他费用，也是一个值得注意的问题。

3. 实施共同配送应注意的问题

为了使共同配送健康发展，实施共同配送时应注意以下几个方面的问题：

(1) 参与共同配送的物流业务应相对稳定，双方应签订比较稳定的共同配送合作协议。

(2) 实施共同配送的各个企业在客户分布、商品特性、物流作业特性、经营系统等方面应具有相似性，这样便于组织管理和协调，也有利于利益分配。

(3) 货主之间可以有生产、营销方面的竞争，但在物流方面应相互合作，不应存在竞争。

(4) 货主和承担主体在物流信息管理方面应有一定的基础。

(5) 利益分配要有具体的制度和方法，应制定明确的收费或费用分摊标准。

(6) 在共同配送合作协议中，应对货主保护商业秘密，明确各自的权利和义务。

2.3.3 高效率运营的一体化配送

一体化配送产生于20世纪90年代的日本，现在在供应链管理中发挥着重要作用。

1. 一体化配送的意义

一体化配送又称一揽子物流，它是将货物和信息实现一元化高水平管理的物流。其目的是降低成本和提高服务水平。这里的一揽子可以认为有两层含义：一是货架一揽子，也就是将某一货架群作为整体对象，不同进货地点和形态，将全部商品集中上架。二是业务一揽子，就是说不仅是进货业务，而且还包括发货的商品完全不出现错误，容易陈列地进入店铺，是将与进货相关的全部业务一揽子接收的系统。

具体地讲，是将店铺作为起点，把出库信息(ASN)、供应链(SCM)记录单、物流(EDI)等信息技术纳入物流系统。同样，将一次性分品种进货、定时定量配送等作业组合在一起，是一体化配送中心起着核心作用的进货体制。

2. 从共同配送到一体化配送

零售业的商品供应物流可以分为店铺直接进货、共同配送、一体化配送三种类型。如果采用共同配送，因为可以共同进货，所以在店铺内接受商品的次数减少，但与接受商品有关的作业内容没有太大的变化。接受商品的次数减少仅仅是因为作业量汇总到了一起；而一体化配送是以尽可能地在配送中心代行作业，使店铺内的作业大幅度减少为主要目的。一般情况下，汽车从配送中心到达店铺时，在店铺进行的主要作业是验货及陈列。

零售业极力反对后方作业，主张前方作业，即主张店铺内的职员专心从事售货及顾客服务。实际上后方作业需要较多的人工和时间。一体化配送由配送中心把从批发商进来的商品全部检验，确定不存在质量和数量问题；在店铺仅仅是分类、点数这一简单的验收，可将此称为按部门进货，优点是陈列作业迅速，商品可以很快摆放在货架上。共同配送与一体化配送的主要区别是前者采用的是店铺进货系统，而后者采用的是货架进货系统。

3. 日本一体化配送的进展

日本零售企业的商品供应系统发展到现阶段，经历了从店铺直接进货、共同配送到现在开展一体化配送的发展历程。目前在日本的企业中一体化配送的水平相当高。但是到目前为止，仍然存在三种类型并存的局面，然而一体化配送却是当前发展的方向。

一体化配送始于大型连锁经营企业，现在渗透到了中型零售企业。然而一体化配送系统的构筑，不管是中型骨干企业还是大型企业，说它是开展连锁经营的重要课题并不过分。特别是消费处于疲软的今天，各公司都在为了生存而奋斗，开展一体化配送，最大的目标当然还是削减成本，更重要的是因为一体化配送提高了对于消费者的服务水平。顾客服务水平提高，成本削减这是两个必要的条件，因此零售业者为了提高供应物流的效率，需要在物流战略上下大功夫。

从零售商的角度分析业务的变化，由店铺直接进货发展到共同配送收货次数减少了，到了一体化配送，接收货物的作业大幅度减轻。再从配送中心的角度分析业务的变化，共同配送汽车巡回送货的场所减少，汽车向各店铺送货，店铺内的工作量并没有变化。到了一体化配送，在配送中心进行配货时，是将店铺的所有货物一揽子发出。一个店铺、一个店铺地进行分拣和验货，汇总之后，送达店铺的每个部门，这样可以使发货作业减轻。一体化配送系统是一体化配送中心将生产商和零售业店铺货架连接起来形成的最有效的供应链。今后由零售业推进一体化配送是一个发展方向，还将有哪些领域实施一体化配送现在尚不清楚，但是目前可以判断一体化配送是顾客所期待的供应物流形式。

4. 一体化配送的分析

与共同配送相比，一体化配送最大的优点是店铺业务减轻，运营成本降低，经济效益改善。不管发货方是批发商还是生产商，直接性的效益并不太多。无论是发货方还是进货方，与此相对应的作业流程，在实施一体化配送后需要重新调整。

几乎所有的连锁经营企业在采用了一体化配送后使得店铺作业减轻。但是，并不是所有的连锁经营都能够采用一体化配送。因为店铺的货架分类必须标准化，按整个店铺所决定的商品陈列摆放货架，若货架变更不能立即反映到作业系统，就不能采用一体化配送。货架编码和商品位置经常变化的店铺不能采用一体化配送。作为系统投资，使商品管理水平持续提高的连锁经营，将负担起推广一体化配送的重担；店铺完全是低价运营，店铺职工作业负担减轻，专心为顾客服务，顾客综合性的满意率提高是强有力的竞争的基本条件。

对于一体化配送中心的批发商来说，不管进货地点和进货形态，一律在一体化配送中心将商品按部门的货架集中起来分类，然后配送到货架前。所处理的商品种类从传统的加工食品、点心、生鲜食品等进一步扩展为系列商品。尽可能覆盖多的货架，提高店铺面积的利用效率。这是一个有效的策略，它不限于加工食品领域，可以使日用品、文具等众多消费商品领域中的大型批发商急速联合起来，共同推进一体化配送。

一体化配送的效率化能够提高供应链的整体效率。一体化配送中心库存补充部分也是对整个效率的补充；进一步牵动上游的生产管理部分，可以控制整体效率，对此应引起生产商的重视。

2.4　配送管理的难点和对策

配送是指小范围内小宗货物的运送，运输工具以小型卡车为主；而运输则是使用铁路、大型船舶、大型卡车、飞机进行长距离、大批量货物的输送。运输的线路是一定的、有计划的，能事先算定费用。长途批量运输的难度并不在于运输管理，而在于运输工具的选择和货物是否集中，以及道路、港湾、铁路车站和机场的设施是否完备。配送是在小范围内为分散在不同地方的多家客户少量、多频率地运送客户所需的商品，因此其管理方法完全不同于长途批量运输。配送管理的难度不在于使用什么样的运输工具，而在于如何安排配送这个控制环节。

2.4.1　配送管理的难度

具体说来，配送管理的难度表现在下述几方面：

(1) 配送操作是在城市这个平面场所进行面上运送的，城市里不同时间的交通状况每天都是不一样的，因此时间管理非常困难。由于难以预测配送时间，所以安排配送操作活动就只有依靠那些老资格的配送管理者了，他们凭借多年的经验来指挥配送作业。

(2) 一次配送常常要为多家客户分别送去少量商品。当然，一次配送只为一家送货的情况也是存在的，但多数时候是给多家客户依次送去少量货物。这样就引发了一系列的问题，如按什么样的顺序送货、怎样分配时间、装卸是否方便。

(3) 不可能每天都为同样的地方配送同样的货物。也就是说，一般情况下，每天的送货地点、送货类型和数量都不相同，那么如何操作配送，就必须事先拟订作业计划。

(4) 与长途批量运输相比，配送的一个显著特点是，在配送货物途中车辆停下来的时间比行驶的时间还要多。出发前要装货，货装完成后出发配送，如遇堵车就要停下来；到一家客户时必须停车卸货，如果靠人工卸，就得花更多时间，若客户暂时没有放货的场地，就要送到别的某个地方。有时因客户的原因，不得不等，这样就不可能事先预定时间。

由于上述原因，在配送过程中，事先拟订好的计划被打破便是常事。因此进行配送作业时，需要做好配送计划不可能完全实行的思想准备，并由此出发对配送进行管理。

2.4.2　追求物流总体目标

由于存在效益背反规律，就物流活动而言，必须研究其总体效益问题，基本要求就是使物流系统化。物流系统是实现物流目标的有效机制。物流中的各项活动，如运输、仓储、装卸搬运、包装、流通加工等都具有各自提高自身效率的机制，也就是说物流系统中具有运输系统、仓储系统、装卸搬运系统、包装系统、流通加工系统等子系统。因此，我们必须使各个子系统都能以实现整体效益最佳为目的。

由于这些子系统之间存在着背反现象，因而，以成本为核心形成的物流系统，应当按照最低成本的要求，实现整个物流系统的优化。也就是说，物流系统就是要调整各个分系统之间的矛盾，把它们有机地联系起来，使之成为一个整体，使总成本最小，以追求和实现部门的最佳效益。

虽然物流系统化的目的在于追求部门最佳效益，这是十分简单的道理，但因为认识不足就引起了许多问题。物流系统是以尽可能低廉的价格，提供尽可能优良的物流服务的机制。这里，这种"尽可能优良的物流服务"，正是物流系统化的前提条件。即在物流服务水平决定之后，物流的方式也会随之改变。因此，一个企业在决定所希望达到的物流服务水平之后，为此目的而进行的物流系统化必须在整个公司(即系统内)取得共识。因此，物流系统化的关键是确定物流服务水平。

2.4.3 物流服务与成本的关系

物流各部门和各功能之间多存在"效益背反"现象，物流成本与物流配送服务之间的"背反"当属关键和难点。基于这种背反现象，企业应当准确把握物流服务与物流成本之间的关系。

一般来说，提高物流服务水平，物流成本即上升，成本与服务之间受"收获递减法则"的支配。物流服务若处于低水平阶段，追加成本物流服务即可上升；若服务处于高水平阶段，同样追加成本，则服务水平只能有较小的提高。所以，处于高水平的物流服务时，成本增加而物流服务水平不能按比例地相应提高。与处于竞争状态的其他企业相比，在处于相当高的服务水平的情况下，想要超过竞争对手，提出并维持更高的服务标准就需要有更多的投入，因此企业在做出这种决定时必须慎重。

现代营销学之父菲利普·科特勒指出：要实现物流目的，必须引进投入与产出的系统效率概念，才能得出较好的定义。决策层虽然可以提出降低物流成本的要求，但这时必须认真考虑物流成本变化与物流服务之间的关系。

一般说来，物流服务与成本的关系如下：

(1) 在物流服务不变的前提下，考虑降低成本。不改变物流服务水平，通过改变配送系统来降低物流成本。这是一种尽量降低成本来维持一定服务水平的办法，亦即追求效益的办法。

(2) 积极的物流成本对策，即在成本不变的前提下提高服务水平。在给定成本的条件下提高服务质量。这是一种追求效益的办法，也是一种有效地利用物流成本性能的方法。

(3) 为提高物流服务，不惜增加成本。这是许多企业提高物流服务的做法，是企业在特定客户或其特定商品面临竞争时所采取的具有战略意义的做法。

(4) 用较低的物流成本，实现较高的物流服务。这是增加销售、增加效益，具有战略意义的办法。

如何进行选择才能处理好这些关系，应全面考虑下列因素，然后再做出决定：商品战略和地区销售战略，流通战略和竞争对手，物流成本、物流系统所处的环境，以及物流负责人所采取的方针。

2.4.4　如何提高物流服务水平的能力

企业正确处理服务与成本的关系，可以提高物流服务的水平。

首先，企业应充分考虑企业的经营方针、销售战略、生产战略、行业环境、商业范围、商品特性、流通渠道、竞争对手以及与全社会有关的环境保护、节能、劳动力状况等社会环境。

其次，企业应从物流配送所处的环境，企业的物流观念以及物流与采购、生产、销售等部门的关系等层面加以把握。企业应清楚地了解物流体制，特别是物流配送部门的现状，物流据点（库存据点、配送据点）、运输、信息的情况，等等。

最后，企业应明确物流配送的地位、作用以及经营决策层的方针。为实现物流系统化，企业需要标准化、规模化、计划化、一体化、信息化、简单化，为彻底消除浪费，提高效率，要特别注意提高物流配送活动的软硬件两个方面的标准化程度，并使其呈螺旋形提高。企业容易把物流系统化看成是物流专业人员参加的底层活动，这其实是一种改良主义的观点，即工业工程（industry engineering，IE）的观点。为了实现物流配送系统化，应该从革新的角度建立一种有效的、理想的物流配送机制。因此，从这个意义上来说，决策层对理想的物流配送系统形象的创造是十分重要的。

本章小结

本章首先介绍了系统、系统工程、物流系统的基本概念和相关知识，接着简述了物流系统的模式和物流系统化的思想，并介绍了效益背反问题。通过对物流系统的基本模式的分析，使读者对当前物流系统模式的内涵和物流系统化有所了解。本章重点介绍了配送的相关知识。第一，从配送的功能要素和基本作业角度理解了配送的基本环节；第二，介绍了物流配送的一般工艺流程，并就应用于不同行业具有不同特点的特殊工艺流程进行了讲解；第三，从生产资料产品配送和生活资料产品配送两个方面全面阐述了配送模式的理论与实践知识；第四，介绍了一些典型的配送系统：服务周到的高频率小批量配送，配送策略与共同配送，以及高效率运营的一体化配送；第五，简单论述了配送领域中各种技术方法的应用，以及配送管理的难度与对策。

思考题

1. 你认为配送发展的趋势将会如何？
2. 共同配送实施有哪些障碍，如何解决共同配送方案？
3. 简述效益背反问题。
4. 简述物流系统的概念及模式。

第3章

配送方案的优化

教学目的

- 配送网络布局的目标、步骤、原则、分类和方法
- 多元网点布局问题
- 运输问题的数学模型
- 求解车辆路径问题的启发式算法
- 求解车辆路径问题的智能优化算法
- 物流配送系统仿真简介

众所周知,物流配送要求在一定条件下,达到总费用最省、顾客服务水平最好、全社会经济效益最高的综合目的。而由于物流配送中包含多个约束条件和多重因素的影响,难以达到最优状态,所以便产生了配送方案的优化问题。本章试图从物流配送的各个方面(包括物流配送网络布局优化、物资调度优化、配送路线优化、物流配送系统模拟仿真优化)介绍物流配送优化的理论和方法。

引导案例

京东物流创造全球最高运营效率

2016年五一劳动节前夕，京东四川阆中配送站获得了国家邮政总局"最美快递员"团队奖，这只是京东物流配送体系广为人知的一角。京东从中关村的一个小柜台发展壮大，最早受到关注的就是自建的物流配送体系，京东的送货速度成为一个时代的记忆。

刘强东说，京东有今天是因为敢打敢拼、肯干"傻大黑粗"的活，一不小心将其他电商企业不愿意触碰的物流配送做成了京东"前端用户体验、后端成本效率"的核心竞争力，"极速＋良好"的用户体验，让竞争对手们望尘莫及。

没有人能够随随便便成功，遑论一家企业？京东物流配送能够成为行业标杆，除了遵循"客户为先"的核心价值观，也是"苦干＋巧干"的结果，京东的物流配送体系对普通快递模式进行了颠覆：在技术创新的驱动下，多地建仓、仓配一体、离消费者更近，用心呵护"最后一千米"。

京东物流配送体系成功实现了"减少商品的搬运次数，通过提高效率创造价值"的目标，它们所拥有的"全球最高的运营效率和最低的运营成本水平"为京东的"多快好省"构建了一道高不可攀的供应链"门槛"。

京东的"快"只是表面，在京东极速扩张的情况下，保证快而不乱才是"京东速度"的强大之处。2007年，京东日处理订单只有3 000多个，而2016年日均订单近400万个，天量的增长不仅没有影响其物流配送的速度，用户体验反而越来越好了，为什么？

如果只是亿元级的企业，单纯挖掘人的潜力或许能够不断地提高效率，但面对数千亿级的庞然大物，人的力量显然已难以掌控局面。技术驱动在发挥着核心作用，当外界还在对京东自建的物流配送体系持怀疑态度时，京东已悄然变身"技术控"。

京东从成立之初起就一直在自主研发数据系统，十多年来一直在不断地发展完善，京东称其物流配送系统为"青龙物流配送系统"，简称"青龙系统"，这是京东高效物流配送背后的核心支撑。青龙系统让传统的等单送货的工作方式发生了巨大改变，京东可以预测订单，提前调配力量。

京东物流网络的核心要素包括仓库、分拣中心、配送站、配送员等几个方面，这个网络则由青龙系统来驱动。分拣中心在京东物流网络中非常关键，预分拣的实现能够让仓库提前备货，甚至让供应商提前生产。青龙系统在预分拣中采用了深度神经网络、机器学习、搜索引擎技术、地图区域划分、信息抽取与知识挖掘，并利用大数据对地址库、关键字库、特殊配置库、GIS地图库等数据进行了分析与使用，使订单能够自动分拣，且保证7＊24小时的服务，能够满足各类型订单的接入，提供稳定、准确的预分拣接口。

现在，青龙系统已经从1.0升级到了3.0，能力已经从实现业务多样性、精细化管理，打通整个供应链运营等升级到了实现开放平台支撑、实现全网跨平台运营支撑。

消费者在京东购物的流程从网站(移动端)下单开始，每个点击动作之后都是一套复杂的计算程序，系统分拣模块会将货物根据订单地址进行区分，分配至同一地区不同地点的仓库。订单抵达仓库之后，即开始拣货，若是高位货架就用前移式叉车或者平衡重叉车拣货，如果是平仓就人工拣货，RF(无线扫描枪)确认；接着，进入复核区，再次确认，打印发票及送货单;再进入打包区,根据商品规格打包。京东仓库的这一系列环节的高效运转首先给了“京东速度”以保障。

为了进一步提高效率,目前固安分拣中心正在测试智能手环和智能中控系统。通过这个系统,管理人员在办公室就能通过大屏幕查看配送车间的动态,流程中每个差错都会显示在中控屏幕上,同时出错点上的工人能在其所佩戴的智能手环上收到错误提示。

商品出库后的传站和配送环节,也依据京东大数据的支撑,对运输和配送路线进行了优化,使得配送员的配送效率得到了提高。2015年“双十一”期间,京东配送员将总重约8万吨的货物及时送到了用户的手中。京东内部的运营管理人员可以实时监控每一辆车、每一位配送员所处的位置和任务完成的情况,对于任何异常的发生都可以第一时间及时反应,迅速调配力量支援。

京东在仓储配送领域的技术绝大多数都是自己研发的,这一块已经成为行业的标杆。另一个标杆就是“亚洲一号”。2014年,京东第一个位于上海的“亚洲一号”仓库一期投入使用,这座面积达10万平方米的高智能化大型仓库成为当时国内最先进的仓库,此后两年间,沈阳、武汉、广州、贵阳的“亚洲一号”都陆续投入使用。

就在外界琢磨“亚洲一号”时,京东的物流配送“飞”起来了。2016年年初,京东开始测试无人机送货,未来无人机送货将覆盖大量乡村,这对“京东速度”的追赶者来说又多了一座技术高山。

京东物流是物流配送方案优化的一个典型案例,从中可以看出,研究如何通过实施科学的物流管理,以提高物流效率、降低物流成本、提高服务质量是十分必要的;如何应用现代应用数学、运筹学、智能优化算法、大数据、物流科学、计算机应用科学等来快速求解物流配送优化调度方案成为当前研究应用的热点问题。

资料来源:“创造全球最高运营效率,京东物流是如何炼成的?”,网易,2016年5月13日,http://ad.163.com/16/0513/15/BMV3O8T20001125P.html。

3.1 配送优化概述

现代物流配送优化是“第三利润源”的一个重要来源。所谓配送优化,是指在配送的诸环节,如流通加工、整理、检选、分类、配货、末端运输中,从物流系统的总体目标出发,运用系统理论和系统工程的原理和方法,充分利用各种运输方式优点,以运筹学方法、启发式算法、智能优化和模拟仿真等方法建立模型以图表,来选择和规划合理的配送路线和配送工具,以最短的路径、最少的环节、最快的速度和最少的费用,组织好物质产品的配送活动,避免不合理配送和次优化情况的出现。

3.1.1 合理的配送优化对企业及社会的意义

1. 合理的配送优化对企业的意义

(1) 优化配送方案,可以提高配送效率,对配送车辆做到物尽其用,尽可能地降低配送成本。

(2) 可以准时、快速地把货物送到客户的手中,能极大地提高客户的满意度。

(3) 有利于企业提高效益。

2. 合理的配送优化对社会的意义

可以节省运输车辆,缓解交通压力,减少噪声、尾气排放等运输污染,为保护生态平衡、创造美好家园做出贡献。

3.1.2 选择配送方案的目标时应遵循的基本原则

进行配送方案优化时必须有明确的目标,遵循基本的原则。

(1) 配送效益最高或配送成本最低。效益是企业追求的主要目标,可以简化为用利润来表示,或以利润最大化为目标;成本对企业效益有直接的影响,选择成本最低作为目标与前者有着直接的联系。当有关数据容易得到和容易计算时,就可以选择利润最大化或成本最低作为目标。

(2) 配送里程最短。如果配送成本与配送里程相关性较强,而和其他因素相关性较弱时,配送里程最短的实质就是配送成本最低,则可以考虑用将送里程最短作为目标,这样就可以大大简化线路选择和车辆调度方法。当配送成本不能通过里程来反映时,如道路收费、道路运行条件严重地影响成本时,单以最短路程为目标就不适宜。

(3) 配送服务水准最优。当准时配送要求成为第一位时,或需要牺牲成本来确保服务水准时,则应该在成本不失控的情况下,以服务水准为首选目标。这种成本的损失能从其他方面弥补回来,如优质服务可以采取较高的价格策略。

(4) 配送劳动消耗最小。即以物化劳动和活劳动消耗最小为目标,在许多情况下,如劳动力紧张、燃料紧张、车辆及设备较为紧张的情况下,限制了配送作业的选择范围,就可以考虑以配送所需的劳动力、车辆或其他有关资源为目标。

3.1.3 配送方案目标的实现过程受到的约束条件限制

配送方案目标的实现过程受到了很多约束条件的限制,因而必须在满足约束条件的情况下实现成本最低,或路线最短,或消耗最小等目标。其中常见的约束有:

(1) 收货人对货物品种、规格和数量的要求;

(2) 收货人对货物送达时间或时间范围的要求;

(3) 道路运行条件对配送的制约,如单行道、城区部分道路对货车通行的限制;

(4) 车辆最大装载能力的限制;

(5) 车辆最大行驶里程数的限制:

(6) 司机最长工作时间的限制;

(7) 各种运输规章的限制等。

3.2 物流配送网络布局优化

3.2.1 配送网络合理布局的概念

物流节点是组织物流活动的基础条件。由于受物资环境的分布、需求状况、运输条件和自然环境等因素的影响，使得不同物流网络布局方案（如选点、网点规模和服务范围等）的运营效率和经济效益不同，有时差别甚至很大。那么，在已有的客观条件下，物流配送网络的合理布局可以使物流费用最少、社会经济效益最佳，对用户的服务质量最好。

概括地讲，配送网络的合理布局，就是以物流配送系统和社会经济效益为目标，用系统学的理论和系统工程的方法，综合考虑物资的供需状况、运输条件、自然环境等因素，对物流节点的设置位置、规模、供货范围等进行研究和设计，做出恰当的布局。

物流节点布局主要讨论如下几个方面的问题：

(1) 计划区域内应设置物流节点的数目。

(2) 网点的地理位置。

(3) 各网点的规模。

(4) 各网点的进货与供货关系。

(5) 计划区域内中转供货与直达供货的比例。

3.2.2 配送网络布局的目标

配送网络布局模型通常以系统总成本最低为目标函数。建立模型时应主要考虑以下几项费用：

(1) 网点建设投资。即网点建设投资包括建筑物、设备和土地征用等的费用。此项费用一般与网点的位置和规模有关。

(2) 网点内部的固定费用。即网点设置以后的人员工资、固定资产折扣及行政支出等与经营状态无关的费用，它与网点的位置无关。

(3) 网点经营费用。即网点在经营过程中发生的费用，如进出库费、保管维护费等。它是与经营状态直接相关的费用，即与网点的中转量大小有关。

(4) 运杂费。即物资运输过程中所发生的费用，主要包括运价、途中换乘转装费等费用。显然，它与运输路线，即与网点位置有关。

为了使问题简化，一般将上述各类费用分成两大类：固定费用和可变费用。如投资、固定管理费等属于固定费用；经营费用、运杂费等则属于可变费用。

3.2.3 配送网络布局的步骤

物流配送网络布局的一般步骤包括：

(1) 找出物流配送网络布局的约束条件。其中，约束条件可能包括总采购、配送及仓储成本，最小运送时间，平均顾客服务水平等。

(2) 根据约束条件构造模型。

(3) 将模型转化为数学模型求出多组可行解。

(4) 利用可行的评估方法或准则,对以上求出的多组可行解进行评估,将各可行解进行排序,以选取最适合的规划方案。

3.2.4 备选地址的选择原则

网点布局的最优方案,是在选定备选地址的基础上建立起数学模型,然后进行优化计算求得的。因此,备选地址的选择是否恰当,对最优方案和计算求解的过程以及运算成本有着直接的影响。备选地址选得过多,会使模型变得十分复杂,计算工作量增大,成本提高;相反,如果备选地址选得太少,则可能使所得方案偏离最优解太远,达不到合理布局的目的。由此可见,选择备选地址,对于物流节点的布局是否合理是一个关键性的步骤。进行备选地址选择时应考虑以下几项原则:

1. 用户满意度原则

现在许多企业都把"用户至上"作为企业的经营理念,因为只有顾客满意企业才会获得更高的效益。物资部门的服务对象是物资的供需双方,而且主要是物资的需求用户,因此,应该使网点尽量靠近用户,特别是应在用户比较集中的地方设置网点。

2. 有利于物资运输合理化原则

物流节点是物资运输的起点和终点,网点布局是否合理将直接影响运输效益的提高,因此,从运输系统考虑,网点应设置在交通方便的地方,一般应在交通干线上。

3. 费用最小原则

网点的基本建设费用是布局网点考虑的主要费用之一,为降低基本建设费用,应在地形环境比较有利的位置上设置网点。

4. 动态性原则

许多与网点布局相关的因素不是一成不变的。例如,用户的数量、需求量、经营成本、商品价格、交通状况等都是动态因素,所以应以发展的目光考虑网点布局的规划,尤其是应该对城市发展规划加以充分的调查与咨询。同时,网点布局的规划设计应有一定的弹性机制,以便将来能够适应环境变化的需要。

5. 战略性原则

备选地址的选择,应具有战略眼光,一是要考虑全局,二是要考虑长远。局部要服从全局,目前利益要服从长远利益,既要考虑目前的实际需要,又要考虑日后发展的可能。

3.2.5 配送网络布局分类

为了对网络布局进行更深入的研究,根据储放货品的多寡,可以将物流网络布局划分为单品种网点和多品种网点两种类型。

单品种网点只中转一个种类的物资,而且该类物资的品种、规格简单,互相之间的可替代性也比较强,如煤炭、水泥等;多品种网点中转多种类型的物资,或者虽然只中转一种类型的物资,但该类物资的品种、规格复杂,如机电产品、化工原料、金属材料等。严格地讲，物流节点都应是多品种的，因为同类货品一般都有不同的品种、规格，质量上的好坏和性能上的差异总是存在的，且其用途和使用方法也存在不同。

3.2.6　进行网点布局的常用方法

多种多样的选址方法，概括起来可归纳为三大类。

1. *解析方法*

解析方法是通过数学模型进行物流网点布局的方法。采用这种方法，首先根据问题的特征、外部条件和内在联系建立起数学模型或图解模型，然后对模型求解，获得最佳布局方案。解析方法的特点是能够获得精确的最优解。但是，这种方法对某些复杂问题难以建立起恰当的模型，或者由于模型太复杂，使求解困难或要付出相当高的代价。因而这种方法在实际应用中受到了一定的限制。

采用解析方法建立的模型通常有微积分模型、线性规划模型和整数规划模型等。对某个问题究竟建立什么样的模型，要根据具体分析而定。

2. *模拟方法*

模拟方法是将实际问题用数学方程和逻辑关系的模型表示出来，然后通过模拟计算和逻辑推理确定最佳布局方案。这种方法较用数学模型找解析解简单。采用这种方法进行网点布局时，分析者必须提供预定的各种网点组合方案，以供分析评价，从中找出最佳组合。因此，决策的效果依赖于分析者预定的组合方案是否接近最佳方案，这也是该方法的不足之处。

3. *启发式方法*

启发式方法是针对模型的求解方法而言的，是一种逐次逼近最优解的方法。这种方法对所求得的解进行反复判断、实践修正，直至满意为止。启发式方法的特点是模型简单，需要进行方案组合的个数较少，因此便于寻求最终答案。此方法虽不能保证得到最优解，但只要处理得当，可获得决策者满意的近似最优解。

用启发式方法进行网点布局时，一般应包括以下几个步骤：

（1）定义一个计算总费用的方法；

（2）拟定判别准则；

（3）规定方案改选的途径；

（4）建立相应的模型；

（5）迭代求解。

3.2.7　多元网点布局问题

目前，网点布局主要分为一元网点布局和多元网点布局。所谓的一元网点布局是指在计划区域内设置网点的数目为一的物流节点布局问题。在流通领域中，一元网点布局问题实际并不多，较多的是多元网点布局问题。因此，本小节重点讨论多元网点布局问题。

1. 问题描述

在现实的物流系统中，大量存在的网点布局问题是多元的，即存在某计划区域内需要设置多个物流网点。多元网点布局问题中的网点数目有时有限制，有时没有限制。我们只讨论网点数目无限制的情况，对于有网点数目限制的问题，只需在模型中增加一个网点数目限制的约束即可。

多元网点布局问题通常有如图 3-1 所示的系统结构。图中有 m 个资源点 $A_i(i=1,2,\cdots,m)$，各点的资源量为 a_i；有 n 个需求点 $B_j(j=1,2,\cdots,n)$，各点的需求量为 b_j；有 q 个可能设置网点的备选地址 $D_k(k=1,2,\cdots,q)$。需求点既可以从设置的网点中转进货，也可以从资源点直接进货。假设各备选地址设置网点的基建投资、仓储费用和运费率均为已知，以总成本最低为目标确定网点布局的最佳方案。

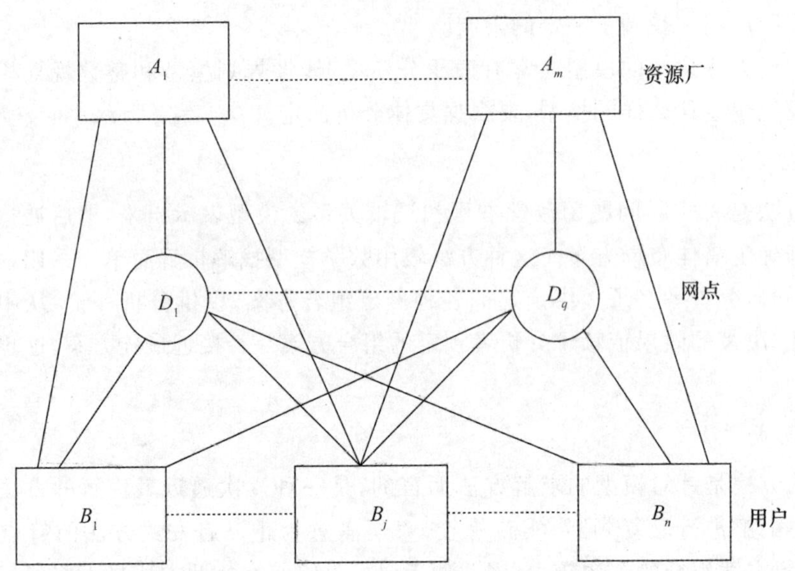

图 3-1　网点布局结构示意图

2. 多元单品种物流网点布局的数学模型

多元单品种物流网点布局问题，只考虑一种产品。对图 3-1 所示的系统结构，设 F 为网点布局方案总成本，根据网点布局的概念，应使总成本降到最低，于是有目标函数：

$$\min F=\sum_{i=1}^{m}\sum_{k=1}^{q}C_{ik}X_{ik}+\sum_{k=1}^{q}\sum_{j=1}^{n}C_{kj}Y_{kj}+\sum_{i=1}^{m}\sum_{j=1}^{n}C_{ij}Z_{ij}+\sum_{k=1}^{q}\left(F_kW_k+C_k\sum_{i=1}^{m}X_{ik}\right)$$

式中：

X_{ik}——被选网点 k 从资源厂 i 进货的数量；

Y_{kj}——用户 j 从备选网点 k 中转进货的数量；

Z_{ij}——用户 j 从资源厂 i 直接进货的数量；

W_k——备选网点 k 是否被选中的决策变量；

C_{ik}——备选网点 k 从资源厂 i 进货的单位商品进货费；

C_{kj}——备选网点 k 向用户 j 供货的单位商品发送费；

C_{ij}——用户 j 从资源厂 i 直接进货的单位商品进货费；

F_k——备选网点 k 选中后的基建投资；

C_k——备选网点 k 中转单位商品的仓库管理费。

各资源厂调出的商品总量不大于该厂的生产能力；各用户调进的商品总量不小于它的需求量，即

$$\sum_{k=1}^{q} X_{ik} + \sum_{j=1}^{n} Z_{ij} \leqslant a_i, \quad i = 1,2,\cdots,m$$

$$\sum_{k=1}^{q} Y_{kj} + \sum_{i=1}^{m} Z_{ij} \geqslant b_j, \quad j = 1,2,\cdots,n$$

对任一物流网点，由于它既不生产商品，也不消耗商品，因此每个物流网点调进商品的总量应等于调出商品的总量，即

$$\sum_{i=1}^{m} X_{ik} = \sum_{j=1}^{n} Y_{kj}, \quad k = 1,2,\cdots,q$$

另外，根据网点布局模型经优化求解后的结果，可能有的备选地址被选中，而另外一些被淘汰。被淘汰的备选网点，经它中转的商品数量应为零。这一要求可由下面的约束方程予以满足。

$$\sum_{i=1}^{m} X_{ik} - MW_k \leqslant 0,$$

$$W_k = \begin{cases} 1 & k\text{ 点被选中} \\ 0 & k\text{ 点被淘汰} \end{cases}$$

式中，M 是一个相当大的正数。由于 X_{ik} 是商品调运量，所以不可能小于零，故当 W_k 为零时，$X_{ik}=0$ 成立；当 W_k 为 1 时，M 是一个相当大的正数，MW_k 足够大，X_{ik} 为一有限值，所以不等式成立。

综上所述，多元单品种物流网点布局的数学模型如下：

$$\min F = \sum_{i=1}^{m}\sum_{k=1}^{q} C_{ik}X_{ik} + \sum_{k=1}^{q}\sum_{j=1}^{n} C_{kj}Y_{kj} + \sum_{i=1}^{m}\sum_{j=1}^{n} C_{ij}Z_{ij} + \sum_{k=1}^{q}\left(F_k W_k + C_k \sum_{i=1}^{m} X_{ik}\right)$$

$$\sum_{k=1}^{q} X_{ik} + \sum_{j=1}^{n} Z_{ij} \leqslant a_i, \quad i = 1,2,\cdots,m$$

$$\sum_{k=1}^{q} Y_{kj} + \sum_{i=1}^{m} Z_{ij} \geqslant b_j, \quad j = 1,2,\cdots,n$$

$$\sum_{i=1}^{m} X_{ik} = \sum_{j=1}^{n} Y_{kj}, \quad k = 1,2,\cdots,q$$

$$\sum_{i=1}^{m} X_{ik} - MW_k \leqslant 0$$

$$W_k = \begin{cases} 1 & k\text{ 点被选中} \\ 0 & k\text{ 点被淘汰} \end{cases}$$

$$X_{ik}, Y_{kj}, Z_{ij} \geqslant 0$$

这是一个混合整数规划模型，解此模型求得 X_{ik}，Y_{ik}，Z_{ij} 和 W_k 的值。X_{ik} 表示网点 k 的进货来源，$\sum_{i=1}^{m} X_{ik}$ 决定了该网点的规模；Y_{kj} 表示网点 k 与用户的供求关系与供货量，

相应地也就知道了该网点的供货范围；其他还有 $\sum_{i=1}^{m} Z_{ij}$ 表示直达供货部分，$\sum_{k=1}^{q} W_k$ 表示计划区域内应布局网点的数目。

3. 多元多品种物流网点布局的数学模型

对于多品种物流网点布局问题，从理论上讲，只需在单品种问题中增加多品种的因素即可。但从实际情况来看，由于各个品种都要按照各自的优化方案选择中选点，因此，同一用户可能会需要同类不同品种的商品，他们将会分别从几个不同的网点进货，这势必导致某些需求量不多的商品的运输工具的利用率降低、运输成本增加现象的出现。在这种情况下，无论是用户自己派车提货，还是由物流中心组织配送，其效果都是不佳的，对实行商品计划管理也是一种不利因素。为此，我们将各用户所需同类不同品种商品的进货相对集中，使某一网点的进货数量降到一个最低的限额。

若某计划区域内需设置 p 种商品的流通网点，引入表示品种的下标 $l(l=1,2,\cdots,p)$。考虑用户 j 从某网点 k 进货的最低下限，根据用户的需求情况设为 E_j。由此对多元单品种物流网点布局的数学模型进行修正，有多元多品种物流网点布局的数学模型如下：

$$\min F = \sum_{l=1}^{p}\sum_{i=1}^{m}\sum_{k=1}^{q} C_{lik}X_{lik} + \sum_{l=1}^{p}\sum_{k=1}^{q}\sum_{j=1}^{n} C_{lkj}Y_{lkj} + \sum_{l=1}^{p}\sum_{i=1}^{m}\sum_{j=1}^{n} C_{lij}Z_{lij}$$

$$+ \sum_{k=1}^{q}\left(F_k W_k + C_k \sum_{i=1}^{m}\sum_{l=1}^{p} X_{lik}\right)$$

$$\sum_{k=1}^{q} X_{lik} + \sum_{j=1}^{n} Z_{lij} \leqslant a_{li}, \quad i = 1,2,\cdots,m$$

$$\sum_{k=1}^{q} Y_{lkj} + \sum_{i=1}^{m} Z_{lij} \geqslant b_{lj}, \quad j = 1,2,\cdots,n$$

$$\sum_{i=1}^{m} X_{lik} = \sum_{j=1}^{n} Y_{lkj}$$

$$\sum_{i=1}^{m} X_{lik} - MW_k \leqslant 0$$

$$\sum_{i=1}^{m} Y_{lij} - E_j I_{kj} \geqslant 0$$

$$\sum_{i=1}^{p} Y_{lkj} - MI_{kj} \leqslant 0$$

$$W_k = \begin{cases} 1 & k\text{ 点被选中} \\ 0 & k\text{ 点被淘汰} \end{cases}$$

$$I_{kj} = \begin{cases} 1 & \text{网点 } k \text{ 与用户 } j \text{ 有供需关系} \\ 0 & \text{网点 } k \text{ 与用户 } j \text{ 无供需关系} \end{cases}$$

$$X_{lik}, Y_{lkj}, Z_{lij} \geqslant 0$$

该模型也是一个混合整数规划模型。解此模型求得 $X_{lik}, Y_{lkj}, Z_{lij}$ 以及 0—1 整数变量 W_k, I_{kj} 的值。$\sum\sum X_{lik}$ 或 $\sum\sum Y_{lkj}$ 决定了网点 k 的规模，$\sum W_k$ 表示计划区域内设置网点的数目，由 I_{kj} 确定网点 k 与用户 j 之间是否存在着供需关系。从而可以十分清楚地看出，当 $W_k=0$ 时，因 X_{lik} 和 Y_{lkj} 均为0，故 I_{kj} 必为0；当 $W_k=1$ 时，I_{kj} 可为0或1。I_{kj} 为0时表示网点 k 与用户 j 无供需关系；为1时表示有供需关系，并且商品供货量不小于 E_j。

4. 精确重心法

精确重心法是一种以微积分为基础的模型，以用来找出起讫点之间使运输成本最小的物流节点数量，若确定的物流节点数不止一个，就有必要将起讫点预先分配给位置待定的物流节点，这就形成了个数等于待定选址节点数量的许多起讫点群落，然后找出每个起讫点群落的精确重心。

精确重心法思想：

(1) 把相互间距离最近的起讫点组合起来形成群落，运用精确重心法找出各群落的精确重心，作为物流节点的初步方案；

(2) 根据物流节点的初步方案，按照距离最近原则重新分配起讫点，形成新群落；

(3) 根据精确重心法重新计算新群落的精确重心，作为新的物流节点方案；

(4) 重复(2)，直到群落无变化为止。

该方法也可以针对不同数量的物流节点重复计算过程，求出最优物流节点数量、位置。

随着物流节点数量的增加，运输成本通常会下降。与运输成本下降相平衡的是物流系统中总固定成本和库存持有成本的上升。最优解是使所有这些成本和最小的解。

如果存在能够评估所有分配起讫点群落的方法，那么该选址方法就是最好的。尽管如此，就实际问题的规模(起讫点过多)而言，在计算上是不现实的。即使是预先将大量顾客分配给很少的几个物流节点，也是一件极其庞杂的工作。因此，还需要使用其他选址方法。

5. 集合覆盖模型

集合覆盖模型的目标是用尽可能少的设施去覆盖所有的需求点，相应的目标函数可以表达为：

目标函数：

$$\min \sum_{j \in N} X_j$$

约束条件：

$$\sum_{j \in B(i)} y_{ij} = 1, \quad i \in N$$

$$\sum_{j \in A(j)} d_i y_{ij} \leqslant C_j x_j, \quad j, i \in N$$

$$x_j, y_{ij} \in \{0,1\}, \quad i, j \in N$$

式中：N——需求点数，$N=1,2,\cdots,n$；

d_i——第 i 个需求点的需求量；

C_j——设施节点 j 的容量；

$A(j)$——设施节点 j 所覆盖的需求节点的集合；

$B(i)$——$B(i)=\{j \mid i \in A(j)\}$，可以覆盖需求节点 i 的设施节点的集合。

$$x_j=\begin{cases}1, & \text{第 } j \text{ 个需求点被选中为物流节点；}\\ 0, & \text{第 } j \text{ 个需求点未被选中为物流节点。}\end{cases}$$

$$y_{ij}=\begin{cases}1, & \text{第 j 个物流节点供应第 i 个需求点；}\\ 0, & \text{第 j 个物流节点不供应第 i 个需求点。}\end{cases}$$

对此类带有约束条件的极值问题，有两大类方法可以进行求解：一是分支定界法，应用该方法能够找到小规模问题的最优解，由于运算量方面的限制，一般也只适用于小规模问题的求解。二是启发式方法，应用该方法所得到的结果不能够保证是最优解，但是可以保证是可行解，对大型问题进行分析、求解时，用启发式方法可以大大减少运算量。

6. 最大覆盖模型

对于有限的服务网点选址，为尽可能多的对象提供服务，即在给定设施数量的情况下，覆盖尽可能多的需求点。

目标函数：

$$\max \sum_{j\in N}\sum_{i\in A(i)} d_i y_{ij}$$

约束条件：

$$\sum_{j\in B(i)} y_{ij} \leqslant 1, \quad i \in N$$

$$\sum_{i\in A(j)} d_i y_{ij} \leqslant C_j x_j, \quad j \in N$$

$$\sum_{j\in N} x_j = p$$

$$x_j, y_{ij} \in \{0,1\}, \quad i,j \in N$$

式中：N——需求点数，$N=1,2,\cdots,n$；

d_i——第 i 个需求点的需求量；

C_j——物流节点位于需求点 j 时的相应容量；

$A(j)$——位于需求点 j 的物流节点所覆盖的所有需求节点的集合；

$B(i)$——可以覆盖需求节点 i 的物流节点的集合；

p——允许建造的物流节点数目。

$$x_j=\begin{cases}1, & \text{第 } j \text{ 个需求点被选中为物流节点；}\\ 0, & \text{第 } j \text{ 个需求点未被选中为物流节点。}\end{cases}$$

$$y_{ij}=\begin{cases}1, & \text{需求点 } i \text{ 由物流节点 } j \text{ 提供服务；}\\ 0, & \text{其他。}\end{cases}$$

最大覆盖模型可以采用贪婪启发式算法进行求解，该算法首先求出可以作为候选点的集合，并以一个空集作为原始解的集合，然后在候选点集合中选择一个具有最大满足能力的候选点进入原始解集合，作为二次解；如此往复，直到设施数目满足要求。

3.3　物资调度优化

3.3.1　运输问题的数学模型

运输问题属于线性规划问题的范畴，但是由于其约束方程式的系数矩阵有其特殊结构，因而可以找到一种比单纯形法更简便的求解方法。运输问题的一般提法是这样：某种物资有上千个产地和销地，若已知各个产地的产量、各个销地的销量以及各产地到各销地的单位运价，问应如何组织调运，才能使总运费最省。

将此问题更具体化，假设有 m 个产地，n 个销地。

a_i——产地 i 的供应量，$i=1,2,\cdots,m$；

b_j——销地 j 的需求量，$j=1,2,\cdots,n$；

c_{ij}——从产地 i 到销地 j 的单位运费，$i=1,2,\cdots,m$，$j=1,2,\cdots,n$；

x_{ij}——产地 i 到销地 j 的调运数量。

该问题为求解最佳调运方案，即求解所有的 x_{ij} 值，使总运输费用达到最小。决策变量为 x_{ij}，其数学模型为：

$$\min f=\sum_{i=1}^{m}\sum_{j=1}^{n}c_{ij}x_{ij}$$

$$\text{S. t.}\quad\begin{cases}\sum_{j=1}^{n}x_{ij}\leqslant a_i & (i=1,2,\cdots,m)\\ \sum_{i=1}^{m}x_{ij}\geqslant b_j & (j=1,2,\cdots,n)\\ x_{ij}\geqslant 0 & (i=1,2,\cdots,m;j=1,2,\cdots,n)\end{cases}$$

根据该问题中总供应量与总需求量之间的关系，可将运输问题分为两类：

(1) 当 $\sum_{i=1}^{m}a_i=\sum_{j=1}^{n}b_j$ 时，为产销平衡的运输问题；

(2) 当 $\sum_{i=1}^{m}a_i\neq\sum_{j=1}^{n}b_j$ 时，为产销不平衡的运输问题。

实际上产销不平衡的运输问题可以转换为产销平衡的运输问题。

3.3.2　表上作业法

表上作业法是求解运输问题的一种简便而有效的方法，是单纯形法在求解运输问题时的一种简化方法，其求解工作在运输表上进行，实质仍是单纯形法，只是具体计算过程和使用的有关术语有所不同，是一种迭代法。这一方法的计算步骤可以归纳如下：先按某种规则找出一个初始解(初始调运方案)，即在产销平衡表上给出 $m+n+1$ 个数字格；再对现行解作最优性判别，求各非基变量的检验数，即在表上计算空格的检验数，判别是否达到最优解。如果已是最优解，则停止计算，否则转入下一步；若这个解不是最优解，就在运输表上对它进行调整改进，确定换入变量和换出变量，找出新的基本可行解(即在表上用闭回路法调整)，得出一个新的调运方案；重复再判别，再改进；直到得到运输问题的最优解。

1. 初始方案的确定

这里介绍常用的最小元素法。

这种方法是按运价由小到大的顺序安排运量。

先从各运价中找到最小运价，设为 c_{ij}，然后比较供应量 a_i 和需求量 b_j，如果 $a_i > b_j$，取 $x_{ij}=b_j$，并将产地 i 的供应量改为 a_i-b_j，划去销地 j，需求满足；如果 $a_i < b_j$，取 $x_{ij}=a_i$，并划去产地 i，将销地 j 的需求量改为 b_j-a_i；如果 a_i 和 b_j 中有一个为 0，则不分配运量给 x_{ij}。分配完最小运价的运量后，用同样的方法分配运价次小的运量，依次类推，直到所有需求都满足，单位运价表上所有元素都划去为止。以下是用最小元素法确定运输问题的初始可行解的例子。

例：被运输商品的产销平衡表和单位运价表如表 3-1 和表 3-2 所示，试用最小元素法求出运输的最优方案。

表 3-1 产销平衡表 单位：吨

产地＼销地	B_1	B_2	B_3	B_4	产 量
A_1					7
A_2					4
A_3					9
销 量	3	6	5	6	

表 3-2 单位运价表 单位：元/吨

产地＼销地	B_1	B_2	B_3	B_4
A_1	3	11	3	10
A_2	1	9	2	8
A_3	7	4	10	5

第一步，从表 3-2 单位运价表中找出最小运价为 1，即 A_2 生产的产品首先供应 B_1 的需要。由于 A_2 每天生产 4 吨，B_1 每天需要 3 吨，即 A_2 每天生产的除满足 B_1 的全部需求外，还剩余 1 吨。因此在表 3-1(A_2,B_1)的交叉格中填上 3，表示 A_2 调运 3 吨给 B_1，再在表 3-2 中将 B_1 这一列运价划去，表示 B_1 的需求已满足，不需要继续调运给它。这样得到的结果如表 3-3 和表 3-4 所示。

表 3-3 产销平衡表 单位：吨

产地＼销地	B_1	B_2	B_3	B_4	产 量
A_1					7
A_2	3				4
A_3					9
销 量	3	6	5	6	

表 3-4　单位运价表

单位：元/吨

产地＼销地	B_1	B_2	B_3	B_4
A_1	3	11	3	10
A_2	1	9	2	8
A_3	7	4	10	5

第二步，从表 3-4 未划去的元素中找出最小运价为 2，即 A_2剩余的产品应供应 B_3。B_3每天需要 5 吨，A_2只能供应 1 吨，因此在表 3-4（A_2，B_3）的交叉格中填上 1，划去表 3-4 中 A_2这一行运价，表示 A_2生产的产品已分配完，其结果如表 3-5 和 3-6 所示。

表 3-5　产销平衡表

单位：吨

产地＼销地	B_1	B_2	B_3	B_4	产　量
A_1					7
A_2	3		1		4
A_3					9
销　量	3	6	5	6	

表 3-6　单位运价表

单位：元/吨

产地＼销地	B_1	B_2	B_3	B_4
A_1	3	11	3	10
A_2	1	9	2	8
A_3	7	4	10	5

第三步，再从表 3-6 未划去的元素中找出最小运价为 3，即 A_1生产的产品应优先满足 B_3的需要。A_1每天生产 7 吨，B_3尚缺 4 吨。因此在（A_1，B_3）的交叉格中填上 4，由于 B_3的需求已满足，在表 3-6 中划去 B_3列元素。这样一步步进行下去，直到单位运价表上所有元素都划去。其详细求解过程如表 3-7 至表 3-12 所示。

表 3-7　产销平衡表

单位：吨

产地＼销地	B_1	B_2	B_3	B_4	产　量
A_1			4		7
A_2	3		1		4
A_3					9
销　量	3	6	5	6	

表 3-8 单位运价表 单位:元/吨

产地\销地	B_1	B_2	B_3	B_4
A_1	3	11	3	10
A_2	1	9	2	8
A_3	7	4	10	5

表 3-9 产销平衡表 单位:吨

产地\销地	B_1	B_2	B_3	B_4	产　量
A_1			4		7
A_2	3		1		4
A_3		6			9
销　量	3	6	5	6	

表 3-10 单位运价表 单位:元/吨

产地\销地	B_1	B_2	B_3	B_4
A_1	3	11	3	10
A_2	1	9	2	8
A_3	7	4	10	5

表 3-11 产销平衡表 单位:吨

产地\销地	B_1	B_2	B_3	B_4	产　量
A_1			4		7
A_2	3		1		4
A_3		6		3	9
销　量	3	6	5	6	

表 3-12 单位运价表 单位:元/吨

产地\销地	B_1	B_2	B_3	B_4
A_1	3	11	3	10
A_2	1	9	2	8
A_3	7	4	10	5

此时,运价表中只剩一个元素 10 未被划去,而对应的运量表中(A_1,B_4)的位置上,无论是行约束还是列约束都只剩下 3 吨(因为是产销平衡的运输问题),在运量表中(A_1,B_4)的位置上填上 3,行约束和列约束都满足。这时在产销平衡表上就得到一个调运方案(如表 3-13 所示),即为用最小元素法得到的该运输问题的初始调运方案,这个调运方案的总运费为 86 元(运量表和运价表对应元素相乘,累加求和)。

表 3-13　运量表　　单位:吨

销地 / 产地	B_1	B_2	B_3	B_4	产　量
A_1			4	3	7
A_2	3		1		4
A_3		6		3	9
销　量	3	6	5	6	

2. 最优性检验

用最小元素法给出的初始调运方案是一个运输问题的基本可行解,然而还需判断这个调运方案是否为最优方案。初始调运方案中的数格对应基变量,空格对应非基变量,因此,要判断一个调运方案是否为最优方案,首先要计算出方案中每一个空格的检验数,这里介绍两种方法。

(1) 位势法。求行位势和列位势。因为 $x_{ij}>0$,所以对应的对偶约束是紧的,即 $u_i+v_j=c_{ij}$。

下面举例说明如何求行位势和列位势。以最小元素法求运量表为例,求位势表,首先将调运方案表 3-13 中的各个调运量换成该格所对应的单位运价(把数格对应的运价填进位势表),令行位势 u_1 为零,由 $u_i+v_j=c_{ij}$ 求得其他位势值,结果如表 3-14 所示。

表 3-14　位势表

	B_1	B_2	B_3	B_4	u_i
A_1			3	10	0
A_2	1		2		−1
A_3		4		5	−5
v_j	2	9	3	10	

接着用行位势和列位势求检验数,因为:

$$\begin{aligned}\delta_{ij} &= c_{ij} - c_B B^{-1} p_{ij} = c_{ij} - (u_1,\cdots,u_i,\cdots,u_m,\cdots,v_1,\cdots,v_j,\cdots,v_n)p_{ij} \\ &= c_{ij} - (u_i + v_j)\end{aligned}$$

若满足公式 $\delta_{ij}=c_{ij}-(u_i+v_j)\geqslant 0$,则已获最优。否则,调整。表 3-15 是用位势法求得的该运输问题最小元素法的检验数表。由于检验数中有一个是负数,所以需要调整。

表 3-15　检验数表

	B_1	B_2	B_3	B_4
A_1	1	2	(0)	(0)
A_2	(0)	1	(0)	−1
A_3	10	(0)	12	(0)

(2)闭回路法。同样,以最小元素法求运量表为例来计算其空格检验数(数个检验数均为 0)。首先将调运方案表 3-13 中的各个调运量换成该格所对应的单位运价,结果如

表 3-16 所示。

表 3-16 闭回路表

产地＼销地	B_1	B_2	B_3	B_4
A_1			3	10
A_2	1		2	
A_3		4		5

所谓闭回路法就是对于表 3-16 中的一个空格，找出一条由此空格和一些数格组成的闭回路，在表 3-16 中，(A_1，B_1)是空格，即 A_1 的物资不供给 B_1。现在我们可以设想一下，如果 A_1 的物资运 1 吨给 B_1，则由于供应平衡，A_1 必须少运 1 吨给 B_3，而 A_2 就必须多运 1 吨给 B_3，且少运 1 吨给 B_1，这样变动的结果，运费就要增加 1 元，即 $3-3+2-1=1$。

这个数字 1 就是空格(A_1，B_1)的检验数。它表明：如果 A_1 供应 1 吨给 B_1，则运费就得增加 1 元，显然对原方案做这样的调整是不可取的。如此计算出所有空格的检验数，如果所有检验数都大于 0，也就是说，对所给方案的任何变动都会导致运费的增加，故原方案是最优方案，反之只要有一个检验数小于 0，则沿此空格的闭回路调整方案，就可使运费下降，因而方案就不是最优方案。

我们用闭回路法算出表 3-16 中所有空格的检验数，如表 3-17 中不带括号的数所示。

由表 3-17 可以看出，在(A_2，B_4)格检验数为负值，沿其闭回路调整原方案会使总费用下降，故表 3-13 所给出的调运方案不是最优方案，需进行调整。

表 3-17 检验数表

	B_1	B_2	B_3	B_4
A_1	1	2	(0)	(0)
A_2	(0)	1	(0)	−1
A_3	10	(0)	12	(0)

3. 方案的调整

(1) 取 $\min\{\delta_{ij} \mid \delta_{ij}<0\}$ 寻找该运量表中的闭回路，每个空格的闭回路都是唯一的；

(2) 沿闭回路路线进行调整，取调整量 $\theta=\min$\{闭合回路中减顶点运量元素的数值\}。

方案的调整步骤如表 3-18、表 3-19 所示。

表 3-18 运量表

单位：吨

产地＼销地	B_1	B_2	B_3	B_4	产　量
A_1			4 $_{+1}$	3 $_{-1}$	7
A_2	3		1 $_{-1}$	$_{+1}$	4
A_3		6		3	9
销　量	3	6	5	6	

表 3-19　新运量表　单位:吨

产地＼销地	B_1	B_2	B_3	B_4	产　量
A_1			5	2	7
A_2	3			1	4
A_3		6		3	9
销　量	3	6	5	6	

加顶点$+\theta$,减顶点$-\theta$,其余数不变,得新运量表,如表 3-19 所示。重复最优性检验与方案的调整步骤,如表 3-20、表 3-21 所示。

表 3-20　新位势表

	B_1	B_2	B_3	B_4	u_i
A_1			3	10	0
A_2	1			8	−2
A_3		4		5	−5
v_j	3	9	3	10	

表 3-21　新检验数表

	B_1	B_2	B_3	B_4
A_1	(0)	2	(0)	(0)
A_2	(0)	2	1	(0)
A_3	9	(0)	12	(0)

所有检验数 $\delta_{ij}\geqslant 0$ 表明已获最优解,$x_{13}=5$,$x_{14}=2$,$x_{21}=3$,$x_{24}=1$,$x_{32}=6$,$x_{34}=3$,其余 x_{ij} 都为 0;最少的运费 $f_{\min}=5\times 3+2\times 10+3\times 1+1\times 8+4\times 6+5\times 3=85$。

3.3.3　产销不平衡的运输问题

前面讲的表上作业法的计算与理论,都是以产销平衡 $\sum_{i=1}^{m} a_i=\sum_{j=1}^{n} b_j$ 为前提的。但实际问题中产销往往是不平衡的。为了应用表上作业法计算,就需要把产销不平衡的问题转化为产销平衡的问题。

1. 产量大于销量的运输问题

产大于销 $\left(\sum_{i=1}^{m} a_i>\sum_{j=1}^{n} b_j\right)$ 时,运输问题的数学模型可写成:

$$\min f=\sum_{i=1}^{m}\sum_{j=1}^{n} c_{ij}x_{ij}$$

$$\text{s.t.}\begin{cases}\sum_{j=1}^{n}x_{ij}\leqslant a_i & (i=1,2,\cdots,m)\\ \sum_{i=1}^{m}x_{ij}=b_j & (j=1,2,\cdots,n)\\ x_{ij}\geqslant 0 & (i=1,2,\cdots,m;j=1,2,\cdots,n)\end{cases}$$

由于总的产量大于销量，就要增加一个虚设的销地 $n+1$，它的需求量为：

$$\sum_{i=1}^{m}a_i-\sum_{j=1}^{n}b_j。$$

新增从各产地到该销地的运输路线 $(1,n+1),(2,n+1),\cdots,(m,n+1)$，这些运输路线上的运价全部等于 0，这样就将供给大于需求的问题转化为了供求平衡的问题。在新的问题中，从产地 i 到新设的销地 $n+1$ 的运量，实际上就是存储在产地 i 没有运出的数量。新得到的供求平衡的运输问题的最优解，实际上就是各产地存储多少、运出多少、运往何地，使总运价最低，如表 3-22 所示。

表 3-22　产销平衡表　　单位：吨

销地 产地	B_1	B_2	…	B_n	B_{n+1}（虚设）	产　量
A_1	c_{11}	c_{12}	…	c_{1n}	0	a_1
A_2	c_{21}	c_{22}	…	c_{2n}	0	a_2
…	…	…	…	…	…	…
A_3	c_{m1}	c_{m2}	…	c_{mn}	0	a_m
销　量	b_1	b_2	…	b_n	b_{n+1}	

其中：

$$b_{n+1}=\sum_{i=1}^{m}a_i-\sum_{j=1}^{n}b_j;$$

转化为产销平衡问题：

$$\min f=\sum_{i=1}^{m}\sum_{j=1}^{n+1}c_{ij}x_{ij}$$

$$\text{s.t.}\begin{cases}\sum_{j=1}^{n+1}x_{ij}=a_i & (i=1,2,\cdots,m)\\ \sum_{i=1}^{m}x_{ij}=b_j & (j=1,2,\cdots,n+1)\\ x_{ij}\geqslant 0 & (i=1,2,\cdots,m;j=1,2,\cdots,n+1)\end{cases}$$

其中：

$$c_{i,n+1}=0(i=1,2,\cdots,m)$$

2. 销量大于产量的运输问题

销大于产 $\left(\sum_{i=1}^{m} a_i < \sum_{j=1}^{n} b_j\right)$ 时，运输问题的数学模型可写成：

$$\min f = \sum_{i=1}^{m}\sum_{j=1}^{n} c_{ij} x_{ij}$$

$$\text{s.t.}\begin{cases}\sum_{j=1}^{n} x_{ij} = a_i & (i = 1,2,\cdots,m) \\ \sum_{i=1}^{m} x_{ij} \leqslant b_j & (j = 1,2,\cdots,n) \\ x_{ij} \geqslant 0 & (i = 1,2,\cdots,m;\ j = 1,2,\cdots,n)\end{cases}$$

类似可得下面产销平衡时的数学模型：

$$\min f = \sum_{i=1}^{m+1}\sum_{j=1}^{n} c_{ij} x_{ij}$$

$$\text{s.t.}\begin{cases}\sum_{j=1}^{n} x_{ij} = a_i & (i = 1,2,\cdots,m+1) \\ \sum_{i=1}^{m+1} x_{ij} = b_j & (j = 1,2,\cdots,n) \\ x_{ij} \geqslant 0 & (i = 1,2,\cdots,m+1;\ j = 1,2,\cdots,n)\end{cases}$$

例：设有三个化肥厂供应四个地区的农用化肥。设等量的化肥在这些地区的使用效果相同，已知各化肥厂年产量、各地区年需要量及从化肥厂到各地区单位化肥的运价表，如表 3-23 所示，试决定使总运费最省的花费调拨方案。

表 3-23　运价表　　单位：万元/万吨

销地 / 产地	B_1	B_2	B_3	B_4	产　量
A_1	16	13	22	17	50
A_2	14	13	19	15	60
A_3	19	20	23	—	50
最低需求	30	70	0	10	
最高需求	50	70	30	无限	

解：这是一个产销不平衡的运输问题，总产量为 160 万吨，四个地区的最低需求为 110 万吨，最高需求为无限，根据现有产量，销地 B_4 每年最多能够分配到 60 万吨[(50+60+50)−(30+70)=60]，这样最高需求为 210 万吨，大于产量，为了求得平衡，在产销平衡表中增加一个假想的化肥厂 D，其年产量为 50 万吨。由于各地区的需求量包含两部分，如需求地 B1，其中 30 万吨是最低需求，故不能由假想的化肥厂 D 供给，令相应运价为 M(任意大正数)，而另一部分 20 万吨满足或不满足均可以，因此可以由假想的化肥厂 D 供给，按前面所讲的，令相应运价为 0。对凡是需求分两种情况的地区，实际上可按照两

个地区看待。这样写出这个问题的产销平衡表(如表 3-24 所示)和单位运价表(如表 3-25 所示)。

表 3-24　产销平衡表　　单位:万吨

产地＼销地	B_1	B_1'	B_2	B_3	B_4	B_4'	产　量
A_1							50
A_2							60
A_3							50
D							50
销　量	30	20	70	30	10	50	

表 3-25　单位运价表　　单位:万元/万吨

产地＼销地	B_1	B_1'	B_2	B_3	B_4	B_4'
A_1	16	16	13	22	17	17
A_2	14	14	13	19	15	15
A_3	19	19	20	23	M	M
D	M	0	M	0	M	0

根据表上作业法计算,可得该问题的最优结果如表 3-26 所示。

表 3-26　最优分配表　　单位:万吨

产地＼销地	B_1	B_1'	B_2	B_3	B_4	B_4'	产　量
A_1			50				50
A_2			20		10	30	60
A_3	30	20	0				50
D				30		20	50
销　量	30	20	70	30	10	50	

3.4　配送路线优化

3.4.1　车辆路径问题概述

1. 问题描述

车辆路径问题(vehicle routing problem,VRP)是运筹学与物流管理决策的一个重要问题。国内外相关领域对 VRP 问题的研究始于 20 世纪 50 年代,在理论研究和实际应用两方面都已取得了非常显著的成果。随着研究的深入发展,如何使研究的理论模型更贴近现实中的运输规划问题开始成为研究者们关注的焦点。

VRP问题为：从配送中心（物流据点）用多辆车向多个需求点（顾客）送货，每个需求点的位置和需求量一定，要求合理安排车辆路线，达到一定的目标（如路程最短、费用最小、时间尽量少、使用车辆数尽量少等），并满足以下条件：

（1）每条配送路径上各需求点的需求量之和不超过车辆载重量；

（2）每条配送路径的长度不超过车辆一次配送的最大行驶距离；

（3）每个需求点必须满足，且只能由一辆车送货；

（4）每辆车均从中心出发，完成任务后又全部回到中心。

这就是VRP问题的一般描述。

2．构成要素

车辆路径问题主要包括货物、车辆、物流中心、客户、运输网络、约束条件和目标函数等要素。

（1）货物。货物是配送的对象。可将每个客户需求（或供应）的货物看成一批货物。每批货物都包括品名、包装、重量、体积、要求送到（或取走）的时间和地点、能否分批配送等属性。

货物的品名和包装，是选用配送车辆的类型以及决定该批货物能否与其他货物装在同一车辆内的依据。例如，一些货物因性质特殊需要使用专用车辆装运；一些货物因性质特殊不能与其他货物装在同一车辆内；一些货物虽然性质特殊，但由于包装条件很好，故也能与其他货物装在同一车辆内。

货物的重量和体积是进行车辆装载决策的依据。当某个客户需求（或供应）货物的重量或体积超过配送车辆的最大装载重量或容积时，则该客户将需要多台车辆进行配送。

货物的送达（或取走）时间和地点是制定车辆出行时间和配送路线的依据。

允许货物分批配送是指某个客户需求（或供应）的货物可以用多辆车分批送达（或取走），即使其需求（或供应）量在一辆车的装载量以内。

（2）车辆。车辆是货物的运载工具。其主要属性包括：车辆的类型、装载量、一次配送的最大行驶距离、配送前的停放位置及完成任务后的停放位置等。

车辆的类型有通用车辆和专用车辆之分，通用车辆适合装运大多数普通货物，专用车辆适合装运一些性质特殊的货物。

车辆的装载量是指车辆的最大装载重量和最大装载容积，是进行车辆装载决策的依据。在某配送系统中，车辆的装载量可以相同，也可以不同。

对每台车辆一次配送的行驶距离的要求。可分为：

- 无距离限制；
- 有距离限制；
- 有距离限制，但可以不遵守，只是不遵守时需另付加班费。

车辆在配送前的停放位置可以在某个停车场、物流中心或客户所在地。

车辆完成配送任务后，对其停放位置的要求。可分为以下几种情况：

- 必须返回出发点；
- 必须返回某停车场；
- 可返回到任意停车场；

• 可停放在任何停车场、物流中心或客户所在地。

(3) 物流中心。也称物流基地、物流据点，是指进行集货、分货、配货、配装、送货作业的配送中心、仓库、车站、港口等。

在某个配送系统中，物流中心的数量可以只有一个，也可以有一个以上；物流中心的位置可以是确定的，也可以是不确定的。对于某个物流中心，其供应的货物可能有一种，也可能有多种；其供应的货物数量既可能能够满足全部客户的需求，也可能仅能满足部分客户的需求。

(4) 客户。也称用户，包括分仓库、零售商店等。客户的属性包括：需求(或供应)货物的数量、需求(或供应)货物的时间、需求(或供应)货物的次数及需求(或供应)货物的满足程度等。

在某个配送系统中，某个客户需求(或供应)货物的数量既可能大于车辆的最大装载量，也可能小于车辆的最大装载量；而该系统全部客户的货物需求(或供应)总量既可能超过全部车辆的总装载量，也可能低于全部车辆的总装载量。

某客户需求(或供应)货物的时间是指要求货物送达(或取走)的时间。对配送时间的要求可分为以下几种情况：

• 无时间限制；

• 要求在指定的时间区间(也称为时间窗)内完成运输任务；

• 有时间限制，但可以不遵守，只是不遵守时要给予一定的惩罚。

某客户需求(或供应)货物的次数既可能仅有一次，即只需一次配送服务；也可能为多次，即需要多次配送服务。

某客户对需求(或供应)货物的满足程度的要求可分为两种情况：一种是要求全部满足；另一种可以部分满足，但不满足时要受到惩罚。

(5) 运输网络。运输网络是由顶点(指物流中心、客户、停车场)、无向边和有向弧组成的。边、弧的属性包括方向、权值和交通流量限制等。

某运输网络中可能仅有无向边；也可能仅有有向弧；还可能既有无向边，又有有向弧。运输网络中边或弧的权值可以表示距离、时间或费用。

边或弧的权值变化。分为以下几种情况：

• 固定，即不随时间和车辆的不同而变化；

• 随时间的不同而变化；

• 随车辆的不同而变化；

• 既随时间的不同而变化，又随车辆的不同而变化。对运输网络权值间的关系可以要求其满足三角不等式，即两边之和大于第三边；也可以不加限制。

对运输网络中顶点、边或弧交通流量的要求。分为以下几种情况：

• 无流量限制；

• 边、弧限制，即每条边、弧上同时行驶的车辆数有限；

• 顶点限制，即每个顶点上同时装、卸货物的车辆数有限；

• 边、弧、顶点都有限制。

(6) 约束条件。物流配送车辆调度问题应满足的约束条件主要包括：

- 满足所有客户对货物品种、规格、数量的要求。
- 满足客户对货物发到时间范围的要求。
- 在允许通行的时间进行配送(如有时规定白天不能通行货车等)。
- 车辆在配送过程中的实际载货量不得超过车辆的最大允许装载量。
- 在物流中心现有运力范围内。

(7) 目标函数。对于物流配送车辆调度问题,既可以只选用一个目标,也可以选用多个目标。经常选用的目标函数主要有：

- 配送总里程最短。配送里程与配送车辆的耗油量、磨损程度以及司机疲劳程度等直接相关,它直接决定运输成本,对配送业务的经济效益有很大影响。由于配送里程计算简便,它是确定配送路线时用得最多的指标。
- 配送车辆的吨位公里数最少。该目标将配送距离与车辆的装载量结合起来考虑,即以所有配送车辆的吨位数(最大载重吨)与其行驶距离的乘积的总和最少为目标。
- 综合费用最低。降低综合费用是实现配送业务经济效益的基本要求。在物流配送中,与取送货有关的费用包括:车辆维护和行驶费用、车队管理费用、货物装卸费用、有关人员工资费用等。
- 准时性最高。由于客户对交货时间有较严格的要求,为提高配送服务质量,有时需要将准时性最高作为确定配送路线的目标。
- 运力利用最合理。该目标要求使用较少的车辆来完成配送任务,并使车辆的满载率最高,以充分利用车辆的装载能力。
- 劳动消耗最低。即以司机人数最少、司机工作时间最短为目标。

3. 分类

VRP 问题可根据不同的性质具体分为以下几类：

(1) 按照运输任务分为纯装问题、纯卸问题及装卸混合问题。

(2) 按照车辆载货状况分为满载问题和非满载问题。满载问题是指货运量多于一辆车的容量,完成所有任务需要多辆运输车辆;非满载问题是指车的容量大于货运量,一辆车即可满足货运要求。

(3) 按照车辆类型分为单车型问题和多车型问题。

(4) 按照车辆是否返回配送中心车场分为车辆开放问题和车辆封闭问题。车辆开放问题是指车辆不返回其出发地;车辆封闭问题是指车辆必须返回其配送中心车场。

(5) 按照优化目标分为单目标优化问题和多目标优化问题。

(6) 按照有无时间要求分为有时间窗 VRP 问题和无时间窗 VRP 问题。

实际中的 VRP 问题可能是以上分类中的一种或几种的综合。

4. 数学模型

$$\min z = \sum_{i}^{l}\sum_{j}^{l}\sum_{k} c_{ij} \cdot x_{ijk}$$

$$\sum_i g_i y_{ki} \leqslant q, \qquad \forall k$$

$$\sum_k y_{ki} = 1, \qquad i = 1,\cdots,l$$

$$\sum_i x_{ijk} = y_{ki}, \qquad i = 0,1,\cdots,l;\ \forall k$$

$$\sum_j x_{ijk} = y_{ki}, \qquad j = 0,1,\cdots,l;\ \forall k$$

$$ET_i \leqslant s_i \leqslant LT_i, \qquad i = 1,\cdots,l$$

式中，c_{ij} 表示从点 i 到点 j 的运输成本，它可以根据优化的目标具体体现为运输距离或运输时间。x_{ijk} 和 y_{ki} 为变量，定义为：

$$y_{ki} = \begin{cases} 1, & \text{点 } i \text{ 的任务由车辆 } k \text{ 完成} \\ 0, & \text{否则} \end{cases}$$

$$y_{ijk} = \begin{cases} 1, & \text{车辆 } k \text{ 从点 } i \text{ 行驶到点 } j \\ 0, & \text{否则} \end{cases}$$

式中，ET_i 和 LT_i 分别为任务 i 允许的最早开始时间和允许的最迟结束时间；g_i 为第 i 点的货运量，q 为运输车辆的额定载重量。

5. 车辆路径问题的求解方法综述

车辆路径问题是组合优化领域中著名的 NP 难题，近二十年来，无论是在国内还是国外，VRP 问题都是一个非常活跃的研究领域。目前研究该问题有以下几类研究方法：

(1) 运筹学方法。运筹学中的规划方法，包括线形规划、非线性规划、整数规划、动态规划等。作为转化后的一个优化设计问题，应包含设计变量、目标函数、约束条件等。其中，设计变量是指在设计过程中进行选择并最终确定的各项独立参数；目标函数是指在设计中预期要达到的目标；而约束条件则是指设计变量取值时的各种限制条件。

运用运筹学的方法，可以把 VRP 问题直接描述成一个数学规划问题，根据其模型的特殊性，应用一定的技术进行划分，进而求解已被广泛研究过的子问题。

因篇幅问题，运筹学方法在本节中不做详述，具体内容可参阅于宝琴、吴津津等编著的《现代物流配送管理》的第三部分。

(2) 启发式方法。启发式方法是指通过经验法则来求取运输过程满意解的数学方法。启发式方法能够同时满足详细描述问题和求解的需要，较运筹学方法更为实用，缺点是难以知道什么时候好的启发式解已经被求得。启发式方法中最具代表性的就是克拉克和怀特提出的节约法(saving method)。许多成功的车辆路径软件就是根据该方法或其他改进方法开发的。吉勒特和米勒提出的扫描法(sweep method)，先把节点或弧的需求进行分组或划群，然后对每一组按旅行商(TSP)求解，设计出一种经济的线路。各种启发式方法的主要区别在于收敛的速度和程度不同。

(3) 智能优化算法。智能优化算法是 20 世纪 80 年代初兴起的优化算法，这些算法包括禁忌搜索、模拟退火、遗传算法、人工神经网络等，它们主要用于解决大量的实际问题，目标是求 NP-hard 组合问题的全局最优解。智能优化算法一般具有一定的自组织性和自适应型，在计算方法上，具有并行处理的特性，由此智能算法在处理大规模数据上有其独特的优势。同时智能算法往往从给定的数据入手，对问题的机理分析并不需要像常规方法那样精确，所以在解决用常规方法难以精确建模的数学问题上，也体现了其显著的优越性。

(4) 模拟方法。模拟方法是指利用数学公式、逻辑表达式、图标、坐标图形等抽象概念表示实际运输系统内部状态和输入输出的关系，以便通过计算机对模型进行试验，通过试验取得改善运输系统所需的信息。

3.4.2　求解车辆路径问题的启发式算法

1. 节约法

(1) 基本原理。假设一家配送中心(DC)向两个客户 A、B 运货，配送中心到两个客户的最短距离分别是 L_a 和 L_b，A 和 B 间的最短距离为 L_{ab}，A、B 的货物需求量分别是 Q_a 和 Q_b，且(Q_a+Q_b)小于运输装载量 Q，如图 3-2 所示，如果配送中心分别送货，那么需要两个车次，总路程为 $L_1=2(L_a+L_b)$

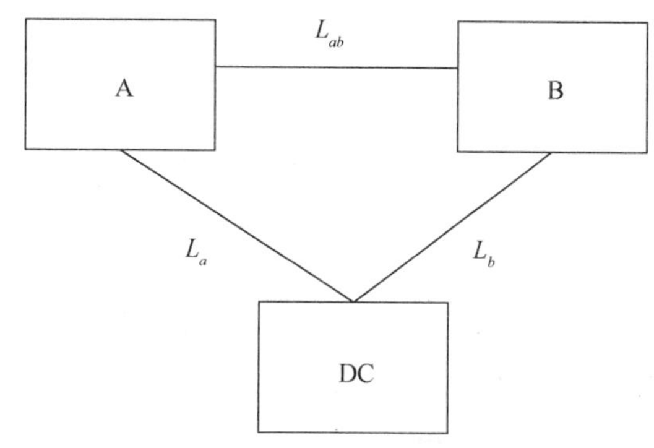

图 3-2　巡回路线图

如果改用一辆车对两个客户进行巡回送货，则只需一个车次，行走的总路程为

$$L_2=L_a+L_b+L_{ab}$$

由三角形的性质我们知道：

$$L_{ab}<(L_a+L_b)$$

所以，第二次的配送方案明显优于第一种，且行走总路程节约：

$$\Delta L=(L_a+L_b)-L_{ab}$$

如果配送中心的供货范围内还存在着 3,4,5,…,n 个客户，在运载车辆载重和体积都允许的情况下，可将它们按着节约路程的大小依次联入巡回线路，直到满载，余下的客户可用同样方法确定巡回路线，另外派车。

(2) 实例分析。设一配送中心向 13 个客户配送商品，配送中心及客户间的最短距离如表 3-27 所示，如果配送的车辆载重为 200 吨，那么利用节约法求解配送路线的步骤如下：

表 3-27　配送中心到客户间的最短距离表　　单位：千米

	DC	1	2	3	4	5	6	7	8	9	10	11	12	13
1	12	0												
2	8	9	0											
3	17	8	10	0										
4	15	9	8	4	0									
5	15	17	9	14	11	0								
6	20	23	15	20	16	6	0							
7	17	22	13	20	16	5	4	0						
8	8	17	9	19	16	11	14	10	0					
9	6	18	12	22	20	17	20	16	6	0				
10	16	23	14	22	19	9	8	4	8	14	0			
11	21	28	18	26	22	11	7	6	13	19	5	0		
12	11	22	14	24	21	14	16	12	5	7	9	13	0	
13	15	27	20	30	28	22	23	20	12	9	16	20	8	0
需求量		48	36	43	92	57	16	56	30	57	47	91	55	38

第一步，计算配送中心到客户间的最短距离，画出距离表。因为本例已经给出，所以可直接进行第二步。

第二步，根据最短距离表，利用节约法计算出用户间的节约里程，并由大到小排列，编制节约里程顺序表，如表 3-28 所示。

表 3-28　节约里程表

序号	路程	节约里程/千米	序号	路程	节约里程/千米	序号	路程	节约里程/千米
1	6—11	34	11	5—10	22	21	11—13	16
2	6—7	33	12	1—3	21	22	8—10	16
3	71—1	31	13	11—12	19	23	7—12	16
4	10—11	31	14	4—5	19	24	4—7	47
5	7—10	29	15	4—6	19	25	8—11	16
6	5—6	29	16	1—4	18	26	2—3	15
7	3—4	28	17	3—5	18	27	2—4	15
8	6—10	28	18	12—13	18	28	7—8	15
9	5—7	27	19	10—12	18	29	6—12	15
10	5—11	25	20	3—6	17	…	…	…

第三步，根据节约里程顺序表和配送中心的约束条件，绘制配送路线。其具体步骤如下：首先选择最节约里程的路段(6—11)，然后是(6—7)，由于配送路线必须包含 DC，且每条循环路线上的客户需求量之和要小于 200 吨，在接下来的选择中满足条件的只有路段(11—8)，此时载重总量为 193 吨，因为在余下选择中没有满足条件的客户，所以，第一回

合的配送路线为(DC—7—6—11—8—DC)。按此方法类推,其余的配送路线分别是(DC—1—3—4—DC)、(DC—5—10—12—13—DC)、(DC—2—9—DC)。

(3) 优缺点分析。节约法的确是一种简便、易行的方法,一方面,体现了优化运输过程,与一般方法相比缩短了运输路程;另一方面,也体现了物流配送网络的优势,实现了企业物流活动的整合,而且思路简单清晰、便于执行。正是如此,它在国内外的物流配送中都受到了青睐。

节约法也有一些缺点:第一,利用节约法选择配送路线过于强调节约路程,而时间对配送路线的选择有时更重要。第二,利用节约法选择配送路线不能对客户的需求进行灵活多变的处理。

2. *扫描法*

吉勒特和米勒提出的扫描法简单实用,即使问题规模很大,也可以通过手工计算得出结果。然而,此种方法没有考虑运输工具的利用率,只是沿仓库任一方向向外画一条直线,沿顺时针或逆时针方向旋转该直线依次与某些站点相交,并判断是否超过车辆的载荷能力,从而确定所需的车量数。这里从贪婪思想的观点出发,利用扫描法思路得出几种可行的装载方案,然后在这些方案中选择比较满意的方案。

(1) 模型的建立与分析。由于假设车辆的容积和载重都相同,每一集货点所有货物视为一件货物,并且,没有考虑各点之间,各点与仓库的距离,使得此种算法具有一定的局限性。然而,随着限制条件的增加,如时间窗口,载重量和容积各不相同的车辆、司机途中总驾驶时间的上限要求、不同地区对速度的不同要求、途中的障碍(湖泊、迂回的道路、山脉)、司机的休息时间等,它们都是实际路线设计中需要考虑的因素,使得寻找行车路线最优解的工作变得越来越困难。

从反映运输工具利用率的角度,可建立如下模型:

$$f = \frac{\sum_{i=1}^{N}\sum_{j=1}^{M}[\alpha(X_{ij}w_j/c)+(1-\alpha)(X_{ij}v_j/v)]}{N} \tag{3-1}$$

式中:$X_{ij}\in\{0,1\}$,当 $X_{ij}=1$ 时,表示 j 货物装载在 i 车辆,当 $X_{ij}=0$ 时,表示 j 货物不装载在 i 车辆;N 为使用的卡车数;M 为集货点数;w_j 是第 j 个货物的重量;v_j 是第 j 个货物的体积;c 为卡车的重量限制;v 为卡车的容积限制;$\alpha\in\{0,1\}$,当 $\alpha=1$ 时,表示影响车辆 i 的装载因素为货物的重量,当 $\alpha=0$ 时,表示影响车辆 i 的装载因素为货物的体积。从式(3-1)可知,为了得到一个比较大的 f 值,须减少使用车数 N,或者增加装车的货物数。

装载货物的重量约束和容积约束可以表示为

$$\sum_{i=1}^{M}X_{ij}w_j \leqslant c, i=1,2,\cdots,N;$$

$$\sum_{j=1}^{M}X_{ij}v_j \leqslant v, i=1,2,\cdots,N;$$

装载货物必须最大限度地利用货车的载重量和容积。这一约束条件被称为满载约束,可以表示为:

$$\forall x_{ij}=0, \quad 总有\begin{cases} v_j > v-\sum_{j=1}^{M} X_{ij}v_j, \\ w_j > c-\sum_{j=1}^{M} X_{ij}w_j, \end{cases} \quad i=1,2,\cdots,N$$

(2) 算法。扫描法的基本思路是自仓库起沿任意方向向外划一直线，沿顺时针或逆时针方向旋转该直线直到与某站点相交。如果在某线路上增加该站点，考虑是否会超过车辆的装载能力(重量和体积)，如果没有，继续旋转直线，直到与下一个站点相交。再次计算累计货运量是否超过车辆的运载能力。如果超过，就剔除最后的那个站点，并确定路线。随后，从不包含在上一条路线中的站点开始，继续旋转直线以寻找新路线。继续该过程直到所有的站点都被安排到路线中。

这里运用基于贪婪思想的扫描法去解决上述问题，不同于简单的扫描法。其思路是从标号为 j 的站点开始扫描，运用上述扫描法思路得出第一种可行方案，并计算式(3-1)的 f，这样完成第一次扫描。然后，从标号为 $j+1$ 的站点开始扫描，得出第二种可行方案，计算式(3-1)的 f。重复执行上述步骤直到得到 M 种可行方案。最后比较方案，找出最满意解。步骤如下：

第一，在地图或方格图中确定所有站点(含仓库)的位置并对其用自然数标号。

第二，再按照以下步骤取得满意解：

步骤 1　$n:=0;j:=0;i:=1$;

步骤 2　remain_w[i]:=c，remain_v[i]:=v;

步骤 3　remain_w[i]=$c-w$[j]，remain_v[i]=$v-v$[j]，$j:=j+1$;

步骤 4　如果 remain_w[i]≥w[j]且 remain_v[i]≥v[j]，转步骤 3，否则，$i:=i+1$ 转步骤 2;

步骤 5　如果 $j<M$，则转步骤二，否则计算出 f，$n:=n+1$;

步骤 6　$j:=1$，$i:=1$，count_w:=w[1]，count_v:=v[1]，w[j]=w[$j+1$]，v[j]=v[$j+1$]，$j:=j+1$;

步骤 7　如果 $j\leqslant M$，转步骤 6，否则 w[M]=count_w，v[M]=count_v；转步骤 2;

步骤 8　如果 $n\geqslant M$ 停止;

步骤 9　进行方案比选。

其中，w[j]、v[j]的含义与 w_j、v_j 的含义相同;

remain_w[i]表示第 i 车的剩余载重量;

remain_v[i]表示第 i 车的剩余容积;

count_w、count_v 是中间交换量。

3.4.3　求解车辆路径问题的智能优化算法

1. 智能优化算法概述

(1) 智能优化算法的概念。最优化方法在各种工程系统、经济系统，乃至社会系统中得到了广泛的应用。最优化理论的研究也一直是一个十分活跃的领域，该领域出版了许多有关最优化理论、方法和应用的著作和译作。但是，传统的最优化方法有较大的局限性，它往往要求目标函数是凸的、高阶连续是可微的，可行域是凸集，而且其处理非确定性信息的能力很差。这些弱点使传统优化方法在复杂系统中的应用受到了限制。

20世纪80年代以来，一些新颖的优化算法，如人工神经网络、混沌、遗传算法、进化规划、模拟退火、禁忌搜索及其混合优化策略等，通过模拟或揭示某些自然现象或过程而得到发展，其思想和内容涉及数学、物理学、生物进化学、人工智能学、神经科学和统计力学等方面，为解决复杂问题提供了新的思路和手段。

这些算法独特的优点和机制，引起了国内外学者的广泛重视并掀起了该领域的研究热潮，目前在诸多领域得到了成功应用。在优化领域，由于这些算法构造的直观性与自然机理，因而通常被称作智能优化算法，或称现代启发式算法。

智能优化算法具有全局的、并行高效的优化性能，鲁棒性、通用性强等优点。它已广泛用于计算机科学、优化调度、运输问题、组合优化、工程优化设计等领域。主要有：模拟退火算法、遗传算法、禁忌搜索算法、蚁群算法、人工神经网络、DNA计算等。

近年来，智能优化算法发展迅速。这些新的优化方法目前在理论上还远不如传统优化方法完善，往往也不能确保解的最优性，因而常常被视为“只是启发式方法”。但从观念上来看，它们突破了传统优化思维的束缚，例如遗传算法模拟生物种群繁殖中的竞争思想；它们不以数学上的精确解为目标的思想等，都是观念上的创新，非常有价值。从实际应用的观点来看，这类新算法不要求目标函数和约束的连续性与凸性，甚至连有没有解析表达式都不要求；对计算中数据的不确定性也有很强的适应能力，计算速度快，这些宝贵的优点使这类算法在很短的时间里就得到了广泛应用，展示出方兴未艾的强劲发展势头。

(2) 智能优化算法的研究意义。智能优化从20世纪80年代初兴起至今发展迅速，其中以神经网络、遗传算法等为代表的人工智能和软计算方法在智能优化中得到了广泛的应用和关注。智能优化对求解问题不一定渴求最优解，强调“满意解”作为评价准则，具有计算步骤简单易于实现、不需高深和复杂理论知识、减小运算量、节约开支和时间以及求解搜索规则体现智能特点的优点，为许多工业、商业、工程和管理等方面的问题提供了有效的解决方法，其研究具有重要意义。

2. 遗传算法

(1) 自然进化与遗传算法。从20世纪40年代开始，生物模拟就成为计算科学的一个组成部分，如早期的自动机理论就是假设机器是由类似于神经元的基本元素组成的。这些年来，诸如机器能否思维、基于原则的专家系统是否能够胜任人类的工作，以及神经网络可否使机器具有看和听的能力等有关生物类比的问题已成为人工智能关注的焦点。

关于进化理论有一些一般特征：

第一，进化过程是发生在染色体上而不是发生在它们所编码的生物体上。

第二，自然选择把染色体以及由它们所译成的结构的表现联系在一起。那些适应性好的个体的染色体经常比差的个体的染色体有更多的繁殖机会。

第三，繁殖过程是进化发生的那一刻。变异可以使生物体子代的染色体不同于它们父代的染色体。通过结合两个父代染色体中的物质，重组过程可以在子代中产生有很大差异的染色体。

第四，生物进化没有记忆。有关产生个体的信息包含在个体所携带的染色体的集合以及染色体编码的结构中，这些个体会很好地适应它们的环境。

自然进化的这些特征引起了美国密歇根大学的约翰·霍兰德(John Holland)的极大兴趣。他发现，学习不仅可以通过单个生物体的适应而发生，而且通过一个种群的许多代的进化适应也能发生。相类似的，在机器学习的研究中，为获得一个好的学习算法，仅依靠单个策略的建立和改进是不够的，还要依赖于一个包含很多候选策略的群体的繁殖。他的研究想法起源于遗传进化，霍兰德就将这个研究领域取名为遗传算法。

霍兰德创建的遗传算法是一种概率搜索算法，他是利用某种编码技术作用于称为染色体的二进制数串，其基本思想是模拟由这些串组成的群体的进化过程。遗传算法通过有组织的也是随机的信息交换来重新结合那些适应性较好的串，在每一代中，利用上一代串结构中适应性较好的位和段来生成一个新的串的群体；作为额外增添，偶尔也要在串结构中尝试用新的位和段来代替原来的部分。遗传算法是一种随机算法，但它不是简单的随机走动，它可以有效地利用已有的信息来搜寻那些有希望改善解质量的串。类似于自然进化，遗传算法通过作用于染色体上的基因，寻找好的染色体来解决问题。与自然界相似，遗传算法对求解问题的本身一无所知，它所需要的仅是对算法所产生的每个染色体进行评价，并基于适应值来选择染色体，使适应性较好的染色体比适应性差的染色体有更多的繁殖机会。

遗传算法利用简单的编码技术和繁殖机制来表现复杂的现象，从而能够解决非常困难的问题，特别是由于它不受搜索空间的限制性假设的约束，不必要求诸如连续性、导数存在和单峰等假设，以及其固有的并行性，遗传算法目前已经在最优化、机器学习和并行处理等领域得到了越来越广泛的应用

(2) 基本遗传算法的描述。基本遗传算法只使用选择算子、交叉算子和变异算子这三种遗传算子，其遗传进化操作简单，容易理解，是其他遗传算法的雏形和基础。

构成基本遗传算法的要素主要有：染色体编码、个体适应度评价、遗传算子（选择算子、交叉算子、变异算子）以及遗传参数设置等。

第一，染色体编码方法。在实现中对一个问题用遗传算法进行求解之前，我们必须先对问题的解空间进行编码，以便使它能够由遗产算法进行操作。最为常用的编码方法是二进制编码。使用固定长度的二进制符号来表示群体中的个体，其等位基因由二值符号集{0,1}组成。对于解空间中的变量是离散变量的情况下，对每个变量直接用相应位数的二进制进行编码即可。而对于那些连续变量，需要先对其离散化，再进行编码。用二进制编码的一个主要原因是它在理论上比较容易分析。初始群体中各个个体的基因值可用均匀分布的随机数来生成。

第二，适应度函数。在遗传算法中，模拟自然选择的过程主要通过评估函数和适应度函数来实现。前者是用来评估一个染色体优劣的绝对值，而后者是用来评估一个染色体相对于整个群体优劣的相对值。然而，在遗传算法当中，评估函数和适应度函数的计算与应用是比较相近的。

第三，遗传算子。基本遗传算法包括下述三种遗传算子，下面分别作初步介绍：

• 选择算子。按照某种策略从父代中挑选个体进入中间群体，如使用比例选择。

• 交叉算子。随机地从中间群体中抽取两个个体,并按照某种交叉策略使两个个体交换部分染色体码串,从而形成两个新的个体。如使用单点交叉。

• 变异算子。通常按照一定的概率,改变染色体中某些基因的值。

第四,基本遗传算法的运行参数。基本遗传算法有下述四个运行参数需要提前设定:

• N——群体大小,即群体中所含个体的数量,一般取 20—100;

• T——遗传算法的终止进化代数,一般取 100—500;

• P_e——交叉概率,一般取 0.4—0.99。

• P_m——变异概率,一般取 0.0001—0.1。

需要说明的是,以上四个运行参数对遗传算法的求解结果和求解效率都有一定的影响,但目前尚无合理设置它们的理论依据。在遗传算法的合理应用中,往往需要经过多次运算后才能确定出这些参数合理的取值大小和取值范围。

(3) 基本遗传算法的一般框架。运用基本遗传算法进行问题求解的过程如下:

第一,编码。GA(genetic alogrithm,遗传算法)在进行搜索之前先将解空间的可行解数据表示成遗传空间的基因型串结构数据,这些串结构数据的不同组合便构成了不同的可行解。

第二,初始群体的生成。随机产生 N 个初始串结构数据,每个串结构数据成为一个个体,N 个个体构成一个群体。GA 以这 N 个串结构数据作为初始点开始迭代。

第三,适应性值评估检测。适应性函数表明了个体或解的优劣性。不同的问题,适应性函数的定义方式也不同。

第四,选择。选择的目的是为了从当前群体中选择优良的个体,使它们有机会作为父代为下一代繁殖子孙。遗传算法通过选择过程体现这一思想,进行选择的原则是适应性强的个体为下一代贡献一个或多个后代的概率大。选择实现了达尔文的适者生存原则。

第五,交叉。交叉操作是遗传算法中最主要的遗传操作,通过交叉操作可以得到新一代个体,新个体组合(继承)了其父辈个体的特征。交叉体现了信息交换的思想。

第六,变异。变异首先在群体中随机选择一个个体,对于选中的个体以一定的概率随机地改变串结构数据中某个串位的值。同生物界一样,GA 中变异发生的概率很低,通常取值在 0.001—0.1。变异为新个体的产生提供了机会。基本遗传算法如图 3-3 所示。

基本遗传算法可以定义一个八元组:

$$\mathrm{SGA}=(C,E,P_0,M,\Phi,\Gamma,\Psi,T)$$

式中,各元素的意义为:

C——个体的编码方法;

E——个体适应度评价函数;

P_0——初始群体;

M——群体大小;

Φ——选择算子;

Γ——交叉算子;

Ψ——变异算子;

T——遗传运算终止条件。

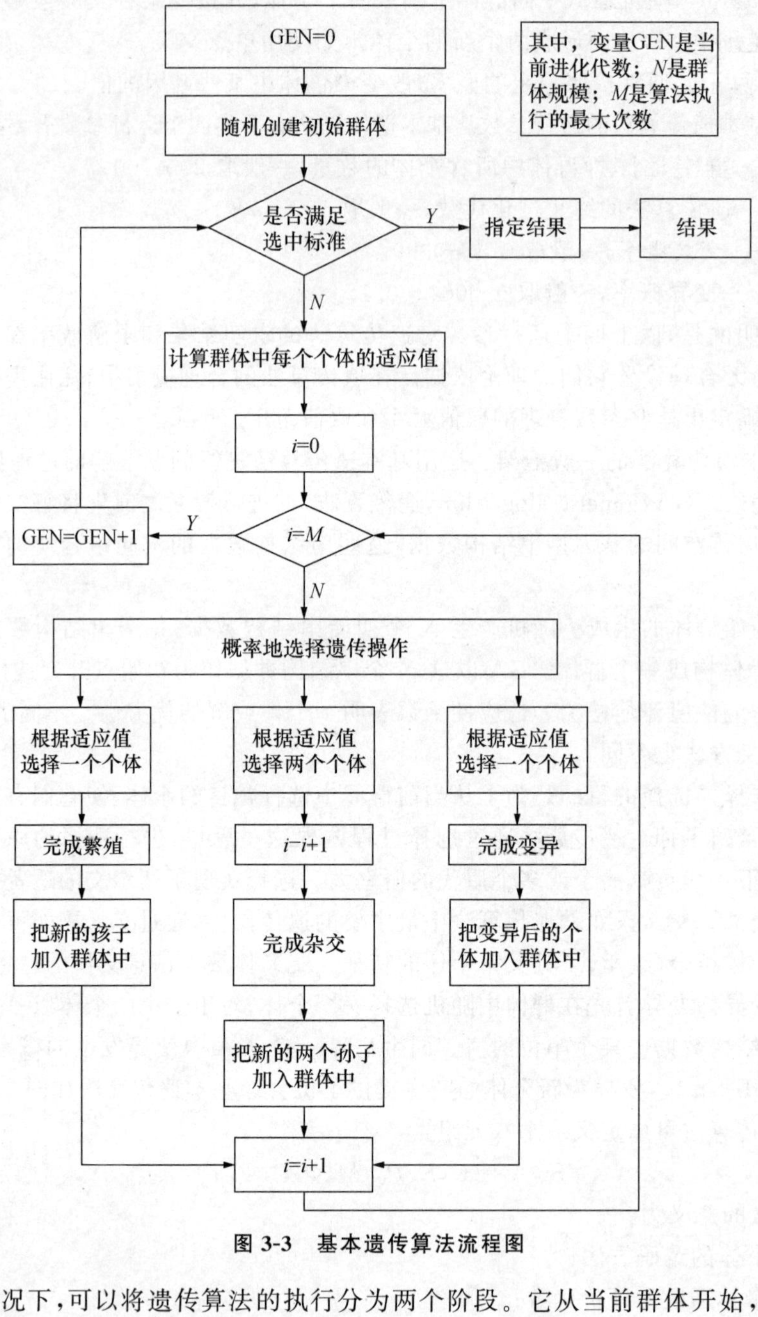

GEN=0

随机创建初始群体

是否满足选中标准

Y

指定结果

结果

N

计算群体中每个个体的适应值

i=0

i=M

Y

GEN=GEN+1

N

概率地选择遗传操作

根据适应值选择一个个体

根据适应值选择两个个体

根据适应值选择一个个体

完成繁殖

i=i+1

完成变异

把新的孩子加入群体中

完成杂交

把变异后的个体加入群体中

把新的两个孙子加入群体中

i=i+1

其中，变量GEN是当前进化代数；N是群体规模；M是算法执行的最大次数

图 3-3　基本遗传算法流程图

一般情况下，可以将遗传算法的执行分为两个阶段。它从当前群体开始，然后通过选择生成中间群体，之后在中间群体上进行重组与变异，从而形成下一代新的群体。这一过程可以用以下算法描述。

基本遗产算法的一般步骤：

步骤 1　随机生成初始群体；

步骤 2　是否满足停止条件？如果满足则转到步骤 8；

步骤 3　否则，计算当前群体每个个体的适应度函数；

步骤4　根据当前群体的每个个体的适应度函数进行选择生成中间群体；

步骤5　以概率 P_0 选择两个个体进行染色体交换，产生新的个体替换老的个体，插入群体中去；

步骤6　以概率 p_m 选择某一个染色体的某一位进行改变，产生新的个体替换老的个体；

步骤7　转到步骤2；

步骤8　终止。

(4) 遗传算法的特点。与其他一些优化算法相比，GA有以下优点：

• 遗传算法以决策变量的编码作为运算对象，而不是参数本身，这使得GA不受函数约束条件的限制，如连续性、可导性等；

• 遗传算法可以直接根据目标函数值进行搜索，而无须其他信息，如导数信息；

• 遗传算法同时使用多个搜索点的搜索信息，隐含并行搜索特性；

• 遗传算法使用概率搜索特性，其选择、交叉和变异等运算都是以一种概率的方式进行的，增加了搜索过程的灵活性；

• 遗传算法具有全局搜索能力，善于搜索复杂问题和非线性问题。

• 遗传算法同求解问题的其他启发式算法有较好的兼容性，可以与其他优化算法进行结合，改进算法性能。如模拟退火遗传算法。

在应用遗传算法时也存在一些缺点或不足之处，比如：

• 编码不规范及编码存在表示不准确现象。

• 单一的遗传算法编码不能全面地将优化问题的约束表示出来。

• 易于陷入局部最优点，导致早熟。

(5) 基于遗传算法的车辆配送路径的优化问题。

第一，问题描述与模型建立。为了简化问题的复杂度并兼顾物流配送中心的实际情形，便于模型的建立，特作以下假设：

• 物流配送中心的位置为已知且唯一；

• 物流配送中心只有一种车型；

• 每辆车从配送中心出发，完成任务后返回配送中心；

• 每辆车服务时的总载货容量不能超过该车容量；

• 每个需求点只能由一辆车服务一次，所有的需求点均必须被服务。

设物流配送中心有容量为 q 的车辆，以物流配送中心的位置作为原点 O，现有货物运输任务以 $1,\cdots,n$ 表示，已知任务 i 的货运量为 $g_i(i=1,\cdots,n)$，且 $0\leqslant g_i\leqslant q$，求以总费用最小化为目标的车辆行驶路线。

如此，共有 m 辆车，完成 l 项任务，为完成任务而需要的车辆数 m 由下式确定：

$$m=\left[\sum_{i=1}^{l}g_i/\alpha q\right]+1$$

式中，α 是对装车复杂性及约束多少的估计，一般装车越复杂，约束越多，α 就应越小，表示一辆车所能容纳的货物量越少。实际中，可通过人机对话调整 α 的大小来调整解。

为方便构造模型。任务和配送中心均以点 $i(i=0,1,\cdots,n)$ 来表示。

首先定义变量：

$$X_{ijk}=\begin{cases}1, & \text{车辆 } k \text{ 由需求点 } i \text{ 驶向点 } j \\ 0, & \text{否则}\end{cases}$$

$$Y_{ki}=\begin{cases}1, & \text{需求点 } i \text{ 的任务由车辆 } k \text{ 完成} \\ 0, & \text{否则}\end{cases}$$

车辆优化调度模型可表述为：

$$\min Z=\sum_{i}^{l}\sum_{j}^{l}\sum_{k}^{m}c_{ij}x_{ijk}$$

$$\sum_{i}g_{i}y_{ki}\leqslant q,\quad k=1,2,\cdots,m \tag{3-2}$$

$$\sum_{k}y_{ki}=1,\quad i=1,2,\cdots,l \tag{3-3}$$

$$\sum_{j}x_{ijk}=y_{ki},\quad i=0,1,\cdots,l;k=1,2,\cdots,m \tag{3-4}$$

$$\sum_{i}x_{ijk}=y_{ki},\quad j=0,1,\cdots,l;k=1,2,\cdots,m \tag{3-5}$$

$$X=(x_{ijk})\in S \tag{3-6}$$

$$x_{ijk}=0\text{ 或 }1,\quad i,j=0,1,\cdots,l;\ k=1,2,\cdots,m \tag{3-7}$$

$$y_{ki}=0\text{ 或 }1,\quad i,j=0,1,\cdots,l;\ k=1,2,\cdots,m \tag{3-8}$$

模型中，决策变量 x_{ijk} 表示车辆 k 是否从需求点 i 行驶到点 j，若是则为1，否则为0；y_{ki} 表示点 i 的任务是否由车辆 k 完成，若是则为1，否则为0。参数 c_{ij} 表示从点 i 到 j 的费用，Z 为总配送费用，目标函数使总费用最小。约束(3-2)是车辆的容量限制；约束(3-3)是每个客户只有一辆车为其服务；约束(3-4)和约束(3-5)表示两个变量之间的关系；约束(3-6)为支路消去约束，能够避免出现与车场相分离的线路；约束(3-7)和约束(3-8)为变量的取值约束。

第二，模型求解及算法设计。本模型属于NP难题。正因为遗传算法具有独特的优点，所以被认为是解决NP难题的一个可行的途径。由于遗传算法并不是全局收敛的，因此必须精心设计遗传算法的染色体结构、适应度函数、初始群体、遗传算子和控制参数，使算法能够以较大的概率获得全局最优解。遗传算法应用于求解模型的步骤如下：

第一步，染色体的结构设计。采用自然编码，即序数编码，设计成长度为 $l+m$ 的染色体$(i_{11},i_{12},\cdots,i_{1s},0,i_{21},\cdots,i_{2t},0,\cdots,0,i_{m1},\cdots,i_{mw})$。这样的染色体可解释为车辆从车场0出发，经过货栈 $i_{11},i_{12},\cdots,i_{1s}$ 后，到车场 O，形成子路径1；然后又从车场 O 出发，经过以前未访问的货栈 $i_{21},\cdots,i_{2t}$ 后，返回车场 O，形成子路径2；如此往复，直到所有 l 个货栈全部被访问。

如染色体01203450表示一条路线从车场出发，经配送点1和2后回到车场；另一条路线为车辆依次经过配送点3、4、5后返回车场。

这种染色体结构子路径内部是有序的，在子路径内部相互交换位置，会使目标函数的值改变；而子路径之间是无序的，若子路径之间相互交换位置，不会改变目标函数的值。

第二步，适应度函数设计。适应度函数同目标函数有关，要求非负，通过变换目标函数可得到适应度函数：

$$f_k = bz'/Z_k。$$

其中，b 为常数，Z' 为初始群体中最好的染色体运输成本，Z_k 为当前染色体对应的运输成本。

对于非满载 VRP，先将式(3-2)中第一个约束式(容量约束式)变为目标函数的一部分：

$$\min Z = \sum_{i=0}^{l}\sum_{j=0}^{l}\sum_{k=1}^{m} c_{ij}x_{ijk} + M\sum_{k=1}^{m}\max\left(\sum_{i=1}^{l} g_i y_{ik} - q, 0\right)$$

其中，$M\sum_{k=1}^{m}\max\left(\sum_{i=1}^{l} g_i y_{ik} - q, 0\right)$ 表示若违反容量约束处以的惩罚值。为严格满足容量约束，应有 $M\to\infty$。因考虑到计算机处理的不便，M 可取一个适当大的正数。

第三步，初始群体的产生方法。随机产生 l 个城市的一个全排列。如 $i_1, i_2, \cdots, i_l$，随机选择一个插入点，将 O 插入。如此继续，直到将 m 个 O 全部插入染色体。这样就构成了一条初始染色体，长度为 $l+m$。

第四步，遗传算子的确定。这里选用了最佳保留的轮盘赌复制法和基于序的变异算子，进行染色体的复制，并设计了最大保留交叉，来保证群体的多样性。其操作过程为：如果染色体交叉点处的两个基因都为 O，则直接进行顺序交叉运算；如果染色体交叉点处的基因不全为 O，则将交叉点左移或右移，直到左右两个交叉点处的基因都为 O，再进行顺序交叉运算。

第五步，控制参数和算法终止条件的设定。

• 控制参数包括交叉率 P_c 和变异率 P_m，在计算过程中采用自适应参数策略调整。以 $f_{\max}$ 表示某一代群体中最优染色体的适应度，$\bar{f}$ 表示群体的平均适应度，f 为变异染色体的适应度，f' 为两个交叉染色体中使用度较大的一个，得到：

$$P_c = \begin{cases} k_1(f_{\max} - f')/(f_{\max} - \bar{f}), & f' \geqslant \bar{f} \\ k_2, & f' < \bar{f} \end{cases}$$

$$P_m = \begin{cases} k_3(f_{\max} - f)/(f_{\max} - \bar{f}), & f \geqslant \bar{f} \\ k_4, & f < \bar{f} \end{cases}$$

• 终止条件。给定四个条件，只要满足其中之一就终止算法。

条件一，当某代群体适应度的方差小于规定的值时。

条件二，当某代群体适应度的均值与最佳适应度的比值大于某值时。

条件三，当最佳染色体保持的代数达到一定的代数时。

条件四，迭代次数达到规定的值时。

第六步，算法步骤描述。

Step1　构造合适的染色体结构；

Step2　设置 P_c，P_m；

Step3　gen:=0，随机产生初始群体 $p(0)$，群体中包括 n 个染色体，每个染色体表示一个行车路线。

Step4　i:=1；

Step5　计算群体 p(gen)中第 i 个染色体的适应度；

Step6　计算终止条件；

Step7　若满足算法终止条件则终止，否则转 Step8；

Step8　$i := i+1$；

Step9　若 $i \leqslant n$，回到 Step5，否则转 Step10；

Step10　根据复制算法复制下一代染色体；

Step11　进行交叉、变异计算；

Step12　gen：=gen+1；

Step13　若满足算法终止条件，则终止，否则转 Step4。

第三，实验分析。对 7 个需求点、1 个配送中心和 3 辆车的配送系统的车辆路径进行优化实验计算。O 表示配送中心，各货栈的货运量 g_i(吨)在(0,1)内随机产生，车场与各客户之间的距离(千米)及货运量数据如表 3-29 所示：

表 3-29　车场与各客户之间的距离及货运量

j \ i	0	1	2	3	4	5	6	7
0	0	7	43	56	65	75	13	14
1	7	0	37	30	63	72	18	20
2	43	37	0	13	34	45	43	19
3	56	50	13	0	28	39	55	61
4	65	63	34	28	0	11	59	65
5	75	72	45	39	11	0	67	73
6	13	18	43	55	59	67	0	6
7	14	20	49	61	65	73	6	0
货运量 g_i		0.89	0.14	0.28	0.33	0.21	0.41	0.57

这里将各点之间的距离作为费用，即 $c_{ij}=d_{ij}(i,j=0,1,2,\cdots,7)$。

选取规模 n 为 20，算法参数 $\varepsilon=20,\lambda=0.95,X=5,Y=50$，取交叉率，变异率，应用遗传算法求解，获得最优解 217.8，对应染色体 0234501076，表示线路为：

子线路 1：0→2→3→4→5→0

子线路 2：0→1→0

子线路 3：0→7→6→0

经过以上计算，虽然不能确定通过遗传算法得到的解即为全局最优解，但至少可以保证它们是全局满意解，对于解决其他类型的 VRP 优化问题，遗传算法也是一种优良的算法。

3. 模拟退火算法

(1) 模拟退火算法的原理。模拟退火算法也是局部搜索算法的扩展。它与局部搜索算法的不同之处在于：它是以一定的概率选择邻域中目标函数值差的状态。

退火是一种物理过程，即一种金属物体在加热至一定的温度后，它的所有分子在其状态空间中自由运动。随着温度的下降，这些分子逐渐停留在不同的状态；在温度最低时，分子重新以一定的结构排列。统计力学的研究表明,在同一个温度,分子停留在能量小的状态的概率比停留在能量大的状态的概率要大。当温度相当高时,每个状态的概率基本相同,都接近平均值。当温度趋向 0 时,分子停留在最低能量状态的概率趋向于 1。

模拟退火算法是一种基于上述退火原理建立的随机搜索算法。组合优化问题与金属物体的退火过程可进行如下类比:组合优化问题的解类似于金属物体的状态,组合优化问题的最优解类似于金属物体在能量最低时的状态,组合优化问题的费用函数类似于金属物体的能量。

为了克服局部搜索算法极易陷入局部最优解的缺点,模拟退火算法使用了基于概率的双方向随机搜索技术:当基于邻域的一次操作使当前解的质量提高时,模拟退火算法接受这个被改进的解作为新的当前解;在相反的情况下,算法以一定的概率 $\exp(-\Delta c/T)$ 接受相对于当前解来说质量较差的解作为新的当前解,其中 Δc 为邻域操作前后解的评价值的差,T 为退火过程的控制参数即温度。模拟退火算法已在理论上被证明是一种以概率 1 收敛于全局最优解的全局优化算法。

(2) 模拟退火算法的实现步骤。模拟退火算法的实现步骤如下(以目标函数求最小为例):

第一步,选定一个初始解 x_0;令当前解 $x_i=x_0$;当前迭代步数 $k=0$;当前温度 $t_k=t_{\max}$;

第二步,若该温度达到内循环停止条件,则转第三步;否则,从邻域 $N(x_i)$ 中随机选择一个邻居 x_j,计算 $\Delta f_{ij}=f(x_j)-f(x_i)$,若 $\Delta f_{ij}\leqslant 0$,则 $x_i=x_j$,否则若 $\exp(-\Delta f_{ij}/t_k)>$ random(0,1)(表示一个 0 到 1 之间的均匀随机数),则 $x_i=x_j$,重复第二步;

第三步,$k=k+1$,$t_{k+1}=d(t_k)$(表示温度下降的函数),若满足终止条件,则转第四步;否则,转第二步;

第四步,输出计算结果,停止。

在上述模拟退火算法中,包含一个内循环和外循环。内循环为第二步,它表示在同一个温度 t_k 时在一些状态随机搜索。外循环主要包括第三步的温度下降变化 $t_{k+1}=d(t_k)$,迭代步数的增加 $k=k+1$ 和停止条件等。

(3) 模拟退火算法的设计。模拟退火算法作为局部搜索算法的扩展,在求解组合优化问题时,仍然涉及解的表示、解的评价、邻域选点规则及算法终止准则等要素。除此之外,该算法还涉及初始温度的选取、温度下降的规则、每一温度的迭代步长和停止规则等要素。

第一,初始温度的选取。初始温度值的设置是影响模拟退火算法全局搜索性能的重要因素之一。初始温度高,则算法搜索到全局最优解的可能性就大,但因此要花费大量的计算去时间;反之,则可节约计算时间,但全局搜索性能可能受到影响。在实际应用过程中,初始温度一般需要依据实验结果进行若干次调整。

从理论上来说,初始温度 t_0 应保证平稳分布中每一状态的概率相等,即满足:

$$\exp(-\Delta f_{ij}/t_0)\approx 1$$

据此,可以很容易地得到初始温度的一个估计值,即

$$t_0 = K\delta \tag{3-9}$$

在式(3-9)中,K 为充分大的正数,实际计算中可取 $K=10,20,100\cdots$ 等实验值;$\delta=$

$\max\{f(j)|j \in D\} - \min\{f(j)|j \in D\}$，实际计算中，对 δ 的取值可以简单地加以估计。

第二，温度下降方法的确定。温度管理也是模拟退火算法难以处理的问题之一。在邻域搜索过程中，当解的质量变差的概率呈 Boltzmann 分布时，杰曼兄弟从理论上证明了按式(3-10)所示的对数降温方式可使模拟退火算法收敛于全局最优解。

$$t(k) = k/\log(1+k) \tag{3-10}$$

式中，K 为正的常数；k 为降温次数。

在邻域搜索过程中，当解的质量变差的概率呈 Cahchy 分布时，舒和哈特利从理论上证明了按式(3-11)所示的降温方式可使模拟退火算法收敛于全局最优解。

$$t(k) = K/(1+k) \tag{3-11}$$

式中，K 为正的常数；k 为降温次数。

在实际应用过程中，为了简化计算，常采用如下简单直观的温度下降方法：

• $t_{k+1}=a \cdot t_k$ 其中，$k \geqslant 0$，$0<a<l$，a 越接近于 1，温度下降得就越慢。这种方法简单易行，用得也最多。采用该方法时，每一步温度以相同的比率下降。

• $t_k=t_0 \cdot (T-k)/T$，其中，t_0 为起始温度，T 为温度下降的总次数。这一温度下降方法的优点是易于操作而且可以简单地控制温度下降的总次数。采用该方法时，每一步温度下降的幅度相等。

第三，每一温度迭代长度的确定。模拟退火算法的全局搜索性能也与每一温度的迭代长度密切相关。一般来说，同一温度下的“充分”搜索(退火)是相当必要的，但这需要付出计算时间增加的代价。在实际应用过程中，要针对具体问题的性质设置合理的迭代长度。确定迭代长度的常用方法有：

• 固定长度。这是一种最简单的方法，在每一温度迭代相同的步数，步数的选取与问题的规模有关，通常采用与邻域大小直接相关的规则。

• 由接受和拒绝的概率来控制迭代步数。当温度很高时，每一个状态被接受的概率基本相同，而且几乎所有的状态都被接受。此时，在同一温度应使迭代的步数尽量小。当温度逐渐变低时，越来越多的状态被拒绝。如果在此温度的迭代长度太少，则可能造成过早地陷入局部最优状态。比较合理的方法是随着温度的下降，将同一温度的迭代步长增加。实现上述思想的一种方法是给定一个充分大的步长 U 和一个接受次数指标 R，当接受次数等于 R 时，在此温度不再迭代而使温度下降，否则，一直迭代到上限步数。实现上述思想的另一种方法是给定一个接受比率指标 R，迭代步长上限 U 和下限 L，每一温度至少迭代 L 步，且记录同一温度的迭代总次数和被接受的次数，当迭代超过 L 步时，若接受次数同总次数的比率不小于 R，则在该温度不再迭代而开始温度下降，否则，一直迭代到上限步数。同理，也可以用拒绝次数为指标得到控制迭代步长的规则。

第四，终止准则。模拟退火算法从初始温度开始，通过在每一温度的迭代和温度的下降，最后达到终止准则而停止。尽管有些终止准则有一定的理论指导，但在大多数情况下，均采用以下比较简单直观的终止准则：

• 零度法。模拟退火算法的最终温度为零，因而最为简单的终止准则是：给定一个比较小的正数 e，当温度 $t_k \leqslant e$ 时，算法停止，这时表示已经达到最低温度。

• 循环总数控制法。该终止准则是指总的温度下降次数为一定值 T，当温度迭代次

数达到 T 时，停止运算。

• 基于不改进规则的控制法。该终止准则是指当在一个温度和给定的迭代次数内没有改进当前的局部最优解时，则停止计算。模拟退火算法的一个基本思想是跳出局部最优解。直观的结论是如果在较高的温度没能跳出局部最优解，则在低的温度跳出局部最优解的可能性也比较小，由此产生了上述停止规则。

• 接受概率控制法。该终止准则是指给定一个比较小的数 $x_f>0$，除当前局部最优解外，当其他状态的接受概率都小于 x_f 时，停止计算。

4. 禁忌搜索算法

(1) 禁忌搜索算法的原理。禁忌搜索算法是解决组合优化问题的另一种优化方法。该算法是局部搜索算法的推广，其特点是采用禁忌技术，即用一个禁忌表记录下已经到达过的局部最优点，在下一次搜索中，利用禁忌表中的信息不再或有选择地搜索这些点，以此来跳出局部最优点。

在禁忌搜索算法中，首先按照随机方法产生一个初始解作为当前解，然后在当前解的邻域中搜索若干个解，取其中的最好解作为新的当前解。为了避免陷入局部最优解，这种优化方法在一定程度上允许使解的质量变差。另外，为了避免对已经搜索过的局部最优解的重复，禁忌搜索算法使用禁忌表记录已经搜索过的局部最优解的历史信息，这可在一定程度上使搜索过程避开局部极值点，从而开辟新的搜索区域。

(2) 禁忌搜索算法的实现步骤。用禁忌搜索算法求解组合优化问题时，其实现步骤如下(以目标函数求最小为例)：

第一步，选定一个初始解 x^{now}，令禁忌表 $H=\Phi$。

第二步，若满足终止准则，则转第四步；否则，在 x^{now} 的邻域 $N(x^{\mathrm{now}})$ 中选出满足禁忌要求的候选集 $\mathrm{Can}-N(x^{\mathrm{now}})$，转第三步。

第三步，在 $\mathrm{Can}-N(x^{\mathrm{now}})$ 中选择一个评价值最好的解 x^{best}，令 $x^{\mathrm{now}}=x^{\mathrm{best}}$，更新禁忌表 H，转第二步。

第四步，输出计算结果，停止。

禁忌搜索算法的第二步中，x^{now} 的邻域 $N(x^{\mathrm{now}})$ 中满足禁忌要求的解包括两类，一类是那些没有被禁忌的解，另一类是可以被解除禁忌的解。

(3) 禁忌搜索算法的设计。禁忌搜索算法作为局部搜索算法的扩展，在求解组合优化问题时，涉及解的表示、解的评价、邻域选点方法及算法终止准则等要素。除此之外，该算法还涉及禁忌对象的确定、禁忌长度的确定、候选集的确定等要素。

采用禁忌搜索算法求解物流配送车辆调度问题时，其解的表示方法可采用客户和虚拟物流中心共同排列、客户直接排列或车辆和客户对应排列等解的表示方法及相应的解的评价方法；邻域选点方法仍可采用换位法、逆转法或插入法等。下面仅对禁忌搜索算法的其他几个要素进行设计。

• 禁忌对象的确定。禁忌对象是指禁忌表中的被禁忌的那些变化元素。由于解状态的变化可分为解的简单变化、解的分量变化和解的目标值变化三种情况，则在确定禁忌对象时也有对解的简单变化进行禁忌、对解的分量变化进行禁忌及对解的目标值变化进行禁忌三种情况。

一般来说，对解的简单变化进行禁忌比对解的分量变化进行禁忌和对解的目标值变化进行禁忌的受禁范围要小，因此可能造成计算时间的增加，但其优点是提供了较大的搜索范围。

根据物流配送车辆调度问题的特点，可采用对解的简单变化进行禁忌的方法。现举例说明：当解从 x 变化到 y 时，y 可能是局部最优解，为了避开局部最优解，禁忌 y 这一解再度出现，可采用如下禁忌规则：当 y 的邻域中有比它更优的解时，选择更优的解；当 y 为 $N(y)$ 的局部最优解时，不再选 y，而选比 y 稍差的解。

• 禁忌长度的确定。禁忌长度是指被禁忌对象不允许被选取的迭代步数，一般是给被禁忌对象 x 一个数 l（称为禁忌长度），要求对象 x 在 l 步迭代内被禁，在禁忌表中采用 $\text{Tabu}(x)=1$ 记忆，每迭代一步，该项指标做运算 $\text{Tabu}(x)=l-1$，直到 $\text{Tabu}(x)=0$ 时解禁。关于禁忌长度 l 的选取，可归纳为以下几种情况：

第一，l 为常数，可取 $l=10$，$l=\sqrt{n}$（n 为邻域中邻居的总个数）。这种规则容易在算法中实现。

第二，$l\in[l_{\min},l_{\max}]$。此时，l 是可以变化的数，其变化的依据是被禁对象的目标函数值和邻域的结构。$l_{\min}$，$l_{\max}$ 是确定的数，确定 $l_{\min}$，$l_{\max}$ 的常用方法是根据问题的规模 n，限定变化区间 $[a\sqrt{n},b\sqrt{n}]$（$0<a<b$）；也可以用邻域中邻居的个数 n 确定变化区间 $[a\sqrt{n},b\sqrt{n}]$（$0<a<b$）。

禁忌长度的选取同实际问题和算法设计者的经验有紧密联系，同时它也会影响计算的复杂性，过短会造成循环的出现，过长又会造成计算时间的增加。

• 候选集合的确定。候选集合由邻域中的邻居组成，常规的方法是从邻域中选择若干个目标函数值或评价值最佳的邻居。

由于上述常规方法的计算量太大，一般不在邻域的所有邻居中选择，而是在邻域中的一部分邻居中选择若干个目标值或评价值最佳的解；也可以采用随机选取的方法实现部分邻居的选取。

• 终止准则。利用禁忌搜索算法求解物流配送车辆调度问题时，算法的终止准则可采用迭代一定步数终止的准则、频率控制准则、目标值变化控制准则等。除以上准则外，还可采用下述的目标值偏离程度终止准则：记一个问题目标函数值的下界为 Z，目标值为 $f(x)$，对给定的充分小的正数 e，当 $f(x)-Z\leqslant e$ 时，终止计算，这表示目前计算得到的解与最优解已经非常接近。

5. 人工神经网络

(1) 人工神经网络概述。

人工神经网络是模仿生物神经网络的一种经验模型。生物神经元受到传入的刺激，其反应又从输出端传到相连的其他神经元，输入和输出之间的变换关系一般是非线性的。神经网络是由若干简单(通常是自适应的)元件及其层次组织，以大规模并行连接方式构造而成的网络，按照生物神经网络类似的方式处理输入的信息。模仿生物神经网络而建立的人工神经网络，对输入信号有功能强大的反应和处理能力。

若干神经元连接成的网络，其中的一个神经元可以接受多个输入信号，按照一定的规则转换为输出信号。由于神经网络中神经元间复杂的连接关系和各神经元传递信号的非线性方式，输入和输出信号之间可以构建出各种各样的关系，因此可以用来作为黑箱模型，表达那些用机理模型还无法精确描述，但输入和输出之间确实存在的客观的、确定性的或模糊性的规律。因此，人工神经网络作为经验模型的一种，在生产实践、研究和开发中得到了越来越多的应用。

（2）人工神经网络的结构。

第一，神经元及其特性。连接机制结构的基本处理单元与神经生理学类比往往成为神经元。每一个构造起网络的神经元模型模拟一个生物神经元，如图 3-4 所示。

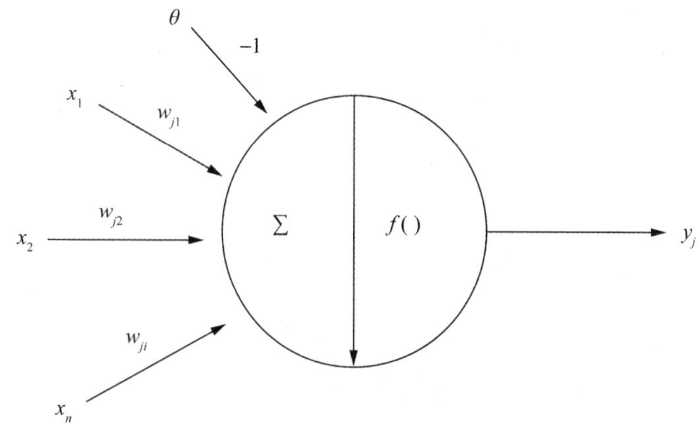

图 3-4　神经元模型

该神经元单元由多个输入 $x_i, i=1,2,\cdots,n$ 和一个输出 y 组成。它们之间的状态有输入信号的权和表示，而输出为：

$$y_j(t) = f\Big(\sum_{i=1}^{n} w_{ij} x_i - \theta_j\Big) \tag{3-12}$$

式(3-12)中：θ_j 为神经单元的偏置，w_{ij} 为连接权系数，n 为输入信号数目，y_j 为神经元输出，t 为时间，$f(\quad)$ 为输出变换函数，有时叫做激励函数。

第二，人工神经网络的基本特征和结构。人脑内含有极其庞大的神经元，它们互联组成神经网络并执行高级的问题求解智能活动。

人工神经网络由神经元模型组成，这种由许多神经元组成的信息处理网络具有并行分布结构。每个神经元单一输出，并且能够与其他神经元连接；存在许多输出连接方法，每种连接方法对应一个连接权系数。

严格地说，人工神经网络是一种具有下列特性的有向图：

- 对于每一个节点 i 存在一个状态变量 x_i；
- 从节点 j 至节点 i，存在一个连接权系数 w_{ij}；
- 对于每一个节点 i，定义一个变换函数 $f_i(x_i, w_{ij})$，$i \neq j$；对于最一般的情况，此函数取 $f_i\Big(\sum_j w_{ij} x_i - \theta_i\Big)$ 形式。

人工神经网络的结构基本上分为两类，即递归（反馈）网络和前馈网络。

- 递归网络。在递归网络中，多个神经元互联以组织一个互联神经网络，有些神经元的输出被反馈至同层或前层神经元。因此,信号能够从正向和反向流通。Hopfield 网络、Elmman 网络和 Jordan 网络是递归网络中具有代表性的例子。递归网络又叫做反馈网络。

• 前馈网络。前馈网络具有递阶分层结构,由一些同层神经元间不存在互联的层组成。从输入层到输出层的信号通过单向连接流通;神经元从一层连接至下一层,不存在同层神经元间的连接。前馈网络的例子有多层感知器、学习矢量量化网络、小脑模型连接控制网络和数据处理方法网络等。

(3) 人工神经网络的简单原理。人工神经网络是根据人的认识过程而开发出的一种算法。假设我们现在只有一些输入和相应的输出,而对如何由输入得到输出的机理并不清楚,那么我们可以把输入和输出之间的未知过程看成是一个“网络”,通过不断地给这个网络输入和相应的输出来“训练”这个网络,网络根据输入和输出不断地调节自己的各节点之间的权值来满足输入和输出。这样,当训练结束后,我们给定一个输入,网络便会根据自己已调节好的权值计算出一个输出。这就是神经网络的简单原理。

(4) 神经网络算法。人们经常采用 Hopfield 网络和自组织特征映射神经网络来解决车辆的优化调度问题。在 Hopfield 网络中,系统能够从初始状态,经过一系列的状态转移而逐渐收敛于平衡状态,此平衡状态是局部极小点。采用神经网络来求解车辆路径问题时,一般按下列步骤进行:

第一,邻接矩阵的产生。将车辆的源点、所经过的各个汇点和停点抽象成网络的节点,将它们之间的有向路径抽象成网络的边,由此构成一个有向图 $G=(N,L,D)$,其中,N 表示节点数,L 表示边数,D 为 $N\times N$ 矩阵,称为邻接矩阵。如果两个节点间存在路径,则邻接矩阵相应元素的值为路径的长度;如果两个节点间不存在路径,则邻接矩阵相应元素的值为∞。

第二,约束的处理。对于车辆路径中的约束,将其作为神经网络的一个能量项来处理,将其施加一个惩罚项后加入网络的能量方程式中,这样随着网络的收敛,约束的能量也逐渐趋于稳态,使约束得到体现。

第三,神经网络的计算。设邻接矩阵中的每个元素对应着一个神经元,定义位于位置 (x,i) 的神经元输出为 V_{xi}。首先确定网络的能量函数,该能量函数包括网络的输出能量函数和各个约束转化的能量函数:

$$E = E_5 + E_1 + E_2 + E_3 + E_4 \tag{3-13}$$

式(3-13)中,E_5 为距离最短目标,E_1 为有效路径约束,E_2 为输入输出路径的约束,E_3 为网络收敛约束,E_4 为规定的起点终点约束。

进而确定神经元的传递函数和状态转移方程,经过网络的反复演化,直至收敛。当网络经过演化最终收敛时,可形成一个由 0 和 1 组成的换位阵,阵中的 1 所在的位置即表示所经过的节点,这些节点间的距离之和即为最短距离。

第四,调度方案的形成。根据换位阵所形成的最短距离,最终来确定车辆路径的方案。

3.5 物流配送系统模拟仿真优化

3.5.1 物流配送系统仿真简介

1. 系统仿真的概念及在物流配送系统中的应用

系统仿真就是对真实系统的模仿。这种模仿是对现实系统某一层次抽象属性的模拟。因此,概括和抽象现实系统中某一层次的属性及其相互关系就显得非常重要,这一过程称为建模。人们利用这种模型进行试验,从中得出所需要的信息,然后进一步认识、分析和理解现实世界某一层次的规律,从而进行判断、决策和处理;人们还可以投入到实物系统中,直接参与对象之间的相互作用。

对系统仿真的研究经历了不同的发展时期,科学技术每前进一步都给仿真技术的研究注入了新的内容。随着计算机科学技术的高速发展,系统仿真技术和计算机技术紧密地融合在了一起。目前,系统仿真技术已广泛地应用于航天、航空、电力、化工、交通、军事、经济、医学、建筑、制造、流通等领域的研究、设计、训练和开发。

在物流配送领域中,如何合理地调用运输工具,规划运输路线不是一件轻而易举的事,这其中会有很多的解决策略。通过建立运输系统模型并动态运行此模型,运行状态、道路堵塞情况、物料供应情况等都能够以动画的方式生动地呈现出来。仿真结果还能够提供各种数据,包括车辆的运行时间、利用率等。通过对运输调度过程的仿真,调度人员对所执行的调度策略进行检验和评价,就可以采取比较合理的调度策略。

2. 物流配送系统仿真的类型

物流配送系统仿真的类型大体上可以分为两类:

(1) 连续系统模型。连续系统的状态在时间上是平滑变化的。为了反映连续系统的特征,仿真模型建立了一组由状态变量组成的状态方程。它们可以是代数方程、微分方程、函数方程、差分方程等。这些方程描述了各项状态变量与主要自变量——仿真时间的关系。在此基础上,按一定的规则将仿真时间一步一步地向前推移,对方程组进行求解与评价,计算和记录各个状态变量在各个时间点的具体数值。通过连续系统的仿真模型,对系统状态在整个时间序列中的连续性变化进行动态描写。

(2) 离散系统模型。离散系统的状态变量仅在离散时间点上有跳跃变化。

离散型仿真方法分为以事件为基础、以活动为基础、以过程为基础的仿真方法。以事件为基础的仿真模型的建模是通过定义系统在事件发生时间的变化来实现的。以活动为基础的仿真模型的建模是通过描述系统的实体所进行的活动,以及预先设置导致活动开始或结束的条件来实现的。这种仿真模型适用于活动延续时间不定,并且由满足一定条件的系统状态而决定的情况。以过程为基础的仿真模型的建模综合了以事件为基础的仿真和以活动为基础的仿真两者的特点,描述了作为仿真对象的实体在仿真时间内经历的过程。

3. 物流配送系统仿真的步骤

物流配送系统仿真的步骤如图3-5所示。它给出了一般情况下的仿真步骤以及各步骤之间的关系。事实上,仿真过程也不是一个严格的有顺序的过程,它不一定按图中的顺序进行,可能在任一步骤中,根据仿真试验情况而转向任一其他步骤。

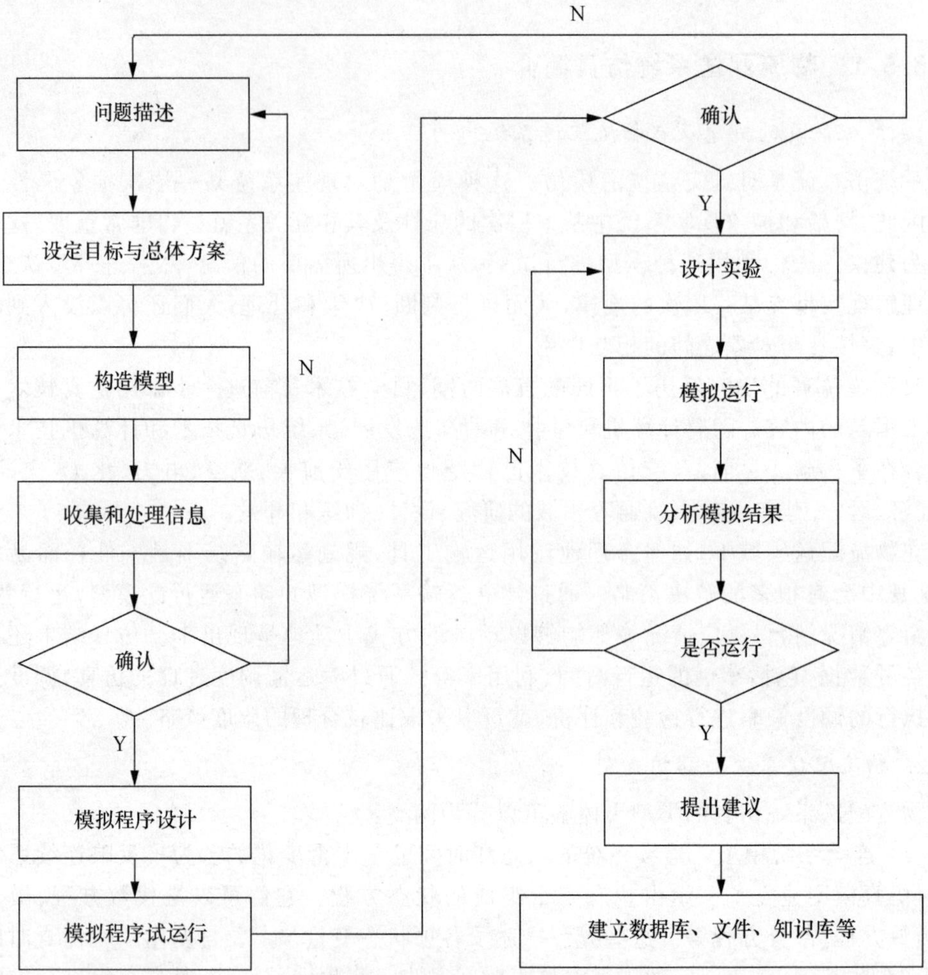

问题描述
设定目标与总体方案
构造模型
收集和处理信息
确认
N
Y
模拟程序设计
模拟程序试运行
确认
N
Y
设计实验
模拟运行
分析模拟结果
是否运行
N
Y
提出建议
建立数据库、文件、知识库等

图 3-5 仿真的一般步骤

3.5.2 京东物流运营体系的内核——青龙系统

1. 青龙系统的作业流程

物流无疑是京东的核心竞争力之一,在每一个用户订单处理的背后,如何实现看似简单的发货与收货,实际上隐藏着一套复杂的物流系统,京东称之为"青龙系统"。青龙系统的核心要素包括仓库、分拣中心、配送站、配送员。实现的流程如下:

(1) 仓库负责根据客户的订单安排生产,包括免单打印、拣货、发票打印、打包等。它是一个个订单包裹生成的地方。

(2) 仓库生产完毕后,将订单包裹交接给分拣中心,分拣中心收到订单包裹后进行分拣、装箱、发货、发车,最终将包裹发往对应的配送站。

(3) 配送站进行收货、验货交接后，将包裹分配到不同的配送员，再由配送员负责配送到客户手中。

在整个配送网络中，物流、信息流与资金流的快速流转，实现了货物的及时送达、货款的及时收回及信息的准确传递。

2. 青龙系统的模块构成

青龙系统的模块结构主要由“整体系统架构＋核心子系统”组成。

(1) 整体系统架构。主体架构上，整个青龙系统成为京东物流的内核，前端接口开放给所有平台，下面直接开放到内部的物流运营机构和第三方物流企业，如图 3-6 和 3-7 所示。

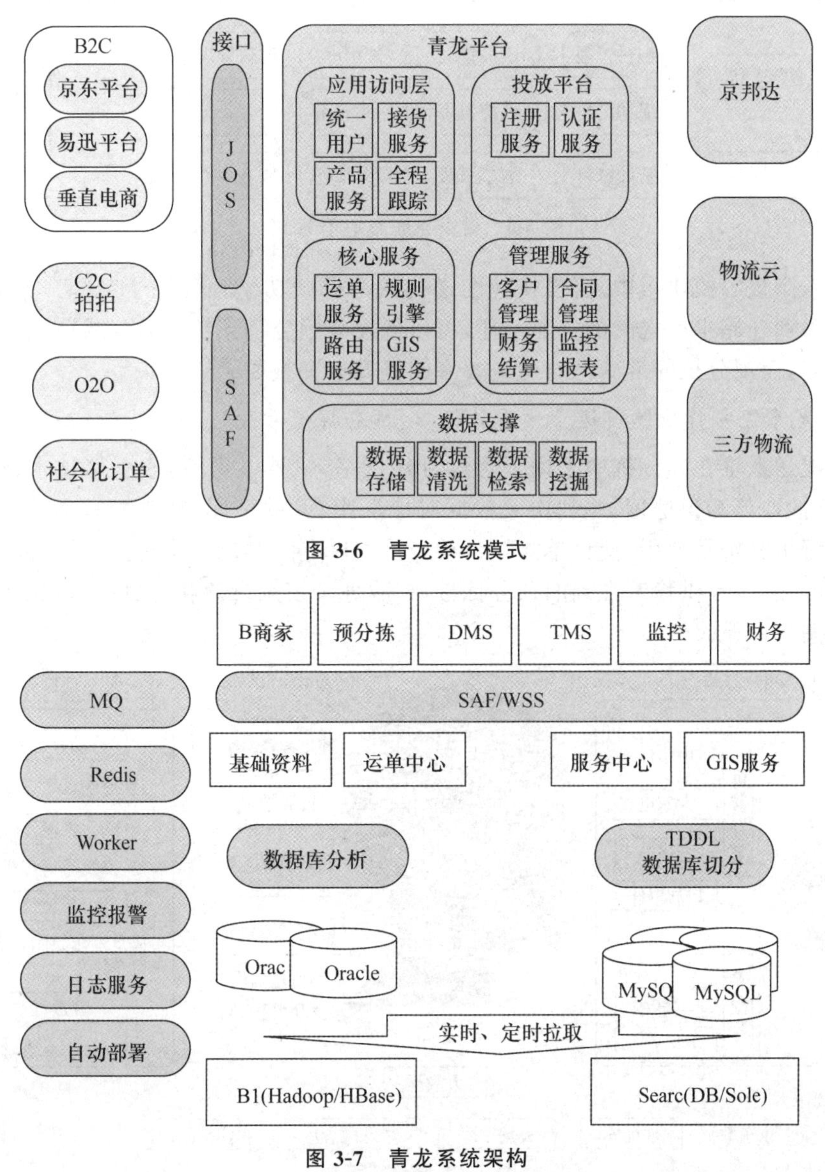

图 3-6　青龙系统模式

图 3-7　青龙系统架构

(2) 核心子系统模块。青龙系统的核心子系统是由六大核心结构组成，涉及对外拓展、终端服务、运输管理、分拣中心、运营支持、基础服务，如图 3-8 所示。

图 3-8　青龙系统核心子系统

在这六个核心模块当中，实现快速配送的核心要归功于预分拣子系统。预分拣是承接用户下单到仓储生产之间的重要一环，可以说没有预分拣系统，用户的订单就无法完成仓储的生产，而预分拣的准确性对运送效率的提升至关重要。

3. 青龙系统支撑快物流运营体系的核心：预分拣子系统

青龙配送系统在预分拣中采用了深度神经网络、机器学习、搜索引擎技术、地图区域划分、信息抽取与知识挖掘，并利用大数据对地址库、关键字库、特殊配置库、GIS 地图库等数据进行了分析及使用，使订单能够自动分拣，且保证"7×24"小时的服务，能够满足各类型订单的接入，提供稳定准确的预分拣接口，服务于京东自营和开放平台(POP)。预分拣流程如图 3-9 所示。

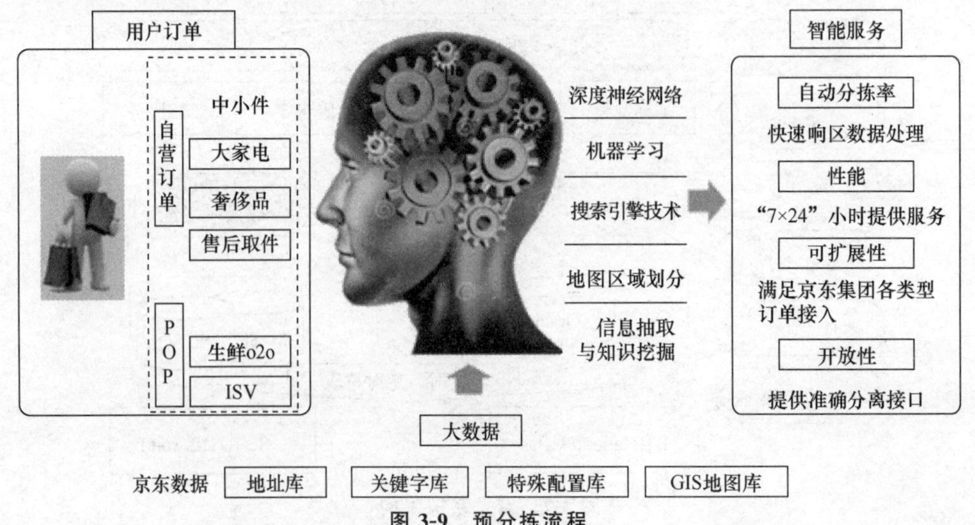

图 3-9　预分拣流程

预分拣系统的算法逻辑如图 3-10 所示：

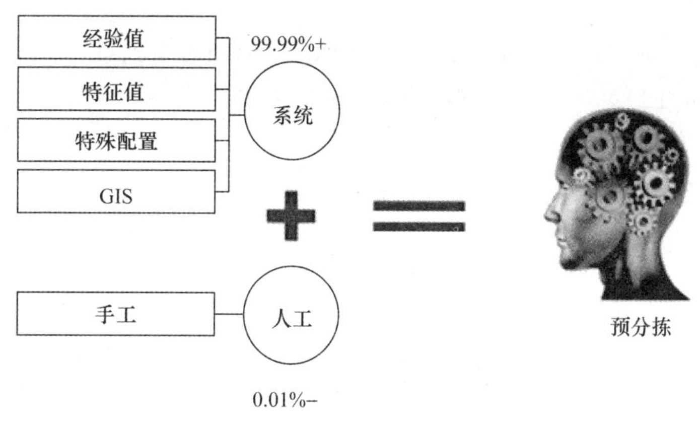

图 3-10　预分拣算法

4. 青龙系统的龙骨：核心子系统

如果说预分拣系统是京东物流的心脏，那青龙系统的核心子系统，则扮演着龙骨的角色。整个青龙配送系统是由一套复杂的核心子系统搭建而成的。在各个环节当中有相应的技术进行配合。

(1) 终端系统。通常你会看到，京东的快递员手中持有一台 PDA 一体机，这台一体机实际上是青龙终端系统的组成部分。在分拣中心、配送站都能看到它的身影。据了解，目前京东已经在测试可穿戴的分拣设备，推行可穿戴式的数据采集器，以解放分拣人员双手，提高工作效率。此外像配送员 APP、自提柜系统也在逐步覆盖，用来完成“最后一千米”物流配送业务的操作、记录、校验、指导、监控等内容。这极大地提高了配送员的作业效率。

(2) 运单系统。这套系统是保证你能够查看到货物运送状态的系统，它既能记录运单的收货地址等基本信息，又能接收来自接货系统、PDA 系统的操作记录，实现了订单全程跟踪。同时，运单系统对外提供状态、支付方式等查询功能，供结算系统等外部系统调用。

(3) 质控平台。京东对物品的品质有着严格的要求，为了避免因运输造成的损坏，质控平台针对业务系统操作过程中发生的物流损坏等异常信息进行了现场汇报收集，由质控人员进行定责。质控平台保证了对配送异常的及时跟踪，同时为降低损耗提供了质量保证。

(4) 监控和报表。这套系统可以为管理层和领导层提供决策支持。青龙系统采用集中部署方案，为全局监控的实现提供了可能。集团可以及时监控各个区域的作业情况，并根据各环节顺畅度及时作出统筹安排。

(5) GIS 系统。也叫地理信息系统。基于这套系统，青龙系统将其分为企业应用和个人应用两个部分，企业方面利用 GIS 系统可以进行站点规划、车辆调度、GIS 预分拣、北斗应用、配送员路径优化、配送监控、GIS 单量统计等作业，而个人方面利用 GIS 系统可以获得 LBS 服务、订单全程可视化、预测送货时间、用户自提、基于 GIS 的 O2O 服务、物联

网等诸多有价值的物流服务。通过对GIS系统的深度挖掘,使京东物流的价值进一步得到了扩展。

青龙系统对于京东来说具备重要的战略价值,是驱动京东到家O2O、敏捷供应链、全品类扩张(特别是生鲜)、末端众包物流等新战略的关键。

本章小结

物流配送优化问题是近年来研究的一个热点问题,优化配送方案可以降低企业配送的成本,提升为客户服务的水平以及增加企业的经济效益。本章详细介绍了该问题,首先介绍了物流配送优化的基本概念;然后重点从物流配送网络布局、物资调度、配送路线等方面详细介绍了如何进行配送方案的优化;最后简要介绍了物流配送系统的仿真优化,并对京东物流运营体系的内核——青龙系统进行了说明。

思考题

1. 配送优化指的是什么?
2. 如何优化物流配送网络的布局?
3. 求解车辆路径问题的智能优化算法有哪些?
4. 运输问题指的是什么?
5. 如何优化物流配送路线?
6. 物流配送系统仿真的步骤是怎样的?

第4章

配送作业及相关技术

教学目的

- 包装的目的、意义
- 常见的拣货方法及策略
- 自动分拣系统的特点
- 搬运的活性理论
- 搬运改善的五项因素
- 配送加工合理化

配送作业是由一系列作业活动组成的。本章主要介绍了配送作业过程中具体的包装作业、分拣作业、装卸搬运作业以及配送加工作业。读者在掌握各个作业活动的概念、作用的基础上,需要了解各个作业活动目前常用的技术方法。

引导案例

菜鸟的自动化仓库

2016年8月15日，菜鸟联盟首个自动化仓库在广州增城正式开仓。这个仓库位于菜鸟增城物流园区，专门为天猫超市提供仓储和分拣服务。与其他仓库最大的不同是其自动化程度高，从收到订单到包裹出库，除了条码复核等环节均实现了自动化。

用户在天猫超市下单之后，仓库会收到订单并生成唯一条码，纸箱被机器贴上条码之后，将会被传送带运送到不同商品品类的货架上，货架电子屏会显示需要装入的商品和数量，分拣员据此将商品放入纸箱，纸箱接着再进入下一站。所有商品装好之后纸箱到达"收银台"进行人工复核和封装出库，再由物流服务运送给消费者。通过自动化技术，从收到订单到包裹出库，平均只要10分钟，时间远远短于传统仓库。其自动化分别体现在如下几个方面：

(1) 自动识别包裹实现货找人。传送带上每隔一段距离就会有一个传感器，其可识别纸箱上的条形码，再决定纸箱下一步去哪，支持路线合并和分流，一个订单对应的包裹会被传送到不同货架以装入商品，传统仓库则需要分拣员拿着纸箱去不同货架前找商品。自动化方案大幅地降低了分拣员的劳动强度，提高了包裹生产的时效性(10分钟出库)和准确率(100%)，时效性是菜鸟网络当日达、次日达服务的基础，准确率意味着更好的用户体验及更低的纠错成本。

(2) 自动封箱机等自动机器人。菜鸟自动化仓库通过自动封箱机实现了纸箱打开、贴码、封装等步骤的自动化，节省了大量人力，缩短了商品的打包时间。

(3) 大数据智能选择适合的纸箱。一个订单对应的商品数量和种类不同，意味着它需要不同大小的纸箱，一般仓库是由人根据经验来选择，效率低且很可能会浪费大纸箱。菜鸟仓库在不同商品入库之前就知道其尺寸和特性，基于此，自动为一个订单分配最适合的纸箱，节省包装成本且更加环保。

(4) 大数据智能调度商品存储。结合大数据，菜鸟自动化仓库可预测哪些商品即将畅销和不再畅销，进而对其存放的仓库和货架进行智能调度，最大化减少商品物流节点、缩短商品传送路径，提升仓储和物流效率。

菜鸟自动化仓库的亮点分别对应当前最流行的一些技术：传送带自动识别包裹路径是物联网技术，自动封箱机是工业机器人技术，智能选择纸箱和调度商品则是大数据技术。这正好代表了未来仓储以及物流的三大关键技术：物联网、机器人和大数据。

物联网让每个包裹乃至其中的商品拥有自己的ID，且可被互联网实时识别，基于此，可实现存储、打包和配送三大环节的智能化。菜鸟智能化识别包裹现在是基于"条形码+大量传感器"的方案，随着材料科学和人工智能技术的进步，未来还会有廉价的标记物出现，包装盒将自带ID，基于深度学习的图像识别技术的应用则有望降低成本。

机器人可实现包裹传送、商品分拣、商品包装等过程的自动化，以及仓库商品搬运、上架等过程的自动化。杰夫·贝佐斯在2012年耗资7.75亿美元收购机器人Kiva并将之应用于仓库，现在已有3 000个机器人在亚马逊仓库中作业，帮助其运营费用下降了20%。菜鸟广州仓库只有包装等环节实现了机器人化，但菜鸟天津武清仓已在使用自主研发的仓内分拣机器人(托举机器人),不过机器人与云端智能调度算法、自动化设备磨合还需要时间,未来更多环节将使用机器人。

大数据在物流中的应用最容易理解。马云在创建菜鸟联盟时提出未来要让全球每一个角落能够实现 72 小时必达,要实现这一点就离不开大数据。通过大数据可智能分仓,先将商品放到距离消费者最近的仓库中,之后再将大数据应用在仓库、物流、配送诸多环节,用大数据调度社会化物流,这样就能够大幅缩短商品在途中的时间,以及各种物流成本。

人工智能将促进物联网、机器人和大数据三大技术的进步,而通过这三大技术,仓库最终可实现无人化。实现无人化的过程,其实就是将配送作业各个环节自动化的过程。本章将逐一介绍配送作业中各环节的作业内容,以及各环节进行作业时需要用到的技术。

资料来源:“菜鸟的自动化仓库,或许代表了物流和电商的未来”,罗超频道,2016 年 8 月 17 日,http://www.sohu.com/a/110924960_115980。

4.1　包装作业

4.1.1　包装概述

按照物流的需要,包装分为工业包装和商业包装两大类。工业包装又称运输包装或外包装。其主要作用是保证产品在储运过程中的安全,并能方便产品的装卸、储运、交接等活动。商业包装又称单体包装、销售包装或内包装,是与消费者直接见面的包装。其侧重点在于包装的造型和装潢,具有一定的保护性、方便性和促销性。

包装已融合在各类商品的开发设计和生产之中,成为现代商品生产不可分割的一部分,几乎所有的产品都需要通过包装才能成为商品进入流通过程。

包装是物流的起点,是现代物流最根本的组成部分、基础和物质保证。选择合适的包装材料、设计合理的包装结构和采用正确的包装技术方法都是事先物流优化的重要前提。包装与物流供应链的密切关系可以通过以下方面得到全面深入的反映。

(1) 产品的防护。包装最根本的目的就是给产品以保护和防护,产品的防护性是指产品本身的强度、刚度和包装的抗损性以及流通环境中外界和载荷之间产生的相互影响等。产品的防护性可以通过合理的包装来实现,只有根据运输、搬运、仓储的手段、条件,考虑物流的时间和环境;根据产品的特性和保护要求,选择合理的包装材料、包装技术、缓冲设计、包装结构、尺寸、规格等要素,才能实现物流中的首要任务——将产品完好无损地实现物理转移。

(2) 传递信息的载体。物流信息管理是现代物流的关键和核心,产品的各种信息都会在产品的各种包装上得以反映和体现。所以,在不同层次的包装上应该设置哪些标签、标记、代码和其他相关信息,对于物流信息的管理、整个物流供应链的管理乃至整个物流系统的管理都是至关重要的。信息是物流网络控制的根本依据和决策依据,只有在掌握了物流系统中全面、及时、准确的信息后,才能保证物流网络的可控性。

物流组织的管理不是单纯的人事、信息、财务等的管理,支撑这些管理内容的重要因素是技术管理。对于物流系统来说，更具体地讲，对于物流供应链的技术管理，最主要的内容就是完成在供应链中各类与包装有关的技术管理。只有包装的信息有序、可控地流动，才能实现整个物流组织管理的有序性。

(3) 物流成本的控制。由于物流系统中的所有环节均与包装有关，所以包装对物流成本的控制则显得至关重要。比如，采用纸箱、托盘加集装箱的方式则可以改变原油的木箱包装而节省运输成本；采用现代化的叉车搬运而非人工搬运则可以省却单元小包装造成的高人工费和产品损伤；有效地设计包装容器的堆码层高则可以很好地提高仓库的利用率而节省费用；合理的包装可以减少破损；合理的包装尺寸和规格可以提高运输容积率；及时、全面、准确的信息可以保证物流供应链的畅通；等等。以上这些都可以确保包装在各个环节帮助和实现物流成本的有效降低。

(4) 商品附加值的体现。包装的作用，一方面是保护商品，实现商品价值和使用价值；另一方面包装也是一种商品。包装是商品的组成部分，在商品价值中，就有包装本身的价值。商品包装的优劣直接影响商品的销量与价格。通过改变包装，能够把滞销商品变为畅销商品，把一般商品提高档次、提高售价。

通过包装，可以将物流链乃至物流系统中的各个环节有机、高效、系统地组合成一个产生综合效率的整体。同时注意各个物流环节与包装的密切关系，则可以在整体运营中取得先机。对于越来越多的走向国际市场的企业来说，注意与国际物流及包装法规、标准接轨，是实现国际化运营的根本保证。

4.1.2 包装技术与方法

1. 固定缓冲包装技术

防震包装又称缓冲包装，在各种包装方法中占有重要地位。产品从生产出来到开始使用要经过一系列的运输、保管、堆码和装卸过程，要置于一定的环境之中。在任何环境中都会有力作用在产品之上，并使产品发生机械性损坏。为了防止产品遭受损坏，就要设法减小外力的影响，所谓防震包装就是指为减缓内装物受到冲击和振动，保护其免受损坏所采取的一定防护措施的包装。

(1) 全面防震包装。全面防震包装法是指内装物与外包装之间全部用防震材料填满来进行防震的包装方法。所用包装材料主要有聚苯乙烯泡沫塑料、纸浆模制品、现场发泡材料和其他一些丝状、薄片状、粒状缓冲材料等，如图 4-1 所示。

图 4-1　全面防震包装

（2）部分防震包装。部分防震包装法是指对于整体性好的产品和有内包装容器的产品，仅在产品或内包装的拐角或局部地方使用防震材料进行衬垫的包装方法。所用防震材料主要有泡沫塑料的防震垫、充气塑料薄膜防震垫和橡胶弹簧等。这种方法主要是根据内装物特点，使用较少的防震材料，在最适合的部位进行衬垫，力求取得较好的防震效果，并降低包装成本。此方法适用于大批量物品的包装，目前广泛应用于电视机、收录机、洗衣机、仪器仪表等的包装上，如图 4-2 所示。

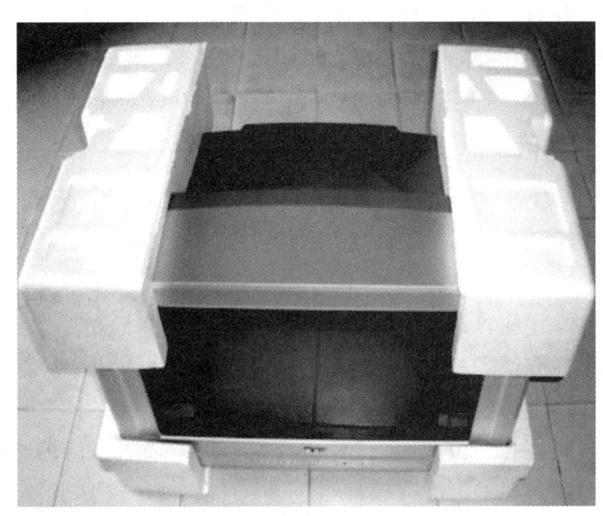

图 4-2　部分防震包装

（3）悬浮式防震包装。对于某些贵重易损的物品，为了有效地保证在流通过程中不受损害，往往采用坚固的外包装容器，把物品用带子、绳子、吊环、弹簧等物吊在外包装中，不与四壁接触。这些支撑件起着弹性阻尼器的作用。

除上述防震包装有较强的防破损能力外，物流过程中有效的防破损保护方法还包括捆扎、裹紧、集装及采用高强度保护材料等方法。

2. 防潮包装技术

防潮包装就是采用具有一定隔绝水蒸气能力的防湿材料对物品进行包封，隔绝外界湿度变化对产品的影响，同时使包装内的相对湿度满足物品的要求，保护物品的质量。其原理是根据流通环境的湿度条件和物品特性，选择合适的防潮包装材料和合适的防潮包装结构，防止水蒸气通过或者减少水蒸气通过，达到物品防潮的目的。一般是采用合适的防潮材料，设计合理的防潮结构或采用附加物（如干燥剂、涂料、衬垫等）。

除去包装内潮气，保持干燥的方法有两种，即静态干燥法和动态干燥法。静态干燥法是采用干燥剂除去湿法，适用于小型包装和有限期的防潮包装；动态干燥法是采用除湿机械将包装内的潮湿空气吸出，适用于大型包装和长期储存的防潮包装。一般常用的干燥剂有硅胶、分子筛、铝凝胶和氯化钙。分子筛在较高温度下仍能保持较好的吸湿效果，这是它的优点；但它的再生温度很高，使用不方便。

3. 防锈包装技术

（1）防锈油防锈包装技术。大气锈蚀是空气中的氧、水蒸气其他有害气体等作用于金属表面引起电化学作用的结果。如果使金属表面与引起大气锈蚀的各种因素隔绝即将金属表面保护起来,就可以达到防止金属被大气锈蚀的目的。防锈油防锈包装技术就是根据这一原理将金属涂封防止锈蚀的。用防锈油封装金属制品,要求油层要有一定的厚度,且油层的连续性好、涂层完整。不同类型的防锈油要采用不同的方法进行涂复。

(2) 气相防锈包装技术。气相防锈包装技术就是用气相缓蚀剂(挥发性缓蚀剂),在密封包装容器中对金属制品进行防锈处理的技术。气相缓蚀剂是一种能够减慢或完全停止金属在侵蚀性介质中的破坏过程的物质,它在常温下即具有挥发性,在密封包装容器中,其挥发或升华出的缓蚀气体在很短的时间内就能够充满整个包装容器内的每个角落和缝隙,同时吸附在金属制品的表面上,从而起到抑制大气对金属锈蚀的作用。

4. 防霉腐包装技术

在运输包装内装运食品和其他有机碳水化合物货物时,货物表面可能生长霉菌,在流通过程中如遇潮湿,霉菌生长繁殖极快,甚至能够伸延至货物内部,使其腐烂、发霉、变质,因此要采取特别的防护措施。

防霉包装是防止包装和内装物霉变而采取一定防护措施的包装。它除防潮措施外,还要对包装材料进行防霉处理。防霉包装必须根据微生物的生理特点,改善生产和控制包装储存等的环境条件,达到抑制霉菌生长的目的。第一,要尽量选用耐霉腐和结构紧密的材料,如铝箔、玻璃和高密度聚乙烯塑料、聚丙烯塑料、聚酯塑料及其复合薄膜等,这些材料具有微生物不易透过的性质,有较好的防霉效能。第二,要求容器有较好的密封性,因为密封包装是防潮的重要措施,如采用泡罩、真空和充气等严密封闭的包装,既可阻隔外界潮气侵入包装,又可抑制霉菌的生长和繁殖。第三,采用药剂防霉的方法,可在生产包装材料时添加防霉剂,或用防霉剂浸湿包装容器和在包装容器内喷洒适量防霉剂,如采用多菌灵(BCM)、百菌清、水杨脱苯胺、菌舀净、五氯酚钠等,用于纸与纸制品、皮革、棉麻织品、木材等包装材料的防霉。第四,还可采用气相防霉处理,主要有多聚甲醛包装、充氮包装、充二氧化碳包装,也具有良好的效果。

5. 防虫包装技术

商品在流通过程中,仓储环节的主要危害之一是仓库害虫对内装物的损害。防虫包装是为保护内装物免受虫类侵害而采取一定防护措施的包装。目的就是破坏害虫的正常生活条件,扼杀和抑制其生长繁殖,以防止害虫蛀蚀商品,并防止其排泄的赃物玷污商品。

防虫包装技术常用的是驱虫剂,即在包装中放人有一定毒性和臭味的驱虫药物,利用药物在包装中挥发的气体杀灭和驱除各种害虫。常用的驱虫剂有苯、对位二氯化苯、樟脑精等。也可采用调节温度、电离辐射、微波、远红外线、真空包装、充气包装、脱氧包装等技术,使害虫无生存环境,从而防止虫害。

6. 危险品包装技术

危险品有上千种,按其危险性质,交通运输及公安消防部门规定分为十大类,即爆炸性物品、氧化剂、压缩气体和液化气体、自燃物品、遇水燃烧物品、易燃液体、易燃固体、毒害品、腐蚀性物品、放射性物品等,有些物品同时具有两种以上危险性能。对于这些危险品的物流过程,要分别采用特殊包装技术予以防护。

(1) 防毒包装。对于有毒商品的包装,要明显地标明有毒的标志。防毒的主要措施是包装严密不漏、不透气。例如重铬酸钾(红矾钾)和重铬酸钠(红矾钠),为红色带透明结晶,有毒,应用坚固铁桶包装,桶口要严密不漏,制桶的铁板厚度不能小于 1.2 毫米。对于有机农药一类的商品,应装入沥青麻袋,缝口严密不漏。例如用塑料袋或沥青纸袋包装的,外面应再用麻袋或布袋包装。用作杀鼠剂的磷化锌有剧毒,应用塑料袋严封后再装入木箱中,箱内用两层牛皮纸、防潮纸或塑料薄膜衬垫,使其与外界隔绝。

(2) 防蚀包装。对于有腐蚀性的商品,要注意商品和包装容器的材质发生化学变化。金属类的包装容器,要在容器壁上涂上涂料,防止腐蚀性商品对容器的腐蚀。例如包装合成脂肪酸的铁桶内壁要涂有耐酸保护层,如果铁桶被商品腐蚀,不仅包装会破损,而且商品也会随之变质。再如氢氟酸是无机酸性腐蚀物品,有剧毒,能腐蚀玻璃,不能用玻璃瓶作为包装容器,应装入金属桶或塑料桶,然后再装入木箱。甲酸易挥发,其气体有腐蚀性,应装人良好的耐酸坛、玻璃瓶或塑料桶中,严密封口,再装入坚固的木箱或金属桶中。

(3) 防燃爆包装。对于黄磷等易自燃商品的包装,宜将其装入壁厚不少于 1 毫米的铁桶中,捅内壁须涂耐酸保护层,桶内盛水,并使水面浸没商品,桶口严密封闭,每桶净重不超过 50 千克。再如遇水易引起燃烧的物品如碳化钙,遇水即分解并产生易燃乙炔气,对其应用坚固的铁桶包装,桶内充入氮气。如果桶内不充氮气,则应装置放气活塞。

对于易燃、易爆商品,例如有强烈氧化性的,遇有微量不纯物或受热即急剧分解引起爆炸的产品,防爆炸包装的有效方法是采用塑料桶包装,然后将塑料桶装入铁桶或木箱中,每件净重不超过 50 千克,并应有自动放气的安全阀,当桶内达到一定气体压力时,能够自动放气。

7. 特种包装技术

(1) 充气包装。充气包装是采用二氧化碳气体或氮气等不活泼气体置换包装容器中空气的一种包装方法,因此也称为气体置换包装。这种包装方法是根据好氧性微生物需氧代谢的特性,在密封的包装容器中改变气体的组成成分,降低氧气的浓度,抑制微生物的生理活动、酶的活性和鲜活商品的呼吸强度,达到防霉、防腐和保鲜的目的。

(2) 真空包装。真空包装是将物品装入气密性容器后,在容器封口之前抽真空,使密封后的容器内基本没有空气的一种包装方法。一般的肉类商品、谷物加工商品以及某些容易氧化变质的商品都可以采用真空包装,真空包装不但可以避免或减少脂肪氧化,而且抑制了某些霉菌和细菌的生长。同时在对其进行加热杀菌时,由于容器内部气体已排除,因此加速了热量的传导,提高了高温杀菌效率,也避免了加热杀菌时,由于气体的膨胀而使包装容器破裂。

(3) 收缩包装。收缩包装是用收缩薄膜裹包物品(或内包装件),然后对薄膜进行适当加热处理,使其收缩而紧贴于物品(或内包装件)的一种包装方法。收缩薄膜是一种经过特殊拉伸和冷却处理的聚乙烯薄膜,由于薄膜在定向拉伸时产生了残余收缩应力,这种应力受到一定热量后便会消除,从而使其横向和纵向均发生急剧收缩,同时使薄膜的厚度增加。收缩率通常为 30%—70%,收缩力在冷却阶段达到最大值,并能长期保持。

(4) 拉伸包装。拉伸包装是 20 世纪 70 年代开始采用的一种新包装技术,它是由收缩包装发展而来的。拉伸包装是依靠机械装置在常温下将弹性薄膜围绕被包装件拉伸、紧裹,并在其末端进行封合的一种包装方法。由于拉伸包装不需要进行加热,所以消耗的能源只有收缩包装的二十分之一。拉伸包装可以捆包单件物品,也可用于托盘包装之类的集合包装。

(5) 脱氧包装。脱氧包装是继真空包装和充气包装之后出现的一种新型除氧包装方法。脱氧包装是在密封的包装容器中,使用能与氧气发生化学反应的脱氧剂与之反应,从而除去包装容器中的氧气,以达到保护内装物的目的。脱氧包装方法适用于某些对氧气特别敏感的物品的包装,以及那些即使有微量氧气也会促使品质变坏的食品的包装。

(6) 泡罩包装。泡罩包装是将产品封合在透明塑料薄片形成的泡罩与底板(用纸板、塑料薄膜或薄片、铝箔或它们的复合材料制成)之间的一种包装方法。

泡罩包装最初主要用于药品包装。现在除药品片剂、胶囊栓剂等医药产品的包装外,泡罩包装还广泛应用于食品、化妆品、玩具、礼品、工具和机电零配件的销售包装。

(7) 贴体包装。贴体包装就是把透明的塑料薄膜加热到软化程度,然后覆盖在衬有纸板的商品上,从下面抽真空,使加热软化的塑料薄膜按商品的形状粘附在其表面,同时也黏附在承载商品的纸板上,冷却成型后成为一种新颖的包装物体。

贴体包装由于使商品被一层完全透明的塑料薄膜裹覆,被包装的商品能够整齐、牢固、透明、美观、色彩鲜艳、形体清楚地呈现在"货架"上,使商品更富有魅力,若在贴体包装的纸板上印上五彩缤纷的图案和文字,便更能增加产品的吸引力。这使得商品不仅能够一目了然,而且使其形状手感颇佳,顾客触摸外表,会对商品产生一种"亲切感""安全感"。

4.1.3 包装材料

1. 包装材料概述

广义的包装材料是指用于包装的纸、塑料、玻璃、金属、木材、复合材料及各类包装辅助材料,如黏合剂、涂料、防潮、防锈包装材料、捆扎材料、印刷油墨等。了解各种材料的性能特点、加工适应性等,能够为正确选择商品包装材料和制品成型技术打下基础。

包装材料的应用有着十分悠久的历史。人类早期用天然植物藤蔓、树叶、禾草编制成筐篓,来盛装谷物和蔬菜,在掌握了烧制冶炼技术后,加工生产出了陶器、青铜等包装容器;纺织、造纸技术的发展,促进了包装的重大进步。尤其是20世纪以来塑料生产与应用技术的发展,给现代包装注入了新的活力,使包装材料与产品性能更加适合商品包装的要求,促进了包装工艺和技术的完善。

在包装材料中,纸和纸板以其原料来源丰富、生产加工容易、缓冲保护性能优良、绿色环保而在整个包装材料中占有较高的比重。

塑料包装功能全面,尤其是具有良好的成型性能,可以加工成各种薄膜包装袋、盘、盒、瓶、桶等容器,几乎适合包装各种固态、液态商品。通过发泡或充气加工成的缓冲材料,对商品流通具有十分优良的保护作用,尽管其废弃物的处理难度较其他包装材料大,但在包装工业中的地位仍逐年上升。

玻璃、金属包装以其密封性能好、商品保质期长和卫生安全等优点,在食品、药品、化妆品特别是饮料包装领域仍占有主导地位。为了充分利用各种包装材料的优点,近年来开发出了众多的复合包装材料,如纸塑复合、塑料与铝箔复合、纸塑与铝箔复合等,由于它们具有阻隔性能好、化学性能稳定、包装适用性广等特点，产量与应用领域在逐年增长。

进入21世纪后，各种包装材料与容器所占的比例大约为：纸和纸板35.6%、塑料31.1%、玻璃6.6%、金属26.6%。

物流包装材料主要是指在物流运输过程中所涉及的各类包装材料。传统物流运输包装材料主要是木材、纸张、增强塑料、金属钢铁及高强度复合材料等。随着现代物流的深入，包装作为始终贯穿产品或服务生命周期的一项活动，对应于现代物流中包装的功能延伸。

绿色物流包装材料是近年来在发展绿色经济的环境下逐步形成的新概念，与一般包装材料的不同点就在于它具有良好的环境性能，对人体和环境不造成危害。通常是指易降解、易回收、能进行资源有效循环利用的材料。绿色包装材料是发展绿色包装的关键，研究开发无公害的绿色包装材料是当前世界各国关注的热点，对于物流包装来说，一个重要的问题就是开发高强度、大板面、环境性能好、无公害、易回收再利用、轻量化的绿色运输包装材料，它已经成为决定绿色运输包装顺利发展的技术关键。

2. 生态包装

生态包装又被称为可持续包装，是指为了节约包装材料资源、减少包装废弃物而鼓励使用的可再使用、再循环的商品包装。狭义的生态包装包括对环境和人体健康无害的包装材料、具备生物降解性能的塑料包装、可再回收使用的玻璃容器等；从广义上讲，生态包装包括包装工业提供的更合乎环境标准的包装的所有方式乃至其发展趋势。

(1) 可降解包装。可降解包装是包装材料可降解的包装。可降解包装材料是指在特定环境下经过一定的化学结构发生变化致使性能损失的一种材料，它在自然环境中进行分裂降解和还原，最终以无毒形式重新进入生态环境的包装。

从包装材料自然降解的情况来看，纸质材料一般需要几年，而塑料包装却要耗费200—400年。现代包装已经成为人们生活和国民经济中不可缺少的重要部分。同时，包装废弃物对环境所产生的负面影响也日益明显，尤其是在自然条件下难以降解的包装废弃物所产生的"白色污染"更是有目共睹。可降解塑料的种类主要有以下几种。

• 光降解塑料。光降解塑料经过光降解和自由基断裂氧化反应后，可以被逐步降解成能够被生物分解的低分子量化合物，最后成为二氧化碳和水。光降解塑料是一类重要的可降解塑料，人们研究得很多，开发应用了许多产品。

• 生物降解塑料。生物降解塑料是指含碳为主的聚合物，当它进人环境后，能作为微生物的营养物质(碳源)被其分解、吸收利用，从而纳入自然界物质循环系统，被生态系统所容纳，不对环境生态造成危害。

(2) 可食性包装。可食性包装是包装材料中一种可以作为食品直接食用的特殊包装。为解决食品保鲜及环境保护问题，世界上许多国家正在研究开发可食性包装，并已经取得了进展。

目前市场上出现的可食性包装可以分为两类：一类是把常用的食品原料如淀粉、糊精，加入一些调味物质后，再进行纸型化处理，从而制造出像纸那样薄的可以食用的纸型食品包装；另一类是把可以食用的无毒纤维进行改性，然后加入一些食品添加剂，制成一种可以食用的"纸片"，并用它来包装食品。

可食性包装材料是以天然可食性物质(如蛋白质、多糖、纤维素及衍生物等)为原料,通过不同分子间的相互作用形成的具有多孔网络结构的薄膜,一般具有如下特性:明显的阻湿性,可延缓食品中水和油及其他成分的迁移和扩散;有选择的透气性和抗渗透能力,可阻止食品中风味物质的挥发;较好的物理力学性能,可提高食品表面的机械强度使其易于加工处理;可以作为食品色、香、味的载体以及食品的营养强化物质和抗氧化物质等的载体;能够与被包装食品一起食用,对食品和环境无污染。可食性包装材料在食品工业方面具有广阔的应用前景。

(3) 可拆卸包装。传统包装结构设计中,包装设计人员考虑的主要因素是包装产品的功能需求及制造费用、原材料费用等经济因素,对包装废弃物的拆卸、回收考虑得很少。这种包装结构设计理念存在的问题是:一方面,产品的资源、能源消耗量大幅度增长;另一方面,由于技术发展和消费的个性化,产品寿命周期越来越短,在一定时间内,包装废弃物的增长速度不断加快,包装废弃物的处理费用迅速增加。要在满足社会对各种消费产品需求的同时,做到对环境影响最小,其有效途径就是对包装废弃物能够进行有效的拆卸,在成本较低的情况下,回收利用这些包装废弃物。

可拆卸包装主要是可拆卸设计,就是在包装结构设计过程中,将可拆卸作为设计目标之一,使包装结构不仅便于拆卸和回收,而且也便于制造和具有良好的经济性。因此,指定拆卸设计准则是实现可拆卸包装结构的首要问题。可拆卸性是包装结构的固有属性,单靠计算和分析设计不出好的可拆卸结构,需要根据设计和使用、回收中的经验,拟定准则,用于指导设计。

4.2 分拣作业

4.2.1 分拣作业概述

1. 分拣的概念

分拣作业是根据输送或配送要求,迅速准确地将货物从储位中拣选出来,并进行分类、集中,等待配装送货的作业过程。在物流配送活动当中,分拣作业是整个仓储配送的核心部分。经验证,物流成本占商品总成本的30%。其中拣货成本是配送、装卸搬运和仓储等成本总和的9倍,占物流搬运成本的绝大部分。同时,分拣作业的速度、效率和出错率直接影响着配送中心的效率和客户的满意度,这促使由劳动力密集性的人工分拣向机械分拣发展。

分拣作业是很复杂、工作量很大的活动,尤其是在用户多、所需品种规格多,而需求批量较小时,假如需求频率又很高,就必须在很短的时间内完成分拣配货作业。所以,如何选择分拣配货工艺、如何高效率地完成分拣配货作业,在某种程度上决定着配送中心的服务质量和经济效益。从各国的物流实践来看,由于大体积、大批量需求多采取直达、直送的供应方式,因此,配送的主要对象是中小件货物,即配送多为多品种、小体积、小批量的物流作业,这样使得分拣作业量占配送中心作业量的比重非常大,而且工艺复杂,特别是对于客户多、商品品种多、需求批量小、需求频率高、送货时间要求高的配送服务,分拣作业的速度和质量不仅对配送中心的作业效率发挥着决定性的作用,而且直接影响到整个配送中心的信誉和服务水平。因此,迅速且准确地将顾客所要求的商品集合起来,并且,通过分类配装及时送交顾客,是分拣作业的最终目的及功能。

2. 分拣配送技术

分拣配送技术是指配送活动中所采取的各种技术,是构成配送中心保障力的重要要素,是实现配送规模作业的手段和技术保证,是衡量配送中心现代化水平高低的重要标志。要在配送中心中顺利开展大规模的配送活动,必须根据配送作业的实际情况,遵循技术成熟先进、经济合理、安全可靠、方便操作和满足需求的原则,从配送机械设备的适应性、效率、采购成本、可靠性、灵活性、环保性以及维修的难易等方面科学合理地配置和选择配送技术与设备。

分拣配送技术与分拣配送活动的诸多要素密切相关,涉及的内容比较多。分拣配送技术在发展过程中形成了物流硬技术与物流软技术两个既相互关联又相互区别的技术领域。硬技术是企业组织配送活动所涉及的各种机械设备、设施、运输工具、信息设备等;软技术是为提高物流配送活动效益而应用的物流预测、优化与决策、设计、评价以及物流标准化、物流质量管理等管理技术、操作方法与技能。物流硬技术是软技术强有力的支撑,而物流软技术是最能发挥硬技术潜力、获得最佳物流效果的技术。

4.2.2 分拣作业流程

分拣是一种复杂且工作量大的作业,是将需要配送的货物准确迅速地集中起来。它主要包括行走、搬运、拣取和分类四个重要过程。

(1) 行走和搬运。行走是指工作人员或机械设备进行运动的过程。搬运是指对要进行分拣的货物进行装卸、运送的过程。缩短行走和货物运送距离,节约行走和搬运时间,是提高分拣作业效率的关键之一。

(2) 拣取。经与拣货信息确认核对后,利用人力或分拣设备准确地找到储位,并对所需要的货物和数量进行拣取作业。

(3) 分类。分拣作业可以分为按照每个拣货信息进行分拣操作的单一分拣和先汇总多个分拣信息一起分拣,再按不同的客户分货的批量分拣。当进行批量分拣或两种分拣方法组合操作时,就需要对货物进行分类。货物分类集中的时间快慢也是决定分拣作业效率高低的因素之一。

分拣作业在配送作业环节中不仅工作量大、工艺过程复杂,而且作业要求时间短、准确度高、服务质量好,因此对分拣作业的管理非常重要。在对分拣作业进行管理时,根据配送的业务范围和服务特点,具体来说是根据顾客订单所反映的商品特性、数量多少、服务要求、送货区域等信息,对分拣作业系统进行了科学的规划与设计,且制定出的高效作业流程是分拣作业管理的关键。分拣作业的基本程序如图 4-3 所示。

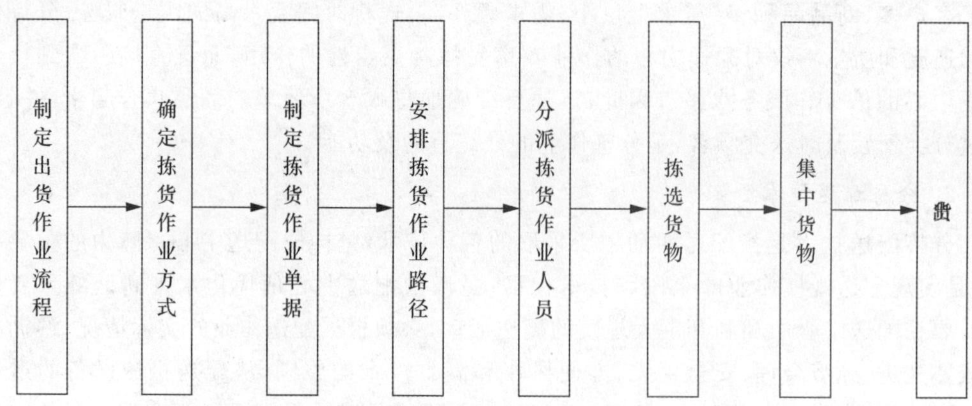

图 4-3　分拣作业的基本流程

4.2.3　分拣策略

1. 常见的拣货方法

(1) 播种式拣货方法。播种式拣货(批量拣取)方法是指为每张订单准备一个分拣箱置于分货场,然后作业人员汇总所有订单所需货物的总数量,并按此数量取来货物,再按照每个订单所需的数量投入其分拣箱内,同种货物数量多的订单拣货效率高。播种式拣货方法及其流程如图 4-4、4-5 所示。

图 4-4　播种式拣货方法

播种式拣货的优点是适合订单数量庞大的系统,可以缩短拣货时的行走、搬运距离,增加单位时间的拣货量。越是少量、多批次的配送,批量拣货就越有效。

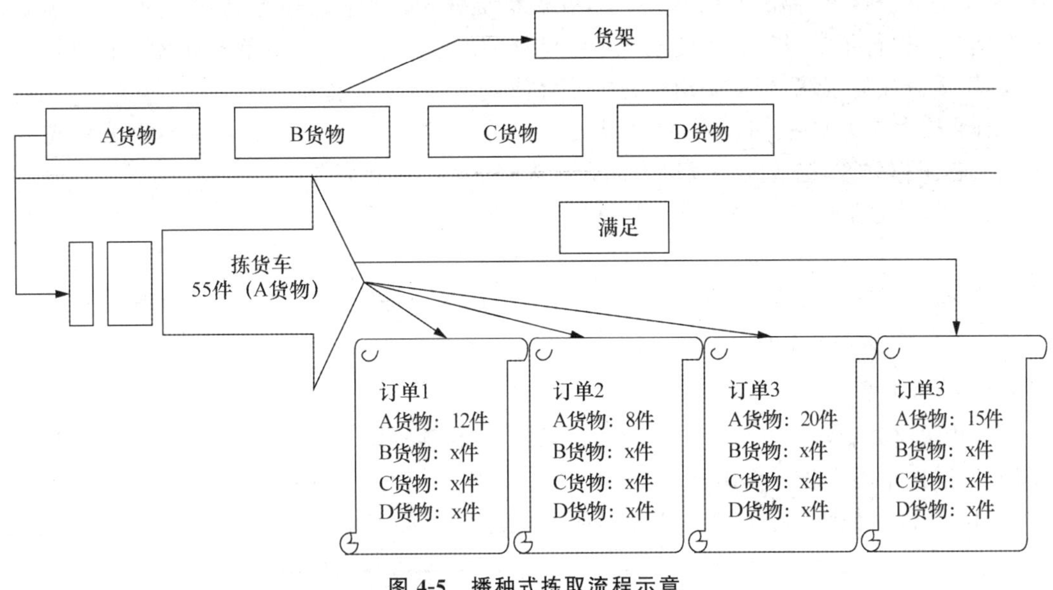

图4-5　播种式拣取流程示意

播种式拣货的缺点是无法对订单作出及时的反应，尤其是对紧急出货单的处理性较低，必须等订单到达一定数量后才能作出处理，会产生停滞时间。

播种式拣货的适用条件通常在系统化、自动化设置之后，使得作业速度提高，适合订单变化较小、订单数量稳定的配送中心。

(2) 摘取式拣货方法。摘取式拣货方法是指像从树上摘取水果一样，作业人员将客户每张订单上的货物从货架上取走，然后汇总，与按订单拣货大致相同。按照这种方式进行拣货时可以填制分户拣货单。

摘取式拣货的优点是：作业方法单纯；前置时间短；导入容易且弹性大；作业人员责任分明，派工容易、公平；拣货后不用再进行分类作业，适用于大量订单的处理。

摘取式拣货的主要缺点是：商品品项较多时，拣货行走的路径加长，拣取效率降低；拣货区域较大时，搬运系统设计困难；小批量、多批次拣选时，会造成拣选路线重复费时，效率降低。

摘取式拣货的处理弹性比较大，临时性的生产能力调整较为容易，适合订单大小差异较大、订单数量变化频繁、季节性较强的商品配送，如化妆品、家具、电器、百货和高级服饰等。

(3) 总量拣货方法。总量拣货方法是指将一天(或半天)的复数订单货物由作业人员汇总起来进行拣货，然后将不同订单的货物分开作业的方法。

(4) 配合拣货方法。配合拣货方法是指将批量分拣的货物分给客户，也叫批量拣货法。批量拣货的货物用高速自动分类运输机分给各个客户时，也可以使用播种式拣货方法。

(5) 分区、不分区拣货方法。不论是采用订单式拣货还是批量式拣货方法，从效率上考虑皆可配合采用分区、不分区的作业策略。所谓分区作业就是将拣货作业场地区域划分，每一个作业人员负责拣取固定区域内的商品。而其分区方式又可以分为拣货单位分区、拣货方式分区及工作分区。事实上，在做拣货分区时亦要考虑存储分区的部分，必须对存储分区进行了解、规划，才能使得系统整体的配合趋于完善。所谓不分区作业即与之相反，不划分任何区域，当然采用这种方法会使整体效率大大降低。

(6) 接力拣货方法。接力拣货方法是工作分区下的产物，只是其订单不作分割或不分割至各工作分区，拣货人员以接力的方式来完成所有的拣货作业。

(7) 订单分割拣货方法。当一张订单所订购的商品项目较多，或设计一个快速处理的拣货系统时，为了使其能够在短时间内完成拣货处理，故利用此方法将订单切分成若干子订单，交由不同的拣货人员同时进行拣货作业以加速拣货的完成。订单分割方法必须与分区方法联合应用才能有效地发挥长处。

2. 拣货策略

拣货策略是影响拣选作业效率的关键，它主要包括分区、订单分割、订单分批、分类四个因素，这四个因素相互作用可产生多个拣货策略。下面逐一进行介绍。

(1) 分区。分区就是将拣选作业场地作区域划分，如图 4-6 所示。

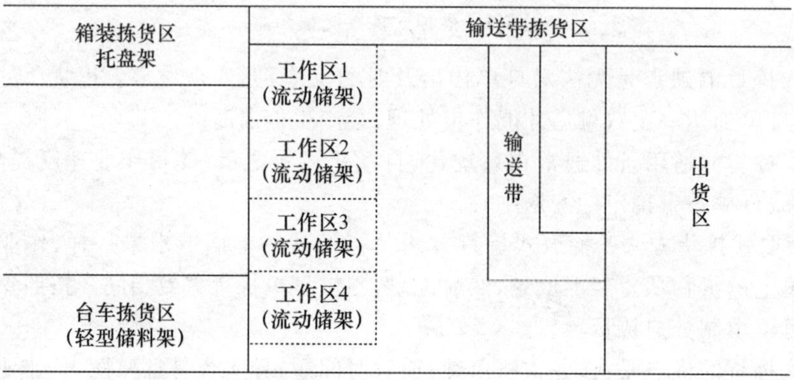

箱装拣货区
托盘架

输送带拣货区

工作区1
(流动储架)

工作区2
(流动储架)

工作区3
(流动储架)

工作区4
(流动储架)

输
送
带

出
货
区

台车拣货区
(轻型储料架)

图 4-6　　拣货分区示意

根据分区的原则不同来分类，可分为以下三种：

• 按拣货单位分区。将拣货作业按拣货单位划分，如箱装拣货区、单件拣货区、具有特殊性的冷冻品拣货区等，其基本上与储存单位分区是相对应的。其目的在于将储存与拣货单位分类统一，以便拣取与搬运单元化和拣取作业单纯化。

• 按拣货方式分区。不同的拣货单位分区中，依拣货方法及设备的不同，又可划分为若干个分区。分区的原则通常按商品销售的 ABC 分类①，以各品类的出货量大小及拣取次数的多少，各作 A、B、C 群组划分，再根据各群组的特征，决定合适的拣货设备及拣货方式。这种分区方式可将作业区单纯化、一致化。以减少不必要的重复行走所耗费的时间。

---

① ABC 分析法是由意大利经济学家维弗雷多·帕累托首创，又称帕累托分析法。1879 年，帕累托在研究个人收入的分布状态时，发现少数人的收入占全部收入的大部分，而多数人的收入占全部收入的小部分，他将这一关系用图示表示出来，就是著名的帕累托图。该分析法的核心思想是在决定一个事物的众多因素中分清主次，识别出少数的但对事物起决定作用的关键因素和多数的但对事物影响较少的次要因素。后来，帕累托法不断用于管理的各个方面。1951 年，美国通用电气公司董事长迪基将这一理论用于所属的某厂库存管理中，将主要精力用于集中解决那些具有决定性作用的少数事物。

• 工作分区。在相同的拣货方式下,将拣选作业场地细分成下同的分区,由一个或一组固定的拣货员负责拣选区域内的货物。这一策略的优点在于能够减少拣货员所需记忆的存货位置及移动距离,进而缩短拣货时间,同时也可配合订单分割策略,运用多组拣货员在更短的时间内共同完成订单的拣取。

(2) 订单分割。当订单所购的商品种类较多,或设计一个要求及时快速处理的拣货系统时,为了使其能够在短时间内完成拣货处理,利用订单分割策略将订单切分成若干个子订单,交由不同的拣货员同时进行拣货作业,以加速拣货的完成。订单分割策略必须与分区策略配合运用,才能有效地发挥其优势。

(3) 订单分批。订单分批是指为了提高拣货作业效率,把多张订单集合成一批进行批次提取,再将每批次订单中的同一商品种类汇总拣取,然后把货品分类至每一位顾客订单,形成批量拣取,这样不仅缩短了拣取时平均行走搬运的距离,也减少了储位重复寻找的时间,进而提高了拣货效率。

(4) 分类。若采用分批拣货策略,还必须有相配合的分类策略。

• 拣货时分类。拣货时分类即在拣取的同时将货物分类到各订单中,这种分类方式常与固定量分批方式或智能型分批方式相配合,因此需要使用计算机辅助台车作为拣货设备,以加快拣货速度。采用这种方式时,每批次的客户订单量不宜过大。

• 拣取后集中分类。拣取后集中分类即分批按合计总量拣取后,再进行集中分类。实际的做法有两种:一种是以人工操作为主,将货物搬运到空地上进行分类,但每批次订单量及货物数量不宜过大,不得超过人员负荷;另一种是利用分类输送系统进行集中分类,这是较自动化的作业方式。当订单分批数量、品种较多时,常使用后一种方式来完成集中分类工作。

以上四大类拣货策略可单独或联合运用,也可不采用任何策略,直接按订单拣货。

4.2.4 自动分拣系统

自动分拣系统可以在最短的时间内,从庞大的储存系统中准确地找到所要出库货物的储位,并按所需配送货物的数量、品种、规格分类集中货物。

1. 自动分拣系统作业描述

自动分拣系统(automated sorting system)是第二次世界大战后在美国、日本的配送中心广泛采用的一种分拣系统,目前已经成为发达国家大中型物流中心不可缺少的一部分。该系统的作业过程可以简单地描述如下:物流中心每天接收成百上千家供应商或货主通过各种运输工具送来的成千上万种商品,其在最短的时间内将这些商品卸下并按商品品种、货主、储位或发送地点进行快速准确的分类,其运送到指定地点(如指定的货架、加工区域、出货站台等),同时,当供应商或货主通知物流中心按配送指示发货时,自动分拣系统会在最短的时间内从庞大的高层货架存储系统中准确找到要出库商品的所在位置,并按所需数量出库,再将从不同储位上取出的不同数量的商品,按配送地点的不同运送到不同的理货区域或配送站台集中,以便装车配送。

2. 自动分拣系统的主要特点

(1) 能连续、大批量地分拣货物。由于采用大生产中使用的流水线自动作业方式,自动分拣系统不受气候、时间、人的体力等限制，可以连续运行 100 个小时以上，同时由于自动分拣系统单位时间分拣件数多，因此其分拣能力是人工分拣系统的数倍，每小时可分拣 7 000 件包装商品，如用人工则每小时只能分拣 150 件左右，同时分拣人员也不能在这种劳动强度下连续工作 8 小时。

(2) 分拣误差率极低。自动分拣系统的分拣误差率大小主要取决于所输入分拣信息的准确性，准确程度又取决于分拣信息的输入机制。如果采用人工键盘或语音识别方式输入，则误差率在 3%以上；如果采用条形码扫描输入，除非条形码的印刷本身有差错，否则不会出错。因此，目前自动分拣系统主要采用条形码技术来识别货物。

(3) 分拣系统基本是无人化的。国外建立自动分拣系统的目的之一就是减少人员的使用，减轻员工的劳动强度，提高人员的使用效率，因此自动分拣系统能够最大限度地减少人员的使用，基本做到无人化。分拣作业本身并不需要使用人员，人员的使用仅局限于以下工作：送货车辆抵达自动分拣线的进货端时，由人工接货；由人工控制分拣系统的运行；分拣线末端由人工将分拣出来的货物进行集载、装车；自动分拣系统的经营、管理与维护。

3. 自动分拣系统的组成

自动分拣系统是由硬件设备和计算机网络、软件连接在一起，同时配合人工操作构成的一个完整的系统。一般分拣系统由四个主要装置组成，即控制装置、分类装置、输送装置和分拣道口，如图 4-7 所示。

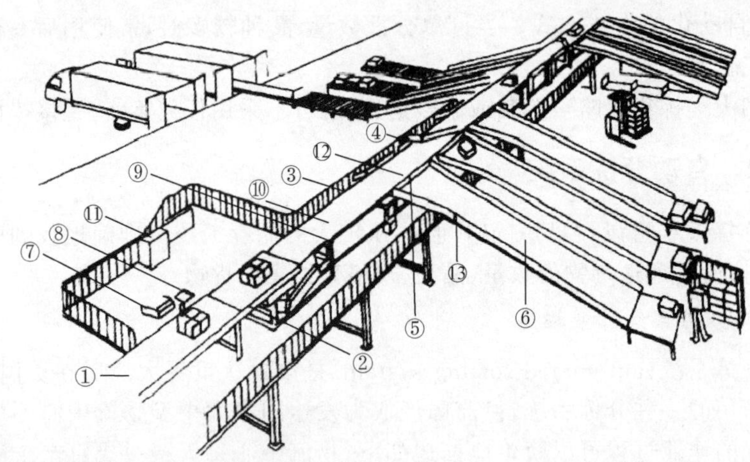

① 输入输送带；② 喂料输送机；③ 钢带输送机；④ 刮板式分流器；⑤ 送出辊道；⑥ 分拣道口；⑦ 信号给定器；⑧ 激光读码器；⑨ 通过检出器；⑩ 磁信号发生器；⑪ 控制器；⑫ 磁信号读取器；⑬ 满量检出器

图 4-7　分拣系统

(1) 控制装置。它是整个分拣系统的指挥中心，其作用是识别、接收和处理分拣信号，根据分拣信号的要求指示分类装置，按商品品种、商品送达地点或货主的类别对商品进行自动分类。这些分拣需求可以通过不同方式(如条形码扫描、色码扫描、键盘输入、重量检测、语音识别、高度检测及形状识别等)，输入分拣控制系统中去，分拣控制系统根据对这些分拣信号的判断，决定某一种商品应该进入哪一个分拣道口。

(2) 分类装置。是分拣机的主要部分，其作用是根据控制装置发出的分拣指示，当具有相同分拣信号的商品经过该装置时，分类装置使控制装置改变在输送上的运行方向，进入其他输送机或进入分拣道口。分类装置的种类有很多，一般有推出式、浮出式、倾斜式和分支式几种，不同的装置对分拣货物的包装材料、包装重量、包装物底面的平滑程度等有不完全相同的要求。

(3) 输送装置。其主要组成部分是传送带或输送机，其主要作用是使待分拣商品鱼贯通过控制装置、分类装置。在输送装置的两侧，一般要连接若干分拣道口，使分好类的商品滑下主输送机(或主传送带)，以便进行后续作业。

(4) 分拣道口。是已经分拣商品脱离主输送机(或主输送带)进入集货区域的通道，一般由钢带、皮带、滚筒等组成滑道，使商品从主输送装置滑向集货站台，在那里的工作人员将该道口的所有商品集中后，或是入库储存，或是组配装车并进行配送作业。

自动分拣系统的作业过程是按照配送要求在信息流指引下的物流“合”与“分”的过程。物流中心要对不同客户的数以万计的货物归类上架储存，这是货物的“合”；之后按客户的需求及时准确地配送发货，这是货物的“分”。在这“合”与“分”的过程中，自动分拣系统承担了绝大部分的作业量。

4. 自动分拣系统的适用条件

第二次世界大战后，自动分拣系统逐渐开始在西方发达国家投入使用，成为发达国家先进的物流中心、配送中心或流通中心所必需的设施条件之一。但因其要求使用者必须具备一定的技术经济条件，因此，在发达国家，物流中心、配送中心或流通中心未采用自动分拣系统的情况也很普遍。在引进和建设自动分拣系统时，一定要考虑以下两个条件：

第一，一次性投资巨大，自动分拣系统本身需要建设至少 40—50 米或是 150—200 米的机械传输线，还有配套的机电一体化控制系统、计算机网络及通信系统等。这一系统不仅占地面积大，起码要 2 万平方米以上，而且一般自动分拣系统都建在自动主体仓库中，而要建立三四层楼高的立体仓库，库内需要配备各种自动化的搬运设施，这项投资相当于建立一个现代化工厂所需要的硬件投资。这种巨额的先期投入要花 10—20 年才能收回，如果没有可靠的货源作为保证，则只可能由大型生产企业或大型专业物流公司投资，小企业无力进行此项投资。

第二，对商品外包装要求高，自动分拣机只适于分拣底部平坦且具有刚性包装规则的商品。袋装商品、包装底部柔软且凹凸不平的商品，包装容易变形、破损及超长、超薄、超重、超高、不能颠覆的商品，不能使用普通的自动分拣机进行分拣。为了使大部分商品都能够用机械进行自动分拣，可以采取两条措施：一是推行标准化包装，使大部分商品的包装符合国家标准；二是根据所分拣的大部分商品的统一的包装特性，定制特定的分拣机。但要让所有商品的供应商都执行国家的包装标准是很困难的，定制特定的分拣机又会使硬件成本上升，并且越是特别其通用性就越差。因此，公司要根据经营商品的包装情况来确定是否建或建什么样的自动分拣系统。

4.3 装卸搬运作业

4.3.1 装卸搬运概述

1. 装卸搬运的含义

在同一地域范围内(如车站范围、工厂范围、仓库内部等)以改变"物"的存放、支撑状态的活动称为装卸,以改变"物"的空间位置的活动成为搬运,两者全称为装卸搬运。有时候或在特定场合,单称"装卸"或单称"搬运"也包含了"装卸搬运"的完整含义。

在《中华人民共和国国家标准:物流术语》中,将搬运定义为"在同一场所内,对物品进行水平移动为主的物流作业";将装卸定义为"物品在指定地点以人力或机械装入运输设备或卸下";将单元装卸定义为"用托盘、容器或包装物将小件或散装物品集成一定质量或体积的组合件,以便利用机械进行作业的装卸方式"。

在习惯使用中,物流领域(如铁路运输)常将装卸搬运这一整体活动称做"货物装卸";在生产领域中,常将这一整体活动称做"物料搬运"。实际上,其活动内容都是一样的,只是领域不同而已。

在实际操作中,装卸与搬运是密不可分的,两者是伴随在一起发生的。因此,在物流科学中并不过分强调两者的差别,而是作为一种活动来对待。

搬运的"运"与运输的"运"是不同的,搬运是在统一地域的小范围内发生的,而运输则是在较大范围内发生的,两者是量变到质变的关系,中间并无一个绝对的界限。

2. 装卸搬运的特点

(1) 装卸搬运是附属性、伴生性的活动。装卸搬运是物流每一项活动开始及结束时必然发生的活动,因而有时常被人忽视,或被看作是其他操作不可缺少的组成部分。例如,一般而言的"汽车运输",实际上就包含了相随的装卸搬运活动;仓库中泛指的保管活动,也含有装卸搬运活动。

(2) 装卸搬运是支持、保障性的活动。装卸搬运的附属性不能理解成被动的,实际上,装卸搬运对其他物流活动是有一定的决定性。装卸搬运会影响其他物流活动的质量和速度,例如,装车不当,会引起运输过程中的损失;卸放不当,会引起货物转换成下一步运动的困难。许多物流活动在有效的装卸搬运的支持下,才能实现高水平运作。

(3) 装卸搬运是衔接性的活动。任何其他物流活动在互相过渡时,都是以装卸搬运来衔接的,因而,装卸搬运往往成为整个物流的"瓶颈",是物流各功能之间能否形成有机联系和紧密衔接的关键,而这又是一个系统的关键。建立一个有效的物流系统,关键是看这一衔接是否有效。比较先进的系统物流方式——联合运输方式就是着力解决这种衔接而实现的。

3. 装卸搬运的分类

(1) 按装卸搬运施行的物流设施、设备对象分类。以此可分为仓库装卸、铁路装卸、港口装卸、汽车装卸、飞机装卸等。

• 仓库装卸配合出库、入库、维护保养等活动进行，并且以堆垛、上架、取货等操作为主。

• 铁路装卸是对火车车皮的装进及卸出，特点是一次作业就实现一车皮的装进或卸出，很少有像仓库装卸时出现的整装零卸或零装整卸的情况。

• 港口装卸既包括码头前沿的装船，也包括后方的支持性装卸运，有的港口装卸还采用小船在码头与大船之间“过驳”的办法，因而其装卸的流程较为复杂，往往经过几次的装卸及搬运作业才能最后实现船与陆地之间货物过渡的目的。

• 汽车装卸一般一次装卸批量不大，由于汽车的灵活性，可以减少或根本减去搬运活动，而直接、单纯利用装卸作业达到车与物流设施之间货物过渡的目的。

(2) 按装卸搬运的机械及机械作业方式分类。以此可分为使用吊车的“吊上吊下”方式，使用叉车的“叉上叉下”方式，使用半挂车或叉车的“滚上滚下”方式，以及“移上移下”方式及散装方式等。

• “吊上吊下”方式。采用各种起重机械从货物上部起吊，依靠起吊装置的垂直移动实现装卸，并在吊车运行的范围内或回转的范围内实现搬运或依靠搬运车辆实现小搬运。由于吊起及放下属于垂直运动，这种装卸方式属垂直装卸。

• “叉上叉下”方式。采用叉车从货物底部托起货物，并依靠叉车的运动进行货物位移，搬运完全依靠叉车本身，货物可不经中途落地直接放置到目的地。这种方式垂直运动不大而主要是水平运动，属水平装卸方式。

• “滚上滚下”方式。主要是指港口装卸的一种水平装卸方式，即利用叉车或半挂车、汽车承载货物，连同车辆一起开上船，到达目的地后再从船上开下。利用叉车的“滚上滚下”方式，在船上卸货后，叉车必须离船，利用半挂车、平车或汽车，则拖车将半挂车、平车拖拉至船上后，拖车开下离船而载货车辆连同货物一起运到目的地，再原车开下或拖车上船拖拉半挂车、平车开下。“滚上滚下”方式需要有专门的船舶，对码头也有不同要求，这种专门的船舶称为“滚装船”。

• “移上移下”方式。是指在两车之间(如火车及汽车)进行靠接，然后利用各种方式，不使货物垂直运动，而靠水平移动从一辆车上推移到另一辆车上。“移上移下”方式需要使两种车辆水平靠接，因此，需要对站台或车辆货台进行改变，并配合移动工具实现这种装卸。

• 散装散卸方式。对散装物进行装卸，一般从装点直到卸点，中间不再落地，这是集装卸与搬运于一体的装卸方式。

(3) 按被装物的主要运动形式分类。以此可分为垂直装卸、水平装卸两种方式。

(4) 按装卸搬运对象分类。以此可分为散装货物装卸、单件货物装卸、集装货物装卸等。

(5) 按装卸搬运的作业特点分类。以此可分为连续装卸与间歇装卸两种方式。

• 连续装卸。主要是同种大批量散装货物或小件杂货通过连续输送机械，连续不断地进行作业，中间无停顿，货间无间隔。在装卸量较大、装卸对象固定、货物对象不易形成大包装的情况下适合采取这一方式。

• 间歇装卸。有较强的机动性，装卸地点可在较大范围内变动，主要适用于货流不固定的各种货物,尤其是适用于包装货物、大件货物,散粒货物也可采用此种方式。

4. 装卸搬运的方法

(1) 单件装卸。单件装卸是指非集装按件计的货物逐个进行装卸操作的作业方法。单件作业对机械、装备、装卸条件要求不高,因而机动性较强,可在很广泛的地域内进行而不受固定设施、设备的地域局限。单件作业可采取人力装卸、半机械化装卸及机械化装卸。由于逐件处理的装卸速度较慢,且装卸要逐件接触货体,因而容易出现货损,反复作业次数较多时,也容易出现货差。单件装卸的对象主要是包装杂货,多种类、少批量货物及单件大型、笨重货物。

(2) 集装作业。集装作业是指对集装货载进行装卸搬运的作业方法。每装卸一次是一个经组合之后的集装货载,在装卸时对集装体逐个进行装卸操作,和单件装卸的主要异同在于,都是按件处理,但集装作业"件"的单位大大高于单件作业每件的大小。集装作业由于集装单元较大,不能进行人力手工装卸,虽然在不得已时,可以用简单机械偶尔解决一次装卸,但对大量集装货载而言,只能采用机械进行装卸,同时也必须在有条件的场所进行这种作业,其不但受装卸机具的限制,也受集装货载存放条件的限制。因而机动性较差。集装作业一次作业装卸量大,装卸速度快,且在装卸时并不逐个接触货体,而仅对集装体进行作业,因而货损较小,货差也小。集装作业的对象范围较广,一般除特大、重、长的货物和粉、粒、液、气状货物外,都适用集装。粉、粒、液、气状货物经一定包装后,也可集合成大的集装货载,特大、重、长的货物,经适当分解处置后,也可采用集装方式进行装卸。集装作业有以下几种方法:

• 托盘装卸。利用叉车对托盘货载进行装卸,属于"叉上叉下"方式。由于叉车本身有行走机构,所以,在装卸的同时可以完成小搬运,而无须落地过渡,因而有水平装卸的特点。托盘装卸常需叉车与其他设备、工具配合,以有效完成全部装卸过程。例如叉上之后,由于叉的前伸距离有限,有时需要利用托盘搬运车或托盘移动器来解决托盘水平短距离移动问题。由于叉车叉的升高有限,有时又需要与升降机、电梯、巷道起重机等设备配套来解决托盘垂直位移问题。

• 集装箱装卸。主要是采用港口岸壁吊车、龙门吊车、桁车等各种垂直起吊设备进行"吊上吊下"式的装卸,同时,各种吊车还都可以做短距离水平运动。可同时完成小范围的搬运。如需要一定距离的搬运,则还需要与搬运车相配合。小型集装箱也可以和托盘一样采用叉车进行装卸。港口装卸可利用叉车或半挂车,进行"滚上滚下"式的装卸。

• 货捆装卸。主要是采用各种类型的起重机进行装卸,货捆的捆具可与吊具、索具有效配套,进行"吊上吊下"式的装卸。短尺寸货捆可采用一般叉车进行装卸,长尺寸货捆可采用侧式叉车进行装卸。货捆装卸适于长尺寸、块条状、强度较高无需保护的货物。

• 集装网、袋装卸。主要是采用各种类型的吊车进行"吊上吊下"式的装卸,也可与各种搬运车配合进行吊车所不能及的搬运。货捆装卸与集装网、袋装卸有一个共同的突出优点,即货捆的捆具及集装袋、集装网本身的重量较轻,又可折叠,因而无效装卸少,装卸作业效率高,且相对货物而言,货捆的捆具与集装袋、网的成本较低,装卸后又易返运,因而装卸上具有优势。

• 挂车装卸。挂车装卸是指利用挂车的可行走机构,连同车上组合成的货载一起拖运到火车车皮上或船上的装卸方式。属于水平装卸，是所谓的“滚上滚下”式的装卸方式。

其他集装装卸方式还有滑板装卸、无托盘集装装卸、集装罐装卸等。

(3) 散装作业。散装作业是指对大批量粉状、粒状货物进行无包装散装、散卸的装卸方法。装卸既可连续进行，也可采取简短的装卸方式。但是，都需采用机械化设施、设备，在特定情况下，且批量不大时，也可采用人力装卸。散装作业主要有以下几种方法：

- 气力输送装卸。主要设备是管道及气力输送设备，以气流运动裹携粉状、粒状物沿管道运动而达到装、搬、卸的目的，也可采用负压抽取办法，使散货沿管道运动。管道装卸密封性好，装卸能力高，容易实现机械化、自动化。
- 重力装卸。利用散货本身的重力进行装卸，此方法必须与其他方法相配合，首先将散货提升到一定高度，具有一定优势之后，才能利用本身的重力进行下一步装卸。
- 机械装卸。利用能够承载粉粒货物的各种机械进行装卸，主要有两种方式：一种方式是用吊车、叉车改换不同机具或用专用装卸机，进行抓、铲、舀等形式作业，以完成装卸及一定的搬运作业；另一种方式是用皮带、刮板等各种输送设备，进行一定距离的搬运卸货作业，并与其他设备配合实现装货。

5. 装卸搬运的设备与设施

在配送中心中，对于货物的处理，如果作业量较大、品种显著增多，作业方面要求的速度化、小批量化、多频率化等就会被迫降低。在这种情况下，装卸搬运的合理化越来越成为重要问题。装卸搬运机械因涉及分拣、分类，所以在此先分析与货物装车有关的设备。装卸搬运活动的种类有很多，在不同领域为配合不同活动所进行的装卸搬运工作，其设备的选用有较大区别，分述如下：

(1) 在物流设施内的装卸搬运活动及设备配置。在物流设施内的装卸搬运活动是很频繁的，一般而言，物流设施都有特定的用途，如铁道站、机场、港口、转运站、配送中心等，这些有特定用途的物流设施都是根据货物种类、方式，以及与物流线的衔接运输方式设计和建造成的专用物流设施，如立体或平面仓库、高站台、低站台、铁道专用线及站台、汽车站台等，同时，在特定的物流设施内，往往会配置最理想的专用物流设备。这样一来，在这一特定物流设施内，便可以进行专业化的装卸搬运，形成一个完善的装卸搬运工艺，使这种特定物流设施内有很高的工作效率和完善的机械配置。

如果不是专业化的物流设施而是一般通用的物流设施，如物流现代化发展进程中出现的综合转运站，在其中要从事多种货物的多种物流活动，这种通用物流设施是由不同的专用物流设施组成的，通用物流设施的每一个局部也是只适应某些物流操作的专业化的设施，只不过这种设施的专业领域很广，适应能力很强而已。

所以，在物流设施内的装卸设施和机具的特点是：有按设计建成的专用性较强的设施和专用装卸搬运设备。如果这种设施移作他用，则会因设施设备不配套而有较大困难。

对于卡车站台。在物流设施内，不同领域所选用的卡车站台有所差别。处理多品种、少批量、多次数的货物一般采用高站台的设计，即站台高度与汽车货台高度相同，站台平面与配送处理场连成一体，配送处理的货物可以方便地水平装入车内；处理少品种、大批量的货物一般采用低站台，即站台面和地平面等高。低站台的高度有利于铲斗车、叉车、吊车进行装卸。

而对于火车站台。一般散杂货及包装货装卸，采用高站台，站台与车箱底板同高，各种作业车辆、小型叉车及人力可方便地从站台进出车箱从事装卸作业；集装箱、托盘等大型货体，采用吊车或大型叉车作业时，一般采用和地面平高的低站台。

物流设施内的高站台和低站台与配合的装卸方法、装卸机械及适合的对象货物见表4-1。

表 4-1　设施内外装卸方法及设备选用

场所		装卸方法	装卸机组	对象货物
物流设施内	高站台	人力装卸	—	少量货物
		利用搬运装卸机器装卸	手推车、手车、搬运车、手推平板车、电动平板车、带轮的箱式托盘	一般货物托盘货物
		输送机装卸	动力式输送机	箱装货物、瓦楞纸箱
	低站台	叉车装卸	叉车＋侧面开门的车身	托盘货物
			叉车＋托盘等带移动装置的车体	
		输送机装卸	动力式输送机	箱装货物、瓦楞纸箱
物流设施外		人力装卸	（和重力式输送机并用）	一般杂货
		机械装卸（利用卡车上装设的装卸机械）	卡车携带小型吊车	机械类托盘货物建筑材料
			自动升降板装置	桶罐、储气罐小型搬运车或带轮箱式托盘货物和手推平板车的组合

(2) 在物流设施外的装卸搬运活动及设备。在物流设施外的装卸是经常遇到的，例如许多用户没有专门的物流设施，如家庭、商店、一般工厂等，因此，不可能有专门的设施和专用装卸机具，在这种情况下，装卸方式有三种：

- 人力装卸，人力配合移动机具搬运。
- 随车的装卸工具装卸。
- 租用装卸机械装卸。

一般而言，这个领域的装卸成本较高、装卸水平较低，在物流过程中是制约物流总水平提高的领域。

第一种方式，除去全部利用人力外，还可与手动叉车，移动式输送机升降台车和手推车等机具配合。

第二种方式，主要有三种装置：第一种是车载小型吊车，可有效完成设施外装卸；第二种是汽车升降尾板；第三种是自动翻卸、自动收集垃圾、自动吸排污物、带锟道输送带等专用车辆，到目的地后可完成一部分装卸搬运操作。

至于租用装卸机械的办法，也是常用办法，尤其是不经常发生的重型货物装卸，则需要租用专用吊车，这会造成装卸费用的大幅度上升，是设施外装卸很难克服的缺点。

4.3.2　装卸搬运的活性理论

装卸搬运活性的含义是，从物的静止状态转变为装卸搬运运动状态的难易程度。如果很容易转变为下一步的装卸搬运而不需要进行过多的装卸搬运前的准备工作，则活性较高，反之，则活性较低。

1. *装卸搬运流程*

装卸搬运流程如表 4-2 和图 4-8 所示。

表 4-2　装卸搬运流程表

本表所列单元与最终单元的关系		
本表所列单元	大小或重量	表列单元数/最终单元数
瓶	4 oz	1/1
纸箱(空)	4 lb	1/12
托盘(空)	386 lb	1/192
纸箱(实)	11 lb	1/12
托盘(实)	434 lb	1/192

厂名：海波药物公司　项目：68—29

制表人：IS　参加人：____

日期：9 月 1 日　第 1 页　共 2 页

起点　进厂

终点　发运

□现有的　☒建议的(方案代号 A)____

方案摘要：叉车和托盘。从进厂直到成品库及发运。

本表所列流程：片剂装瓶和装箱从空瓶进厂直至成品发运。

单位时间的最终单元数量____

生产线速度　48 瓶/分

本表所列单元和每次荷载的单元数	作业符号	作业摘要	荷载的重量/lb	每小时次数	距离/ft	备注
1. 纸箱(空)1	1	在载重卡车上	4			
2. 纸箱(空)1	1	装在托盘上	4	ⓐ		ⓐ每托盘 0.25 人一小时
3. 托盘(空)1	1	至验收站	386	15	50	D 1000lb 4×4W
4. 托盘(空)1	2	在验收站				
5. 托盘(空)1	1	验收及过磅	386			
6. 托盘(空)1	3	在验收站				
7. 托盘(空)1	2	至装箱材料库	386	15	50	D 4×4W
8. 托盘(空)1	1	在装箱材料库储存				
9. 托盘(空)1	3	至装瓶及装箱	386	15	360	D 4×4W
10. 瓶 12	2	瓶从纸箱取出，至装瓶生产线	4oz	ⓑ		ⓑ生产线速度为每分钟 4 纸箱
11. 瓶—	②	把瓶片装瓶	ⓑ			
12. 瓶—	③	装入纸箱	ⓑ			
13. 纸箱(实)1	3	装到托盘上	11	ⓑ		
14. 托盘(实)1	4	至成品库	924	15	420	D 4×4W
15. 托盘(实)1	2	在成品库贮存				
"空"——未装成品 "实"——装有成品				共计	880	

注：表中：1ft＝0.3048m，1lb＝453.5929。

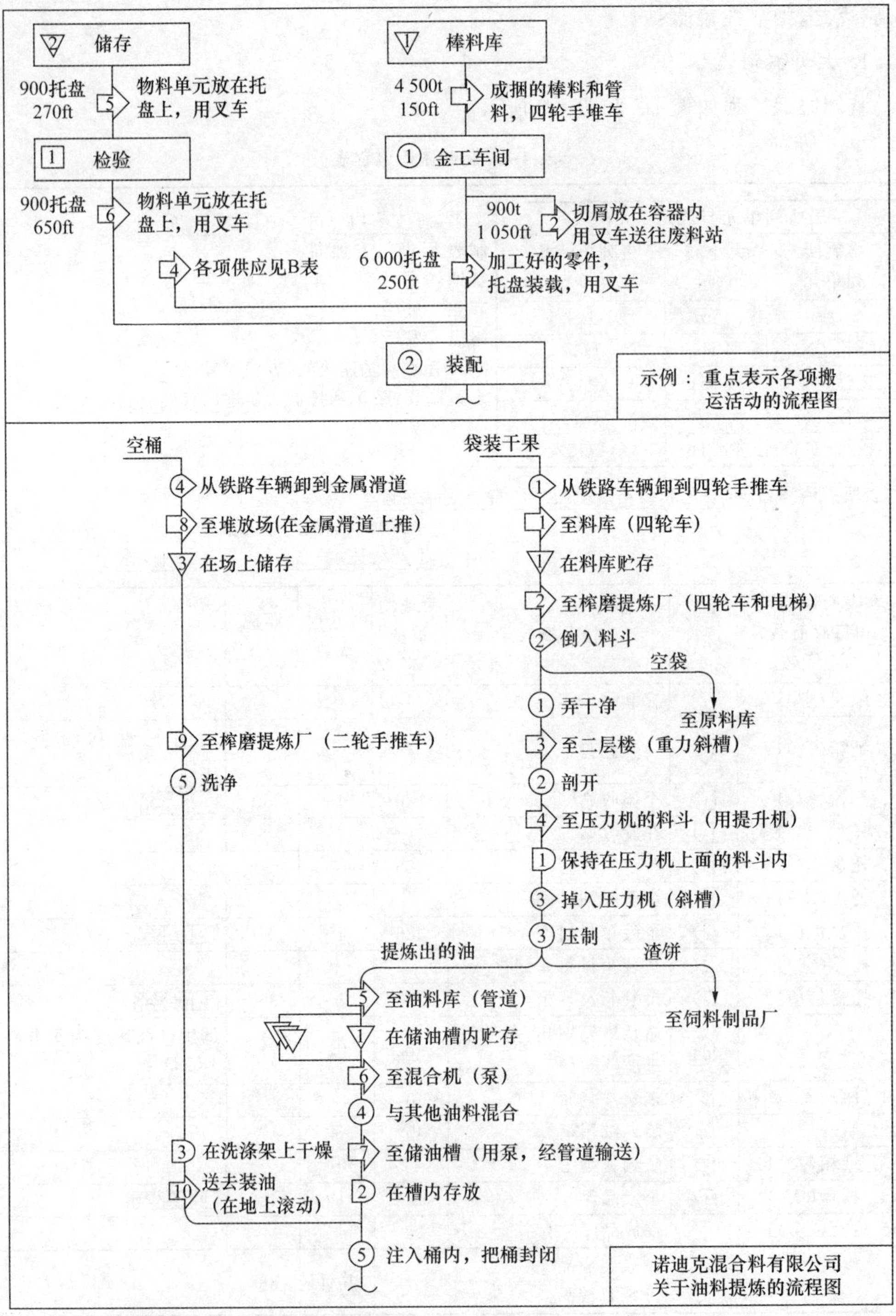

储存
900托盘 270ft 物料单元放在托盘上，用叉车
检验
900托盘 650ft 物料单元放在托盘上，用叉车
各项供应见B表

棒料库
4 500t 150ft 成捆的棒料和管料，四轮手堆车
金工车间
900t 1 050ft 切屑放在容器内用叉车送往废料站
6 000托盘 250ft 加工好的零件，托盘装载，用叉车
装配

示例：重点表示各项搬运活动的流程图

空桶
从铁路车辆卸到金属滑道
至堆放场(在金属滑道上推)
在场上储存
至榨磨提炼厂（二轮手推车）
洗净
在洗涤架上干燥
送去装油（在地上滚动）

袋装干果
从铁路车辆卸到四轮手推车
至料库（四轮车）
在料库贮存
至榨磨提炼厂（四轮车和电梯）
倒入料斗
空袋 至原料库
弄干净
至二层楼（重力斜槽）
剖开
至压力机的料斗（用提升机）
保持在压力机上面的料斗内
掉入压力机（斜槽）
压制
渣饼 至饲料制品厂
提炼出的油
至油料库（管道）
在储油槽内贮存
至混合机（泵）
与其他油料混合
至储油槽（用泵，经管道输送）
在槽内存放
注入桶内，把桶封闭

诺迪克混合料有限公司
关于油料提炼的流程图

图 4-8　装卸搬运流程图

2. 装卸搬运活性的概念

装卸搬运活性是装卸搬运专用术语。货物的存放状态对装卸搬运作用的方便(或难

易)程度，称为货物的"活性"，也称装卸搬运活性。活性可用"活性指数"进行定量的衡量。例如，工厂的物料处于散放状态的活性指数为 0，集装、支垫、装载和在传送设备上移动的物料，其活性指数分别为 1、2、3、4。在货场装卸搬运过程中，下一步工序比上一步工序的活性指数高，因而当下一步比上一步工序更便于作业时，称为"活化"。装卸搬运的工序、工步应设计得使货物的活性指数逐步提高，称为"步步活化"。通过合理设计工序、工步，以做到步步活化作业的同时，还要采取相应措施和方法尽量节省劳力，降低能耗。这些方法和措施的实例有：作业场地要尽量硬化；运动服务要尽量光洁精确；在满足作业要求的前提下，货物净重与其单元毛重之比要尽量接近于 1；能够进行水平装卸、滚动装卸的，要尽量采用水平装卸和滚动装卸。

3. 装卸搬运活性指数

为了对活性有所区别，并能够有计划地提出活性要求，使每一步装卸搬运都能够按照一定的活性要求进行操作，对于不同放置状态的货物作了不同的活性规定，这就是"活性指数"。活性指数分为 0—4 共 5 个等级：散乱堆放在地面上的货物，进行下一步装卸必须要进行包装或打捆，或者只能一件件地操作处置，因而不能立即实现装卸或装卸速度很慢，这种全无预先处置的散堆状态，定为"0"级活性；将货物包装好或捆扎好然后放置于地面，在下一步装卸时可直接对整体货载进行操作，活性有所提高，但操作时需支起、穿绳、挂索，或支垫入叉，因而装卸搬运前预操作要占用时间，不能取得很快的装卸搬运速度，活性仍然不高，定为"1"级活性；将货物形成集装箱或托盘的集装状态，或对已组合成捆、堆或捆扎好的货物，进行预垫或欲挂，装卸机具能够立即起吊或入叉，活性有所提高，定为"2"级活性；将货物预置在搬运车、台车或其他可移动挂车上，动力车辆能够随时将移动挂车拖走，这种活性更高，定为"3"级活性；如果货物就预置在动力车辆或传送带上，即可进入运动状态，而无须做任何预先准备，活性最高，定为"4"级活性(如表 4-3 所示)。

表 4-3　装卸搬运活性指数

放置状态	需要进行的作业				活性指数
	整理	架起	提起	拖运	
散放在地上	需要	需要	需要	需要	0
置于一般容器	0	需要	需要	需要	1
集装化	0	0	需要	需要	2
无动力车辆	0	0	0	需要	3
动力车辆或传送带	0	0	0	0	4

4. 装卸搬运活性理论的应用

由于装卸搬运是在物流过程中反复进行的活动，因而其速度可能决定整个物流速度，若每次装卸搬运的时间能缩短，多次装卸搬运的累积效果则十分可观。因此，提高装卸搬运活性对合理化是很重要的因素。

装卸搬运操作有时是直接为运输服务，下一步直接转入运输状态，因而只有进行合理的装卸操作，将货物预置成容易转入运输的状态，装卸搬运才称得上合理。对于这种活性的质量用货物的运输活性指数(如表 4-4 所示)表示。

从表4-4中很容易看出，运输活性越高，货物越容易进入运输状态，可能带来直接缩短运输时间的效果。

表4-4 货物的运输活性指数

货物状态	活性指数
散放、要运输时必须先集装或一件件地操作处理，在运输工具上还需采取固定、苫盖、防震等保护	0
事先预垫，可直接穿吊索或用叉车装上运输工具，或预先放于企业内部的集装箱、托盘、网	1
事先将货物置于本行业范畴的集装工具上，运输时装上运输工具即可转入本行业范畴的运输	2
事先将货物全部置于集装工具中，装到运输工具上后就可转入全面的运输	3
不但事先将货物全部装入集装工具中，而且将集装工具放在运输工具上。这样，一起动就开始运输	4

4.3.3 搬运的改善与分析

1. 搬运的改善

考虑货品的搬运成本时，有两个重要的基本原则：一是距离原则—距离越短，移动越经济；二是数量原则—移动的数量越多，每单位移动的成本越低。

因此，搬运工作的改善，可针对下列五项因素检讨考虑：

(1) 搬运的对象。是指搬运物的数量、重量、形态，就是要保证在整个作业过程中各点都能够不断收到正确且适量、完好的货品。同时要使搬运设备能够对应好搬运的货品量，以免徒增设备，产生耗费。

(2) 搬运的距离。是指搬运的位移及长度。搬运的位移包括水平、垂直、倾斜方向的移动，而长度则指位移的大小。因此良好的搬运就是要设法运用最低的成本、最有效的方法来克服搬运位移、长度，以尽快是速度将所运物件送到指定场所。

(3) 搬运的空间。物料、搬运设备皆有其所占空间，所以在系统规划时必须预留足够适当的搬运空间，才能达到搬运的目的。然而，空间的要求受搬运系统的效率影响很大(一个无效率的搬运系统为防拥塞，其所需空间必大)，因而搬运要有效才能使厂房空间充分利用。

(4) 搬运的时间。时间的意义包含两种：搬运过程的总耗费时间和完成任务的预期时间。要使这两项时间控制在规划之内，就必须配合适当的机具及运作方式，才能使物件在恰好的时间到达确定的地点，以避免过快(会影响后续作业效率)或不及(往往会增加仓储成本)的悄然发生。

(5) 搬运的手段。针对搬运的对象，要使搬运达到有效的移动，利用有效的空间，掌握有效的时间，就必须采用适当的搬运手段。而对于搬运手段的运用，应遵循经济、效率两大原则，并在其中谋求一个平衡点，才能满足对内、对外的高度要求。

具体的改善原则与方法如表4-5所示。

表 4-5 改善搬运的原则与方法

	因 素	目 标	想 法	改善原则	改善方法
物料搬运	搬运对象	减少总重量、总体积	减少重量、体积	尽量废除搬运	调整厂房布置
					合并相关作业
				减少搬运量	
	搬运距离	减少搬运总距离	减少回程	废除搬运	调整厂房布置
				顺道行走	
			回程顺载	掌握各点相关性	调整单位相关性布置
			缩短距离	直线化、平面化	调整厂房布置
			减少搬运次数	单元化	栈板、货柜化
				大量化	利用大型搬运机
					利用中间转运站
	搬运空间	减少搬运使用空间	减少搬运次数	充分利用三度空间	调整厂房布置
			缩减移动空间	降低设备回转空间	选用合适、不占空间、没有太多辅助设施的设备
				协调错开搬运时机	时程规划安排
	搬运时间	缩短搬运总时间	缩短搬运时间	高速化	利用高速设备
				争取时效	搬运均匀化
			减少搬运次数	增加搬运量	利用大型搬运机
		掌握搬运时间	估计预期时间	时程化	时程规划控制
	搬运手段	利用经济效率的手段	增加搬运量	机械化	利用大型搬运机
					利用机器设备
				高速化	利用高速设备
				连续化	利用输送带等连续设备
			采用有效管理方式	争取时效	搬运均匀化
					循环、往复搬运
			减少劳力	利用重力	使用斜醋槽、滚轮输送带等重力设备

2. 搬运的分析技术

为了掌握搬运流程的情况，货品搬运可由四方面来分析：过程、起讫点、流量、搬运高度。

(1) 过程分析。过程分析的主要目的是观察收集货品由进货到出货的整个过程中的有关资料，以及在作业进行过程中的相关信息和相配合的设备情况。这种分析方法要考虑整个过程，所以一次只能分析一种产品、一类材料或一项作业。过程分析主要凭借过程图的运用将作业情况表示出来，而后再针对现状进行改善，以下即为过程图(process chart)的制作方法。

为简化货品的流动过程以及一些相对应的信息，基本上利用以下五个符号代为叙述每一步骤发生的事情：

作业 ○
搬运 ⇨
检验 ▭
存储 ▽
延迟 D

下面以榨汁机进货入库过程为例说明过程分析的方法,如表 4-6 所示。

表 4-6 榨汁机进货入库过程图

货品名称及单位	活动符号	描　　述	每载重量/lb	每次运送次数	距离/m
1. 榨汁机(整栈)		进货存放于码头月台			
2. 榨汁机(整栈)	⇨	以堆高机搬运至暂存区	360	3	5
3. 榨汁机	○	卸栈、拆箱			
4. 榨汁机(每盒)	▭	数量、品质检验			
5. 榨汁机(每盒)	⇨	由输送机运送至加工区	2	540	20
6. 榨汁机(每盒)	○	流通加工			
7. 榨汁机	○				
8. 榨汁机(箱)	⇨	由输送机运至储存区	12	90	30
9. 榨汁机(整箱)		入库储存			

(2) 起讫点分析。与过程分析不同,起讫点分析并不需要观察过程中的每一个状况,而是以每一次搬运的起点及终点,或是以各站固定点为记录目标,来对搬运状况做分析检讨。因而此项分析有两种不同的方法:

• 路线图表示法。每次分析一个流通路线,观察并收集每一个移动的起讫点资料,以及在这路线上各种不同货品流通的状况。

• 流入流出图(flow-in,flow-out chart)表示法。观察并记录流入或流出某一地区的各种移动状况。

起讫点分析中的路线图用来探讨每条路线中货品移动的状况,其一般格式如表 4-7 所示。

表 4-7 线路图

路线图 从____ 到____		制图员____ 日期____				编号____ 页数____	
货品类别		路线情况距离____		流量			
序号	类别代码	起点时间	经过线路	终点时间	数量	经过时间	流量强度

路线图适用于路线不多的场合。一旦路线繁多反而成为管理上的一项负担,因此若路线较多时,最好使用流入流出图来描绘不同货品在某一区域流入流出的情形,其格式如

表4-8所示。

表4-8 流入流出图

<table>
<tr><td colspan="7">路线图 制图员________ 编号____
区域________ 日期____ 页数____</td></tr>
<tr><td colspan="4">流入</td><td colspan="4">流出</td></tr>
<tr><td rowspan="2">货品代码</td><td colspan="2">每天数量</td><td rowspan="2">从作业区域</td><td rowspan="2">到作业区域</td><td colspan="2">每天数量</td><td rowspan="2">货品代码</td></tr>
<tr><td>单位</td><td>数量</td><td>单位</td><td>数量</td></tr>
<tr><td></td><td></td><td></td><td></td><td></td><td></td><td></td><td></td></tr>
</table>

(3) 流量分析。货品在部门单位间移转往往会呈现出极不规则的方向,为追求时效,规划管理者必须尽量使所有移转工作都能以最简捷方向、最短距离的方式来完成。而货品流量分析就是将整个转移路径概略地绘出,来观察货品移动的流通形态。使用方法可分为两类:

• 部门间直线搬运法。它是假设各部门间的直线流通并无障碍,以直线距离来做流量分析的方法。此方法与实际状况多少有些差距。

• 最短路径搬运法。此方法为模拟实际搬运作业的方法,通常借助电脑来协助处理,运用此方法分析可得出:各单位间的最短搬运路径,各路径的货品流通量,在各配送计划下的总搬运量。这三项结果将能协助管理者达到改善搬运的目的。

此外,为求更精确的计算,在进行货品流量分析时,也可用表4-9所示的货品流量分析表来协助计算。

表4-9 货品流量分析表

<table>
<tr><td>起讫</td><td>货品</td><td>搬运</td><td colspan="2">各路径流量计算</td></tr>
<tr><td>分群</td><td>流量</td><td>路径</td><td>路径代号</td><td>流量</td></tr>
<tr><td>____至____</td><td></td><td></td><td></td><td></td></tr>
<tr><td>____至____</td><td></td><td></td><td></td><td></td></tr>
</table>

(4) 搬运高度分析。搬运高度在上下变动时必须要有动作,像是将物品提高、倾斜、拉下等,这很容易导致时间与体力的消耗,因而,厂房、建筑物、设备等的配置,应尽可能水平地规划。因此在搬运高度分析上,我们可先依目前设备、设施、搬运用具等的配置,画出现状的展开图表,如图4-9(a)所示。在这张展开图表里,最好能将各有关事项逐一记载,如搬运手法、人员、场所的情形、设备名称等,以包括全部的调查事项,尤其是在高度方面。而后再由此图进行调整改善,制定水平配置计划,图4-9(b)便是改良后的高度展开图。其中,最简单的水平调整方式是使用台子的设计将机械设备垫高,让货品能依大体上一致的高度移动,使上下坡的搬运情形减少。

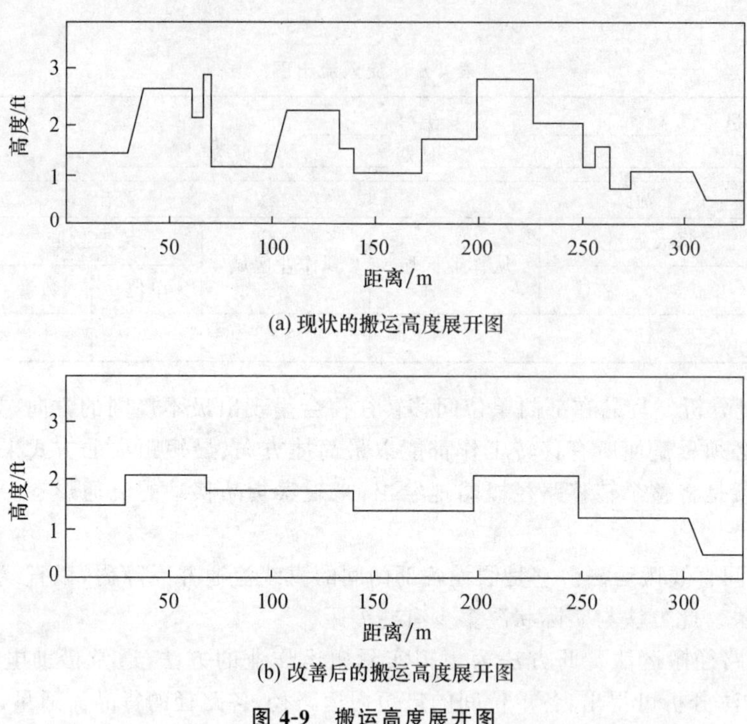

(a) 现状的搬运高度展开图

(b) 改善后的搬运高度展开图

图 4-9 搬运高度展开图

4.4 配送加工作业

4.4.1 配送加工概述

1. 配送加工的概念

配送加工(distribution processing)是指在物品从生产地到使用地的过程中,根据需要施加的包装、分割、计量、分拣、刷标志、栓标签、组装等简单作业的总称。

配送加工是流通中的一种特殊形式,是现代社会化分工、专业化生产的新形式,也是物流过程不可缺少的基本功能之一。配送加工在流通中起着"桥梁"和"纽带"的作用。但是,它却不是通过保护流通对象的原有形态而实现这一作用的,它和生产一样,是通过改变或完善流通对象的原有形态来实现"桥梁"和"纽带"作用的。

配送加工和一般的生产型加工在加工方法、加工组织、生产管理方面并无显著差别,但在加工对象、加工程度方面差别较大。其主要区别是:

(1) 配送加工的对象是进入流通过程的商品,具有商品属性,以此来区别多环节生产加工中的一环。而生产加工的对象不是最终产品,而是原材料、零配件、半成品。

(2) 配送加工大多是简单加工而不是复杂加工,一般来说,如果必须进行复杂加工才能形成人们所需的商品,那么,这种复杂加工应专设生产加工过程,生产过程理应完成大部分加工活动,配送加工对生产加工则是一种辅助及补充。特别需要指出的是,配送加工绝不是对生产加工的取消或代替。

(3) 从价值的观点来看,生产加工的目的在于创造价值和使用价值,而配送加工则在于完善商品的使用价值,并在不做大的改变的情况下提高价值。

(4) 配送加工的组织者是从事流通工作的人员,能够紧密结合流通的需要进行加工活动。从加工单位来看,配送加工由流通企业完成,而生产加工则由生产企业完成。

(5) 商品生产是为交换、消费而生产的,配送加工的一个重要目的,是为消费(或再生产)而进行加工,这一点与商品生产有共同之处。但是,配送加工有时候是以自身流通为目的的,纯粹是为流通创造条件,这种为流通所进行的加工与直接为消费者进行的加工在目的上有着显著的差别。

2. 配送加工的作用

(1) 提高原材料的利用率。利用配送加工环节进行集中下料,是将生产企业运来的简单规格产品,按使用部门的要求进行下料。集中下料可以优才优用、小材大用、合理套裁,显著提高原材料的利用率,有很好的技术经济效果。

(2) 提高加工效率和设备的利用率。在分散加工的情况下,加工设备由于生产周期和生产节奏的限制,设备利用时松时紧,这使得加工过程不均衡,设备加工能力不能得到充分发挥。物流企业建立集中的加工点,可以采用效率高、技术先进、加工量大的专门机具和设备。这样可以提高加工质量和加工效率,设备利用率也能够有所提高,从而降低加工费用及原材料成本。

(3) 可以满足用户的多样化需求。用量小或临时需要的用户,缺乏进行高效率初级加工的能力,依靠配送加工可以使用户省去进行初级加工的设备、投资和人力,搞活供应,方便用户。目前,发展较快的初级加工包括将水泥加工成生混凝土,将原木或板、方材加工成门窗,钢板预处理等。

4.4.2 配送加工的类型

根据不同的目的,配送加工具有不同的类型:

(1) 为适应多样化需要的服务性加工。生产部门为了实现高效率、大批量的生产,其产品往往不能完全满足用户的要求。这样,为了满足用户对产品多样化的需要,同时又要保证高效率的大生产,可将生产出来的单一化、标准化的产品进行多样化的改制加工。例如,对钢材卷板的舒展、剪切加工;平板玻璃按需要规格的开片加工;木材改制成枕木、板材、方材等加工。

(2) 为方便消费、省力的配送加工。根据下游生产的需要将商品加工成生产直接可用的状态。例如,根据需要将钢材定尺、定型,按要求下料;将木材制成可直接投入使用的各种型材;将水泥制成混凝土拌合料,使用时只需稍加搅拌即可使用等。

(3) 为保护产品的配送加工。在物流过程中,为了保护商品的使用价值,延长商品在生产和使用期间的寿命,防止商品在运输、储存、装卸搬运、包装等过程中遭受损失,可以采取稳固、改装、保鲜、冷冻、涂油等方式。例如,水产品、肉类、蛋类保鲜、保质的冷冻加工、防腐加工;丝、麻、棉织品的防虫、防霉加工;金属材料的防锈蚀加工;木材的防腐朽、防干裂加工;煤炭的防高温自燃加工;水泥的防潮、防湿加工等。

(4) 为弥补生产加工不足的深加工。由于受到各种因素的限制,许多产品在生产领域的加工只能达到一定程度,而不能完全实现终极加工。例如,木材如果在产地完成成材加工或制成木制品的话,就会给运输带来极大的困难,所以,在生产领域只能加工到圆木、板材、方材这个程度,进一步的下料、切裁、处理等加工则由配送加工完成;钢铁厂大规模的生产只能按规格生产,以使产品有较强的通用性,从而使生产能有较高的效率,取得较好的效益。

(5) 为促进销售的配送加工。配送加工也可以起到促进销售的作用。例如,将过大包装或散装物分装成适合依次销售的小包装;将以保护商品为主的运输包装改换成以促进销售为主的销售包装,以起到吸引消费者、促进销售的作用;将蔬菜、肉类洗净切块以满足消费者的要求;等等。

(6) 为提高加工效率的配送加工。许多生产企业的初级加工由于数量有限,加工效率不高。而配送加工以集中加工的形式,解决了单个企业加工效率不高的弊病。它以一家配送加工企业的集中加工代替了若干家生产企业的初级加工,促使生产配送加工水平有了一定的提高。

(7) 为提高物流效率的配送加工。有些商品本身的形态使其难以进行物流操作,而且商品在运输、装卸搬运过程中极易受损,因此需要进行适当的配送加工加以弥补,从而使物流各环节易于操作,提高物流效率,降低物流损失。例如,造纸用的木材磨成木屑的配送加工,可以极大提高运输工具的装载效率;自行车在消费地区的装配加工,可以提高运输效率,降低损失;石油气的液化加工,使很难输送的气态物转变为容易输送的液态物,也可以提高物流效率。

(8) 为衔接不同运输方式的配送加工。在干线运输和支线运输的结点设置配送加工环节,可以有效解决大批量、低成本、长距离的干线运输与多品种、小批量、多批次的末端运输和集货运输之间的衔接问题。例如,在配送加工点与大型生产企业之间形成大批量、定点运输的渠道,以配送加工中心为核心,组织对多个用户的配送,也可以在配送加工点将运输包装转换为销售包装,从而有效衔接不同目的的运输方式。比如,散装水泥中转仓库把散装水泥装袋、将大规模散装水泥转化为小规模散装水泥的配送加工,就衔接了水泥厂大批量运输和工地小批量装运的需要。

(9) 生产—流通一体化的配送加工。依靠生产企业和流通企业的联合,或者生产企业涉足流通,或者流通企业涉足生产,形成对生产与配送加工的统筹安排,这种合理分工、规划、组织的形式就是生产—流通一体化的配送加工形式。这种形式可以促成产品结构及产业结构的调整,充分发挥企业集团的经济技术优势,是目前配送加工领域的新形式。

(10) 为实施配送的配送加工。这种配送加工形式是配送中心为了实现配送活动,满足客户的需要而对物资进行的加工。例如,混凝土搅拌车可以根据客户的要求,把沙子、水泥、石子、水等各种不同材料按比例要求装入可旋转的罐中。在配送路途中,汽车边行驶边搅拌,到达施工现场后,混凝土已经均匀搅拌好,可以直接投入使用。

4.4.3 配送加工合理化

配送加工合理化的含义是实现配送加工的最优配置,也就是对是否设置配送加工环节、在什么地方设置、选择什么类型的加工、采用什么样的技术装备等问题做出正确抉择。这样做不仅要避免各种不合理的配送加工形式,而且要做到最优。

1. 不合理的配送加工形式

(1) 配送加工地点设置不合理。配送加工地点的设置即布局状况是决定整个配送加工是否有效的重要因素。一般来说,为衔接单品种、大批量生产与多样化需求的配送加工,加工地点设置在需求地区,才能实现大批量的干线运输与多品种末端配送的物流优势。如果将配送加工地设置在生产地,一方面,为了满足用户多样化的需求,会出现多品种、小批量的产品由产地向需求地的长距离运输;另一方面,在生产地增加一个加工环节,同时也会增加近距离运输、保管、装卸等一系列物流活动。所以,在这种情况下,不如由原生产单位完成这种加工而无须设置专门的配送加工环节。

另外,一般来说,为方便物流的配送加工环节应该设置在产出地,设置在进入社会物流之前。如果将其设置在物流之后,即设置在消费地,则不但不能解决物流问题,反而会在流通中增加中转环节,因而也是不合理的。

即使是产地或需求地设置配送加工的选择是正确的,但还有配送加工在小地域范围内的正确选址问题。如果处理不善,仍然会出现不合理现象。例如,交通不便,配送加工与生产企业或用户之间的距离较远,加工点周围的社会环境条件不好,等等。

(2) 配送加工方式选择不当。配送加工方式包括配送加工对象、配送加工工艺、配送加工技术、配送加工程度等。配送加工方式的确定实际上是与生产加工的合理分工。分工不合理,把本来应由生产加工完成的作业错误地交给配送加工来完成,或者是把本来应由配送加工完成的作业错误地交给生产加工来完成,都会造成不合理。

配送加工不是对生产加工的代替,而是一种补充和完善。所以,一般来说,如果工艺复杂,技术装备要求较高,或加工可以由生产过程延续或轻易解决的,都不宜再设置配送加工。如果配送加工方式选择不当,就可能会出现生产争利的恶果。

(3) 配送加工作用不大,形成多余环节。有的配送加工过于简单,或者对生产和消费的作用都不大,甚至有时由于配送加工的盲目性,不仅未能解决品种、规格、包装等问题,相反却增加了作业环节,这也是配送加工不合理的重要表现形式。

(4) 配送加工成本过高,效益不好。配送加工的一个重要优势就是它有较大的投入产出比,因而能够有效地起到补充、完善的作用。如果配送加工成本过高,则不能实现以较低投入实现更高使用价值的目的,势必会影响它的经济效益。

2. 实现合理化的途径

要实现配送加工的合理化,应从以下几个方面加以考虑:

(1) 加工和配送结合。加工和配送结合即将配送加工设置在配送点中。一方面,按照配送的需要进行加工;另一方面,加工又是配送作业流程中分货、拣货、配货的重要一环,加工后的产品直接投入到配货作业,这就无须单独设置一个加工的中间环节,而使配送加工与中转流通巧妙地结合在一起。同时,由于配送之前有必要的加工,可以使配送服务水平大大提高,这是当前对配送加工做合理选择的重要形式,在煤炭、水泥等产品的流通中已经表现出了较大的优势。

(2) 加工和配套结合。“配套”是指对使用上有联系的用品集合成套地供应给用户使用。例如,方便食品的配套。当然,配套的主体来自各个生产企业,如方便食品中的方便面,就是由其生产企业配套生产的。但是,有的配套不能由某个生产企业全部完成,如方便食品中的盘菜、汤料等。这样,在物流企业进行适当的配送加工,可以有效地促成配套,大大提高流通作为供需桥梁与纽带的能力。

(3) 加工和合理运输结合。我们知道,配送加工能够有效衔接干线运输和支线运输,促进两种运输形式的合理化。利用配送加工,在支线运输转干线运输或干线运输转支线运输等这些必须停顿的环节,不进行一般的支转干或干转支,而是按干线或支线运输合理的要求进行适当加工,可以大大提高运输及运输转载水平。

(4) 加工和合理商流结合。配送加工也能够起到促进销售的作用,从而使商流合理化,这也是配送加工合理化的方向之一。加工和配送相结合,通过配送加工,提高了配送水平,促进了销售,从而使加工与商流合理结合。此外,通过简单地包装加工使用户使用产品时更加方便,通过组装加工解除用户使用前进行组装、调试的难处,都是有效促进商流的很好例证。

(5) 加工和节约结合。节约能源、节约设备、节约人力、减少耗费是配送加工合理化的重要考虑因素,也是目前我国设置配送加工并考虑其合理化的较普遍形式。

判断配送加工是否合理,最终要看其是否能实现社会和企业两方面的最优效益。流通企业更应该树立社会效益第一的观念,以实现产品生产的最大利益为原则,在生产流通过程中不断发展完善。如果流通企业只是追求企业的局部效益,而不进行适当加工,甚至与生产企业争利,就有悖于配送加工的初衷。

本章小结

本章向读者介绍了配送作业过程中具体的包装作业、分拣作业、装卸搬运作业及配送加工作业。要求读者掌握各个作业活动的概念、作用、基本作业流程及常用到的技术方法。包装作业是物流的起点,是现代物流的基础,包装的材料向生态包装发展是未来的一个大趋势。分拣作业是构成配送中心保障力的重要要素,是衡量配送中心现代化水平高低的重要标志。要提高分拣效率需要结合具体情况采用合适的拣货方法和策略。应了解自动分拣系统的构成及特点。装卸搬运作业贯穿整个物流的始终,是整个物流环节中出现频率最高的活动,对物流技术的经济效果以及物流效率影响最大。合理化的配送加工能够大幅度地提升物流利润。

思考题

1. 包装的目的、意义是什么?
2. 简述常见的拣货方法及策略有哪些。
3. 自动分拣系统有什么特点?
4. 简述装卸搬运的活性理论。
5. 搬运改善从哪些因素着手?
6. 配送加工和生产加工有什么区别?
7. 如何实现配送加工的合理化?

第5章

配送中心

教学目的

- 配送中心的定义和作用
- 配送中心的功能和类型
- 配送中心的作业流程
- 配送中心的规划与设计
- 配送中心的选址方法
- 配送中心的设施设备
- 配送中心的配货管理

在本章的学习中,使读者首先理解配送中心是专门从事货物配送活动的流通企业,经营规模较大;其次,重点掌握配送中心设施和工艺结构是根据配送活动的特点和要求专门设计和设置的,故其专业化、现代化程度高,设施和设备比较齐全,货物配送能力强,不仅可以远距离配送,还可以进行多品种货物配送;不仅可以配送工业企业的原材料,还可以向批发商进行补充性货物配送。这种配送中心是工业发达国家货物配送的主要形式,也是配送中心未来的发展方向。

引导案例

天猫超市物流配送中心

2015年4月，菜鸟网络宣布，其华东最大的商超物流配送中心建成并开始试运营，7月份正式投入使用后，将进一步提速网购时效，江浙沪25个城市可实现上天猫超市网购次日达。

该配送中心位于金华市的金义新区，主要服务于天猫超市。这也是菜鸟网络华东区域货品最全、容量最大的商超配送中心，可容纳的商品数量相当于10个沃尔玛或者家乐福，需要约1 200名工作人员。菜鸟网络联合其合作伙伴百世集团、万象物流分别负责仓库运营和商品配送。

依托金义商超配送中心，配合菜鸟在上海、苏州的仓库，可保证天猫超市在江浙沪皖全境覆盖。其中，江浙沪有25个城市能够做到消费者当天下单，当天或者第二天就会有快递员送货上门，且提供免费的搬运服务。未来，这个配送中心还可逐步辐射江西、福建北部等地区。按照计划，菜鸟网络会帮助天猫超市覆盖全国25个省级行政区，约250余个城市，并将有50个城市可享受今天下单明天收货。

要对仓库内千万量级的商品进行管理不是件容易的事，菜鸟网络将此任务交给了有着多年供应量管理经验的合作伙伴百世集团。结合大数据云计算和自动化设备的使用，百世在金义仓储中心内启动了“百世云仓”，仓库内实现了wifi信号全覆盖，并部署了视频快速定位系统，每一件商品都能够精准可视化跟踪，且迅速被分拣出来，操作失误率低至0.01%以下。

菜鸟网络还协调了专业的落地配送企业万象物流负责金义商超中心的末端配送。2015年4月16日，该配送中心发出了首个包裹，用户来自浙江丽水，从用户下单到送货上门，不到一天时间。菜鸟网络商超物流部负责人段志国称，未来菜鸟会在全国加大商超中心的布局密度，让更多地区的消费者和居民享受当日买，当日或者次日收货的服务。由于配送中心能够大大降低物流成本，进而可以向顾客提供更廉价的商品，这正是天猫超市迅速成长的关键所在，也正是我们本章要研究配送中心问题的目的。

资料来源：“菜鸟华东最大商超物流配送中心建成，7月正式投入使用”，赢商网，2015年4月29日，http://sh.winshang.com。

5.1 配送中心概述

配送中心为了能够更好地做送货的编组准备，必然需要采取零星集货、批量进货等种种资源搜集工作和对货物的分整、配备等工作，因此也具有集货中心、分货中心的职能。为了更有效、更高水平地配送，配送中心往往还有比较强的流通加工能力。此外，配送中心还必须执行货物配备后的送达到户的使命，这是和分货中心只管分货不管运达的重要差别。由此可见，如果说集货中心、分货中心、加工中心的职能还较为单一的话，那么，配送中心的功能则较全面、完整，也可以说，配送中心实际上是集货中心、分货中心、加工中心功能的综合，并有了配与送的更高水平。

5.1.1 配送中心简介

配送中心的形成及发展是有其历史原因的，日本经济新闻社的《输送的知识》一书，将此说成是物流系统化和大规模化的必然结果，“变革中的配送中心”[①]一文中是这样讲的：“由于用户在货物处理的内容上、时间上和服务水平上都提出了更高的要求，为了顺利地满足用户的这些要求，就必须引进先进的分拣设施和配送设备，否则就建立不了正确、迅速、安全、廉价的作业体制。因此，在运输业界，大部分企业都建造了正式的配送中心。”可见，配送中心是基于物流合理化和发展市场两个需要建设的。

配送中心是物流领域中社会分工、专业分工进一步细化之后产生的。在新型配送中心没有建立起来之前，配送中心现在承担的有些职能是在转运型结点中完成的，以后，一部分这类职能单位向纯粹的转运站发展以衔接不同的运输方式和不同规模的运输，一部分则增强了“送”的职能，而后又向更高级的“配”的方向发展。

1. 配送中心的定义

作为物流运动枢纽的配送中心，要发挥其集中供货的作用，首先必须采取各种方式（如零星集货、批量进货）去组织货源，其次必须按照用户的要求及时分拣（分装）和配备各种货物。为了更好地满足客户需要及提高配送水平，配送中心还必须有比较强的加工能力以开展各种形式的流通加工。从这个意义上讲，配送中心实际上是将集货中心、分货中心和流通加工中心合为一体的现代化物流基地，也是能够发挥多种功能作用的物流组织。

现代的物流中心与普通的仓库和传统的批发、储运企业相比，已经存在质的不同。仓库仅仅是储藏商品，而配送中心绝不是被动地接受委托存放商品，它还起到集配作用，具有多样化的功能。和传统的批发、储运企业相比，配送中心在服务内容上由商流、物流分离发展到了商流、物流、信息流有机结合，在流通环节上由经过多个流通环节发展到了由一个中心完成流通全过程，在经销方式上由层层买断发展到了代理制，在工商关系上由临时的、随机的关系发展到了长期、固定的关系，这些特点在社会化的共同配送中心上表现得尤为突出。

这个定义的要点有：

(1) 配送中心的“货物配备”工作全部由配送中心完成，是其主要的、独特的工作。

(2) 配送中心有的是完全承担送货，有的是利用社会运输企业完成送货，从我国国情来看，在开展配送的初期，用户自提的可能性不小，所以，对于送货而言，配送中心主要是组织者而不是承担者。

(3) 定义中强调了配送活动和销售或供应等经营活动的结合，是经营的一种手段，以此排除了这是单纯的物流活动的看法。

(4) 定义中强调了配送中心的“现代流通设施”，着意于和以前的诸如商场、贸易中心、仓库等流通设施的区别。在这个流通设施中以现代装备和工艺为基础，不但处理商流而且处理物流，是兼有商流、物流全功能的流通设施。

---

① 资料来源：孙炜，“变革中的配送中心”，《国外物资管理》，1990年第3期，第8—12页。

2. 配送中心的形成与发展

追溯历史，很多学者认为配送中心是在仓库的基础上发展起来的。仓库的功能，几千年都是作为保管物品的设施，我国近年出版的《现代汉语词典》，仍把仓库解释成“储藏粮食和其他物资的建筑物”，完全是一个静态的功能。有些专业词典多少作了些动态的解释，例如《中国物资管理词典》把仓库解释成：专门集中贮存各种物资的建筑物和场所；专门从事物资收发保管活动的单位和企业。从收、发两方面赋予了仓库一定的动态功能。但是，这些定义完全没有包含配送的本质内涵，所以，有不少学者把配送中心直接解释成仓库显然是不妥当的。

在社会不断发展的过程中，由于经济的发展，生产总量的逐渐扩大，仓库的功能也在不断地演进和分化。在我国，早在闻名于世的京杭大运河进行自南向北的粮食漕运时期，就已经出现了以转运职能为主的仓库设施，明代则出现了有别于传统的以储存、储备为主要功能的新型仓库，并冠以所谓“转搬仓”之名，其主要职能已经从“保管”转变为“转运”。在中华人民共和国成立以后，服务于计划经济的分配体制，我国出现了大量以衔接流通为职能的“中转仓库”。中转仓库的进一步发展和这种仓库业务能力的增强，出现了相当规模、相当数量的“储运仓库”。

在国外，仓库的专业分工，形成了仓库的两大类型，一类是以长期贮藏为主要功能的“保管仓库”，另一类是以货物的流转为主要功能的“流通仓库”。

流通仓库以保管期短、货物出入库频度高为主要特征，这和我国的中转仓库有类似之处，这一功能与传统仓库相比，有很大区别。货物在流通仓库中处于经常运动的状态，停留时间较短，进出库频率较高。流通仓库的进一步发展，使仓库和联结仓库的流通渠道形成了一个整体，起到了对整个物流渠道的调节作用，为了和仓库进行区别，越来越多的人便称之为物流中心或流通中心。

现代社会中产业的复杂性、需求的多样性和经济总量的空前庞大，决定了作为生产过程延续的流通的复杂性及多样性。这种状况又决定了流通中心的复杂性及多样性，流通中心各有侧重的职能，再加上各个领域、各个行业自己的习惯用语和相互之间的用语不规范，也就决定了出现各种各样的叫法，如集运中心、配送中心、存货中心、物流据点、物流基地、物流团地等。20 世纪 70 年代石油危机之后，为了挖掘物流过程中的经济潜力，物流过程出现了细分，再加上市场经济体制造就的普遍的买方市场环境，以服务来争夺用户的竞争的结果，企业出现了“营销重心下移”“贴近顾客”的营销战略，贴近顾客一端的所谓“末端物流”便受到了空前的重视，配送中心就是适应这种新的经济环境，在仓库不断进化和演变过程中出现的创新的物流设施。

5.1.2 配送中心的作用

在现代物流活动中，配送中心的作用可以归纳为以下几个方面：

1. 使供货适应市场需求变化

各种商品的市场需求，在时间、季节、需求量上都存在大量的随机性，而现代化生产、加工无法完全由工厂、车间来满足和适应这种情况，必须依靠配送中心来调节、适应生产与消费之间的矛盾与变化。

2. 经济高效地组织储运

从工厂到销售市场之间需要复杂的储运环节,要依靠多种交通、运输、库存手段才能解决传统的以产品或部门为单位的储运体系明显存在的不经济和低效率的问题。因此,建立区域、城市的配送中心,能批量进发货物,能组织成组、成批、成列直达运输和集中储运,有利于降低物流系统成本,提高物流系统效率。

3. 提供优质的保管、包装、加工、配送、信息服务

现代物流活动中由于物资物理、化学性质的复杂多样化,交通运输的多方式、长距离、长时间、多起终点,地理与气候的多样性,对保管、保障、加工、配送信息提出了很高的要求,只有集中建立配送中心,才有可能提供更加专业化、更加优质的服务。

4. 促进地区经济的快速增长

配送中心和交通运输设施一样,是经济发展的保障,是吸引投资的环境条件之一,也是拉动经济增长的内部因素,配送中心的建设可从多方面带动经济的健康发展。

5. 连锁店的经营活动是必要的

配送中心可以帮助连锁店实现配送作业的经济规模,使流通费用降低;减少分店库存,加快商品周转,促进业务的发展和扩散。批发仓库通常需要零售商亲自上门采购,而配送中心解除了分店的后顾之忧,使其专心于店铺销售额和利润的增长,不断开发外部市场,拓展业务。此外,配送中心还加强了连锁店和供方的关系。

5.1.3 配送中心的功能

配送中心是专业从事货物配送活动的物流场所或经济组织,它是集加工、理货、送货等多种职能于一体的物流节点,也可以说,配送中心是集货中心、分货中心、加工中心功能的总和。因此,配送中心具有以下功能:

1. 存储功能

配送中心的服务对象是生产企业和商业网点,如连锁店和超市,其主要职能就是按照用户的要求及时将各种配好的货物交送到用户手中,满足生产和消费的需要。为了顺利有序地完成向用户配送商品(或货物)的任务,更好地发挥保障生产和消费需要的作用,通常配送中心都建有现代化的仓储设施,如仓库、堆场等,储存一定量的商品,形成对配送的资源保证。某些区域性大型配送中心和开展“代理交货”配送业务的配送中心,不但要在配送业务的过程中储存货物,而且其所储存的货物数量更大,品种更多。

2. 分拣功能

作为物流节点的配送中心,其客户是为数众多的企业或零售商,在这些众多的客户中,彼此之间存在着很大的差别,他们不仅各自的经营性质、产品性质不同,而且经营规模和经营管理水平不一样。面对这样一个复杂的用户群,为满足不同用户的不同需求,有效地组织配送活动,配送中心必须采取适当的方式对组织来的货物进行分拣,然后按配送计划组织配送和分装,强大的分拣能力是配送中心实现按客户要求组织送货的基础,也是配

送中心发挥其分拣中心作用的保证,分拣功能是配送中心的重要功能之一。

3. 集散功能

在一个大的物流系统中,配送中心凭借其特殊的地位和其拥有的各种先进设备,完善的物流管理系统能够实现将分散在各个生产企业的产品集中在一起,通过分拣、配货、装配等环节向多家用户进行发送。同时,配送中心也可以把各个用户所需要的多种货物有效地组合或装配在一起,形成经济、合理的批量,来实现高效率、低成本的商品流通。另外,配送中心在建设选址时也充分考虑了其集散功能,一般选择商品流通发达、交通较为便利的中心城市或地区,以便充分发挥配送中心作为货物或商品集散地的功能,如中海北方物流有限公司按照统一标准在东北各主要城市设立了六个二级配送中心,形成了以大连为基地、辐射东北三省的梯次仓储配送格局。配送中心的集散功能如图 5-1 所示。图 5-2 是中海北方物流有限公司的配送中心网络布局。

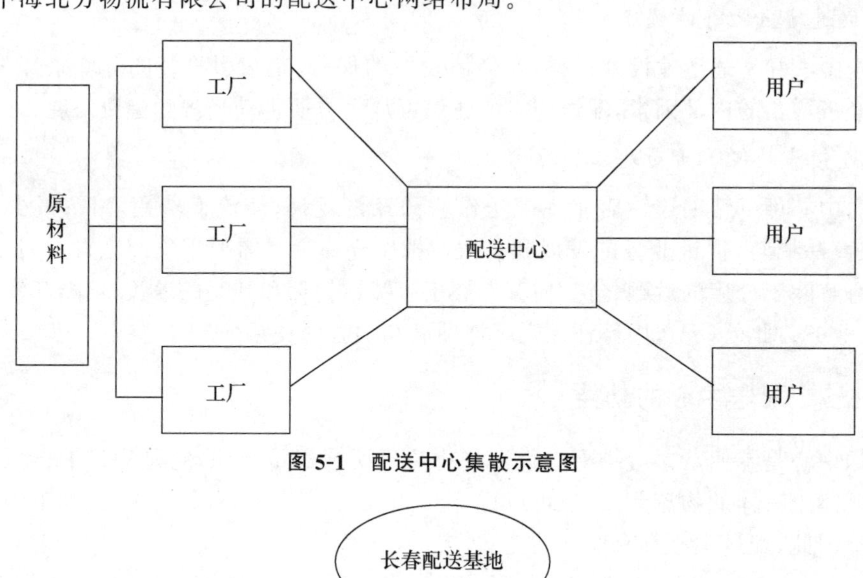

图 5-1 配送中心集散示意图

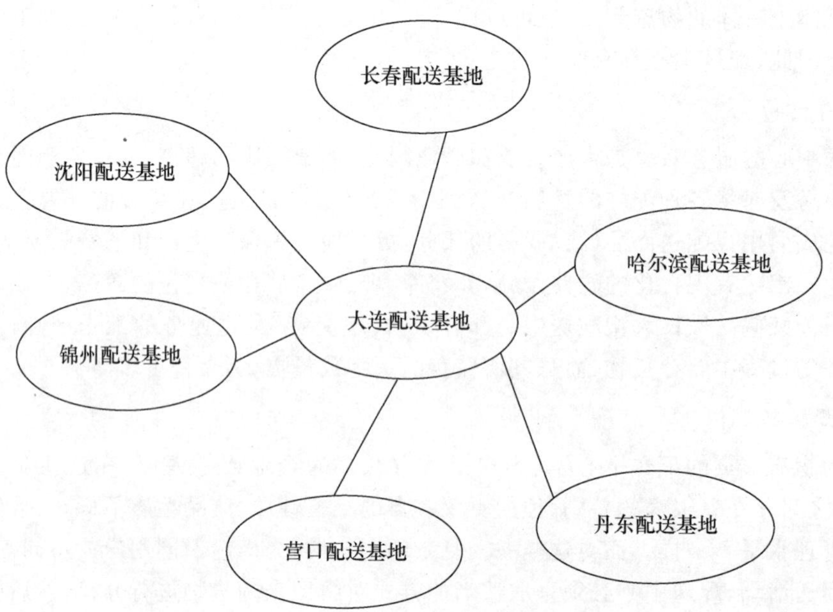

图 5-2 中海北方物流有限公司配送中心网络

4. 衔接功能

通过开展货物配送活动,配送中心能够把各种生产资料和生活资料直接送到用户手中,可以起到连接生产的功能,这是配送中心衔接供需两个市场的一种表现。另外,通过发货和储存,配送中心又起到了调节市场需求、平衡供求关系的作用。现代化的配送中心如同一个"蓄水池",不断地进货、送货,快速的周转有效地解决了产销不平衡问题,缓解了供需矛盾,在产、销之间建立了一个缓冲平台,这是配送中心衔接供需两个市场的另一种表现。可以说,现代化的配送中心通过储存和发散货物功能的发挥,体现出了其衔接生产与消费、供应与需求的功能,使供需双方实现了无缝连接。

5. 流通加工功能

配送加工虽然很普通,但往往起到重要作用,主要是可以大大提高客户的满意程度。国内外许多配送中心都很重视提升自己的配送加工能力,通过按客户的要求开展配送加工可以使配送的效率和满意程度提高,配送加工有别于一般的流通加工,它一般取决于客户的要求,销售型配送中心有时也根据市场需求来进行简单的配送加工。

6. 信息处理功能

配送中心连接着物流干线和配送,直接面对着产品的供需双方,因而不仅是实物的连接,更重要的是信息的传递和处理,包括在配送中心的信息生成和交换。

5.1.4 配送中心的类型

配送中心是专门从事货物配送活动的经济实体。随着市场经济的不断发展,以及商品流通规模的日益扩大,配送中心的数量也在不断地增加。对配送中心的适当划分,是深化和细化认识配送中心的必然结果。在众多的配送组织中,由于各自的服务对象、组织形式和服务功能不尽一致,因而,从理论上可以把配送中心分成若干类型。

1. 已在实际运转中的配送中心类型

物流配送业在诞生后的几十年中获得了飞速的发展,由于不同的环境和需求,形成了多种形态的配送中心。我国专家学者在考察了国外物流配送业的现状后,将国外盛行的配送中心归纳为九类。

(1) 专业配送中心。专业配送中心大体上有两个含义,一是配送对象、配送技术是属于某一专业范畴,在某一专业范畴有一定的综合性,综合这一专业的多种物资进行配送的配送中心,例如,多数制造业的销售配送中心,我国目前在石家庄、上海等地建立的配送中心大多采用这一形式。二是以配送为专业化职能,基本不从事经营的服务型配送中心。

(2) 柔性配送中心。这种配送中心不向固定化、专业化的方向发展,而是向能随时变化,对用户要求有很强适应性,不固定供需关系,不断发展配送用户和改变配送用户的方向发展。

(3) 供应配送中心。专门为某个或某些用户(例如联营商店、联合公司)组织供应的配送中心。例如,为大型连锁超级市场组织供应的配送中心;代替零件加工厂送货的零件配送中心,以使零件加工厂对装配厂的供应合理化。我国上海地区六家造船厂的钢板配送中心,也属于供应型配送中心。

(4) 销售配送中心。比较起来看，国外和我国的发展趋势，都是向以销售配送中心为主的方向发展，即形成以销售经营为目的，以配送为手段的配送中心。销售配送中心又有三种不同的类型：第一种是生产企业为本身产品直接销售给消费者的配送中心，在国外，这种类型的配送中心有很多；第二种是流通企业作为本身经营的一种方式，建立配送中心以扩大销售，我国目前拟建的配送中心大多属于这种类型，国外的例证也有很多；第三种是流通企业和生产企业联合的协作型配送中心。

(5) 城市配送中心。以城市范围为配送范围的配送中心，由于城市范围一般处于汽车运输的经济里程，这种配送中心可直接配送到最终用户，且采用汽车进行配送。所以，这种配送中心往往和零售经营相结合。由于运距短，反应能力强，因而从事多品种、小批量、多用户的配送较有优势。我国已建成的"北京食品配送中心"就属于这种类型。

(6) 区域配送中心。以较强的辐射能力和库存准备，向省(州)际、全国乃至国际范围的用户配送的配送中心。这种配送中心配送规模较大，一般而言，用户较多，配送批量也较大，而且，往往是配送给下一级的城市配送中心，同时也配送给营业所、商店、批发商和企业用户，虽然也从事零星的配送，但不是主体形式。这种类型的配送中心在国外十分普遍，美国马特公司的配送中心，"蒙克斯帕配送中心"等就属于这种类型。

(7) 储存型配送中心。有很强储存功能的配送中心，一般来讲，在买方市场下，企业成品销售需要有较大的库存支持，其配送中心可能有较强的储存功能；在卖方市场下，企业原材料、零部件供应需要有较大的库存支持，这种供应配送中心也有较强的储存功能。大范围配送的配送中心，需要有较大的库存，也可能是储存型配送中心。瑞士 GIBA—GEIGY 公司的配送中心拥有世界上规模居于前列的储存库，可储存 40 000 个托盘；美国赫马克配送中心拥有一个有 163 000 个货位的储存区，可见存储能力之大。我国目前拟建的配送中心，大都采用集中库存形式，库存量较大，多为储存型。

(8) 流通型配送中心。基本上没有长期储存功能，仅以暂存或随进随出方式进行配货、送货的配送中心。这种配送中心的典型方式是，大量货物整进并按一定批量零出，采用大型分货机，进货时直接进入分货机传送带，分送到各用户货位或直接分送到配送汽车上，货物在配送中心里仅做少许停滞。前面介绍的阪神配送中心，中心内只有暂存，大量储存则依靠一个大型补给仓库。

(9) 加工配送中心。许多材料都指出配送中心的加工职能，但是加工配送中心的实例，目前见到的并不多。我国上海市和其他城市已开展的配煤配送中心，上海六家造船厂联建的船板处理配送中心，原物资部北京剪板厂都属于这一类型的配送中心。

2. 按照配送中心承担的流通职能分类

(1) 供应配送中心。供应配送中心的主要特点是，供应的用户有限并且稳定，用户的配送要求、范围也比较确定，属于企业型用户。因此，配送中心集中库存的品种比较固定，配送中心的进货渠道也比较稳固，同时可以采用效率比较高的分货式工艺。

(2) 销售配送中心。销售配送中心的用户一般是不确定的，而且用户的数量很大，每一个用户购买的数量又较少，属于消费者型用户。这种配送中心很难像供应配送中心那样，实行计划配送，其计划性较差。销售配送中心集中库存的库存结构也比较复杂，一般采用拣选式配送工艺。销售配送中心往往采用共同配送方法才能够取得比较好的经营效果。

3. 按照配送领域的广泛程度分类

(1) 城市配送中心。城市配送中心一般采用"日配"方式，在网络经济时代，为了配合和执行电子商务的配送，也有采取"时配"方式。

(2) 区域配送中心。一般而言，区域配送中心的区域范围是有限的，往往是采用"日配"和"隔日配"可以覆盖的地区，进行分层次地分销和配送，而不是由一个配送中心做大范围的覆盖。

4. 按照配送中心的内部特性分类

按照内部特性，配送中心可分为储存型配送中心、流通型配送中心、加工配送中心。美国福莱明公司的食品配送中心是典型的储存型配送中心。它的主要任务是接受美国独立杂货商联盟加州总部的委托业务，为该联盟在该地区的 350 家加盟店配送商品；沃尔玛商品公司的配送中心是典型的流通型配送中心，是沃尔玛公司独资建立、专为本公司的连锁店按时提供商品、确保各店稳定经营的设施；而加工配送中心是具有加工职能，根据用户的需要或者市场竞争的需要，对配送物进行加工之后进行配送的配送中心。在这种配送中心内，有分装、包装、初级加工、集中下料、组装产品等加工活动。在工业、建筑领域，混凝土搅拌的配送中心就属于这种类型的配送中心；世界著名连锁服务店肯德基和麦当劳的配送中心也属于这种类型的配送中心。

5.2　配送中心的作业流程

为了更好地理解本节的内容，先介绍几个名词

- 流程。是指为完成某一目标而进行的一系列逻辑相关活动的有序集合；是工作的做法或工作的结构，或是事物发展的逻辑状况，包含了事情进行的始末、事情发展变化的经过，它由活动、逻辑关系、承担者、实现方式等要素构成。
- 活动。流程由一系列的活动组成。
- 逻辑关系。这些不同的活动为了完成流程而采取的连接方式。
- 承担者。活动的责任人和操作者。
- 实现方式。活动承担者完成活动所采取的具体技术和工具。

配送中心的作业流程，本质上属于物流作业流程。物流作业流程具有的特点

- 与顾客紧密接触。物流作业流程大部分活动都要与顾客接触，有的部分接触，有的完全接触，物流行业的服务性特点决定了物流作业流程与顾客的高接触性。
- 不可预见性。物流作业流程的输出绝大多数是一种服务，不可预见，只能由顾客经历和体验。
- 复杂性。物流作业流程要受到其他要素的影响和制约，物流作业流程一般具有多层次、多活动的特点，协调和管理的难度大。

不同类型的配送中心，其作业流程长短不一、内容各异，但作为一个整体，又是统一的、一致的。关于配送中心的作业流程，可以从一般的作业流程和特殊的作业流程两个方面进行论述。

5.2.1 一般作业流程

配送功能决定了配送的基本作业，配送的基本作业是配送功能的实现，只有进行规范的配送，才能更好地实施配送。下面我们分别介绍配送的功能要素、一般作业总体流程和具体作业环节。

1. 功能要素

(1) 备货。是配送的准备工作或基础工作，备货工作包括筹集货源、订货或购货、集货、进货及有关的质量检查、结算、交接等。配送的优势之一，就是可以集中用户的需求进行一定规模的备货。备货是决定配送成败的初期工作，如果备货成本太高，会大大降低配送的效益。

(2) 储存。配送中的储存有储备及暂存两种形态。配送储备是按一定时期的配送经营要求，形成的对配送的资源保证。这种类型的储备数量较大，储备结构也较完善，视货源及到货情况，可以有计划地确定周转储备及保险储备的结构及数量。配送的储备保证有时在配送中心附近单独设库解决。

另一种储存形态是暂存，是具体执行日配送时，按分拣配货要求，在理货场地所做的少量储存准备。由于总体储存效益取决于储存总量，所以，这部分暂存数量只会对工作方便与否造成影响，而不会影响储存的总效益，因而在数量上控制得并不严格。

还有另一种形式的暂存，即是分拣、配货之后，形成的发送货载的暂存，这个暂存主要是调节配货与送货的节奏，暂存时间不长。

(3) 分拣及配货。是配送不同于其他物流形式的有特点的功能要素，也是配送成败的一项重要支持性工作。分拣及配货是完善送货、支持送货的准备性工作，是不同配送企业在送货时进行竞争和提高自身经济效益的必然延伸，所以，也可以说是送货向高级形式发展的必然要求。有了分拣及配货就会大大提高送货服务水平，所以，分拣及配货是决定整个配送系统水平的关键要素。

(4) 配装。在单个用户配送数量不能达到车辆的有效载运负荷时，就存在如何集中不同用户的配送货物，进行搭配装载以充分利用运能、运力的问题，这就需要配装；和一般送货的不同之处在于，通过配装送货可以大大提高送货水平及降低送货成本，所以，配装也是配送系统中有现代特点的功能要素，也是现代配送不同于以往送货的重要区别之处。

(5) 配送运输。配送运输属于运输中的末端运输、支线运输，和一般运输形态的主要区别在于配送运输是距离较短、规模较小、额度较高的运输形式，一般使用汽车做运输工具。

配送运输与干线运输的另一个区别是，配送运输的路线选择问题是一般干线运输所没有的，干线运输的干线是唯一的运输线，而配送运输由于配送用户多，一般城市交通路线又较复杂，如何组合成最佳路线，如何使配装和路线有效搭配等，是配送运输的特点，也是难度较大的工作。

(6) 送达服务。配好的货运输到用户手中还不算配送工作的完结，这是因为送达货和用户接货往往还会出现不协调，使配送前功尽弃。因此，要圆满地实现所运到货物的移交，并有效、方便地处理相关手续并完成结算，还应讲究卸货地点、卸货方式等。送达服务也是配送独具的特殊性。

(7) 配送加工。在配送中，配送加工这一功能要素不具有普遍性，但是往往是有重要作用的功能要素。主要原因是通过配送加工，可以大大提高用户的满意程度。

配送加工是流通加工的一种，但配送加工有它不同于一般流通加工的特点，即配送加工一般只取决于用户要求，其加工的目的较为单一。

2. 一般作业总体流程

配送中心的一般作业流程基本上是这样一种运动过程：订单→进货→存储→分拣→配货、配装→送货，它是配送中心的典型流程，主要特点是有较大的储存场所，理货、分类、配货、装配的功能要求较强。配送中心一般作业流程图如图 5-3 所示。

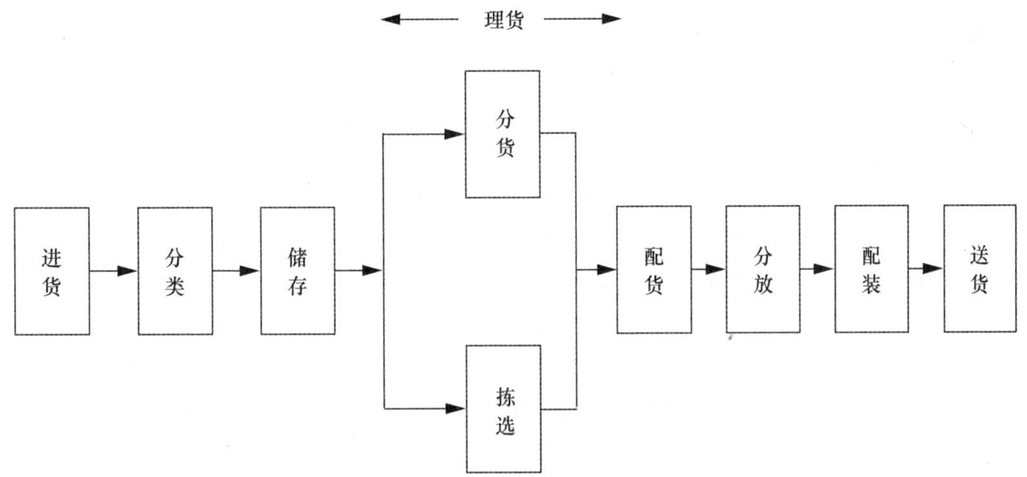

图 5-3　配送中心一般作业流程图

程序和具体内容如下所述：

(1) 接受并汇总订单。无论从事何种货物配送活动，配送中心都有明确的服务对象。即无论何种类型的配送中心，其经营活动都是有目的的经济活动。因此，在未曾进行实质性的配送活动之前，都有专门的机构以各种方式收取客户的订货通知单并加以汇款。按照惯例，接受配送服务的各个客户一般都要在规定的时间以前将订货单通知给配送中心，以此来确定所要配送货物的种类、规格、数量和配送时间等。

收取和汇总客户的订单式配送中心组织和调度诸如进货、理货、送货等活动的重要依据，是配送中心作业流程的开端。

(2) 进货。配送中心的进货流程包括以下几种作业：

• 订货。配送中心收到和汇总客户的订单后，首先要确定配送货物的种类和数量，然后要查询本系统现有库存商品中有无所需的现货。如有现货，则转入拣选流程；如果没有或虽有现货但数量不足，则要及时向供应商发出订单，进行订货。有时配送中心也根据各客户需求情况、商品销售情况及与供货商签订的协议，提前订货，以备发货、接货。通常，在商品资源宽裕的情况下，配送中心向供应商发出订单之后，供应商会根据订单的要求很快组织供货，配送中心的有关人员接到货物以后，需要在送货单上签收，继而对货物进行检验。

• 验收。采取一定的手段对接收的货物进行检验。若与订货合同要求相符，则很快转入下一道工序；若不符合合同要求，配送中心将详细记载差错情况，并且拒收货物。按照规定，质量不合格的商品将由供应商处理。

• 分拣。对于生产商送交来的商品，经过有关部门验收之后，配送中心的工作人员随即要按照类别、品种将其分门别类地存放到指定的场地，或直接进行下一步操作——加工和拣选。

• 存储。为了保证配送活动正常进行，也为了享受价格上的优惠待遇，有些配送中心常常大批量进货，继而将货物暂时存储起来。由此，在进货流程中就增加了一项存储作业。

(3) 理货和配货。为了顺利有序地出货，以及便于向众多的客户发送商品，配送中心一般都要对组织进来的各种货物进行整理，并依据顾客要求进行组合。从地位和作用上来说，理货和配货是整个作业流程的关键环节，同时，也是配送运动的实质性内容。

从理货、配货流程的作业内容来看，它是由以下几项作业构成的，即加工作业→拣选作业→包装作业→组合或配装作业。具体情况概述如下：

• 加工作业。在配送中心所进行的加工作业中，有的属于初级加工活动(如长材、大材改制成短材、小材等)，有的系辅助性加工，还有的属于深加工活动。加工作业也属于增值性经济活动，它完善了配送中心的服务功能。

• 拣选作业。有人把这项工作称为“出货的第一个环节”。实际上，它应当属于理货、配货范围。拣选作业就是配送中心的工作人员根据要货通知单，从储存的货物中拣出客户所要商品的一种活动。具体的做法是“以摘取的方式拣选商品”，即工作人员推着集货箱在排列整齐的仓库货架间巡回走动，按照配货单上所填的品种、数量、规格，挑选商品并放入集货箱内。目前，随着配送货物数量的不断增加和配送范围的日益扩大，以及配送节奏的明显加快，许多大型的配送中心已经配置了自动化的分拣设备，开始应用自动化设备拣选货物。

• 包装作业。配送中心将客户所需要的货物拣选出来以后，为了便于运输和识别各个客户的货物，有时要对配备好的货物重新进行包装，并在包装物上印上标签。这样，在拣选作业之后，常常进行包装作业。

• 装配作业。为了充分利用载货车辆的容积和提高运输效率，配送中心常常把同一条送货路线上不同客户的货物组织起来，装配在同一辆载货车上，于是，在理货和配货流程中还需完成组配或配装作业。

(4) 出货流程。这是配送中心的末端作业，也是整个配送流程中的一个重要环节，包括装车和送货两项经济活动。

• 装车。配送中心的装车作业有两种表现形式：其一是使用机械装卸货物，其二是利用人力装车。通常，批量较大的较重商品都被放在托盘上来进行装车。有些散装货物，或用吊车装车，或用传送设备装车。因各配送中心普遍推行混载送货方式，对装车作业有如下几点要求：其一，按送货点的先后顺序组织装车，先到的要放在混载货体的上面或外面，后到的要放在其下边或里面；其二，要做到“轻者在上，重者在下”“重不压轻”。

• 送货。在一般情况下,配送中心都使用自备的车辆进行送货作业,有时也借助于社会上专业运输组织的力量,联合进行送货作业。此外,为适应不同客户的需要,配送中心在进行送货作业时,常常会做出多种安排,有时是按照固定时间、固定路线为固定客户送货;有时也不受时间、路线的限制,机动灵活地进行送货作业。

3. 具体作业环节

(1) 订单处理作业。配送中心的交易起始于客户的咨询,而后由订单的接收业务部门查询出货日的存货状况、装卸货能力、流通加工负荷、包装能力、配送负荷等来答复客户,而当无法按订单依客户要求交货时,由业务部加以协调。由于配送中心一般均非随货收取货款,而是于一段时间后予以结账,因此在订单资料处理的同时,业务人员须依据公司对该客户的资信状况,查核是否已超出其授信额度。在特定时段,业务人员尚需统计该时段的订货数量,并予以调货、安排出货程序及数量,退货资料也应在此阶段予以处理。另外,业务部门还要制定报表计算方式,做报表历史资料管理,预计客户订购最小批量、订货方式或订购结账截止日。

(2) 采购作业。交易订单接受之后,配送中心要向供货厂商或制造厂商订购商品,采购作业的内容包含商品数量统计、对供货厂商查询交易条件,而后依据所订购的数量及供货厂商所提供的较经济的订购批量,提出采购单,最后进行入库进货的跟踪运作。

(3) 进货入库作业。当采购单开出之后,在采购人员进货入库跟踪催促的同时,入库进货管理员即可依据采购单上的预定入库日期,做入库作业排程、入库站台排程;而后在商品入库当日,做入库资料查核、入库品检查,查核入库货品是否与采购单内容一致,当品项或数量不符时即做适当的修正或处理,并将入库资料登录建档。对于由客户处退回的商品,亦应当经过退货品检验、分类处理,登录入库。

(4) 库存管理作业。库存管理作业,包含仓库区的管理及库存数量控制。仓库区的管理包括货物在仓库区域内的摆放方式、区域大小、区域分布等规划,货物进出仓库遵循先进先出或后进先出等控制原则,进出货方式的制定(包括:货物所用的搬运工具、搬运方式,仓储区储位的调整及变动)等。库存数量的控制则依照一般货品出库数量、入库时间等来制定采购数量及采购时点,并做采购时点预警系统。制定库存盘点方法,在一定期间印制盘点清册,并据此内容清查库存数、修正库存账册并制作盘亏报表。仓库区的管理还包括容器的使用与容器的保管维修。

(5) 补货及拣货作业。由客户订单资料的统计,即可知道货品真正的需求量;而于出库日,当库存数量足以供应出货需求量时,即可依据需求数印制出库拣货单及各项拣货指示,做拣货区域的规划布置、工具的选用及人员调派。出货拣取不光要注意拣取作业,更应注意货架上商品的补充,以使拣货作业流畅而不至于缺货。

(6) 流通加工作业。商品由配送中心送出之前,可于配送中心做流通加工处理。在配送中心的各项作业中,以流通加工最易提高货品的附加值,其中流通加工作业包含商品的分类、过磅、拆箱重包装、贴标签及商品的组合包装。而欲达到完善的流通加工,必须进行包装材料及容器的管理、组合包装规则的制定、流通加工包装工具的选用、流通加工作业的排程、作业人员的调派等工作。

(7) 出货作业处理。完成货品的拣取及流通加工作业之后，即可执行货品的出货作业。出货作业的主要内容包括依据客户订单资料印制出货单据，制定出货流程，印制出货批次报表、出货商品的地址标签、出货核检表等。由排程人员决定出货方式、选用集货工具、调派集货人员，并决定运送车辆的大小与数量；由仓库管理人员或出货管理人员决定出货区域的规划布置及出货商品的摆放方式。

(8) 配送作业。配送商品的实体作业包含将货品装车并实施配送，而完成这些作业则须事先规划配送区域的划分或配送路线的安排，由配送路径选用的先后次序来决定商品装车的顺序，并在商品的配送途中做商品的追踪及控制、配送途中意外状况的处理。

(9) 会计作业。商品出库后，销售部门可依据出货资料制作应收账单，并将账单转入会计部门作为收款凭据。商品入库后，由收货部门制作入库商品统计表以作为供货厂商稽核之用，并由会计部门制作各项财务报表以供制定营运政策及营运管理时参考。

(10) 营运管理及绩效管理作业。除了上述实体作业，良好的运作更要基于较高层次的管理者通过各种考核评估来完成配送中心的效率管理，并制定良好的营运决策方针。而营运管理和绩效管理可以通过各个工作人员或中级管理阶层提供各种资讯与报表来反映，包括出货销售的统计资料、客户对配送服务的反映报告、配送商品次数及所用时间的报告、配送商品的失误率、仓库缺货率分析、库存损失率报告、机具设备损坏及维修报告、燃料耗材等使用量分析、外雇人员、机具和设备的成本分析、退货商品统计报表、作业人力的使用率分析等。

5.2.2 特殊作业流程

配送中心的类型不同，担负的流通职责不同，其流程也有所不同。在规划配送中心的作业流程时，除应考虑其完成任务的基本职能外，还需考虑配送中心的位置规模、接收对象及作业内容、商品的特性等条件。

配送中心的作业流程规划决定了配送中心作业的详细、具体要求，如确定了装卸搬运容器的尺寸形状、装卸搬运的机器和设备规格、特殊车辆的规格、配送中心的内部作业、场所的详细配置等，这些是建立配送中心的重要步骤。

所谓的特殊作业流程，是指某一类配送中心进行配送作业时所经过的程序，其中包括不设储存库的配送工艺流程、带有加工工序的配送工艺流程以及分货型配送工艺流程。

1. 不设储存的配送中心的作业流程

在流通实践中，有的配送中心主要从事配货和送货活动，本身没有储存场地，而尽量利用设立在其他地方的“公共仓库”来补充货物。因此在其配送作业流程中，没有储存工序。但为了保证配货、送货活动的顺利开展，有时配送中心暂时设一存储区。实际上，在这类配送中心内部，货物暂存和配货作业是同时进行的。在实际生活中，配送生鲜食品的配送中心通常都按照这样的作业流程开展业务活动。其作业流程如图 5-4 所示。

2. 加工型配送中心的作业流程

加工型配送中心多以加工产品为主，因此，在其配送作业流程中储存作业和加工作业居主导地位。

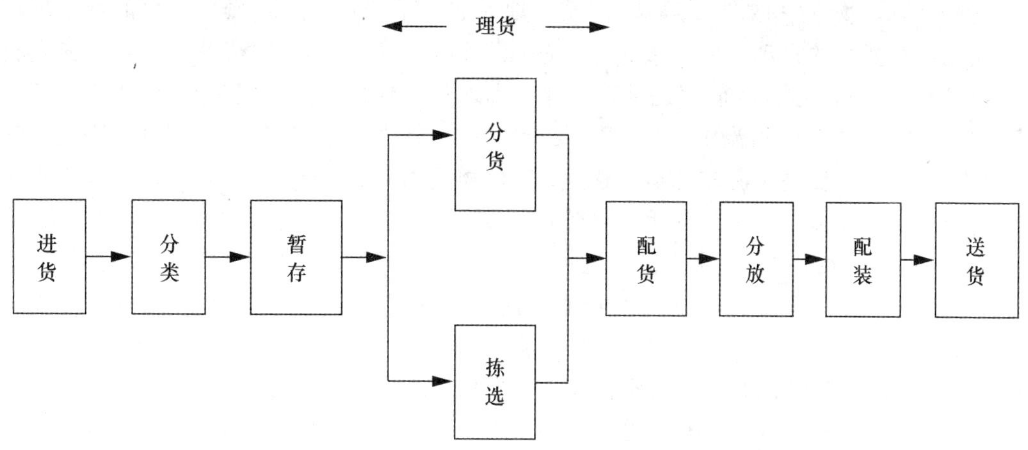

图 5-4　不设储存库的配送中心的作业流程

加工型配送中心的作业流程的特点是：进货是大批量、单品种（或少品种）的产品，因而分类的工作不重或基本上无须分类存放。储存后进行加工，与生产企业按标准、系列加工不同，加工一般是按用户要求进行。因此加工后的产品便直接按用户分放、配货。所以这种类型的配送中心有时不单设分货、配货或拣选环节。配送中心中加工部分及加工后分放部分占较多位置。其作业流程如图 5-5 所示。

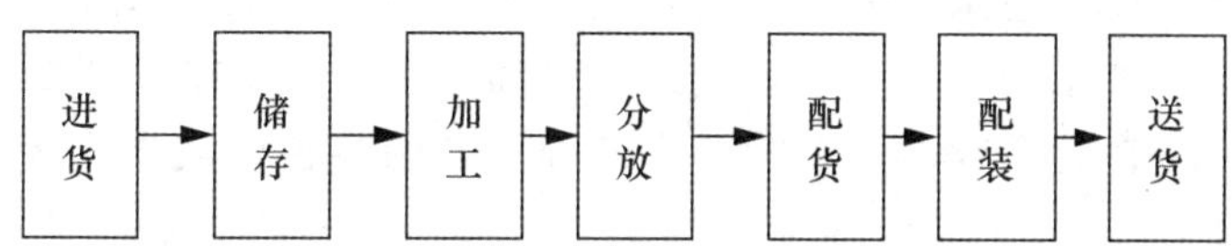

图 5-5　加工型配送中心的作业流程

3．分货型配送中心的作业流程

分货型配送中心是以中转货物为其主要职能的配送组织。在一般情况下，这类配送中心在配送货物之前都先要按照要求把单品种、大批量的货物分堆，然后再将分好的货物分别配送到客户指定的接货地点。其作业流程比较简单，无须拣选、配货、配装的作业程序。其作业流程如图 5-6。

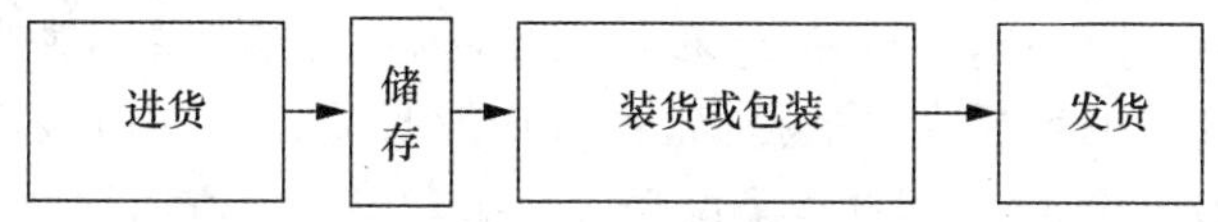

图 5-6　分货型配送中心的作业流程

4．配送中心特殊作业流程案例

配送中心按运营主体的不同，大致可分为四种类型，先就这四种类型分别举例说明：

(1) 以制造厂为主体的配送中心：这类配送中心适用于规模较大、流通管理较好的制造厂，在建立销售体制的同时，还要建立快捷的配送中心，以降低流通费用和提高售后服务的质量。

例如,海尔物流中心,为了高速、高质量地完成订单,高速运转、操作简单的巷道堆垛机,实现了对货物的自动存取。激光导引的无人运货车能够自动完成装卸货物。充电行走、自动码垛的机器人,高精度地进行着存货和取货。在这个投资近亿元、相当于平面仓库30万平方米的国际物流中心里,只有19名员工,其中叉车工仅有9名,其效率之高让人叹服,海尔物流提高了海尔的运作速度。海尔物流JIT(准时制生产方式)的速度实现了同步流程,由于物流技术和计算机信息管理的支持,海尔物流通过3个JIT,即JIT采购、JIT配送和JIT分拨物流来实现同步流程。目前,通过海尔的采购平台,所有的供应商均在网上接受订单,使下达订单的周期从原来的7天以上缩短为1小时内,而且准确率达100%。除下达订单外,供应商还能够通过网络查询库存、配额、价格等信息,及时补货,实现JIT采购。为实现"以时间消灭空间"的物流管理目的,海尔从最基本的物流容器单元化、集装化、标准化、通用化到物料搬运机械化开始实施,逐步深入到对车间工位的五定送料管理系统、日清管理系统进行全面改革,加快了库存资金的周转速度,库存资金周转天数由原来的30天以上减少到12天,实现了JIT过站式物流管理。生产部门按照B2B、B2C订单的需求完成以后,可以通过海尔全球配送网络送达用户手中。海尔的配送网络已从城市扩展到了农村,从沿海扩展到了内地,从国内扩展到了国际。全国可调配车辆达1.6万辆,目前可以做到物流中心城市6—8小时配送到位,区域配送24小时到位,全国主干线分拨配送平均4.5天,形成了全国最大的分拨物流体系。

(2) 以大型经销商为主体的配送中心:一般是按行业或商品类别的不同,把相关制造厂的商品集中起来,然后,向下一配送中心或零售店、连锁店等进行配送。对于不具备建立独自配送中心的制造厂或本身不能备齐各种商品的零售商或零售店,往往采用这种办法。

例如,保加利亚索菲服装配送中心,配送中心由样品陈列室、批发洽谈室和保管多家服装制造厂的各种服装的高层自动化仓库等组成,客户在陈列室看样品,在洽谈室进行商务谈判后,配送中心就负责准时地把所需服装送达客户,集贸易和配送于一体。

又如,上海百大配送有限公司,是上市公司昆百大控股的云南百大投资有限公司在物流配送业投资的一个全国性的配送网络,经过5年的运作,已建成包括上海、北京、南京和昆明四城市四种商业模式的从事第三方物流末端服务的专业配送有限公司。

(3) 以零售业为主体的配送中心:这类配送中心是为专业商品为主的零售店、超级市场、百货商店、家用电器商场、建材商场、粮油食品商店、宾馆饭店等服务的。随着城市的增多和大型化,以及人民生活水平的提高,第三产业日趋发达。但城市的商店或服务企业,一般不设仓库和运输设备,因此这类配送中心的发展更为迫切和迅速。

例如,北京市食品配送中心,它储存各种各样的冷冻食品,如各种鱼、虾、肉类等,每天接受各大宾馆、饭店的订货,并准时、迅速地配送、到达。

又如,华联超市股份有限公司,公司拥有连锁店800家(其中,直营店170家,加盟店630余家),网点遍布上海市各区县,辐射江苏、浙江等地区。连锁超市以连锁制为轴心,以广大的门店网络为市场依托,以规模化采购、收货、流通加工、保管和集约化的配送体制为利润源。

(4) 以公路服务业为主体的配送中心:如各主要城市的中心邮局和港湾、铁路、公路各枢纽,非常需要将到达的货物迅速地配送给用户。

例如,各主要城市中心邮局的配送中心,必须将随机、无序收集到的包裹、邮件,通过高速分拣装置进行按目的地不同的分拣,并按航班、车次进行配送。

又如,各铁路货场、公路货场,过去往往是等待用户自行提取。如果根据路程的方向和远近进行拣选和分类,将若干用户的货物,使用一辆卡车,一次分别送达用户,这将降低货场场地的仓库面积、提高车辆装载率、降低物流费用。

5.3 配送中心的规划与设计

5.3.1 配送中心规划与设计的含义

“配送中心规划”与“配送中心设计”是两个不同但容易混淆的概念,二者有密切的联系,但是也存在着很大的差别。在物流配送中心的建设过程中,如果将规划工作和设计工作相混淆,必然会给实际工作带来许多不应有的困难。

配送中心规划属于配送中心建设项目的总体规划,是可行性研究的一部分,是关于配送中心建设的全面长远发展计划,强调宏观指导性;而配送中心设计则属于项目初步设计的一部分内容,是在一定的技术与经济条件下,对配送中心的建设预先制定详细的方案,是项目施工图设计的依据,主要强调方案的微观可操作性。但配送中心规划与配送中心设计两者均属于项目的高阶段设计过程,内容上不包括项目施工图等的设计,而且两者的理论依据相同,基本方法相似。

5.3.2 配送中心规划与设计的原则与目标

1. 配送中心规划与设计的原则

(1) 需求导向原则。在当今消费者占主导地位的客户经济时代,配送中心的规划与设计应时刻牢记以市场和客户为中心,以客户的物流需求和业务需求为导向,而不再是以自我为中心,以产品销售为导向。

(2) 系统工程原则。配送中心的工作是一项系统工程,该系统既包括验货、搬运、储存、装卸、分拣、配货、送货、信息处理等,还包括与供应商、连锁商场连接的网络。但是,如何使该系统均衡、协调地运转,是极其重要和复杂的。因此,在配送中心规划与设计的过程中应将其作为一项系统工程来进行。

(3) 科学化原则。通过合理选择、组织和使用各种先进的物流机械化、自动化设备,以及采用计算机进行物流管理和信息处理,实现了工艺、设备和管理的科学化,以充分发挥配送中心多功能、高效率的特点,大大加速了商品的流转,提高了经济效益和现代化管理水平。

(4) 交通便利原则。配送中心的运输配送活动在中心之外,需要依赖于交通条件。交通便利原则的贯彻包括两个方面:一是布局时要考虑现有的交通条件;二是布局时必须同时把交通作为布局的内容来处理。只布局配送中心而不布局交通,有可能使配送中心的布局失败。

(5) 低运费原则。配送中心必须组织运输与配送活动,因而低运费原则具有特殊性。由于运费和运距、运量有关,所以低运费原则常简化成运距和运量的问题,通过数学方法求解以作为配送中心布局的参考。

(6) 统筹原则。统筹原则关键是做好物流量的分析和预测,把握住物流的最合理流程。配送中心的层次、数量、布局与生产力布局、消费布局等密切相关,它们是互相交织且互相促进和制约的。设定一个非常合理的物流配送中心布局,必须统筹兼顾、全面安排,既要做微观的考虑,又要做宏观的考虑。

(7) 竞争原则。物流活动是服务性、竞争性非常强的活动。如果不考虑市场机制,而单纯从路线最短、成本最低、速度最快等角度考虑问题,一旦布局完成,便会导致垄断的形成和服务质量的下降,甚至由于服务性不够而在竞争中失败。因此,配送中心的布局应体现多家竞争原则,这一条原则对于政府部门进行建设规划尤其重要。

(8) 动态原则。在规划配送中心时,应在详细分析现状及对未来变化做出预测的基础上进行,而且要有相当的柔性,以便在一定范围内能适应数量、用户、成本等多方面的变化。

(9) 发展原则。在规划配送中心时,无论是建筑物、信息处理系统的设计,还是机械设备的选择,都要考虑到有较强的应变能力,以适应物流量扩大、经营范围拓展的需求。

(10) 可靠性原则。系统在正常情况下是可靠的,可靠性实际上就是要求系统的准确性和稳定性。一个可靠的配送系统要在正常情况下达到系统设计的预期精度要求,同时,在系统软、硬件环境发生故障的情况下仍能部分使用和运行。

2. 配送中心规划与设计的目标

配送中心作为物流网络系统中的重要节点,在确定其经营地位及物流策略后,需明确物流中心规划与设计的目标,保障物流系统的良性、健康、有序发展。具体来说,主要有以下几点。

(1) 提高物流系统的吞吐能力和运转效率,以适应经营业务范围拓展的需求;

(2) 提高物流作业效率,迅速及时地对客户供货,提高核心竞争力;

(3) 减少缺货现象,降低缺货率;

(4) 及时响应运行过程中可能出现的各种意外和随机变化,以保证正常运转;

(5) 提高配送中心的柔性能力或建立柔性配送中心,以适应上游供应商产品的动态变化及下游客户的多品种、小批量、多批次、短周期的需求;

(6) 完善信息服务,及时可靠地为客户提供相关信息,以便实现对物流系统中产品的实时跟踪;

(7) 合理规划运输,关注废弃物的回收与再利用,减放、减排,提倡低碳物流、绿色物流,做到环境友好;

(8) 不断改善劳动和工作环境,减轻员工的劳动强度。

由此可知,物流配送中心规划与设计总的目标是使人力、资金、设备和人流、物流、信息流得到最合理、最经济、最有效、最环保的配置和安排,力求以最小的投入获取最大的效益和最强的服务竞争力。

5.3.3　配送中心的规划要素

配送中心的规划要素就是影响配送中心系统规划的基础数据和背景资料，主要包括七个方面：

(1) E，代表 Entry，即配送的对象或客户。配送中心的服务对象或客户不同，配送中心的订单形态和出货形态也就会有所不同。例如，为生产线提供 JIT 配送服务的配送中心和为分销商提供服务的配送中心，其分拣作业的计划、订单传输方式、配送过程的组织将会有很大的区别。而同是销售领域的配送中心，面向批发商的配送和面向零售商的配送，其出货量的多少和出货的形态也有很大的不同。

(2) I，代表 Item，即配送货品的种类。在配送中心所处理的货品品项数差异性非常大，多则上万种以上，例如书籍、医药及汽车零件等配送中心；少则数百种甚至数十种，例如以制造商为主体的配送中心。由于品项数的不同，则其复杂性与困难性也有所不同，例如所处理的货品品项数为 10 000 种的配送中心与所处理的货品品项数为 1 000 种的配送中心是完全不同的，其货品储放的储位安排也完全不同。

(3) Q，代表 Quantity，即配送货品的数量或库存量。配送货品的数量或库存量包含三种含义：一是配送中心的出货数量，二是配送中心的库存量，三是配送中心的库存周期。

货品出货数量的多少和随时间变化的趋势会直接影响到配送中心的作业能力和设备的配置。例如，一些季节性波动、年节高峰等问题，都会引起出货量的变动。

配送中心的库存量和库存周期将会影响到配送中心的面积和空间需求。因此，应对库存量和库存周期进行详细的分析。一般进口商型配送中心因进口船期的原因，必须拥有较长的库存量(约 2 个月以上)；而流通型的配送中心，则完全不需要考虑库存量，但必须注意分货的空间及效率。

(4) R，代表 Route，即配送的通路。配送的通路与配送中心的规划也有很大的关系。常见的通路模式有以下四种：

- 工厂→配送中心→经销商→零售商→消费者；
- 工厂→经销商→配送中心→零售商→消费者；
- 工厂→配送中心→零售商→消费者；
- 工厂→配送中心→消费者。

(5) S，代表 Service，即物流的服务水平。一般企业建设配送中心的一个重要的目的就是提高企业的物流服务水平，但物流服务水平的高低恰恰与物流成本成正比，也就是物流服务品质越高则其成本也越高。但是站在客户的立场而言，希望以最经济的成本得到最佳的服务。因此，原则上物流的服务水平，应该是在合理的物流成本下的服务品质，也就是物流成本不会比竞争对手高，而物流的服务水平稍高即可。

物流服务水平的主要指标包括订货交货时间、货品缺货率、增值服务能力等。应该针对客户的需求，制定一个合理的服务水平。

(6) T，代表 Time，即物流的交货时间。在物流服务品质中物流的交货时间非常重要，因为交货时间太长或不准时都会严重影响零售商的业务，因此交货时间的长短与守时成为物流业者的重要评估项目。

物流的交货时间是指从客户下订单开始,订单处理、库存检查、理货、流通加工、装车,到卡车将货品配送到达客户手上的这一段时间。物流的交货时间依厂商服务水准的不同,可分为2小时、12小时、24小时、2天、3天、1星期送达等。

(7) C,代表Cost,即配送货品的价值或建造费用的预算。规划配送中心时,除了要考虑以上的基本要素,还应该注意研究配送货品的价值和建造费用的预算。

首先,配送货品的价值与物流成本有着密切的关系。因为在物流的成本计算方法中,往往会计算物流成本占配送商品价值的比例,如果货品的单价高,则物流成本占配送商品价值的百分比相对会比较低,用户比较能够负担得起;如果货品的单价低,则物流成本占配送商品价值的百分比相对会比较高,用户的负担感会比较高。

另外,配送中心建造费用的预算也会直接影响到配送中心的规模和自动化水平,缺乏足够的建设投资,所有理想的规划都是无法实现的。

5.3.4 配送中心规划与设计的内容和一般流程

1. 配送中心规划与设计的内容

配送中心的业务主要是根据客户的订货需求首先组织货源,然后进行存储保管、拣选、流通加工、包装、分拣、组配货和送达。所以,配送中心是以高水平实现商品销售和供应服务的现代物流设施。配送中心的规划建设是一个复杂的系统工程,应该从物流系统规划、运营管理规划和信息系统规划三个方面着手。

(1) 物流系统规划。物流系统规划是针对配送中心有关物品流动方面的内容所进行的规划。具体包括:

• 功能区布局规划。配送中心根据自己的经营业务和作业需要确定功能区的构成,依据作业流程中的作业顺序科学布局各个功能区,以便减少物流搬运距离,降低物流成本,提高运作效率。

• 作业流程规划。配送中心根据自己的经营业务进行作业流程规划,以制定科学合理的作业流程,提高配送中心的作业效率。作业流程是配送中心其他规划布局的依据,尤其是对功能区布局的影响最大。

• 机械作业设备配置规划。配送中心根据所经营的物品类别、作业流程及机械化程度,首先选择合适的机械设备类型,然后依据作业量和机械设备参数计算设备的合理拥有量,以避免机械设备配备的不足或闲置浪费。

• 货物储存规划。配送中心一般库存量较大、品种繁多、周转率较高,合理储存货物对配送中心的作业效率影响很大。所以,应对货物储存进行科学规划,提高作业效率。

(2) 运营管理系统规划。运营管理系统规划是从配送中心经营管理的角度出发,对配送中心的机构设置、人员配置、岗位操作规范等内容进行规划。具体包括:

• 组织机构设置。配送中心根据自己的规模大小及业务范围,合理设置内部机构组成,具体包括领导层、管理层、作业层等。机构设置得合理与否直接关系到配送中心运作效率的高低。

• 作业人员配备。根据配送中心的作业量和作业人员劳动定时,对配送中心的领导层、管理层、作业层进行人员定编,既保证了各层人员有具体的工作任务,又避免了劳动强度过大，这使得配送中心人员配备合理，能够心情舒畅地愉快工作。

• 作业标准和操作规范设计。配送中心作业流程复杂，工作岗位多。往往一个订单的完成需要经过多项作业人员的操作，如果一项操作不符合要求，就会影响服务质量，降低客户服务水平。所以，配送中心应该根据企业自身的实际特点，制定切实可行的岗位操作规范标准，以使作业标准化、程序化，提高配送中心的服务质量。

(3) 信息系统规划。信息系统规划是配送中心根据运作管理及业务流程的需要，对信息系统进行的统筹规划。主要包括：

• 信息网络规划。配送中心应根据自身的实际情况对企业内部信息网络进行总体规划布局，以实现对外联络顺畅，内部资源共享畅通，形成高效的信息网络。

• 系统功能规划。配送中心对企业内部信息系统进行功能设置，以便满足配送中心的业务需要，提高配送中心的运作效率，实现管理现代化。

• 信息网络设备配置规划。根据配送中心信息网络功能规划要求，合理选择信息网络设备，配置技术参数适当超前的网络设备，以便信息网络在一定期限内满足运营需求。但不要过度超前，以避免浪费。

2. 配送中心规划与设计的一般流程

通常情况下，配送中心的规划流程可以分为筹划准备阶段、系统规划设计阶段、方案评估阶段、详细设计阶段、系统实施阶段五个主要阶段。

(1) 筹划准备阶段。在配送中心建设的筹划准备阶段，首先需要明确建设配送中心的任务、目标。一个配送中心很可能有多个目标，但需分清主次以便设计时更好地体现既定方针。在对配送中心的必要性和可行性进行了分析和论证，有了初步的结论后，就应该设立筹划小组或委员会进行具体规划。为了避免片面性，筹建小组应该要组织多方面的人员进行参加，包括本公司、物流设备制造厂、土建部门的人员以及一些经验丰富的物流专家或顾问。筹建小组根据企业经营政策的基本方针进一步确认配送中心的建设有无必要。

在本阶段还应该确定配送中心的背景条件，比如配送对象的地点和数量、配送中心的位置和规模、配送商品的类型、库存标准、配送中心的作业内容等。通过实际调研和具体的构思，严格把握物流基本状况以及商品的特性，如商品的规格、品项、形态、重量、进出库数量、供货时间要求、订货次数和订货费用等。在背景条件中还要对未来的发展、配送中心所处的环境及法律方面的限制进行考虑。

筹划准备阶段需要进行大量的调研，同时也要对获取的调研资料、数据进行科学的分析，因此必须给予足够的重视，投入必要的人力和相应的费用。

(2) 系统规划设计阶段。该阶段需要对配送中心的基本流程、设施设备、运营体制、项目进度计划及预算进行全面的规划与设计。

• 基本流程设计。基本流程设计就是将配送中心的作业流程如进货、保管、流通加工、拣选、组配等作业按顺序做出流程图，并设定各作业环节的相关作业方法。如进货环节是采用铁路专线还是卡车等其他交通工具；卸货环节是人工作业还是机械自动化作业；卸货之后的搬运环节是人工作业还是叉车作业或利用传送带等输送设备作业。

• 配送中心的要素和能力设计。配送中心的要素和能力设计主要是根据配送中心各作业环节的功能要求，选定与之相适合的作业设备类型，并根据设定条件，初步确定各设备应具备的能力。如选定叉车为系统搬运工具之后，应进一步确定叉车的类型，并初步根据应具备的能力决定叉车的规格型号和其他功能参数等。

• 运营系统设计。运营系统设计主要包括作业程度与标准，管理方法和各项规章制度，各种票据处理及各种作业指示图，设备的维修制度，系统异常事故的对策设计，以及其他有关配送中心的业务规划与设计等。

• 平面布置设计。平面布置设计主要是确定各业务要素所需的占地面积和相互关系，考虑了物流量、搬运手段、货物状态等因素后，形成位置关系图。此外，在平面设计中还要考虑未来可能发生的变化，并留有可改变的空间。

• 建筑规划。建筑规划是在位置相关图的基础上，不仅要确定建筑物的类型，比如采用平面建筑还是多层建筑，还应对车辆的行驶路线、停车场等要素进行规划。最后结合有关法规限制和周围环境，决定建筑物的最终形态与配置。

• 制订进度计划。对项目的基本设计、详细设计、土建、机器的订货与安装、系统试运行、人员培训等制订初步的进度计划。

• 建设成本的预算。以基本设计为基础，对设计研制费、建设费、试运行费、正式运行后所需的作业人员的劳务费等作出相应的费用概算。

(3) 方案评估阶段。在基本设计阶段往往会产生几个可行的系统方案，所以应该根据各方案的特点，采用各种系统评价方法或计算机仿真方法，对各方案进行比较和评估，从中选择一个最优的方案进行详细设计。

(4) 详细设计阶段。该阶段主要是对所有使用的设备的类型、能力等作出规定，决定作业场所的详细配置、办公及信息系统的设施规格与数量，以及制订设计施工计划等，具体包括以下方面：

• 设备制造厂商的选定。设备的制造厂商一般是通过投标竞争的方法来选定的。选定制造厂商之后，还应和制造厂商共同对基本设计的指导思想进行认定，取得共识，并考虑和采纳厂商一方的相关建议，制订下一步的详细计划。

• 详细设计。在详细设计阶段要编制具体的实施条目和有关设备形式的详细计划，主要包括以下几点：装卸搬运、保管所用的机械和辅助机械的型号、规格，运输车辆的类型和规格，装卸搬运所用的容器的形状和尺寸，配送中心内部详细的平面布置与机械设备的配置方案，办公与信息系统的有关设施设备的规格和数量等。

(5) 系统实施阶段。为了保证系统的统一性和系统目标与功能的完整性，应对参与施工各方所涉及的内容从性能、操作、安全性、可靠性、可维护性等方面进行评价和审查，在确定承包工厂前应深入现场，对该厂的生产环境、质量管理体制及外协件管理体制等进行考察，如发现问题应及时改善。此外，在设备制造期间也需到现场进行了解，以确保质量及交货期。

5.3.5　案例——低温配送中心的规划

随着超市、商场及便利店如雨后春笋般的出现，低温物流已日渐重要。低温配送中心的规划与设计将影响物流作业的效率和服务水平。建立低温配送中心，能够帮助货主减少管理库存的费用及麻烦，提供高效率的后勤支持和改包装、贴卷标、促销商品组合等物流加工服务。本小节希望通过案例，介绍建立一套系统的、符合逻辑的规划设计步骤，详述各步骤的重点，以协助设计者能够以最短的时间和最少的人力成本，完成低温配送中心的规划设计工作。

深圳某公司现规划建设一个低温配送中心，目的在于利用企业的自身优势，在低温配送中心市场占据一席之地，利用升值服务、低成本、供应链管理、取得与竞争者差异化的竞争优势。[①]

1. 筹划准备阶段

(1) 制定规划目标。

• 短期规划。满足自用需求(冷冻水产)约 3 600 吨，并对下游经销商客户提供冷冻食品的配送物流服务。

• 中长期规划。在深圳北部、西部地区各建立一个转运型配送中心，土地面积的 3 000 平方米，用以发展鲜食水果等产品的加工、网络营销及宅配服务。

(2) 基本资料的搜集。

• 配送中心的现状是：将原来的冷冻库承租下来改造为低温配送中心。地点为工业区，临近盐田港，距高速公路口 2 千米左右，邻近 8 车道快速道路。方便深圳北部、西部地区的整车配送。附近冷冻加工厂林立，临近又有许多住宅区，招募低温作业经验的人员非常容易，交通方便、土地价格便宜，自然条件(如地震、降雨、盐度等)无直接威胁。

• 基本要素：

对象 E：订单来自经销商、便利店、超市、量贩店；

种类 I：冷冻的水产品、约 600 种；

数量及库存量 Q：平均每日配送商品 5 300 箱，库存量平均 2 800 托盘；

配送渠道 R：本市、直送批发零售商；

服务对象 S：本公司及零售商；

交货时间 T：交货时间为下单当日或次日，配送频率为一天一次；

成本 C：物流费用约占商品价格的 9%。

(3) 基本资料分析。

• 仓储设备。原油仓库缺乏货架、储位，无法进行计算机储位管理。理货区及装卸区无空调冷冻设备，理货区为常温，会严重影响产品质量，减短产品的保存期限。楼高约 6 米，扣除空调管路空间，实际可用高度约 5 米，只能叠放三层托盘。由于原为储存原料及成品的冷冻库，并未配置货架，托盘只能以堆板方式存放。

---

① 本案例改编选自中国物流与采购网，http://

• 配送作业。目前配送回程几乎为空车。每月配送峰值低谷的数量差异较大,形成了月初量大送不完,月中、月底量小而闲置的情况。原因为付款条件是月底月结制,造成客户订货集中在月初的一周里。若能与其他物流公司进行共同配送,则可降低配送成本。

• 库存管理。储位无法妥善管理,造成空间的浪费及盘点困难。没有计算机配车系统,配送成本难以掌握。因为缺乏信息系统,时常会造成库存重复被卖而无法交货的窘境。而零散货品寻找不易,常发生库存表有货却找不到货的情况。目前每三个月盘点一次,因仓储设备不足而无法做到精确的盘点。

2. 系统规划设计阶段

(1) EIQ 参数的分析。

• 对象 E。经销商、便利店、超市、百货公司,出货状况:整托盘出货 12%,整箱出货 88%。

• 种类 I。冷冻的水产品、畜产品、蔬菜、蔬果和调理食品,数量大、体积小。

• 数量及库存量 Q。目前的总量为签约企业水产品的配送数量总和。因采取月结货款结算方式,每月下旬为波谷时间,每月上旬为高峰时间。若能配合其他进口商/制造商以每月 20 日为月结款日,可以有效改变上述不平衡峰谷问题。

• 配送渠道 R。配送中心→经销商→零售(便利店、超市、百货公司)→消费者。

• 物流服务 S。渠道合理成本下的服务质量。即成本不比竞争对手高,而服务水平比其高的服务原则。

• 交货时间 T。采取配送频率一天一次。次日送达(12—24 小时)。

• 成本 C。以仓储费、装卸费、流通加工费、配送费等分别计费。

(2) 规划方案中的基本设计参数。

规划的库存周期天数为 27 天。营业收入(出入库数量)与库存同步增长。出租储位的种类数与使用的储位数同比例增长。

• 中心总面积。2 928 平方米(楼梯间另计),长 89 米,宽 32.9 米。仓库区:长 64.4 米,宽 32.9 米,高 24 米;处理区:长 24.6 米,宽 32.9 米,高 23.1 米。

• 温度要求。自动仓库－25 ℃库温,50 000 平方米,总收容量 8 800 托盘,最大入库量 200 托盘/日,入库初温－15 ℃,入库 24 小时内可达－25 ℃。冷冻区－25 ℃库温,300 平方米。前室 1 ℃—3 ℃室温,50 平方米。理货区 5 ℃—10 ℃室温,700 平方米。冷藏区 1 ℃—3 ℃室温,400 平方米。

• 每月出库 3 500P(托盘)＝120P/日;每月订单数:3 582 张;每月累计出货箱数:124 478 箱;每日出库种类预估 200 项(目前 170 项/日)。

• 拣货频率。出库 25P/小时,再入库 25P/小时;拣货入库 15P/小时;峰值时间段:6:00—8:30 和 16:30—19:30。每日车辆进出频率(现况):进拖车 2 辆,作业时间 1.5 小时,出车 1 辆,作业时间 1.5 小时。

(3) 规划方案说明。规划的两个方案由于篇幅限制,这里做简单介绍:

方案一(平货架):总费用 4 325 万元。

• 低温配送中心。建筑面积为 4 347 平方米(63 米×69 米),仓库采用一层厂房,内部净高 12 米,仓储设备采用托盘货架搭配窄道式堆高机的作业方式,共有储位 5 640 个。

规划为 6 个区域，温度可控制在 0℃—25℃。

• 生鲜加工厂。建筑面积为 3 760 平方米(40 米×94 米)。预计建三层楼，一楼的后面规划为冷冻机械室，右边为原料仓库及活鱼养殖池。生鱼片生产线设备包括生鲜解冻机、生鲜切割处理台、急速冷冻机、包装线及冷藏库等设备。二楼计划生产鲜食产品。

• 进出货区。为三层楼方式：一楼作进出货装卸暂存区，其温度设定为 5℃—7℃，面积为 756 平方米(63 米×12 米)，楼高 5.5 米，月台高 1.3 米，设有升降月台等设备。二楼作理货区或冷藏区，温度为 0℃—5℃，面积为 1 134 平方米(63 米×18 米)，楼高 5 米，利用二楼延伸的 6 米作遮雨棚。在楼层间利用电梯与垂直输送机搬运货物。三楼作为行政办公室，面积为 1 134 平方米(63 米×18 米)，楼高 3.5 米。

方案二(自动仓库＋传统仓)：总费用 7 832 万元。

• 低温自动仓储中心。建筑面积为 2 915 平方米(33.9 米×86 米)，仓库主体采用一体式自动仓储厂房，楼高 24 米。自动高架堆垛机五台，储位 9 400 个。温度可控制在 －25℃ 左右。

• 进出货物暂存区。规划为四层楼，一楼作进出货装卸暂存区，其温度设定为 5℃—7℃，面积为 508 平方米(33.9 米×15 米)，楼高 5.6 米，月台高 1.5 米，设有升降月台等设备。二楼作理货区，其温度设定为 0℃—5℃，面积为 847 平方米(33.9 米×25 米)，楼高 5 米，利用二楼延伸的 8 米作遮雨棚。在楼层间利用电梯与自动高架存取机搬运货物。三楼作冷藏及冷冻两用的仓储区，其温度设定为 7℃—25℃，面积为 847 平方米(33.9 米×25 米)，楼高 5.5 米，存放不能进自动仓的商品。四楼作为行政办公室，面积为 847 平方米(33.9 米×25 米)，楼高 4 米。

• 加工厂。为三层楼建筑，面积为 4 000 平方米，一楼的后面规划为冷冻机械室，右边为原料仓库及活鱼养殖池，生鱼片生产线设备包括生鲜解冻机、生鲜切割处理台、急速冷冻机、包装线及冷藏库等设备。二楼则计划生产鲜食产品。

3. 方案评估阶段

根据规划的基本方式，计算各方案的投资金额以及运营收支的经济效益，进行效益评估分析。假设计算条件如下所示：

(1) 仓库利用率。第一年为 65%，第二年为 75%，第三年为 85%，第四年之后按 95% 计算。

(2) 拣货时每箱以 10 元计算，每托盘堆码 30 箱，因此每托盘理货费为 300 元。

(3) 集装箱装载量。换算时，40 米集装箱以堆码 30 托盘计算。拆箱数量以仓库库存量的 60% 计算。

(4) 物流费第五年费率调整，仓租费调整为 650 元/箱，入库费调整为 150 元/箱。

为利于收发货，库存管理等，由计算机管理可随时掌握库存量，正确提供库存状态，而且通过仓储计算机与公司的主计算机联机，可向客户提供实时信息及网上订单和订单查询。由于采用先进技术可以高效地占领市场及较快地回收投资，最后决定选择方案二。

4. 详细设计阶段

从规格种类繁多的各类设施中挑出最佳设备，集成以满足整体效率最大化，需要各专业相互配合。

以下针对重点设施加以说明：

(1) 自动仓库。室内货架净高 24 米，采用一体式设计，外墙板直接固定于货架钢柱，以节省厂房成本。前处理区为四层：一楼为收出货区，月台可停放货车 5 台，配 5 台月台跳板供装卸货。二楼为批量订单拣货区，可供多订单合并拣货。三楼一半为冷藏储存区，一半为冷冻储存区。电动推高机作业。仓库侧边配置 2 层低温零星拣货区，货品由高架吊车(激光定位 FS 系统)取至指定区域，员工依拣料单指示拣取。

(2) 处理区厂房。一楼月台高 1.45 米，一楼楼高 6 米，二楼楼高 5 米，三楼楼高 5.5 米，四楼楼高 4 米。货用电梯载重 4.5 吨，每分钟运行 30 米。

(3) 冷冻、冷藏及空调系统。由两台低温卤水冷冻机组(−25 ℃)负责自动仓库，两台中温卤水冷冻机(1 ℃—10 ℃)负责理货区、冷藏仓库等的冷却。

(4) 信息系统功能。全自动低温仓储。储位管理计算机化，先进先出，确保产品质量不逾期。客户能够应用互联网实时查询库存，能够应用 Internet、EDI、FAX、TEL 等方式下单。

5.4 配送中心的选址

配送中心选址是指在一个具有若干供应网点及若干需求网点的经济区域内，选一个地址设置配送中心的规划过程。较佳的配送中心选址方案可以使商品通过配送中心的汇集、中转、分发直至输送到需求网点全过程的效益更好。通常，配送中心拥有众多建筑物、构筑物以及固定机械设备，如果选址不当，将产生极大的负面影响并要付出长远的代价。因而，在配送中心的选址规划中，对配送中心的选址原则、影响因素等进行综合分析，并提出缜密的决策建议是非常必要的。

5.4.1 配送中心选址概述

随着国民经济的发展，物流需求不断增长，要求有相应的配送中心及网点与之相适应。进行配送中心的建设，必须有一个整体规划，即从空间和时间上对配送中心的新建、改建和扩建进行全面系统地规划。规划得合理与否，对配送中心的设计、施工与应用，对其作业质量、安全、作业效率和保证供应，对节省投资和运营费用等，都会产生直接和深远的影响。

1. 配送中心选址的原则

配送中心的选址过程应同时遵守适应性原则、协调性原则、经济性原则和战略性原则。

(1) 适应性原则。配送中心的选址须与国家以及省市的经济发展方针、政策相适应，与我国物流资源分布和需求分布相适应，与国民经济和社会发展相适应。

(2) 协调性原则。配送中心的选址应将国家的物流网络作为一个大系统来考虑，使配送中心的设施设备，在地域分布、物流作业生产力、技术水平等方面互相协调。

(3) 经济性原则。配送中心发展过程中，有关选址的费用，主要包括建设费用及物流费用(经营费用)两部分。配送中心的选址定在市区、近郊区或远郊区，其未来物流活动辅助设施的建设规模及建设费用，以及运费等物流费用是不同的，选址时应以总费用最低为配送中心选址的经济性原则。

(4) 战略性原则。配送中心的选址，应具有战略眼光。一是要考虑全局，二是要考虑长远。局部要服从全局，当前利益要服从长远利益，既要考虑当前的实际需要，又要考虑日后发展的可能。

2. 配送中心选址的影响因素分析

现代物流学原理已经证明，在城市现代物流体系规划过程中，配送中心的选址主要应考虑四方面因素。

(1) 自然环境因素。主要包括：

• 气象条件。配送中心选址过程中，主要考虑的气象条件有温度、风力、降水量、无霜期、冻土深度、年平均蒸发量等指标。如选址时要避开风口，因为在风口建设会加速露天堆放商品的老化。

• 地质条件。配送中心是大量商品的集结地。某些容重很大的建筑材料堆码起来会对地面造成很大压力。如果配送中心地面以下存在着淤泥层、流沙层、松土层等不良地质条件，则会在受压地段造成沉陷、翻浆等严重后果，为此，土壤承载力要高。

• 水文条件。配送中心选址需远离容易泛滥的河川流域与上溢地下水的区域。要认真考察近年的水文资料，地下水位不能过高，洪泛区、内涝区、故河道、干河滩等区域绝对禁止使用。

• 地形条件。配送中心应选择较高的地势、平坦的地形建设，且应具有适当的面积与外形。若选在完全平坦的地形上是最理想的；其次选择稍有坡度或起伏的地方；对于山区陡坡地区则应该完全避开；在外形上可选长方形，不宜选择狭长或不规则形状。

(2) 经营环境因素。主要包括：

• 经营环境。配送中心所在地区的优惠物流产业政策对物流企业的经济效益将产生重要影响；数量充足和素质较高的劳动力条件也是配送中心选址考虑的因素之一。

• 商品特性。经营不同类型商品的配送中心最好能够分别布局在不同地域。如生产型配送中心的选址应与产业结构、产品结构、工业布局紧密结合进行考虑。

• 物流费用。物流费用是配送中心选址的重要考虑因素之一。大多数配送中心选择接近物流服务需求地，例如接近大型工业、商业区，以便缩短运距、降低运费等物流费用。

• 服务水平。服务水平是配送中心选址的考虑因素。由于现代物流过程中能否实现准时运送是服务水平高低的重要指标，因此，配送中心选址时，应保证客户可在任何时候向配送中心提出物流需求，且都能获得快速满意的服务。

经营环境因素的权重系数一般是 0.3—0.5，是进行配送中心选址时应考虑的主要因素。

(3) 基础设施状况。主要包括：

• 交通条件。配送中心必须具备方便的交通运输条件。最好靠近交通枢纽进行布局，如紧临港口、交通主干道枢纽、铁路编组站或机场，有两种以上运输方式相连接。

• 公共设施状况。配送中心的所在地，要求城市的道路、通信等公共设施齐备，有充足的供电、水、热、燃气的能力，且场区周围要有污水、固体废物处理能力。

(4) 其他因素。主要包括：

• 国土资源利用。配送中心的规划应贯彻节约用地、充分利用国土资源的原则。配送中心一般占地面积较大，周围还需留有足够的发展空间，为此地价的高低对布局规划有着重要影响。此外，配送中心的布局还要兼顾区域与城市规划用地的其他要素。

• 环境保护要求。配送中心的选址需要考虑保护自然环境与人文环境等因素，尽可能降低对城市生活的干扰。对于大型转运枢纽，应适当设置在远离市中心的地方，以使得大城市的交通环境状况能够得到改善，城市的生态建设得以维持和增进。

• 周边状况。由于配送中心是火灾重点防护单位，不宜设在易散发火种的工业设施(如木材加工、冶金企业)附近，也不宜设在居民住宅区附近。

5.4.2 配送中心选址的基本条件与所需数据

1. 配送中心选址的基本条件

配送中心选址时，事先要明确建立配送中心的必要性、目的及方针，明确研究的范围。根据下面所论述的条件，可以大大缩小选址的范围。

(1) 需要条件。它包括作为配送中心的服务对象——顾客的现在分布情况及未来分布情况的预测、货物作业量的增长率及配送区域的范围。

(2) 运输条件。应靠近铁路货运站、港口和公共卡车终点站等运输据点。同时也应靠近运输业者的办公地点。

(3) 配送服务的条件。向顾客报告到货时间、发送频率、根据供货时间计算的从顾客到配送中心的距离和服务范围。

(4) 用地条件。要考虑是利用配送中心现有的土地还是重新取得地皮，如果重新取得地皮，则需要考虑地价及地价允许范围内的用地分布情况。

(5) 法规制度。根据指定用地区域等法律规定，明确有哪些地区不允许建设仓库和配送中心。

(6) 管理与情报职能条件。配送中心是否要求靠近本公司的营业、管理和计算机等部门。

(7) 流通职能条件。商流职能与物流职能是否要分开？配送中心是否也附有流通加工的职能？如需要，从保证职工人数和通勤的方便出发，是否限定配送中心的选址范围？

(8) 其他条件。不同的物流类别，有不同的特殊需要。如为了保持货物质量的冷冻、保温设施，防止公害设施或危险品保管设施等，对选址都有特殊要求，是否有能满足这种条件的地区？

配送中心的设计者，对上述各项条件必须进行充分详尽的研究。在某些条件下，设施的规模和选址决定不下来，就得不出最终结论。但是，配送中心的地点，一定要选择得令人满意。这就要把各种条件排列对比，描绘在地图上，经过反复研究，再圈定范围和候选地址。

2. 配送中心选址所需数据

配送中心选择地址的方法，一般是通过成本计算。也就是将运输费用、配送费用及物流设施费用模型化，采用约束条件及目标函数建立数学公式，从中寻求费用最小的方案。但是，采用这种选址方法，寻求最优的选址解时，必须对业务量和生产成本进行正确的分析和判断。

(1) 掌握业务量。配送中心选址时应掌握的业务量如下：

- 工厂至配送中心之间的运输量；
- 向顾客配送的货物数量；
- 配送中心保管的数量；
- 配送路线别的业务量。

由于这些数量，在不同时期、不同周、不同月、不同季节等期间内均有种种波动，因此，要对所采用的数据水平进行研究。另外，除了要对现状的各项数值进行分析，还必须确定设施使用后的预测数值。

(2) 掌握费用。配送中心选址时应掌握的费用如下：

- 工厂至配送中心间的运输费；
- 配送中心至顾客间的配送费；
- 与设施、土地有关的费用及人工费、业务费等。

由于前两项费用，随着业务量和运送距离的变化而变动。所以，必须对每一吨公里的费用进行分析。最后一项包括可变费用和固定费用，最好根据可变费用和固定费用之和进行成本分析。

(3) 其他。用缩尺地图表示顾客的位置、现有设施的配置方位及工厂的位置，并整理各候选地址的配送路线及距离等资料。对于必备的车辆数、作业人员数、装卸方式、装卸机械费用等要与成本分析结合起来确定。

3. 配送中心选址时的注意事项

大中城市的配送中心应采用集中与分散相结合的方式选址。在中小城镇中，因配送中心的数目有限且不宜过于分散，故宜选择独立地段；在河道(江)较多的城镇，商品集散大多利用水运，配送中心可选择沿河(江)地段。应当引起注意的是，城镇要防止将那些占地面积较大的综合性配送中心设在城镇中心地带，这会带来交通不便等诸多因素。下面简要分析各类配送中心在选址时的注意事项：

(1) 不同类型配送中心选址时的注意事项。

- 转运型配送中心。转运型配送中心大多经营倒装、转载或短期储存的周转类商品，大都使用多式联运方式，因此一般应设置在城市边缘地区的交通便利地段，以方便转运和减少短途运输。
- 储备型配送中心。储备型配送中心主要经营国家或所在地区的中、长期储备物品，一般应设置在城镇边缘或城市郊区的独立地段，且具备直接而方便的水陆运输条件。
- 综合型配送中心。综合型配送中心经营的商品种类繁多，根据商品类别和物流量选择在不同的地段。例如与居民生活关系密切的生活型配送中心，若物流量不大又没有环境污染问题,可选择接近服务对象的地段,但应具备方便的交通运输条件。

(2) 经营不同商品的配送中心选址时的注意事项。

经营不同商品的配送中心对选址的要求不同,应分别加以注意,以下典型分析冷藏品、蔬菜、建筑材料、危险品等配送中心的选址特殊要求。

• 果蔬食品配送中心。果蔬食品配送中心应选择入城干道处,以免运输距离拉得过长、商品损耗过大。

• 冷藏品配送中心。冷藏品配送中心往往选择屠宰场、加工厂、毛皮处理厂等附近。因为有些冷藏品配送中心会产生特殊气味、污水、污物,而且设备及运输噪声较大,会对所在地环境造成一定影响,故多选择城郊。

• 建筑材料配送中心。通常建筑材料配送中心的物流量大,占地多,有严格的防火等安全要求,应选择城市边缘对外交通运输干线附近。

• 燃料及易燃材料配送中心。石油、煤炭及其他易燃物品配送中心应满足防火要求,选择城郊的独立地段。在气候干燥、风速较大的城镇,还必须选择大风季节的下风位或侧风位。特别是油品配送中心选址应远离居住区和其他重要设施,最好选在城镇外围的地形低洼处。

5.4.3 配送中心选址的方法和程序

1. 配送中心选址的方法

配送中心的选址应综合运用定性和定量分析相结合的方法,在全面考虑选址影响因素的基础上,粗选出若干个可选的地点,进一步借助比较法、专家评价法、模糊综合评价等数学方法量化比较,最终得出较优的方案。

选择地址的方法可分为单一配送中心的选址和多个配送中心有机配合使用时多个地址的选择方法。两种方法略有不同。而在制订基本计划时,若尚未确定配送中心是采用单一设施还是配置多个设施时,可以用单一选址方法和多址选址方法对其分别计算,进行全部费用比较,选取最优方案。

关于单一选址方法和多址选址方法的定量方法,我们将在 5.4.4 节中详细讨论。

2. 配送中心选址的程序和步骤

在进行配送中心选址时,其程序可以按照图 5-7 所示进行。下面我们就具体的几个选址步骤进行简单的说明:

(1) 选址约束条件分析。选址时,首先要明确建立配送中心的必要性、目的和意义,然后根据物流系统的现状进行分析,制定物流系统的基本计划,明确所需要了解的基本条件,以便大大缩小选址的范围

(2) 搜集整理资料。选择地址的方法,一般是通过成本计算,也就是将运输费用、配送费用及物流设施费用模型化,采用约束条件及目标函数建立数学公式,从中寻求费用最小的方案。但是,采用这种选址方法,寻求最优的选址解时,必须对业务量和生产成本进行正确的分析和判断。

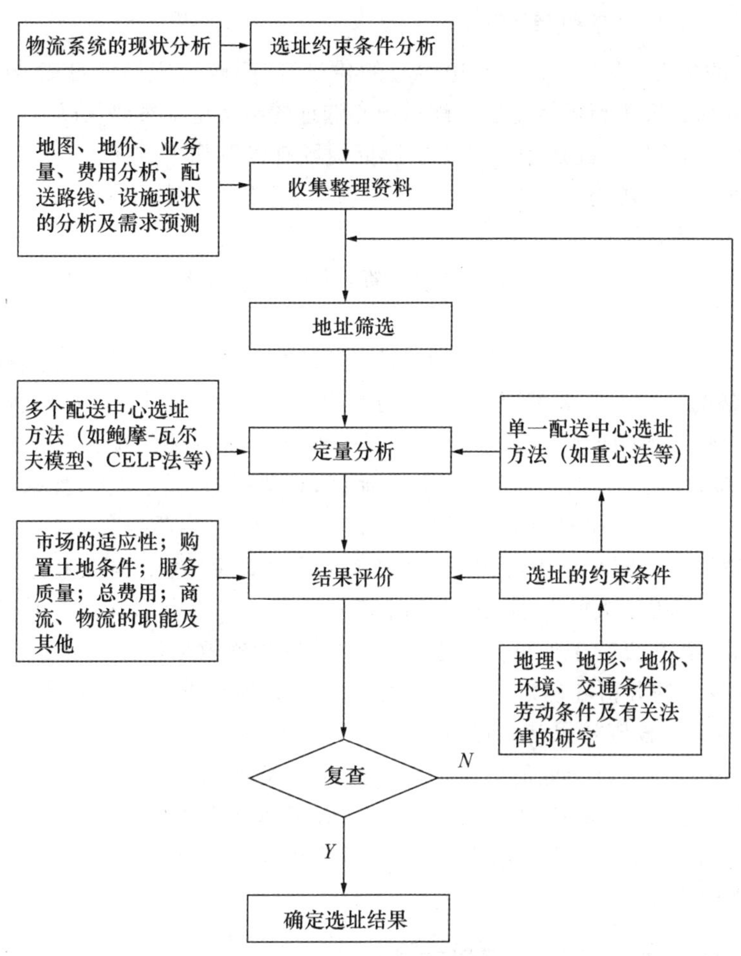

图 5-7　配送中心的选址程序

(3) 地址筛选。在对所取得的上述资料进行充分的整理和分析、考虑各种因素的影响并对需求进行预测后，就可以初步确定选址范围，即确定初始候选地点。

(4) 定量分析。针对不同的情况选用不同的模型进行计算，得出结果。如对多个配送中心进行选址时，可采用奎汉-哈姆勃兹(Kuehn-Hamburger)模型、鲍摩-瓦尔夫(Baumol-Wolfe)模型、CELP 法等；如果是对单一配送中心进行选址，就可采用重心法等。

(5) 结果评价。结合市场适应性、购置土地条件、服务质量等，对计算所得结果进行评价，看其是否具有现实意义及可行性。

(6) 复查。分析其他影响因素对计算结果的相对影响程度，分别赋予它们一定的权重，采用加权法对计算结果进行复查。如果复查通过，则原计算结果即为最终结果；如果复查发现原计算结果不适用，则返回第三步继续计算，直至得到最终结果。

(7) 确定选址结果。在用加权法复查通过后，计算所得的结果即可作为最终的计算结果。但是所得解不一定为最优解，可能只是符合条件的满意解。

3. 配送中心选址方案的经济论证

配送中心的建设，特别是大型配送中心的建设，需要较大规模的投资，在选址方案确定之后，还需要对方案进行经济论证。配送中心选址的经济论证主要从以下两个方面进行：

(1) 投资额的确定。配送中心的主要投资领域有以下几个方面：

• 预备性投资。配送中心是占地较大的项目，它和仓库的不同之处在于，配送中心应处于与用户接近的最优位置，因此在基本建设主体投资之前，需有征地、拆迁、市政、交通等预备性的投资，这是一笔数额颇大的投资，尤其在一些准黄金地域，这项投资可超过总投资额的50%。

• 直接投资。用于配送中心项目主体的投资，如配送中心各主要建筑物建设、货架、叉车、分拣设备的购置及安装费，信息系统的购置安装费，配送中心自有车辆的购置费等。

• 相关投资。不同地区与基本建设及未来经济活动有关的项目，诸如燃料、水、电、环境保护等，都需要有一定的投资。在有些地区，相关投资可能很大，如果只考虑直接投资而忽视相关投资，投资的估计可能发生偏差。

• 运营费用。不同配送中心选址，也取决于配送产品、配送方式和用户状况。这些因素会造成运营费用较大的差别，在布局时必须重视这些投资因素。有时候建设费用虽低，但运营费用高，在投资中如果不考虑运营费用，则投资效果往往会判断不准。

(2) 投资效果的分析和确定。配送中心的选址必须在准确掌握投资额度之后，确认其投资效果，而且以投资效果来做最后决策。投资效果问题，归根结底是对投资效益的估算。配送中心和一般生产企业的区别很大，它没有一定数量、一定质量、一定价格的产品，因而收益的计量性模糊，灰色因素较大。此外，在经营活动中，人的因素等不确定因素很多。所以，在计算效益时需要对用户、市场占有率等若干方面做不同层次的估计，分别组成不同方案进行比较。

5.4.4 配送中心选址的定量方法

配送中心是现代物流系统的重要组成部分，它是以组织配送型销售和供应，执行实物配送为主要职能的流通型节点。为了降低流通成本，提高流通效率，科学地建立配送中心，是市场竞争的必然结果。配送中心的分布，对现代物流活动有很大的影响，配送中心合理的选址能够减少货物的运输费用，从而大幅度地降低运营成本。为了实现配送中心的合理分布，必须规划配送中心的布局，也就是要根据物流现状和预期发展，在特定条件下确定配送中心的地址。

1. 单一配送中心的选址

单一配送中心是最简单的配送中心，对众多配送点只设置一个配送中心组织货物配送。对单一配送中心进行选址，重心法是一种有效的选址方法。

(1) 重心法。

• 重心法模型。如图5-8所示，设有 n 个零售店，它们各自的坐标是 (x_i, y_i) $(i=1, 2, 3, \cdots, n)$，配送中心的坐标是 (x_0, y_0)，有

$$H = \sum_{j=1}^{n} C_j \tag{5-1}$$

式中，H 为从配送中心到各零售店的总发送费；C_j 为从配送中心到各零售店的发送费。而 C_j 又可以用下式来表示：

$$C_j = h_j w_j d_j \tag{5-2}$$

式中，h_j 为从配送中心到零售店 j 的发送费率（即单位吨千米的发送费）；w_j 为从配送中心向零售店 j 的发送量；d_j 为从配送中心到零售店 j 的距离。

d_j 也可以写成如下形式：

$$d_j = [(x_0 - x_j)^2 + (y_0 - y_j)^2]^{1/2} \tag{5-3}$$

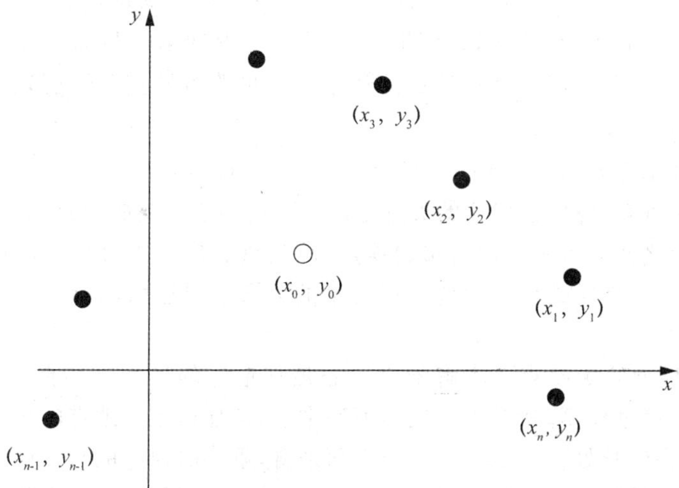

图 5-8　配送中心和零售店的坐标

把式(5-2)代入式(5-1)中，得到：

$$H = \sum_{j=1}^{n} h_j w_j d_j \tag{5-4}$$

从式(5-3)和(5-4)中可求出使 H 为最小的 x_0、y_0。

解决这个问题的方法是运用下面的计算公式，令

$$\frac{\partial H}{\partial x_0} = \sum_{j=1}^{n} h_j w_j (x_0 - x_j)/d_j = 0 \tag{5-5}$$

$$\frac{\partial H}{\partial y_0} = \sum_{j=1}^{n} h_j w_j (y_0 - y_j)/d_j = 0 \tag{5-6}$$

从式(5-5)和式(5-6)中可分别求出最适合的 x_0^* 和 y_0^*，即

$$x_0^* = \frac{\sum_{j=1}^{n} h_j w_j x_j / d_j}{\sum_{j=1}^{n} h_j w_j / d_j} \tag{5-7}$$

$$y_0^* = \frac{\sum_{j=1}^{n} h_j w_j y_j / d_j}{\sum_{j=1}^{n} h_j w_j / d_j} \tag{5-8}$$

因式(5-7)和式(5-8)右边还含有 d_j，即还含有要求的未知数 x_0、y_0，而要从两式的右边完全消去 x_0 和 y_0，计算起来很复杂，故采用迭代法来进行计算。

• 迭代法的计算步骤。迭代法的计算步骤具体如下：

第一步，把所有零售店的重心坐标作为配送中心的初始地点 (x_0^0, y_0^0)；

第二步，利用式(5-3)和(5-4)，计算与 (x_0^0, y_0^0) 相应的总发送费 H^0；

第三步，把 (x_0^0, y_0^0) 分别带入式(5-3)、式(5-7)和式(5-8)中，计算配送中心的改善地点 (x_0^1, y_0^1)；

第四步，利用式(5-3)和(5-4)，计算与 (x_0^1, y_0^1) 相应的总发送费 H^1；

第五步，把 H^1 和 H^0 进行比较，如果 $H^1 < H^0$，则返回第三步的计算，再把 (x_0^0, y_0^0) 代入式(5-3)、式(5-7)和式(5-8)中，计算配送中心的再改善地点 (x_0^2, y_0^2)。如果 $H^1 \geqslant H^0$，则说明 (x_0^0, y_0^0) 就是最优解。

这样反复计算下去，直至 $H^{k+1} \geqslant H^k$，求出最优解 (x_0^k, y_0^k)。

由上述分析可知，应用迭代法的关键是给出配送中心的初始地点 (x_0^0, y_0^0)。一般的做法是将各零售店之间的重心点作为初始地点(故叫重心法)，也可采用任选初始地点的方法，还可以根据各零售店的位置和商品需要量的分布情况选取初始地点。初始地点的选取方法可以不同。

• 重心法模型的优缺点。求解配送中心最佳地址的模型有离散型和连续型两种。重心法模型是连续型模型，相对于离散型模型来说，其配送中心地点的选择是不加特定限制的，有自由选择的长处。可是从另一个方面来看，重心法模型的自由度过多也是一个缺点，因为由迭代法计算求得的最佳地点实际上往往很难找到，有的地点很可能在河流湖泊上或街道中间等。此外，迭代计算非常复杂，这也是连续型模型的缺点之一。

(2) 数值分析法。数值分析法是由坐标和费用函数求出由配送中心至顾客之间配送费用最小地点的方法。在此不作详细公式推导。

2. 多个配送中心的选址

(1) 奎汉-哈姆勃兹模型。这是多个配送中心地址选定的典型方法。本方法是一种“启发式方法”。所谓启发式方法就是逐次求近似解的方法，即简单地先求出初次解，然后经过反复计算修改这个解，使之逐步达到近似最优解的方法。奎汉-哈姆勃兹模型，是按下列公式确定其目标函数和约束条件的。

$$f(x) = \sum_{hijk}(A_{hij} + B_{hjk})X_{hijk} + \sum_{j}F_j Z_j + \sum_{hj}S_{hj}\Big(\sum_{ik}X_{hijk}\Big) + \sum_{hk}D_{hk}(T_{hk})$$

$$\sum_{ij}X_{hijk} = Q_{hk}$$

$$\sum_{jk}X_{hijk} \leqslant Y_{hi}$$

$$I_j\Big(\sum_{hjk}X_{hijk}\Big) \leqslant W_j$$

其中，h——产品$(1, \cdots, p)$；

i——工厂$(1, \cdots, q)$；

j——仓库$(1, \cdots, r)$；

k——顾客$(1, \cdots, s)$；

A_{hij}——从工厂 i 到仓库 j 运输产品 h 的单位运输费；

B_{hjk}——从仓库 j 到顾客 k 之间配送产品 h 时的单位运输费；

X_{hijk}——从工厂 i 经过仓库 j 向顾客 k 运输产品 h 的数量；

F_j——在仓库 j 期间的平均固定管理费；

Z_j——当 $\sum_{hik} X_{hijk} > 0$ 时取 1，否则取 0；

$S_{hj}\left(\sum_{ih} X_{hijk}\right)$—— 在仓库 j 中，为保管产品 h 而产生的部分可变费用管理费、保管费、税金以及投资的利息等；

$D_{hk}(T_{hk})$——向顾客 k 配送产品 h 时，因为延误时间 T 而支付的损失费；

Q_{hk}——顾客 k 需要的产品 h 数量；

W_j——仓库 j 的能力；

Y_{hi}——生产产品 h 的工厂 i 的能力；

$I_j \sum_{hjk} X_{hijk}$—— 各工厂经由仓库(j)向所有顾客配送产品的最大库存定额。

这是用上述各项条件，按图 5-9 的流程图求得算术解的方法。

(2) 鲍摩-瓦尔夫模型

• 鲍摩-瓦尔夫模型的建立。图 5-10 所示的是从几个工厂经过几个配送中心，向用户输送货物。对此问题，一般只考虑运费为最小时配送中心的选址问题。

这里所要考虑的问题是：各个工厂向哪些配送中心运输多少商品？各个配送中心向哪些用户发送多少商品？

规划的总费用应包括以下内容：

c_{ki}——从工厂 k 到配送中心 i，每单位运量的运输费；

h_{ij}——从配送中心 i 向用户 j 发送单位运量的发送费；

c_{ijk}——从工厂 k 通过配送中心 i 向用户 j 发送单位运量的运输费，即 $c_{ijk}=c_{ki}+h_{ij}$；

X_{ijk}——从工厂 k 通过配送中心 i 向用户 j 运送的运量；

W_i——通过配送中心 i 的运量，即 $W_i = \sum_{jk} X_{ijk}$；

v_i——配送中心 i 的单位运量的可变费用；

F_i——配送中心 i 的固定费用(与其规定无关的固定费用)。

故总费用函数为：

$$f(X_{ijk}) = \sum_{ijk}(c_{kj} + h_{ij})X_{ijk} + \sum_i v_i\,(W_i)^\theta + \sum_i F_i r(W_i) \tag{5-9}$$

式中，$0<\theta<1$，$r(W_i)=\begin{cases}0 & (W_i=0)\\ 1 & (W_i>0)\end{cases}$。

• 鲍摩-瓦尔夫模型的计算方法。首先，给出费用的初始值，求初始解；然后，进行迭代计算，使其逐步接近费用最小的运输规划。

第一步，求初始解。

要求最初的工厂到用户间(k,j)的运费相对最小，也就是说，要求工厂到配送中心间的运费率 c_{kj} 和配送中心到用户间的发送费率 h_{ij} 之和为最小，即

$$c_{kj}^0 = \min_i(c_{ki} + h_{ij}) = (c_{ki}^0 + h_{ij}^0) \tag{5-10}$$

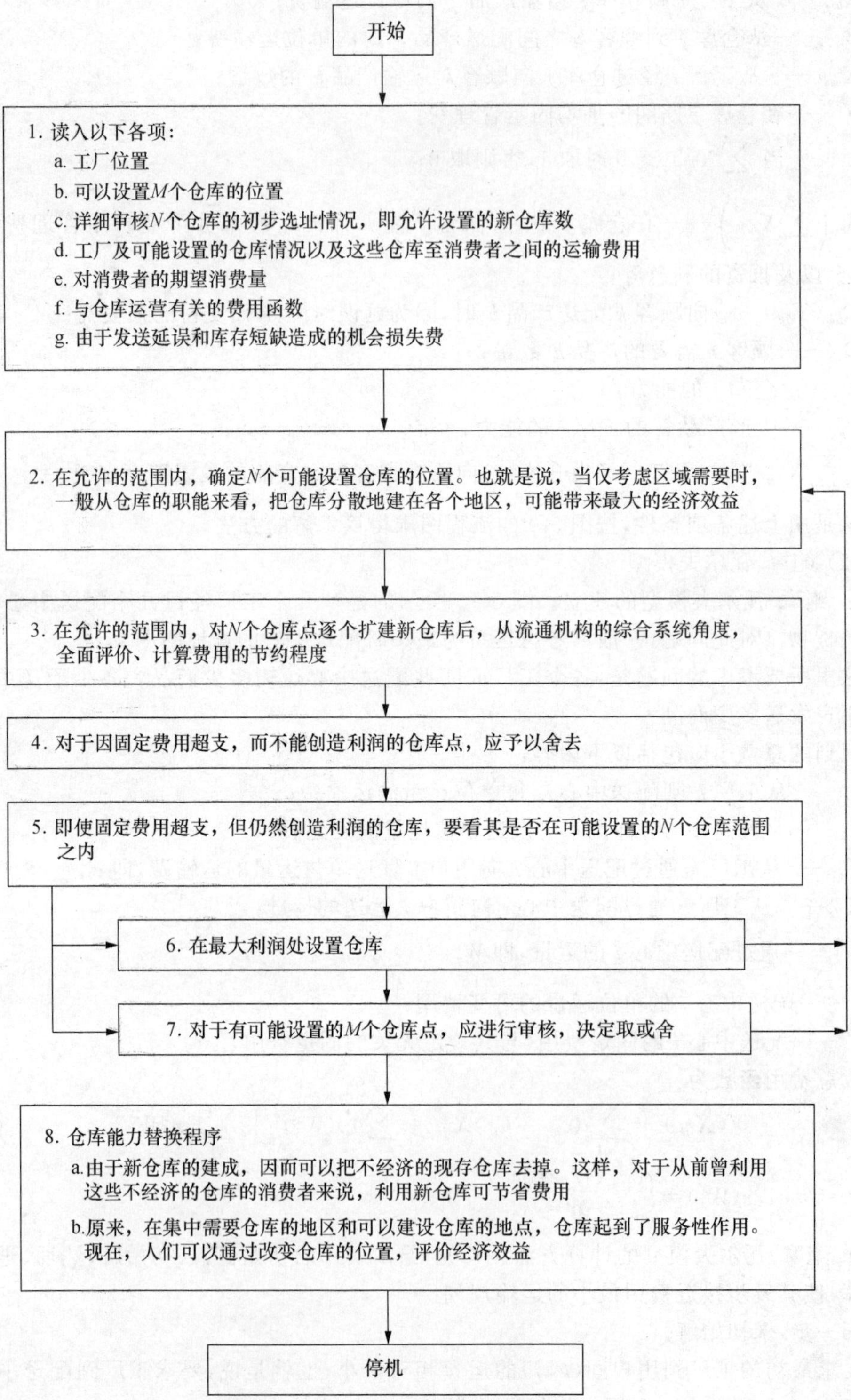

开始

1. 读入以下各项：
   a. 工厂位置
   b. 可以设置M个仓库的位置
   c. 详细审核N个仓库的初步选址情况，即允许设置的新仓库数
   d. 工厂及可能设置的仓库情况以及这些仓库至消费者之间的运输费用
   e. 对消费者的期望消费量
   f. 与仓库运营有关的费用函数
   g. 由于发送延误和库存短缺造成的机会损失费

2. 在允许的范围内，确定N个可能设置仓库的位置。也就是说，当仅考虑区域需要时，一般从仓库的职能来看，把仓库分散地建在各个地区，可能带来最大的经济效益

3. 在允许的范围内，对N个仓库点逐个扩建新仓库后，从流通机构的综合系统角度，全面评价、计算费用的节约程度

4. 对于因固定费用超支，而不能创造利润的仓库点，应予以舍去

5. 即使固定费用超支，但仍然创造利润的仓库，要看其是否在可能设置的N个仓库范围之内

6. 在最大利润处设置仓库

7. 对于有可能设置的M个仓库点，应进行审核，决定取或舍

8. 仓库能力替换程序
   a.由于新仓库的建成，因而可以把不经济的现存仓库去掉。这样，对于从前曾利用这些不经济的仓库的消费者来说，利用新仓库可节省费用
   b.原来，在集中需要仓库的地区和可以建设仓库的地点，仓库起到了服务性作用。现在，人们可以通过改变仓库的位置，评价经济效益

停机

图 5-9　启发式方法程序

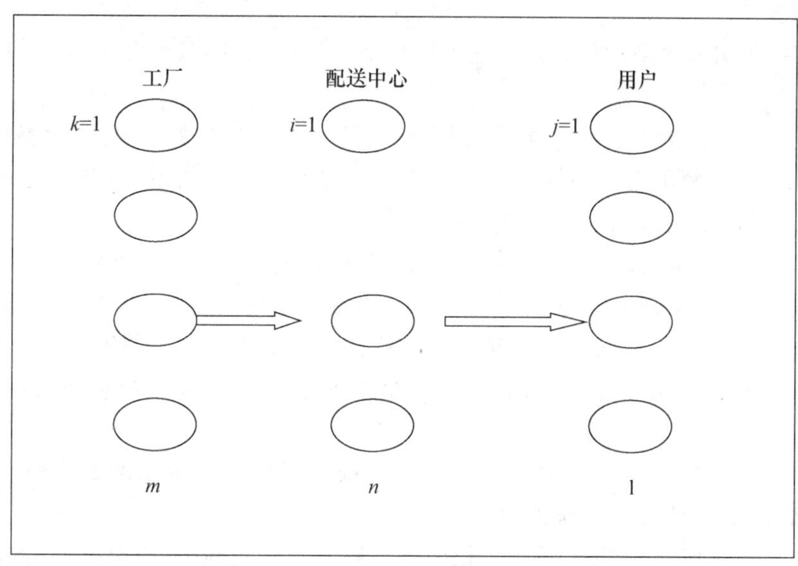

图 5-10　商品输送示意图

设所有的(k,j)取最小费率 c_{kj}^{0},配送中心序号是 I_{kj}^{0}。这个结果决定了所有工厂到用户间的费用。那么,如果工厂的生产能力和需要量已知,把其作为约束条件来求解运输型问题,使费用函数 $\sum c_{ki}^{0} X_{kj}$ 为最小时,$\{X_{kj}^{0}\}$就为初始解。

第二步,求二次解。

根据初始解,配送中心的通过量可按下式计算:

$$W_i^0 = \sum\{所有的\ k,j,如\ I_{kj}^0 = i\} X_{kj}^0 \tag{5-11}$$

从通过量反过来计算配送中心的可变费用:

$$c_{kj}^n = \min_i [c_{ki} + h_{ki} + \upsilon_i \theta (W_i^{n-1})]^{\theta-1} \tag{5-12}$$

这是费用函数式(5-9)关于 X_{ijk} 的偏微分。在这个阶段中,对于所有的(k,j)取下式:

$$c_{kj}^2 = \min_i [c_{ki} + h_{ki} + \upsilon_i \theta (W_i^0)]^{\theta-1} \tag{5-13}$$

式中,c_{kj}^2 的配送中心序号为 I_{kj}^2。再次以这一成本为基础,求解运输型问题,求得使用费用函数 $\sum_{kj} c_{ki}^2 X_{kj}$ 为最小时,$\{X_{kj}^2\}$就成为二次解。

第三步,求出 n 次解。

设$(n-1)$次解为$\{X_{kj}^{n-1}\}$,则配送中心的通过量为:

$$W_i^{n-1} = \sum\{所有的\ k,j,如\ I_{kj}^{n-1} = i\} X_{kj}^{n-1}$$

式中,I_{kj}^{n-1}是由$(n-1)$次解得到的所使用配送中心的序号。

$(n-1)$次解可使配送中心通过量反映到可变费用上,因此求 n 次解,就可得到配送中心新的通过量。

第四步,求最优解。

把$(n-1)$次解的配送中心的通过量 W_i^{n-1} 和 n 次解的配送中心通过量 W_i^n 进行比较,如果完全相等,就停止计算;如果不等,再反复继续计算。也就是说,当 $W_i^{n-1}=W_i^n$ 时,X_{kj}^n

为最优解。

• 鲍摩-瓦尔夫模型的优缺点。这个模型具有一些优点，但也有些问题，使用时应加以注意。

鲍摩-瓦尔夫模型的优点：计算比较简单；能评价流通过程的总费用（运费、保管费和发送费之和）；能求解配送中心的通过量，即决定配送中心规模的目标；根据配送中心可变费用的特点，可以采用大批量进货的方式。

鲍摩-瓦尔夫模型的缺点：一是由于采用的是逐次逼近法，所以，不能保证必然会得到最优解。此外，由于选择备选地点的方法不同，有时求出的最优解中可能出现配送中心数目较多的情况。也就是说，还可能有配送中心数更少、总费用更小的解存在。因此，必须仔细研究所求得的解是否为最优解。二是配送中心的固定费用没在所得的解中反映出来。

(3) CFLP 方法。CFLP 方法是针对网点规模有限的情况提出的。这种方法只需要运用运输规划求解，使计算工作大为简化。

CFLP 方法的基本思想是：首先假设网点布局方案已经确定，即给出一组初始网点设置地址。根据初始方案按运输规划模型求出各初始网点的供货范围，然后在各供货范围内分别移动网点到其他备选地址上，以使各供货范围内的总成本下降，找到各供货范围内总成本最小的新网点设置地址，再将新网点设置地址代替初始方案，重复上述过程直至各供货范围内总成本不能再下降。

为简单起见，以图 5-11 所示的物流网络结构为对象来介绍 CFLP 方法的处理过程。

图 5-11 的物流网络没有反映出网点的进货关系，即不考虑网点的进货成本。显而易见，当商品资源点距离布局网点的计划区域足够远时，这样处理问题是可以理解的。因为这时计划区域内各网点从资源点进货的进货成本差异相对于进货成本本身是微不足道的，因而可以忽略。这样，各网点的进货成本均相等，所以在讨论网点布局时可不予考虑。换句话说，进货成本与网点布局方案无关。

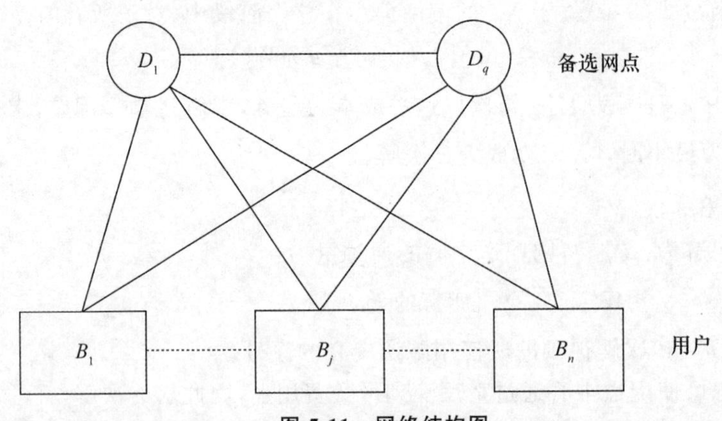

图 5-11　网络结构图

当然，如果资源点并不是远离计划区域，那就必须考虑进货成本。在此情况下，只需将方法中的运输规划模型换成转运模型即可。下面先介绍 CFLP 方法的基本步骤，然后举例说明。

假设某计划区域内网点备选地址已确定，需从这些被选地址中选取 q 个设置网点。

第一步，给出网点地址初始方案。

通过定性分析，根据备选网点的中转能力和商品需求的分布情况，恰当地选择 q 个点作为设置网点的初始方案。初始方案选择得是否恰当，将直接影响整个计算过程的收敛速度。

第二步，确定各网点的供货范围。

用解运输问题的方法确定暂定物流网点的供货范围。

设暂定物流网点为 $D_k(k=1,2,\cdots,q)$，其最大可能设置的规模为 d_k。如果有 n 个需求用户，各用户的需求量为 $b_j(j=1,2,\cdots,n)$。以运输成本 F' 最低为目标，即可构成运输规划模型：

$$\begin{cases} \min F' = \sum_{k=1}^{q}\sum_{j=1}^{n} C_{kj}X_{kj} \\ \sum_{j=1}^{n} X_{kj} \leqslant d_k \\ \sum_{k=1}^{q} X_{kj} \geqslant b_j \\ X_{kj} \geqslant 0 \end{cases} \tag{5-14}$$

其中，$k=1,2,\cdots,q$； $j=1,2,\cdots,n$。

求解出运输问题，即可求得各暂定网点的供货范围(子区域)。

如果考虑网点的进货成本，式(5-14)则应为转运问题模型。解转运模型，除了可得到网点的供货范围，同时还可确定网点与资源点之间的供货关系。

为叙述的方便，又用 $I_k(k=1,2,\cdots,q)$ 和 J_k 分别表示各供货子区域内的网点备选地址和用户集合。

求解出的运输问题的结果可能出现一个用户同属于不同的子区域，但对整个问题的解决并无影响，因为只需在不同子区域的用户集合中重复考虑即可。

第三步，寻求网点地址的新方案。

在各供货子区域内，移动网点到其他备选地址上，并按以下费用函数计算子区域内的区域总费用：

$$F_{ki} = \sum_{j\in Jk} C_{ij}X_{ij} + f_{ki}, \quad k = 1,2,\cdots,q,\ i \in I_k$$

式中，f_{ki} 为网点设置成本。

在此基础上找出各供货范围内使区域总费用最小的网点设置点，即满足：

$$F_k = i \overset{\min}{\in} J_k\{F_{ki}\}, \quad k = 1,2,\cdots,q$$

的网点地址 D_k，对所有 q 个子区域可得到新的网点位置设置方案 $\{D_k\}k^q=1$。

第四步，新旧方案对比。

为便于区别，引进迭代次数的上角标 n，$n=0$ 为初始方案。

对于 $\{D_k^1\}$ 和 $\{D_k^0\}$ 新旧两个方案，分析不等式：

$$\sum_{k=1}^{q} F_k^1 \leqslant \sum_{k=1}^{q} F_k^0 \tag{5-15}$$

如果$\{D_k^1\}$和$\{D_k^0\}$完全相同，式(5-14)必有等式成立，说明已获得最终解，$\{D_k'\}$即是满意的网点布局地址。否则，将新方案代替旧方案，重复步骤二至四，直至$\{D_k^n\}$和$\{D_k^{n-1}\}$完全相同。

按以上步骤求得的最终解，虽然在理论上没有证明是最优解，但从式(5-15)可以看出，系统的总费用为：

$$F = \sum_{k=1}^{q} F_k^n$$

它对$\{D_k^0\}_{k=1}^q$是单调下降的，因此，我们可以相信所得到的解是满意解。

5.5 配送中心的设施与设备

配送中心的设施与设备是保证配送中心正常运作的必要条件，设施与设备规划是配送中心规划中的重要工作，涉及建筑模式、空间布局、设备安置等多方面的问题。本节将分别对配送中心的设施、设备及一些公用设施的规划进行论述。

5.5.1 配送中心设施与设备规划

1. 配送中心的设施规划

配送中心按功能可分为进货区、存储区、分拣区及其他功能区，在预定的空间内合理地布置各个功能区的相对位置是非常重要的。

(1) 合理布置的目的：

- 有效地利用空间、设备、人员和能源；
- 最大限度地减少物料搬运；
- 简化作业流程；
- 缩短生产周期；
- 力求投资最低；
- 为员工提供方便、舒适、安全和卫生的工作环境。

(2) 设施规划的原则。配送中心是大批物资集散的场所，物料搬运是最重要的活动，合理地进行设施规划，其经济效果将更为显著。设施规划的原则如下：

- 根据系统的概念，运用系统分析的方法，求得整体优化，同时也要把定性分析、定量分析和个人经验结合起来。

- 以流动的观点作为设施规划的出发点，并贯穿于设施规划的始终，这是因为企业的有效运行依赖于人流、物流、信息流的合理化。

- 先从宏观(整体方案)到微观(每个部门、库房、车间)，再从微观到宏观。例如，布置设计要先进行总体布置，再进行详细布置；而详细布置方案又要反馈到总体布置方案中去评价，再加以修正，甚至从头做起。

- 减少和消除不必要的作业流程，这是提高企业生产效率和减少消耗的最有效方法之一。只有在时间上缩短作业周期，空间上减少面积，物料上减少停留、搬运和库存，才能保证投入的资金最少、生产成本最低。

• 重视人的因素。作业地点的规划，实际是人机环境的综合，要考虑创造一个良好、舒适的工作环境。

2. 配送中心建设中对原有设施与设备的利用

(1) 配送中心对仓库职能的要求。

物流企业的原有设施中，仓库以其庞大的规模和资产比率，实际上已成为主体形式。因此，充分利用好现有的仓库及其内部设施，可基本解决原有设施再利用及优化资本结构的问题。

仓库最原始的功能是保存货物的使用价值，使其不受或尽可能少受损害。仓库业出现后，使得仓库在很长的历史阶段内都以此功能发挥作用。然而，随着生产力的高度发展，社会分工的超复杂化、社会协作的超严密化，使得仓库原有的功能已不能满足现代流通的需要。

在许多经济发达的国家，仓库已经成为配送中心。现代物流中，仓库的作用已由存储、保管和保护商品的使用价值，转变为商品流转中心，向着集散商品、加速商品流通的方向发展。这一转变包括商品由静态存储变为动态存储，仓库业由储备型变为流通型，仓库业服务由被动服务变为主动服务，仓库业的仓储技术从传统型变为现代型，以及仓库业工作者的知识水平从低层化变为高层化。

我国仓库因长期以来经济体制不完善、设备陈旧、流通加工能力差等问题，其进一步发展受到了阻碍。针对这些情况，仓库业者应认清形势，立足现实，努力实践，总结经验，逐步提高。

(2) 配送中心建设中对原有储运设施的利用。

在储运仓库向配送中心的转变过程中，除新增设施外，原有设施的改造利用也是一个重要问题。应根据所在企业的具体情况，充分利用现有的人力、场地、设备，组织开展套裁、剪切、改包装、初加工等业务，为进一步开展配送创造条件。

对仓库建筑物来说，没有太多的特殊要求，可以在适当的内部改造的基础上，充分加以利用。例如，为适合配送要求，在库房地面硬化的基础上，可以铺设走形导轨和牵引索道，以安装活动货架和轨道搬运车；对原有库房、场地进行重新划分，确定加工区、理货区、配货区；建立高层货架，提高空间利用率。

现有仓库的机械设备大都简单、陈旧，但仍有部分具有可利用价值。对仍有利用价值者，可以通过增加附属器具、改良作业条件等途径，提高作业能力和范围。例如，为叉车配置多种叉具，以便于叉取不同外形的货物；改固定货架为活动货架；改普通货架为重力货架；增加起重机吊索种类；配置尺寸适宜的托盘和集装器具；对输送机进行改造，增加拣选装置，形成自动化或半自动化分拣。

从储运仓库到配送中心的转变，对原有设施的改造和利用是一方面，更主要的是在于完善经营体制、改变管理思想、应用现代技术。只有这样，才能实现真正意义上的配送业务。

3. 配送中心建设中的设施改造

(1) 设施改造的意义。

第一,设施改造是我国经济建设的主要方针之一,同时也是加速国民经济现代化的基本途径。发展国民经济,不能单靠扩大基本建设规模,而是要充分发挥现有企业的作用,挖掘现有企业的潜力,逐步由以外延为主转向以内涵为主。这是我国社会主义建设的方针所决定的,同时也是我国目前物资仓库现状所要求的。随着国民经济的发展,物资流通量不断增长,物资储存业务逐年增加,要求扩大仓储能力,改善仓储条件。因此,使当地新建一些仓库、更新一些设备是必要的,但更重要的是对现有仓储设施进行挖掘、革新与改造。

第二,设施改造可以使现有的仓储设施适应国民经济的发展。我国现有的物资仓储设施,与国民经济的发展很不适应。仓储建筑标准低、条件差,一部分是20世纪50年代建成的,还有相当一部分是以前建造的老库。这些仓库大都是砖木结构,跨度小、净空低、门窗小,无固定装卸搬运设备,物资保管条件和作业条件都比较差。20世纪60年代、70年代及进入80年代后新建的一些仓库,虽然大都采用了钢筋混凝土框架结构,跨度大、净空高,有的安装了桥吊,但在保管条件方面仍然不太好。近几年新建的一些楼库,并没有使装卸搬运机械化的问题得到很好的解决,运用效果也并不理想。在从仓储设备来看,数量不足,不能满足需要,现有设备中有相当一部分陈旧落后,超期服役,质量低、性能差、耗能多、效率低。长此下去,将直接影响到物资仓库的现代化。

第三,进行设施改造也是资金限制的要求。由于固定资产投资的限制,特别是基本建设由拨款改为贷款以后,不可能新建更多的仓库和增加很多新型设备,主要应对现有仓储设施进行技术改造,不断提高技术水平。

(2) 仓库技术改造的原则。

第一,仓库的技术改造要有统一的规划。对于配送中心的建设来说,进行技术改造,必须经过周密、深入的调查,掌握大量的资料,通过分析研究,制定出近期和长期规划,明确任务和要达到的目标,分阶段逐步实施,使企业技术改造有目的、有计划、有步骤地进行,由易到难,由简到繁,由低级到高级,由点到面;决不能轻率地盲目进行,头痛医头,脚痛医脚,拆东补西,零打碎敲,浪费人力物力,无法形成综合作业能力。

第二,仓库的技术改造应尽量采用新技术。当今世界科学技术飞速发展,技术老化周期愈来愈短,一些先进技术,过几年之后就可能成为落后技术,不搞技术进步,企业就没有前途。当然,采用新技术要从实际出发,要根据实际和可能,经过充分的技术论证后做出正确的决策。

第三,仓库的技术改造必须以提高经济效果为出发点。我国正在进行经济体制改革,扩大了企业的自主权,加强了经济核算,对如何提高经济效果比较重视。仓库物资的技术改造,应少花钱多办事,投入少见效快,经济效果明显。当然还要处理好微观经济效果和宏观经济效果之间的关系,处理好近期经济效果和远期经济效果之间的关系。

第四,仓库的技术改造要充分重视人的作用。对技术改造应有一个全面的理解,不仅应包括改造库房、革新设备、改进技术、改革作业规程等,还应包括培训技术和管理人才、提高职工技术业务素质等内容。人是生产三要素中最积极、最活跃的因素,任何先进的设备都需要人去运用和维修，任何先进的技术也都需要人去掌握。因此，在仓库技术改造过程中必须充分重视人的作用，不能只见物不见人，或者只在物质基础上下功夫，而忽视对各种人员的培养和提高。

(3) 仓库技术改造的技术政策。技术政策是技术改造的依据，不同的部门在不同的时期应有不同的技术政策。就物资仓库而言，近期的技术政策是：

- 老库的技术改造，应以改善保管条件、扩大储存能力和提高作业效率为主攻方向；
- 仓库作业应以实现机械化为主要目标，个别仓库可进行自动化试点；
- 注重现有设备的成龙配套，改善薄弱环节，提高综合作业能力；
- 重点引进现代电子技术和信息技术，广泛采用电子计算机；
- 仓储设施和技术作业过程实行标准化。

(4) 仓库技术改造的内容。

仓库技术改造的内容，主要取决于技术改造的目的。仓库技术改造的总目标是多、快、好、省地完成物资仓储任务。具体地说，主要包括：扩大仓库规模，增加存储能力；提高库房标准，改善保管条件；挖掘设备潜力，提高机械化水平；提高作业效率，改善作业质量；改进信息处理，提高经济效益等。

根据我国实际情况，仓库技术改造的内容由以下几个方面：

第一，对现有库房进行技术改造。为了改善旧库的保管条件，可浇筑水泥混凝土地坪(原来为土或砖地)，加厚或新砌库墙，更换屋顶，加装库内顶棚，改造门窗，增设取暖、通风等附属装置等。为了扩大仓库的存储能力，可拆除隔墙、仓库办公室外迁、采用高层料架、使用巷道堆垛机、设置架上平台等。为了加速物资的收发，提高机械化作业水平，可在库内安装桥式或龙门式起重机、扩大库门使装卸运输设备进库作业、加宽站台供叉车运行等。

第二，更新或改造陈旧设备。主要涉及以下内容：① 仓库装卸搬运设备占重要地位，应逐步把性能差、耗能高、效率低、故障多的老设备淘汰掉或加以改造，选用性能好、耗能少、安全可靠、效率高的新型设备。要使各种装卸搬运设备成龙配套，以保证作业的连续性。② 物资储存设备直接关系着物资保管质量、作业效率和仓库利用率。要改木制料架为钢制料架，改固定料架为组合料架，改低层料架为中层或高层料架，改通用料架为专用料架，大力推广料仓和托盘。③ 物资仓库检斤作业量相当繁重，目前主要使用机械式台秤，费工、费时、效率低。今后应积极推广电子秤，逐步以电子秤取代机械秤。首先选用结构比较简单的静态电子秤，然后进一步试用动态电子秤。对检斤作业量大的仓库，还可以采用地衡。④ 仓库的运输工具主要是汽车。对现有汽车必须更新改造，选用技术性能先进、耗油少的车型，同时应改装或增加一些专用车辆，如水泥罐车、油罐车、集装箱车、长车身车等。

第三，应用电子与信息技术。物资仓库的技术作业过程是物流和信息流的综合，而信息流是否准确、及时、畅通，直接影响到仓库各方面的工作。采用计算机技术，对大量信息进行收集、整理、存储、加工、传输、编辑和转换，具有重要意义。在物资仓库除采用计算机外，还应根据需要与可能，安装自动监测和报警系统、自动控湿控温系统等。

5.5.2 配送中心的作业设施

1. 配送中心的建筑

配送中心的设施包括多种建筑物，但主要的建筑还是仓库或加工中心。所以，这里所谈的建筑主要针对仓库或加工中心而言。具体说来，主要包括层数、材料、形状及土地、规模等问题。

(1) 层数。一般有单层与多层两种选择。比较而言，单层建筑占地面积大、造价昂贵，每立方米储存费用较多，但空间较大，照明成本低，水平运作，搬运费较低；而多层建筑，占地少，造价便宜，但空间小，照明成本高，立体运作，搬运费较高。具体情况还需根据实际情况进行综合评析。

(2) 材料。必须选用防火、防潮、防晒性能好的材料，一般为钢筋水泥式建筑。目前，很多连锁企业在此项花费上较为"经济"，这是值得注意的一种不良倾向，其根源在于侥幸心理作祟。

(3) 形状。一般有长方形和正方形两种选择。长方形建筑，储存空间较大，容易接受光线，通风设备能够更有效地发挥作用，建筑支柱少，可增加存货面积，同时有利于进行扩充；正方形建筑，其特征与长方形相反。专家们更倾向于选择长方形建筑。

(4) 土地、建筑物及设备。有购买和租赁两种方式。购买投资较大，需要不停地进行维修。租赁投资较小，不必担心维护，租赁费也可以在所得税中扣除。从目前的情况来看，租赁已成为一种国际流行的趋势。但是，由于目前我国的租赁市场尤其是配送中心所需设备方面的租赁市场尚欠发达，因而制约了企业选择租赁的形式。

(5) 规模。配送中心的规模包括三层含义：一是与店铺规模相适应的总规模，即需要总量为多少平方米的配送中心；二是建立几个配送中心，即这些配送中心的布局；三是每个配送中心的规模。因此，配送中心的规模决策包含这三个层次的决策。

另外，配送中心的主要功能是为连锁企业的各个店铺提供商品配送服务，因而，服务能力是衡量配送中心总规模是否适当的一个指标。配送中心总规模与服务能力呈正相关关系，即配送中心总规模越大，配送服务能力就越强，反之亦然。

但同时也要进行"成本-收益"分析。一般来说，配送规模与单位配送成本之间的关系，在开始的某一时间段内，随着配送规模的不断扩大，配送成本随之不断降低，其原因在于规模经济性；当配送规模达到一定之后再进一步扩大的话，配送成本则开始随之上升，因为此时规模不经济性开始发挥作用。

经分析可以得知，服务能力和单位配送成本下降阶段的交点仅是配送中心的最小规模，此时进一步扩大规模有助于获得规模经济，理论上的最佳配送中心规模应是在服务能力和单位配送成本上升阶段的交点上，此时若再进一步扩大规模则可能引起规模不经济。即过分强调配送服务能力而不注意单位配送成本，认为配送中心规模越大越好的思想是不正确的；相反，过分偏重单位配送成本的降低，而忽略配送服务能力的思想也是不可取的。

2. 自动化仓库

自动化仓库主要有以下几种类型：

(1) 单元式自动仓库。标准化仓库的规模一般高度在 10 米以下，存放的单元直交流整流器具有走形速度 70 米/分、升降速度 10 米/分、货叉速度 30 米/分的高速使用功能。电器控制装置使用可编程控制器(programmable controller，PC)，可以按自动、半自动、手动运行。所用的操作方法非常简单，只要将卡插入操作盘内，可以由女性来操作，并且具有电脑库存管理机所具有的库存管理、货位管理、各种查询、各种账单生成等选择功能。利用托盘，可以自由地存放箱装、灌装、散装、袋装等物品；作为周边机械，可以设置自动调芯固定台、手推车、电动台车、链条或轨道输送机等。为了易于检修，驱动部的安全盖采用可拆装方式，走形、升降电机设置在侧支架的下部。

具有代表性的控制方式是在堆垛机本体上装置卡式阅读器，将出、入库卡扎入其中，按下键后，堆垛机就会自动运行，利用这个卡，设置空货位及库存卡箱各一个，自动运行完成后，已出库的卡放在空货位卡箱内、已入库的卡放在库存卡箱内进行保管，使库存管理一目了然。控制方式的使用说明如表 5-1 所示。堆垛机的使用方法如表 5-2 所示，一般以走行速度 30—60 米/分、升降速度 7—10 米/分、货叉速度 15 米/分左右作为标准。如此标准化的自动仓库，为尽量适应各种条件，实际上在选择周边设备、控制方式时，多数情况有必要进行补充设计。作为选择基准，首先要对所使用的托盘与货架的构造、堆垛机的叉部、出入库设备的适应性做调查，进行探讨以求得解决。单元式自动仓库虽然价廉，但适用范围广，也可以考虑单独使用。因为它适用于大型计算机综合无人化在线管理系统，所以近年来的需求显著增加。

表 5-1　控制方式

控制方式	机旁卡片	
	远距方式	
作业方式	单循环、复合循环	
设定方式	卡片	
地址捡出方式	绝对方式	

表 5-2　堆垛机标准

		走形	升降	叉具
额定速度/(米/分)	50Hz	35/11	8.4/4.2	18
	60Hz	29/9	7.0/3.5	15
制动器	圆盘制动器			
走行供电	绝缘电缆			
电源	AC220/200V，60/50Hz，3 相			

(2) 楼式自动仓库。这种方式按自动仓库的工程特征项中所叙述的顺序进行选择,目标是构建最合适的系统。系统规模越大,设计会变得越经济。一般要进行具体分析,针对每个物件进行系统设计。关于建筑方法的说明,如按其标准方法可能会出现不能建设的情况,因此有必要与各制造商的专业技术人员进行商讨,将与建筑基准法相关的规定与制度考虑进去。

3. 配送中心的核心——分拣系统

分拣系统是配送中心的核心设施;先进的分拣系统,一般都是自动分拣系统。

(1) 自动分拣系统作业描述。自动分拣系统是第二次世界大战后在美国、日本的配送中心广泛采用的一种分拣系统,目前已经成为发达国家大中型物流中心不可缺少的一部分。该系统的作业过程可以简单地描述如下:物流中心每天接收成百上千家供应商或货主通过各种运输工具送来的成千上万种商品;在最短的时间内将这些商品卸下,并按商品品种、货主、储位或发送地点进行快速准确的分类;将这些商品运送到指定地点(如指定的货架、加工区域、出货站台等);同时,当供应商或货主通知物流中心按配送指示发货时,自动分拣系统会在最短的时间内从庞大的高层货架存储系统中准确地找到要出库商品的所在位置,并按所需数量出库,将从不同储位上取出的不同数量的商品,按配送地点的不同运送到不同的理货区域或配送站台集中,以便装车配送。

(2) 自动分拣系统的主要特点。

• 能连续、大批量地分拣货物。由于采用大生产中使用的流水线自动作业方式,自动分拣系统不受气候、时间、人的体力等限制,可以连续运行 100 个小时以上,同时由于自动分拣系统单位时间分拣件数多,因此其分拣能力是人工分拣系统的数倍,每小时可分拣 7 000 件包装商品,如用人工每小时则只能分拣 150 件左右,同时分拣人员也不能在这种劳动强度下连续工作 8 小时。

• 分拣误差率极低。自动分拣系统的分拣误差率大小主要取决于所输入分拣信息的准确性,准确程度又取决于分拣信息的输入机制。如果采用人工键盘或语音识别方式输入,则误差率在 3%以上;如果采用条形码扫描输入,除非条形码的印刷本身有差错,否则不会出错。因此,目前自动分拣系统主要采用条形码技术来识别货物。

• 分拣系统基本是无人化的。国外建立自动分拣系统的目的之一就是减少人员的使用,减轻员工的劳动强度,提高人员的使用效率,因此自动分拣系统能够最大限度地减少人员的使用,基本做到无人化。分拣作业本身并不需要使用人员,人员的使用仅局限于以下工作:送货车辆抵达自动分拣线的进货端时,由人工接货;由人工控制分拣系统的运行;分拣线末端由人工将分拣出来的货物进行集载、装车;自动分拣系统的经营、管理与维护。

(3) 自动分拣系统的组成。自动分拣系统一般由控制装置、分类装置、输送装置及分拣道口组成。控制装置的作用是识别、接收和处理分拣信号,根据分拣信号的要求指示分类装置,按商品品种、商品送达地点或货主的类别对商品进行自动分类。这些分拣需求可以通过不同方式(如条形码扫描、色码扫描、键盘输入、重量检测、语音识别、高度检测及形状识别等),输入分拣控制系统中去,分拣控制系统根据对这些分拣信号的判断,决定某一种商品应该进入哪一个分拣道口。

分类装置的作用是根据控制装置发出的分拣指示，当具有相同分拣信号的商品经过该装置时，分类装置使控制装置改变在输送上的运行方向，进入其他输送机或进入分拣道口。分类装置的种类有很多，一般有推出式、浮出式、倾斜式和分支式几种，不同的装置对分拣货物的包装材料、包装重量、包装物底面的平滑程度等有不完全相同的要求。

输送装置的主要组成部分是传送带或输送机，其主要作用是使待分拣商品鱼贯通过控制装置、分类装置。在输送装置的两侧，一般要连接若干分拣道口，使分好类的商品滑下主输送机(或主传送带)，以便进行后续作业。

分拣道口是已经分拣商品脱离主输送机(或主输送带)进入集货区域的通道，一般由钢带、皮带、滚筒等组成滑道，使商品从主输送装置滑向集货站台，在那里的工作人员将该道口的所有商品集中后，或是入库储存，或是组配装车并进行配送作业。

以上四部分装置通过计算机网络连接在一起，配合人工控制及相应的人工处理环节，构成一个完整的自动分拣系统。

(4) 自动分拣系统的适用条件。第二次世界大战后，自动分拣系统逐渐开始在西方发达国家投入使用，成为发达国家先进的物流中心、配送中心或流通中心所必需的设施条件之一。但因其要求使用者必须具备一定的技术经济条件，因此，在发达国家，物流中心、配送中心或流通中心未采用自动分拣系统的情况也很普遍。在引进和建设自动分拣系统时，一定要考虑以下两个条件：

第一，一次性投资巨大，自动分拣系统本身需要建设至少40—50米或是150—200米的机械传输线，还有配套的机电一体化控制系统、计算机网络及通信系统等。这一系统不仅占地面积大，起码要2万平方米以上，而且一般自动分拣系统都建在自动主体仓库中，而要建立三四层楼高的立体仓库，库内需要配备各种自动化的搬运设施，这项投资相当于建立一个现代化工厂所需要的硬件投资。这种巨额的先期投入要花10—20年才能收回，如果没有可靠的货源作为保证，则只可能由大型生产企业或大型专业物流公司投资，小企业大多无力进行此项投资。

第二，对商品外包装要求高，自动分拣机只适于分拣底部平坦且具有刚性包装规则的商品。袋装商品、包装底部柔软且凹凸不平的商品，包装容易变形、破损及超长、超薄、超重、超高、不能颠覆的商品，不能使用普通的自动分拣机进行分拣。为了使大部分商品都能够用机械进行自动分拣，可以采取两条措施：一是推行标准化包装，使大部分商品的包装符合国家标准；二是根据所分拣的大部分商品的统一的包装特性，定制特定的分拣机。但要让所有商品的供应商都执行国家的包装标准是很困难的，定制特定的分拣机又会使硬件成本上升，并且越是特别其通用性就越差。因此，公司要根据经营商品的包装情况来确定是否建或建什么样的自动分拣系统。

5.5.3 配送中心的内部布局

1. 配送中心的内部结构

配送中心的种类有很多，其规模大小各异，然而，无论是哪一种类型的配送中心，其内部结构基本上都是相同的。也就是说，各种配送中心都是由指挥系统、管理系统和各种作业区组成的。现以一般性的配送中心为例，分别叙述各个系统的性质和职能。

(1) 指挥和管理系统(管理机构)。指挥和管理系统是配送中心的中枢神经。其职能是:对外负责收集和汇总各种信息(包括用户订货或要货信息),并做出相应的决策;对内负责协调、组织各种活动,指挥调度各类人员,共同完成配送任务。就其位置而言,有的集中设在某一区域(管理区)内,有的则分布在各个作业区,由一个调度中心统一进行协调。

(2) 作业区。由于配送中心的类型不同,作业区的构成及其面积大小也不尽相同。一般的配送中心,其作用区包括以下几个部分:

• 接货区。在这个作业区内,工作人员必须完成接收货物的任务和货物入库、拣选之前的准备工作(如卸货、检验、分拣等工作)。因货物在接货区停留的时间不太长,并且处于流动状态,故接货区的面积相对来说都不太大。它的主要设施有:铁路(或公路)专用线、卸货站台和验货场区。

• 储存区。在这个作业区内,存储或分类存储经过检验的货物。由于所进货物需要在这个区域内停留一段时间,并且要占据一定的位置,因此相对而言,储存区所占的面积比较大。这个作业区大体上要占整个作业区面积的一半左右,个别配送中心(如煤炭、水泥配送中心)的储存区面积甚至要占配送中心总面积的一半以上。储存区是存储货物的场所,在这个区域内一般都建有专用仓库(包括现代化的立体仓库),并且配置着各种设备,其中包括各种货架、叉车和吊车等起重设备。从位置上看,储存区多设在紧靠接货站台的地方,也有的设在加工区的后面(如荷兰 Nedlloyd 集团所属的"国际配送中心")

• 理货区。理货区是配送中心的工作人员进行拣货和配货作业的场所,其面积大小因配送中心的类型不同而有所差异。一般来说,拣选及配货任务量比较大的配送中心(或者说,向多家用户配送多种商品且按照小批量、多批次方式配送商品的配送中心),其理货区的面积都比较大;反之,拣选及配货任务不太大的配送中心,其理货区所占的面积也不大。与其他作业区一样,在理货区内也配置着许多专用设备和设施,其中包括手推卸货车、重力式货架和回转式货架、升降机、传送装置、自动分拣设施等。包括拣选、配货在内的理货作业区是配送中心作业流程中的一项重要作业(有人称它为"核心工艺"),其效率高低直接影响下道工序的正常操作及整个配送活动的运行质量和效益。因此,可以说理货区是配送中心的重点作业区。

• 配装区。由于种种原因,有些分拣出来并配备好的货物不能立即装车发送,而是需要集中在某一场所等待统一发运,这种放置和处理待发送货物的场地就是配装区。在配装区内,配送中心的工作人员要进行配装作业,即根据每个货主的货物数量进行分放、配车和选择装运方式(单独装运或混载同运)。因在配装区内货物转瞬即出,停留的时间不长,所以,货位所占的面积不大。相对而言,配装区的面积要比储存区小得多。需要指出的是,有一些配送中心,其配装区是和理货区或发货区合在一起的,因此,配装作业常常融合于其他相关的作业中。此外,因配装作业的主要内容是分放货物、组织货物和安排车辆等,所以在这个作业区内除了配置计算工具(微机)和小型装卸机械、运输工具,没有什么特殊的大型专用设备。

• 发货区。发货区是工作人员将组配好的货物装车外运的作业区域。从布局和结构上看,发货区和进货区类似,也是由运输货物的线路和接靠载货车辆的站台、场地等组成的。不同的是,发货区位于整个作业区的末端,而进货区位于首端。

• 加工区。有很多从事加工作业的配送中心，在结构上除设置一般性的作业区以外，还设有配送货加工区。在这个区域内，会配备加工设备（如剪床、锯床、打包机、配备生产线等），因加工工艺有别，各个（加工型）配送中心的加工区所配置的设备也不完全相同。和储存区一样，加工区所占的面积也比较大，尤其是煤炭、水泥、木材等生产资料加工区，所占面积更大。

典型的配送中心的功能分区图如图 5-12 所示。

<table>
<tr><td>退货处理区</td><td>废弃物处理区</td><td colspan="2">设备存放及简易维护区</td></tr>
<tr><td rowspan="2">进货区</td><td rowspan="2">理货区</td><td colspan="2">储存区</td></tr>
<tr><td>加工区</td><td>废弃物处理区</td></tr>
<tr><td rowspan="2">管理区</td><td>分拣配货区</td><td rowspan="2" colspan="2">管理区</td></tr>
<tr><td>发货区</td></tr>
</table>

图 5-12　配送中心的功能分区示意图

2. 配送中心内保管场所的分配

所谓保管场所的分配，是指在库区内为每一种库存物资分配适当的储存保管地点。一般应包括保管区的划分，库房、料棚、料场的分配，确定存入同一库房的物资品种等。合理分配保管场所的目的在于做到物得其所，库尽其用，地尽其力。

(1) 保管区的划分。在规模比较大的综合材料场或仓库，储存的物资品种多、数量大，为了便于管理，可按照仓库建筑的布局和储存物资的类别，划分若干储存保管区。划分储存保管区的方法有：

• 按照物资的理化性质分区。它是指将库存物资按照其理化性质分成若干大类，对每一类物资划定一个储存保管区，如金属材料、非金属材料、机电产品等。这种划分储存保管区的方法，有利于针对某一类物资的特性，采取相应的保管措施，便于对某一类物资进行集中统一管理。

• 按照物资的使用方向分区。它是指按照物资的使用方向和用途，将物资分成若干大类，如铁路材料场可将修车用料、建筑工程用料、通信信号用料等每类物资，划定一定的储存保管区。这种分区方法，便于对基层用料单位配料，同时也便于用料单位来材料场领料。其缺点是，用于同一方向的物资品种繁多、性质各异，要求不同的保管条件，给保管带来了一定的困难。

• 混合分区。即将上述两种方法结合起来运用，有的按照物资的性质，有的按照物资的使用方向。

各种分区方法各有优缺点。通常情况下，铁路材料场多采用混合分区法。通用物资按理化性质分区（如金属材料、非金属材料），专用物资按使用方向分区（如机车车辆配件、通信信号材料等）。为了业务管理上的方便，材料场对物资的分类划区应与铁路物资目录的分类相一致。

(2) 库房、料棚、料场的分配。材料场划定保管区之后，就要对本保管区的仓储设施进行统一的规划和使用，对本保管区的库房、料棚、料场安排各自的用场，即把本类物资合理地分配到库房、料棚或料场。分配得是否合理，对提高保管质量、便利仓库作业、降低保管费用有直接影响，可以说它是搞好物资保管的基础。

具体到某种物资应储存在什么地方，应综合考虑各方面的因素，如物资的理化性质、加工程度、自身价值、用途和作用、批量大小、单位重量和体积等。其中，物资的理化性质是划分保管场所的主要依据。此外，物资在库保管时间的长短、仓库所在地的地理气候条件、储存物资的季节等，也是必须考虑的因素。大体可作如下安排：

• 凡经风吹、日晒、雨淋和温湿度变化对其无显著影响的物资，均可存放在露天料场，如生铁锭块、毛坯、钢轨、大型钢材、铸铁管、原木、大型粗制配件等。

• 凡受日晒、雨淋易变质损坏，而温湿度变化对其影响不大的物资，可存入料棚保管，如中型钢材、钢轨配件、优质木材、耐火砖、电缆等。

• 凡受雨雪侵袭、风吹日晒及湿度变化的影响而不易造成损害的物资，应存入普通库房，如小型钢材、优质钢材、金属制品、有色金属材料、车辆配件、水泥、化工原料、机械设备等。

• 凡受风吹、日晒、雨淋和温湿度变化的影响容易损坏的物资，应存入专用库房。这主要是各种危险品，如汽油、炸药、压缩气体、毒性物品、腐蚀性物品、放射性物品等。

(3) 对楼库各层的使用分配。楼库多为三至五层。各层的保管条件和作业条件不同，应合理分配各层用途。

• 楼库的最底层。地坪承受能力强，净空比较高，两侧和两端均可设库门和站台，收发作业方便；但地坪易返潮，易受库边道路灰尘的影响。因此，应存放大批量、单位重量大、体积大、收发作业频繁、要求一般保管条件的物资，如金属材料、金属制品等。

• 楼库的中间层。楼板承载力比较差，净空比较低，增加了垂直方向的搬运，只能从竖井升降机或电梯收发物资，作业不方便；但楼板比较干燥，采光通风良好，受外界温湿度的影响小，保管条件比较好。所以，适合存放体积较小、重量较轻、要求保管条件比较高的物资，如电工器材、仪器仪表等。

• 楼库的最顶层。除具有与中间层相同的条件外，还有对保管和作业不利的方面。因为屋面直接受日光照射，受温度的影响比较大，而且收发作业更加不方便。因此，适合存放和收发作业不太频繁、要求一般保管条件的轻体物资，如纤维制品、塑料制品等。

(4) 确定存入同一库房的物资品种。对存入同一库房的物资，应考虑彼此间的互容性。凡两种物资互相之间不发生或很少发生不良影响的，称两者之间具有互容性。如金属材料、金属制品、金属零配件、机械设备等，彼此之间不发生影响，允许存入同一库房。但有些物资之间，因某种原因不宜混存，一般有以下几种情况：

• 相互之间会发生影响的物资。如粉尘材料与精密仪器仪表、腐蚀性物品与各种易被腐蚀的物资、大部分化工危险品(如炸药与起爆器材、易燃品与自燃物、易燃气体与助燃气体等)。

• 要求不同保管条件的物资。如怕潮湿与干燥的物资、怕高温(或低温)与一般物资，由于彼此要求不同的保管条件，不可能在同一库房同时得到满足，所以不宜存入同一库房。

• 要求不同作业手段的物资。如体积大小相差悬殊、单位重量相差很大、要求不同的装卸搬运手段的物资，若存入同一库房会给收发作业带来困难，而且影响仓库的有效利用。另外，大型笨重物资最好存放在有起重设备的大型库房。

3. 保管场所的布置

物资保管场所的布置，是将各种物资合理地布置到库房、料棚或料场的平面和空间。其布置应满足下列要求：最大限度地提高保管场所的平面利用率；有利于提高物资保管质量；符合技术作业过程的要求，便于日常查点和收发；便于机械化作业等。

物资保管场所的布置，分为平面布置和竖向布置。

(1) 保管场所的平面布置，是指对库房、料棚、料场内的料垛、料架、通道、垛间距、收发料区等进行合理的划分，正确处理它们在平面上相互的位置关系。

保管场所平面的利用，以库房为例，其内墙线所包围的面积(如有立柱，应减去立柱所占的面积)为可使用面积，库内料架和料垛所占的面积为保管面积，其他则为非保管面积。应尽量扩大保管面积，缩小非保管面积。

非保管面积，包括通道、墙间距、收发料区、仓库人员办公地点等。

保管场所的平面布置有多种形式，可分为：垂直式布置、横列式布置、纵列式布置、纵横式布置和倾斜式布置。其中，

垂直式布置是指料架或料垛的排列与库墙和通道互相垂直。

• 横列式布置。是指料架或料垛的长度与库房的长度方向互相垂直(与库房的宽度方向平行)。这种布置方式的主要优点是主通道长且宽，副通道整齐美观，对物资的查点、存取方便；通风和自然采光良好；便于机械化作业。其主要缺点是主通道占用面积多，仓库面积利用率受到影响。

• 纵列式布置。是指料架或料垛的长度与库房的长度方向平行(与库房的宽度方向垂直)。这种布置方式的优缺点与横列式正好相反，其优点主要是仓库平面利用率比较高，其缺点是存取物资不便、对通风采光不利。

• 纵横式布置。是指在同一保管场所，横列式布置和纵列式布置兼而有之，它是两种方式的结合，兼有两种方式的特点。倾斜式布置是指料架或料垛与主通道之间不是互相垂直成 90°角，而是成 60°、45°或 30°锐角。这种布置方式又分为料垛倾斜和通道倾斜两种情况。

• 料垛倾斜式。是指料垛的布置与库墙和通道之间成一锐角。这种布置方式的最大优点是便于叉车配合托盘进行作业，能缩小叉车的回转角度，提高装卸搬运效率；而最大的缺点是造成不少死角，仓库面积不能被充分利用。

• 通道倾斜式。是指料垛与库墙之间仍垂直布置，而通道与料垛和库墙之间成锐角。这种布置方式的优点是避免了死角，能充分利用仓库面积，而且同样便于物资搬运，提高了作业效率。

综上所述，倾斜式布置方式，只能在一定的条件下才可采用，有很大的局限性，它只适用于品种单一、批量大、用托盘单元装载、就地码垛、使用叉车搬运的物资，在一般的综合仓库不宜采用。从铁路材料厂、库来看，主要采用垂直式布置，而且以横列式布置为主。究竟选用哪种布置方式最有利，要视具体情况而定，要根据库房面积的大小、库房的长宽

比、料架的规格尺寸、物资的堆码方式、收发作业的方式和机械化程度等综合考虑，提出最佳布置方案。

(2) 保管场所的竖向布置，指库存物资在仓库立体空间上的布置，其目的在于充分有效地利用仓库空间，便于收发和提高保管质量。竖向布置可采取下列方式：

- 就地堆垛。借助于物品的外部轮廓或包装进行码垛；
- 使用料架。将物品直接或装入料箱、托盘后存入料架；
- 托盘、集装箱堆码。将物品装入集装箱或码放在托盘上，然后把集装箱或托盘进行堆码；
- 空中悬挂。将某些物品悬挂在库墙或库房的上部结构上；
- 采用架上平台。在料架上方铺设一层承载板，构成二层平台，可直接堆放物品或摆放料架。

保管场所的竖向布置潜力很大，在不增加库房面积的情况下，物资的存放向高度方向发展，向空间要货位，可扩大储存能力，节约建筑投资。

5.5.4 配送中心的作业设备

配送中心的作业设备主要包括“硬件”设备与“软件”设备。硬件设备主要是指储存设备和运输设备，具体包括板台、滑台、手推车、拖车、叉车、牵引车、输送机、升降机、货架、桥板等。特别是物流自动化与现代化的发展，对配送中心的设备要求也越来越高。但就我国目前连锁企业的状况而言，由于起点较低，实力有限，所以在配送中心设备的配备上宜采取“实用主义”原则，不应过分追求“高、精、尖”。

1. 软硬件设备系统的规划与设计

这是一个专业性很强、涉及面很广的问题，难以具体论述。一般来说，软硬件设备系统的水平常常被看成是物流中心先进性的标志。因而为了追求先进性，就要配备高度机械化、自动化的设备，这给投资方带来了很大的负担。但是，欧洲物流界对先进性的定义有不同的理解。他们认为，“先进性”就是合理配备，能以较简单的设备、较少的投资，实现预定的功能，也就是强调先进的思想、先进的方法；从功能方面来看，设备的机械化、自动化程度并不是衡量先进性的最主要因素。

根据我国的实际状况，对于配送中心的建设，比较一致的认识是贯彻软件先行、硬件适度的原则。也就是说，计算机管理信息系统、管理与控制软件的开发，要瞄准国际先进水平；而机械设备等硬件设施则要根据我国资金不足、人工费用便宜、空间利用要求不严格等特点，在满足作业要求的前提下，更多地选用一般机械化、半机械化的装备。例如仓库机械化，可以使用叉车或者与货架相配合的高位叉车；在作业面积受到限制、一般仓库不能满足使用要求的情况下，也可以考虑建设高架自动仓库。

2. 主要设备

本小节以自动化仓库为例，说明配送中心的主要设备。

(1) 货架。理想的存储是根本不存在的，因为在实际过程中很难达到。但是，库存总量应当尽量保持在最小状态。在一定的面积内建造一座仓库，为了提高货物的存放数量，采用堆垛方式无疑比平铺在地面要优越得多。由于货物堆积起来，出库时若需从底部或里面取出货物，必然要花费很多的时间和劳动移开上部或外部的货物，即做到“先入先出”是很困难的。但若将不同的货物均存放在标准托盘（或货箱）里，然后将其存放到立体的货架上，就解决了这些困难。将不同的物品都放在货架上，货架越高，所占用的存储面积就越少；同时，对货架的要求也越高。

① 货架的形式。货架的形式具体如下：

• 悬臂货架。多用于存储长料，如金属棒、管等。

• 流动货架。货物从货架的一端进入，在重力作用下可从另一端取出，它有时适用于存储数量多、品种少、移动快的物品，如存储某些电子器件等的立体仓库。

• 货格式货架。这种货架最常见，在我国也比较多，多用于容量较大的仓库，如以集装箱为单位存储的立体仓库。

• 水平或垂直旋转式货架。一种旋转或循环的存储装置，适用于存储体积小、品种多、重量轻的物品。

• 悬挂输送存储。多安放于车间的工作区或设备上方，由人工根据需要随时取下或放上货物，整个存储系统在不断地低速运动。

• 被动辊式货架。适用于重量和体积比较大的物品存储时采用。在这种货架的单元货格中有很多无动力的辊子，利用存储设备（通常是大型巷道式堆垛机）的动力驱动这些辊子，从而将大型货物存入或取出。机场货运物品的处理多采用这种形式的货架。

还有许多其他形式的货架，在此不一一介绍。

② 货架的材料。高层货架是立体仓库的主要构筑物，一般用钢材或钢筋混凝土制作。钢结构货架的优点是：构件尺寸小，仓库空间利用率高，制作方便，安装建设周期短。而且随着高度的增加，钢结构货架比钢筋混凝土货架的优越性更明显。因此，目前国内外大多数立体仓库都采用钢结构货架。钢筋混凝土货架的突出优点是防火性能好，抗腐蚀能力强，维护保养简单。

货架的高度是关系到自动化仓库系统全局性的参数。钢结构货架的成本随其高度的增加而迅速增加，尤其是当货架高度超过 20 米时，其成本将急剧上升，同时堆垛机等设备结构费用也将随之增长。当库容量一定时，仓库基础费用、运行导轨投资则随货架高度的增高而下降。货架可由冷轧型钢、热轧角钢、工字钢焊接成“货架片”，然后组成立体的货架。为此，要从基础设计、货架截面选型以及支撑系统布置等方面，采取措施，加以保证。

③ 货架的尺寸。通常货架的高度在 50—80 米之间。恰当地确定货格净空尺寸，是立体仓库设计中一项极为重要的内容。对于给定尺寸的货物单元，货格尺寸取决于单元四周需留出的空隙大小，同时在一定程度上也受到货架结构造型的影响。这项尺寸之所以重要，是因为它直接影响着仓库面积和空间利用率。由于影响因素有很多，所以确定这项尺寸比较复杂。

“牛腿”是货架上的一个重要结构。货箱或托盘支架在牛腿上。取货时堆垛机货叉从牛腿下往上升，托起货箱后货叉取走货箱。存货时，货叉支托着货箱从牛腿上方向下降，当其低于牛腿高度时货物就支托在牛腿上了。

④ 货架的刚度和精度。作为一种承重结构,货架必须具有足够的强度和稳定性,在正常的工作条件下和在特殊的非工作条件下都不至于被破坏。同时,作为一种设备,高层货架还必须具有一定的精度和在最大工作载荷下的有限弱性变形。对于自动和半自动控制的立体仓库,货架精度更是仓库成败的决定因素之一。

自动和半自动控制的立体仓库对货架的精度要求是相当高的,包括货架片的垂直度、牛腿的位置精度和水平度等。为了达到设计的要求,有必要对所设计的货架进行力学计算。目前,货架设计常采用刚度假设,即认为地基在货架和货物作用下不会产生弹性变形。此种处理使设计计算大为简化,但与实际结构的力学特性相差甚远。弹性基础梁的假设可用于货架设计:将钢筋混凝土层视为弹性基础梁或板,其下的土层视为等效弹簧,这样可同时考虑上层与混凝土的影响,较好地反映实际情况。

(2) 货箱与托盘。我们把一个标准的货物或容器称作单元负载,货物的载体可以是托盘、托板、滑板、专用集装箱、专用堆放架、硬纸板箱等。

货箱与托盘,其基本功能是装物料,同时还应便于叉车和堆垛机的叉取和存放。托盘多为钢制、木制或由塑料制成;托板一般由金属制成;滑板由波状纤维或塑料制成,可将单元货物拉到滑板上;专用集装箱多由钢板制成,可做多次周转;专用堆放架由钢板或木料制成,可盛放专用件或特殊形状的物品;硬纸板箱用来盛放相对密度较小的物品;盛放洗衣机或电冰箱一类的物品可利用其自身的包装箱。

从实际经验得出,货箱尺寸是货架设计的基础数据。货物(载荷)引起货箱的挠度应小于一定的尺度,否则会影响装取货物。

(3) 巷道式堆垛机。搬运设备是配送中心仓库中的重要设备,它们一般由电力来驱动,通过自动或手动控制,把货物从一处搬到另一处。设备形式可以是单轨的、双轨的、地面的、空中的、一维运行(水平直线运行或垂直直线运行)、二维运行、三维运行等。典型设备有升降梯、搬运车、巷道式堆垛机、无轨叉车和转臂起重机等。

巷道式堆垛机是立体仓库中最重要的运输设备,是随着立体仓库的出现而发展起来的专用起重机。它的主要用途是在高层货架的巷道内来回穿梭运行,将位于巷道口的货物存入货格;或者相反,取出货格内的货物运送到巷道口。这种使用工艺,对巷道式堆垛机在结构和性能方面提出了一系列严格的要求。

堆垛机的额定载重量一般为几十公斤到几吨,其中 0.5 吨的使用最多。它的行走速度一般为 4—120 米/分钟,提升速度一般为 3—30 米/分钟。

有轨巷道堆垛起重机通常称为堆垛机,它是由叉车、桥式堆垛机演变而来的。桥式堆垛机由于桥架笨重,因而运行速度受到了很大的限制,仅适用于出/入库频率不高或存放长形原材料和笨重货物的仓库。其优点在于可以方便地为多个巷道服务,目前的自动化仓库系统中应用最广的是巷道式堆垛机。

巷道式堆垛机由运行机构、起升机构、装有存取货机构的载货台、机架(车身)和电气设备五部分组成。

第一部分为机架。堆垛机的机架是由立柱、上横梁和下横梁组成的一个框架,整机结构高而窄。机架可以分为单立柱和双立柱两种类型。双立柱结构的轨架是由两根立柱和上、下横梁组成的一个长方形框架,这种结构的强度和刚性都比较好,适用于起重重量较大或起升高度比较高的场合。单立柱式堆垛机机架只有一根立柱和一根下横梁，整机重量比较轻，制造工时和材料消耗较少，结构更加紧凑且外形美观；堆垛机运动时，司机的视野比较开阔，但刚性稍差。由于载货台与货物对单立柱的偏心作用，以及行走、制动和加速减速的水平惯性力的作用，对立柱会产生动、静刚度方面的影响，当载货台处于立柱最高位置时，挠度和振幅达到最大值。这在设计时需要加以计算。

堆垛机的机架沿天轨运行。为防止框架倾倒，上梁上装有导引轮。

第二部分为运行机构。在堆垛机的下横梁上，装有运行驱动机构和在轨道上运行的车轮。按运行机构所处位置不同，可以分为地面驱动式、顶部驱动式和中部驱动式等几种，其中，地面驱行式使用最广泛。这种方式一般用两个或四个承重轮，沿铺设在地面上的轨道运行。在堆垛机顶部，有两组水平轮沿天轨（在堆垛机上方辅助其运行的轨道）导向。如果堆垛机车轮与金属结构通过垂直小轴铰接，堆垛机就可以走弯道，从一个巷道转移到另一个巷道去工作。顶部驱动式堆垛机又可分为支撑式和悬挂式两种，前者支撑在天轨上运行，堆垛机底部有两组水平导向轮；后者则悬挂在位于巷道上方的支撑梁上运行。

第三部分为起升机构。堆垛机的起升机构由电动机、制动机、减速机、卷筒或链轮及柔性件组成，常用的柔性件有钢丝绳和起重链等。卷扬机通过钢丝绳牵引载荷台作升降运动。除了一般的齿轮减速机，由于需要较大的减速比，因而也经常见到使用涡轮蜗杆减速机和行星齿轮减速机。在堆垛机上，为了尽量使起升机构尺寸紧凑，常使用带制动的电机。

起升机构的工作速度一般在 12—30 米/分，最高可达 48 米/分。不管先用多大的工作速度，都备有低速挡，主要用于平稳停准和取出货物时的“微升降”作业。

在堆垛机的起重、行走和伸叉（叉取货物）三种驱动中，起重的功率最大。

第四部分为载货台及存取货装置。载货台是货物单元的承载装置。对于需要搬运整个货物单元的堆垛机，载货台由货台本体和取货装置构成；对于只需要从货格拣选一部分货物的拣选式堆垛机，载货台上不设存取货装置，只有平台供放置盛货容器之用。

存取货装置是堆垛机的特殊工作机构。取货的那部分结构必须根据货物的外形特点设计，最常见的是一副伸缩货叉，也可以是一块可伸缩的取货板或者其他结构形式。

伸叉机构装在载货台上，载货台在辊轮的支撑下沿立柱上的轨道做垂直方向的运动（起重），垂直于起重—行走平面的方向为伸叉的方向。近代堆垛机的操作平台设在底座上，工人在此处可进行手动或半自动操作。

从机构设计的角度来看，伸缩货叉设计具有典型性。货叉完全伸出后，其长度约为原来长度的两倍以上。当主动齿轮顺时针转动时，中叉向左运动；在链条的牵引下，上叉也向左运动，达到向左伸叉的目的；当主动齿轮逆时针转动时，则向右伸叉。

第五部分为电气设备。主要包括电力拖动、控制、检测和安全保护。在电力拖动方面，目前国内用得较多的是交流变频调速、交流变级调速和可控硅直流调速，涡流调速已很少采用。对堆垛机的控制，一般采用可编程序控制器、单片机、库板机和计算机等。堆垛机必须具有自动认址、货位虚实检测及其他检测的功能。电力拖动系统要同时满足快速、平稳和准确三个方面的要求。

堆垛机的结构设计除需满足强度要求外，还需具有足够的刚性，并且满足精度要求。

第六部分为安全保护装置。堆垛机是一种起重机械，它要在又高又窄的巷道内高速运行。为了保证人身及设备的安全，堆垛机必须配有完善的硬件及软件的安全保护装置，并在电气控制上采取一系列连锁和保护措施。除一般起重机常备的安全保护措施(如各机构的终端限位和缓冲、电机过热和过电流保护、控制电路的零位保户等)外，还应根据实际需要，增设各种保护。主要的安全保护装置有：

• 终端限位保护。在行走、升降和伸缩的终端都设有限位保护。

• 连锁保护。行走与升降时，货叉伸缩驱动电路切断；相反，货叉伸缩时，行走与升降电路切断，行走与升降运动可同时进行。

• 正位检测控制。只有当堆垛机在垂直和水平方向停准时，货叉才能伸缩，即货叉运动是条件控制，以认址装置监测到确已停准的信息为货叉运动的必要条件。

• 载货台断绳保护。当钢丝绳断开时，弹簧通过边杆机构凸轮卡在导轨上阻止载货台坠落；正常工作时，提杆平衡载荷的重量，弹簧处于压缩状态，凸轮与导轨分离。

• 断电保护。载货台升降过程中若断电，则采用机械式制动装置使其停止，不致坠落。

(4) 其他机械设备。除上述几种常用到的机械设备外，还有其他一些重要的设备。

输送设备是立体仓库中的辅助设备，具有把各物流站衔接起来的作用。输送机有辊式、链式、轮式、皮带式、滑板式、悬挂式等多种形式，运输车有自动导引有轨小车及其他地面运输车。

此外，有的自动化仓库使用工业车等设备，并与铁路运输、船运、空运相衔接，直接接收各地的货物，或把货物发往各地。

常用的工业车有机械铲车、人工叉车、工业链式车、室内吊车、平板运输车和专用工业车。

(5) 电气与电子设备。自动化仓库中的电气与电子设备主要是指检测装置、信息识别装置、控制装置、监控及调度设备、计算机管理设备、数据通信设备、大屏幕显示设备及图像监视设备等。

• 检测装置。为了实现对自动化仓库中各种作业设备的控制，并保证系统安全可靠地运行，系统必须具有多种检测手段来检测各种物理参数和相应的化学参数。

对货物的外观检测及称重，对机械设备及货物运行位置和方向的检测，对运行设备状态的检测，对系统参数的检测和对设备故障情况的检测，都是极为重要的。通过对这些监测数据的判断和处理，可以为系统决策提供最佳依据，使系统处于理想的工作状态。

• 信息识别装置。信息识别设备是自动化仓库中必不可少的装置，它能够完成对货物品名、类别、货号、数量、等级、目的地、生产厂甚至货位地址的识别。在自动化仓库中，为了完成物流信息的采集，通常采用条形码、磁条、光学字符和射频等识别技术。条形码识别技术在自动化仓库中的应用最普遍。

• 控制装置。控制系统是自动化仓库成功运行的关键。没有好的控制，系统运行的成本就会很高，且效率很低。为了实现自动运转，自动化仓库内所用的各种存取设备和输送设备本身必须配备各种控制装置。这些控制装置种类较多,从普通开关到继电器,到微处理器、单片机和可编程序控制器(PLC),它们根据各自的特定功能,都能完成一定的控制任务。如巷道式堆垛机的控制要求,就包括了位置控制、速度控制、货叉控制及方向控制等。所有这些控制,都必须通过各种控制装置来实现。

• 监控及调度设备。监控系统是自动化仓库的信息枢纽,在整个系统中起着举足轻重的作用,它负责协调系统中各个部分的运行。有的自动化仓库系统使用了很多运行设备,各设备的运行任务、运行路径、运行方向都需要由监控系统来统一调度,按照指挥系统的命令进行货物搬运活动。通过监控系统的监视画面,可以直观地看到各设备的运行情况。

• 计算机管理设备。计算机管理系统(主机系统)是自动化仓库的指挥中心,相当于人的大脑,它指挥着仓库中各设备的运行,主要完成整个仓库的账目管理和作业管理,并且负担与上级系统的通信和企业信息管理系统的部分任务。一般的自动化仓库管理系统多采用微型计算机为主的系统,而比较大的仓库管理系统也可以采用中型计算机。随着科学技术的飞速发展,微型计算机的功能越来越强,运算速度越来越快,其在这一领域中日益发挥重要作用。

• 数据通信设备。自动化仓库是一个复杂的自动化系统,它是由众多子系统组成的。在自动化仓库中,为了完成规定的任务,各系统之间、各设备之间要进行大量的信息交换。例如,自动化仓库中的主机与监控系统、监控系统与控制系统之间的通信,以及仓库管理机通过厂级计算机网络与其他信息系统的通信。信息传递的媒介有电缆、滑触线、远红外光、光纤和电磁波等。

• 大屏幕显示设备。自动化仓库中的各种显示设备,是为了人们操作方便、易于观察设备情况而设置的。在操作现场,操作人员可以通过显示设备的指示,进行各种搬运、拣选。在中控室或机房,人们可以通过屏幕或模拟屏的显示,观察现场的操作及设备状况。

• 图像监视设备。工业电视监测系统是通过高分辨率、低照度的变焦摄像装置,对自动化仓库中人身及设备安全进行观察、对主要操作点进行集中监视的现代化装置,是提高企业管理水平、创造无人化作业环境的重要手段。

此外,还有一些特殊要求的自动化仓库,比如,储存冷冻食品的立体仓库,需要对仓库中的环境温度进行检测和控制;储存感光材料的立体仓库,需要使整个仓库内部完全黑暗,以免感光材料失效而造成产品报废;储存某些药品的立体仓库,对仓库的温度、气压等均有一定的要求,因此需要特殊处理。

5.5.5　配送中心的公用设施

在进行配送中心规划的时候,除了要规划配送中心的作业设施与设备,也需要对配送中心的公用设施进行规划。一般来讲,配送中心的公用设施包括给排水设施、电力设施、供热与燃气设施等。对公用设施进行规划时,除了要考虑配送中心的实际需求,还要与配送中心所在地的市政工程规划相一致。

1. 给排水设施

(1) 给水设施。给水设施负责对配送中心生产、生活、消防等所需用水进行供给,包括原水的取集、处理以及成品水输配等各项工程设施。配送中心给水设施的规划,应根据配送中心的用水需求和给水工程设计规范,对给水水源的位置、水量、水质及给水工程设施建设的技术经济条件等进行综合评价,并对不同的水源方案进行比较,做出方案选择。同时,给水设施规划要考虑所在区域的给水系统整体规划,应尽量合理利用城市已建成的给水工程设施。给水设施不应设置在易发生滑坡、泥石流、塌陷等不良地质条件的地区及洪水淹没和内涝低洼地区,地表水取水构筑物应设置在河岸及河床稳定的地段,工程设施的防洪及排涝等级不应低于所在城市设防的相应等级。配送中心输配管线在道路中的埋设位置,应符合现行国家标准《城市工程管线综合规划规范》的规定。

(2) 排水设施。排水设施负责收集、输送、处理和排放配送中心的污水(生活污水、生产废水)和雨水。污水和雨水的收集、输送、处理和排放等工程设施以一定方式组成,用不同管渠分别收集和输送污水和雨水;为使污水排入某一水体或达到再次使用的水质要求,还需要进行净化。根据水资源的供需平衡分析,应提出保持平衡的对策,包括合理确定产业规模和结构,并应提出水资源保护的措施;而对于配送中心,应更注重考虑水污染的防治,避免其建设对所在地的环境造成不必要的污染。

在进行排水管道工程时,应严格遵守中华人民共和国国家标准(GB 50268-97)《给水排水管道工程及验收规范》,施工单位在施工前首先应熟悉设计文件和施工图,深入理解设计意图及要求,在施工中应按图精心施工,尤其管道的位置及高程是由设计单位经过水力计算,并考虑与其他专业管道平行或交叉要求等因素确定的,施工时应满足设计及使用要求。施工单位在因设计错误、材料代用、施工条件及有关合理化建议等需要变更设计时,应按有关规定程序办理。如果是局部变更且不影响工程预算的,由施工单位与设计单位进行洽商,并做出洽商纪录;如果是重大变更,还需要建设单位的同意,并由设计单位提出正式的变更设计文件。排水管道工程的管材、管道附件等材料,应符合国家现行的有关产品标准的规定,并应具有出厂合格证,具体施工时应遵守国家和地方有关安全、劳动保护、防火、防爆、环境和文物保护等方面的规定。

排水管道工程经过竣工验收合格后,方可投入使用;隐蔽工程经过中间验收合格后,方可进行下一工序施工。排水管道工程竣工验收后,建设单位应将有关设计、施工及验收的文件和技术资料立卷归档。

2. 电力设施

电力设施由供电电源、输配电网等组成,应遵循中华人民共和国国家标准(GB 50293-1999)《城市电力规划规范》进行规划。在配送中心规划过程中,要求配送中心的电力设施应符合所在城市和地区的电力系统规划;应充分考虑电力设施运行噪声、电磁干扰及废水、废气、废渣"三废"排放对周围环境的干扰和影响,并应按国家环境保护方面的法律、法规有关规定,提出切实可行的防治措施;电力设施应切实贯彻"安全第一、预防为主、防消结合"的方针,满足防火、防爆、防洪、抗震等安全设防要求;电力系统应从所在城市全局出发,充分考虑社会、经济、环境的综合效应;电力系统应与道路交通、绿化及供水、排水、供热、燃气、邮电通信等市政公用工程相协调。

为配送中心新建或改建的供电设施的建设标准、结构选型，应与城市现代化整体水平相适应；供电设施的规划选址、路径选择，应充分考虑城市人口、建筑物密度、用地紧张及城市用电量大、负荷密度高、电能质量和供电安全可靠性要求高的特点与要求；新建的供电设施，应根据其所处地段的地形、地貌条件和环境要求，选择与周围环境、景观相协调的结构形式与建筑外形。

为实现配送中心的各项功能，保证物流作业的正常运行(冷库储存、机电设备的运行等)，避免或减少不必要的损失，供电系统的设计显得尤为重要。电力设施必须严格按照中华人民共和国国家标准(GB 50052-95)《供配电系统设计规范》设计和施工，应注意以下几点：

(1) 电力负荷应根据对供电可靠性的要求、中断供电所造成损失或影响的程度进行综合确定：配送中心内的冷库、机电设备、通信设施等的中断供电将造成较大损失，属于一、二级负荷；配送中心的其他设施设备属于三级负荷。

(2) 应急电源与正常电源之间必须采取防止并列运行的措施。

(3) 供配电系统的设计，除一级负荷中特别重要的负荷外，不应按一个电源系统检修或故障的同时另一电源又发生故障的情况进行设计。

(4) 配送中心的供电电压应根据用电容量、用电设备特性、供电距离、供电线路的回路数、当地公共电网现状及其发展规划等因素，经技术经济比较后来确定。

3. 供热与燃气设施

(1) 供热设施。集中供热设施利用集中热源，通过供热管网设施等，向热能用户供应生产或生活用热能，包括集中热源、供热管网等设施和热能用户使用设施。供热设施在建设时应符合中华人民共和国行业标准(GJJ/T 88-2000/J 25-2000)《城镇供热系统安全运行技术规程》，同时还应符合国家有关强制性标准的规定。

供热设施的热源应符合：

• 新装或已装的锅炉必须向当地主管部门登记，经检查合格获得使用登记证后方可投入运行；

• 重新启用的锅炉必须按国家现行标准《热水锅炉安全技术监察规程》或《蒸汽锅炉安全技术监察规程》的要求进行定期检验，办理换证手续后方可投入运行；

• 热源的操作人员必须具有主管部门颁发的操作证；

• 热源使用的锅炉应采用低硫煤，排放指标应符合国家标准(GB 13271)《锅炉大气污染无排放标准》的规定。

供热设施的热力网运行管理部门应设热力网平面图、热力网运行水压图、供热调节曲线图表。热力网运行人员必须经过安全技术培训，经考核合格方可独立上岗。他们应熟悉管辖范围内管道的分布情况、主要设备和附件的现场位置，掌握各种管道、设备及附件等的作用、性能、构造及操作方法。

供热设施的泵站与热力站要求基本同上，也要具备设备布置平面图等图纸，管理人员也要经过培训考核。此外，供热设施的泵站与热力站的管道应涂有符合规定的颜色和标志，并标明供热介质的流动方向，安全保护装置要求更加灵敏、可靠。

供热设施的用热单位应向供热单位提供供热负荷、用热性质、用热方式及用热参数，提供热平面图、系统图、用热户供热平面位置图。供热单位应根据用热户的不同用热需求，适时进行调解，以满足用热户的不同需要；用热单位应按供热单位的运行方案、调节方案、事故处理方案、停运方案及管辖范围，进行管理和局部调节；未经供热单位同意，用热户不得私接供热管道和私自扩大供热负荷，热水取暖用户严禁从供热设施中取用热水，用热户不得擅自停热。

(2) 燃气设施。燃气供应是公用事业中一项重要设施，燃气化是我国实现现代化不可缺少的一个方面。燃气系统供应配送中心作燃料使用的天然气、人工煤气和液化石油气等气体能源，由燃气供应源、燃气输配设施和用户使用设施组成。

配送中心在燃气供应源选择时，应考虑以下几项原则。

• 必须根据国家有关政策，结合本地区燃料资源情况，通过技术经济比较来确定气源选择方案；

• 应充分利用外部气源，当选择自建气源时，必须落实原料供应和产品销售等问题；

• 根据气源规模、制气方式、负荷分布等情况，在可能的条件下，力争安排两个以上的气源。

配送中心在燃气输配设施设计时，应考虑以下几项原则。

• 燃气干线管路位置应尽量靠近大型用户；

• 一般避开主要交通干道和繁华街道，以免给施工和运行管理带来困难；

• 管线不准铺设在建筑物下面，不准与其他管线平行或上下重叠；

• 配送中心应向供气单位提供燃气负荷、用燃气性质、用燃气方式及必要的用燃气参数，提供供气平面图、系统图和用户工期平面位置图。供气单位应根据配送中心的用气需求，适时进行调解，以满足配送中心的需要；配送中心应按供气单位的运行方案、调节方案、事故处理方案、停运方案及管辖范围，进行管理和局部调节；未经燃气供应单位及公安消防部门的同意，未由这些相关部门进行施工监督和验收，配送中心不得私接供气管道、私自扩大供气负荷和擅自启用未经批准的燃气输配设施。

5.6 配送中心的配货管理

5.6.1 配货管理概述

1. 配货管理的概念

所谓的配货管理，是指配送中心为了顺利、有序、方便地向众多客户发送商品，对组织进来的各种货物进行整理，并依据订单要求进行组合的过程。

配货管理主要包括两方面内容：理货和配装。理货是指理货人员根据理货单上的内容说明，按照出货优先顺序、储位区域号、配送车辆趟次号、门店号、先进先出等出货原则和方法，把需要出货的商品整理出来，经复核人员确认无误后，放置到暂存区，准备送货上车的工作。配装是指集中不同客户的配送货物，进行搭配装载，以充分利用运能、运力的工作。

不同客户需求的货物不仅品种、规格不一，且数量差异很大。有时一个客户的商品数量过少，无法装满一个车辆，配送中心就把同一条送货线路上不同用户的货物组合、配装在同一辆载货车上，或把不同线路但同一区域的多家店铺的货物混载于同一辆车上进行配送，这样不仅能够充分利用载货车辆的容积和提高运输效率、降低运输成本，而且可以减少交通流量，改变交通拥挤状况。

配货环节是配送中心区别于传统仓储业的明显特征。传统的仓储业虽然也进行进货、存货和发货活动，但都是些辅助性工作，是依附生产、经营部门的"蓄水池"，其地位是从属的、被动的。而配送中心作为顺应市场经济发展而产生的新型流通组织，虽然也从事传统仓储业的基本业务，但它增加了配货业务，这极大地增强了其自身的灵活性、竞争力和生存力。配送中心不再依附于哪个行业或企业，它变进货储存为按需组货，变单纯的发货为配组送货，这些改变，使它提高了库存利用率，加大了车辆配载率，使空置、闲置的资源得到了全面的利用。可以说，配送中心通过有效的组织配货和送货，不仅承担了保证货畅其流，价值转移的任务，更重要的是盘活了存储运输资源，使整个社会资源重新分配并得到了充分利用。因此没有配货就无所谓配送中心，配货是整个配送作业的关键环节。

2. 配货管理的任务

配货管理的基本任务是保证配送业务中所需的商品品种、规格、数量在指定的时间内组配齐全并装载完毕。

在车辆配载时应注意以下几个方面：

(1) 为了减少或避免差错，尽量把外观相近、容易混淆的货物分开装载；

(2) 重不压轻，大不压小，轻货应放在重货上面，包装强度差的应放在包装强度好的上面；

(3) 不将散发臭味的货物与具有吸臭性的食品混装；

(4) 尽量不将散发粉尘的货物与清洁货物混装；

(5) 切勿将渗水货物与易受潮货物一同存放；

(6) 包装不同的货物应分开装载，如板条箱货物不要与纸箱、袋装货物堆放在一起；

(7) 具有尖角或其他突出物的货物应和其他货物分开装载或用木板隔离，以免损伤其他货物；

(8) 装载易滚动的卷状、桶状货物，要垂直摆放；

(9) 货与货之间，货与车辆之间应留有空隙并适当衬垫，防止货损；

(10) 装货完毕，应在门端处采取适当的稳固措施，以防开门卸货时，货物倾倒造成货损或人身伤亡；

(11) 尽量做到"后送先装"，即同一车中有目的地不同的货物时，要把先到站的货物放在易于装卸的外面和上面，后到站的货物放在里面和下面；

(12) 货物放置重心要平衡，以免车辆发生倾覆事件。

另外，配送中心内存放的商品数量大、品种杂、规格多，每日发送商品的次数和装配配送车辆的趟次也比较高。若没有高度的计划管理，极易出现各种疏漏，影响后续业务的正常进行。因此配送中心编制配货计划，保证客户需求的商品能在最短的时间内以最合理的方式完好无损地配齐、经济合理地配载，是使配送业务顺利实施的前提条件。

3. 配货管理的原则

配货管理的原则主要包括准时性、方便性、优先性、经济性四个方面。

(1) 准时性。准时性原则是保证配送中心利益及客户需求都得以满足的双赢原则。按照客户的要求准时进货、准时发货,对配送中心来说,不需要占用大量的库存和资金,可保持库存的合理周转;对客户来说,能够保证货物的及时到位,既不耽误生产或销售,又可使企业不存在库存,节约库存费用。

(2) 方便性。在配送商品中,有些商品是常需产品或畅销产品,有些商品则生产周期或需求周期较长。配送中心在摆放商品时,要根据配送商品的配送规律,合理进行摆放,以方便配货为前提,做到将常需商品和畅销商品摆放到靠近配送作业的通道旁边,以便于理货人员进行理货作业时的商品取放,节约理货时间。

(3) 优先性。对于下列客户,配送中心可以优先进行配货:

- 具有优先权的客户;
- 依客户等级划分,重要性程度比较高的客户;
- 依订单交易量或交易金额划分,对公司贡献大的订单;
- 依据客户信用状况划分,信用较好的客户。

(4) 经济性。企业运作的基本目标是实现一定的经济利益,所以配货不能仅满足客户的要求,配送中心提供高质量、及时方便服务的同时,还必须提高效率,加强成本管理与控制。

5.6.2 配送中心配货管理计划的编制

配货管理计划的科学性及合理性,直接影响到配送中心配送业务的绩效。一个较为完善的计划编制的步骤主要分为进行市场调查、确定配货顺序、确定配货作业指标、进行指标控制四步。具体内容如下所示。

第一步,进行市场调查。

配货作业是配送中心的内部业务活动,在工作时不同具体客户直接交流,只按照订货单进行配货作业。但它不能无视市场状况,只考虑自己的业务流程。脱离实际的业务安排是盲目的,没有依据的,会给企业带来资源的极大浪费。因此,配货管理部门在编制具体配货计划时,首先要进行市场调查,收集客户信息,了解影响配货工作的因素。例如,哪些商品是畅销品,其畅销的原因是什么,这些商品在本配送中心的日需求量将是多少,它们继续畅销的时间会有多长?各种商品的生产周期和需求周期是多少等。然后根据这些因素的综合影响合理安排配货作业指标。

第二步,确定配货顺序。

配货是配送业务的环节之一,它需要与其他部门进行经常性的沟通协调,以确定不同时期的配货顺序。实际生产经营存在一定的周期性和淡旺季,且不同企业的淡旺季不同。处于旺季的企业急于赶工、抓时机,往往要货急、要货数量大,而旺季一过,这些企业的需求倾向明显发生变化,需求量会降低或根本不需要。因此,配货部门要经常与备货部门及送货部门联系,了解客户订单的变化倾向,不断调整自己的配货顺序,将最需配送的货物优先配装,以保证客户的需要和企业的利益。另外,确定配货顺序时还要考虑优先原则,使拥有优先权、交易量大、信用度较好的客户享有优先配货的权利。

第三步，确定配货作业指标。

配送中心进行配货作业时，需要确定的考核指标包括以下几项：

(1) 分拣配货率。分拣配货率是指从库存的货物种类中分拣出的货物种类占全部库存货物种类的比重。它的计算公式为：

$$PHD=PI/ZI$$

其中，PHD 为分拣配货率，PI 为分拣种类数，ZI 为库存种类数。

分拣配货率越高，说明分拣配货效率越好。影响配货人员配货效率的因素主要有：单位时间内处理订单的件数和处理货物的品种数，每天的发货品种数，每个订单的品种数，每个订单的作业量与配货人员的数量，中心内作业场地的宽度及允许作业的时间等。因此，对分拣配货率的确定要综合分析。

(2) 配货方式和配货路线。不同配货方式的作业程度不同，所采用的配货路线也不同。配送中心要根据自己的配送业务类型、商品的品种数、客户订单的数量，确定配货的方式及路线，确定配货路线要尽量减少在一条配货路线上重复的次数。配货路线一经确定，要由计算机信息系统打印成商品配货路线图，提供给配货人员，供他们在进行拣选商品时使用。

(3) 配货人员的数量和机械的类型及种类。配货人员包括理货人员和装卸人员两种。通常，一轮配货如果人多速度就快，但过多的人员会造成人均工作量的不足，配货计划要根据配送中心的日均发货量的大小确定适当的配货人员数量。同时，配货人员的数量与配货机械的自动化程度有着密切的关系。配货工具自动化程度高的配送中心需要的配送人员数量较少，利用人工配载工具的配送中心为了保证配货速度配货人员数量就要增多。

(4) 确定配装方案。如果一辆车需配装不同客户的商品，就需要考虑商品间的理化性能、客户指定地点的路径方向及区域等方面的问题，然后再按商品性能相近、路线方向一致或区域同属的配装原则制定配装方案。

第四步，进行指标控制。

(1) 定期对各项指标进行考评。有计划不认真执行等于没有计划，执行计划不实施检查等于不执行计划。因此，配货管理部门在计划的执行过程中，要定期对计划的执行情况进行监督检查，评价各种指标的完成进度和质量。

(2) 修订和调整配货计划。如果某项指标在执行时发现与计划不符，管理人员要及时查找出偏差的原因。计划与实际不符主要有两方面原因：一方面是客观原因，即市场环境发生了变化，客户的需求也随即发生调整，计划人员要及时研究新的市场需求，修订配货计划。另一方面是主观原因，即管理人员在制定计划时对情况了解不足，编制计划有误，使实际与计划难以衔接；或是配货人员执行不利，造成计划没有按期完成。前者需要管理人员主动修改计划，后者则要求管理人员加大管理力度，敦促基层配货人员增强责任心。

5.6.3 配送中心的配货方式

配货是很复杂、工作量很大的配送业务，尤其是当客户多，品种规格多，而需求批量又小时，如果再加上需求频率很高，就必须在很短的时间内完成配货工作。所以，选择合理的配货方式，高效率地完成配货工作，在某种程度上决定着配送中心的服务质量和经济效益。配送中心常用的配货方式有：

1. 拣选式配货

拣选式配货是由负责理货的工人或理货机械，巡回于货物的各个储货点，按照理货单的指令，取出所需货物，巡回一遍，则为一个客户将货配齐。配齐后的货物立即配装。

(1) 拣选式配货的形式。选择拣选式配货形式时，应考虑配送中心的设备、客户的要求及作业量的大小等因素。其形式主要有：

• 人工拣选配货。配货作业由人来进行，人、货架、集货设备(货箱、托盘等)配合完成配货作业，在实施时，由人一次巡回或分段巡回于各货架之间，按订单拣货，直至配齐。

• 人工加手推作业车拣选配货。配货人员推着手推车一次巡回或分散巡回于货架之间，按订单进行分拣，直至配齐。它与人工拣选配货基本相同，区别在于借助半机械化的推车作业，拣选作业量大、单品或单件较重、体积较大时，可以减轻配货人员的劳动强度。

• 机动作业车拣选配货。配货人员乘车辆或台车为一个客户或多个客户拣选配货，车辆上分放各客户的拣选容器，拣选的货物直接放人容器，每次拣选配货作业完成后，将容器内的货物放到指定的货位，或直接装卸到配送车辆上。这种拣选配货作业有时配以装卸工具，作业量更大，而且在拣选过程中就地进行货物装箱或装托盘的处理。

• 传动输送带拣选配货。配货人员只在附近几个货位进行拣选配货，传动输送带不停地运转，分拣配货人员按指令将货物取出或放在传动输送带上，或放人传动输送带上的容器内。传动输送带运转到末端时把货物卸下，放到已划好的货位上待装车发送。这种拣选配货方式，可减轻劳动强度、改善劳动条件。

• 拣选机械拣选配货。自动分拣机或由人操作的叉车、分拣台车巡回于一般高层货架间进行拣选，或在高层重力式货架一端进行拣选。这种拣选配货方式一般是在标准货格中取出单元货物，以单元货物为拣选单位，再利用传动输送带或叉车、台车等设备集货、配货，形成更大的集装货载或直接进行配送。

• 回转式货架拣选配货。配货人员利用回转式货架的转动进行拣选配货，配货人员固定在拣货的位置，按客户的订单操纵回转货架作业，当订单上的货物回转到配货人员面前时，将货物取出，也可同时将几个客户共同需要的货物拣选出来进行配货。

(2) 拣选式配货的适用范围。

• 客户数量不多，但需要的种类颇多，且每种商品的需求数量差异较大；

• 不同客户间需求的产品种类有较大的差异；

• 客户临时的紧急需求；

• 客户需求的大件商品。

采用拣选式配货法进行作业，能够保证配货的准确无误，对某个客户来说可以不受其他因素制约进行快速配货，可以按客户要求的时间，调整配货的先后次序，而且配好的货物可以不经分放直接装到送货车辆上，有利于简化工序、提高效率。

拣选式配货法机动灵活，既可以采取机械化水平较高的工具作业，也可以实施人工操作。例如，拣选工具既可以是专门配置设计的车辆、传送设备，也可以是一般作业车辆（汽车、手推车），甚至可以用人力进行拣选。因此这种方法易于实行，尤其是在配送工作开展初期或小型配送中心客户不多且技术装备较差的情况下，使用这种方法既简便又快捷。

2. 分货式配货

分货式配货又称播种式配货，是由负责理货的工人或理货机械每次集中取出货物，然后巡回于客户的指定货位之间，到达一个货位将该客户所需的数量分出，每巡回一次，将若干客户所需货物分放完毕。如此反复进行，最后，将各客户所需货物全部配齐，一轮的配货任务即告完成。

(1) 分货式配货的形式。

• 人工分货配货。在货物体积较小、重量较轻的情况下，人工从普通货架或重力式货架上一次取出若干个客户共同需求的某种货物，然后巡回于各客户配货货位之间，将货物按客户订单上的数量进行分放，完成后，再取第二种货物，如此反复，直至分货、配货完毕。

• 人工加手推作业车分货配货。配货人员利用手推车至一个存货点将各客户共同需要的某种货物取出，利用手推车的机动性可在较大的范围内巡回分放配货。

• 机械作业车分货配货。用台车、平板作业车一次取出数量较多、体积和重量较大的商品，然后，由配货人员驾车巡回分放配货。

• 传动输送带加人工分货配货。传动输送带一端同货物储存点相接，另一端分别同客户的配货货位相接。传动输送带运行过程中，一端集中取出各客户共同需要的货物，放置在输送带上输送到各客户的货位，另一端配货人员取下该货位的客户所需的货物。

• 分货机自动分货配货。分货机在一端取出多客户共同需要的货物随着分货机上的输送带运行，按计算机预先设定的指令，在与分支机构连接处自动打开出口，将货物送入分支机构，分支机构的终点是客户集货货位。

• 回转式货架分货配货。回转式货架可以看成若干个分货机的组合，当货物不多又适合回转式货架储存时，可在回转式货架出货处一边从货架取货，一边向几个客户货位分货，直至配货完毕。

(2) 分货式配货的适用范围。

• 客户数量多，且需求的商品种类有限，每种商品的需求数量也不大；
• 各客户之间需求的商品种类差别不大；
• 客户有比较稳定的计划需求；
• 需要搬运的货物体积不大。

采用分货式配货法进行作业，可以提高配货速度，节省配货的劳动消耗，提高劳动效率。尤其是当客户数量较多时，反复拣选会使工作异常重复和烦琐，采用分货作业就可以避免上述问题。实行分货式配货法进行作业时，一般可以利用各种作业车辆，包括专业车辆、一般车辆甚至是手推车。但大规模配送中心的分货作业，需要有非常大的分货能力，因此要在配送中心建立专门的分货设施。

3. 直起式配货

直起式配货是拣选式配货的一种特殊形式。当客户所需商品种类很少,且每种商品数量又很大时,送货车辆可以直接开抵储存场所装车,随时送货。这种方式将配货和送货合为一体,减少了工序,增加了效率,特别适合大宗生产资料的配送。

5.6.4 案例——连邦的配送体系①

首创正版软件连锁经营的北京连邦软件股份有限公司(以下简称“连邦”),其物流配送是随着整个组织的规模变化在不断发展的。当其规模较小时,它采用了总店制;在其规模逐渐扩大以后,它成立了储运部乃至配送中心。其配送体系为:

1. 商品采购

连邦的商品采购分为首批采购和日常采购。首批采购是指对新上市产品进行的第一批采购,日常采购是指除首批采购外的其他采购行为。对于畅销产品的首批采购量,连邦实行由产品经理根据各地专卖店的征订量,考虑其他综合因素后,凭经验判断来确定。日常采购量主要依据订单管理系统决定。对于每种产品,连邦会定期设置一个最低库存量和一个最高库存量值,并定期进行调整。最低库存量值与最高库存量值的设置,是根据产品的畅销程度、产品所处的销售生命周期、资金占用的大小、采购的容易程度(厂商是在北京供货还是在外地、厂商是送货还是连邦自提等)、货源的紧张程度等情况进行人为设置的。连邦收到各地专卖店的订货单之后,订单管理系统会自动汇总,库存数与订货数相减,如低于最低库存量,就立即安排采购;库存数与订货数相减,如高于最高库存量,说明采购量过大,就采取相关措施尽快减少库存。库存管理系统包含订单管理系统,其根据库存数和订单数,每天早晨自动生成当天的采购清单,由采购部安排采购事宜。

2. 配发货

总部给各地专卖店配发的产品一般分为三类:代销产品、配货产品、订货产品。装箱清单上会明确注明各产品的发货性质。

软件开发商根据与连邦总部的合作协议,提供一定代销量的产品给连邦总部,总部根据代销总数量,并依据各地专卖店的销售能力和付款信誉来确定给专卖店的代销量。代销产品不用预先支付货款,在代销期间内,销售不出去的产品可以通过总部退还厂商,没有任何库存风险。产品的代销期为半年至一年。代销期结束后,总部会发通知要求各地专卖店退回代销产品。

配货产品是总部根据先前与专卖店的约定数量,主动配发给专卖店的产品。针对市场上一些当期不太畅销的产品,连邦总部事先不会发布通知要求各地专卖店征订,但这些产品仍可能有一定的销售量,为了提高这些产品到达专卖店的速度、促进销售,连邦总部会依据这些产品的销售程度和专卖店的销售能力,直接给各专卖店作为配货产品配发一定数量的产品。

---

① 资料来源:http://www.news.56abc.cn。

订货产品是指根据专卖店的订货单配发的产品，包含首批征订的产品和日常订购的产品。订货产品的品种和数量主要由各专卖店负责制定，订货产品先收取货款，由各地专卖店承担库存风险，无特殊情况不允许退回总部。

3. 厂商直供

统一进货可以给连锁店带来规模优势，使其供货价格比别人更具竞争力。但是，如果所有商品全部由总部统一供货，就会存在发给各个专卖店货物速度较慢的问题。为此，连邦总部和厂商签署协议，由厂商直接供货，总部统一和厂商结算。期间，单据的传递是关键。连邦和厂商约定，厂商制作一份发货单，传真一份给专卖店，一份给连邦总部。专卖店收到由厂商直接发来的货物并检验无误后，在发货单上盖章签字后传真给连邦总部，总部根据专卖店的确认单制作专卖店的物流单，并办理产品入库手续，按规定和厂商结算。这样一来，不仅提高了连邦总部的工作效率，使产品到各专卖店的速度加快，而且降低了成本，运输费、包装费由厂商承担，减少了资金占用。

通过上述案例，可知客户与配送中心签订配送合同以后，即要求配送中心及时准确地将货物配送到位。因此，配送经营的首要环节是实行配货管理。配送中心在经营活动中只有实施科学的配货管理手段，才能保证配送的及时率和准确率，提高企业的市场地位和经济效益。

本章小结

在本章的学习中，向读者介绍了配送中心的概念，以使读者了解配送中心的作用、功能和类型。介绍了配送中心的作业流程，配送中心的规划与设计，配送中心的选址概念，特别介绍了配送中心选址的定量方法。要求读者理解配送中心是专门从事货物配送活动的流通企业，经营规模较大。重点掌握配送中心设施和工艺结构是根据配送活动的特点和要求专门设计和设置的，故专业化、现代化程度高，设施和设备比较齐全，货物配送能力强。不仅可以远距离配送，还可以进行多品种货物配送；不仅可以配送工业企业的原材料，还可以向批发商进行补充性货物配送。这种配送中心是工业发达国家货物配送的主要形式，是配送未来的发展方向。本章最后介绍了配送中心配货管理的相关内容。

思考题

1. 简述配送中心的作用、功能、类型。
2. 论述配送中心的一般作业流程和特殊作业流程。
3. 配送中心的选址方法和程序是什么？
4. 配送中心的规划要素有哪些？
5. 如何进行配送中心的内部布局？
6. 简述配送中心规划与设计的内容和一般流程。
7. 配送中心的配货方式有哪些？
8. 现阶段我国配送发展的现状是怎样的？

第6章

智能配送与云物流

教学目的

- 智能配送系统的概念
- 智能配送系统的主要技术
- 智能配送系统的实施
- 智能配送系统的组成结构
- 物联网的总体架构
- 物联网在物流行业中的应用
- 云物流体系结构

本章主要介绍了智能配送系统和云物流的相关内容，先从物流配送系统的产生开始叙述，让读者对智能配送的概念、基础进行了解，也对智能配送系统各个部分采用的技术、解决方案进行了介绍。除此之外，还给大家提供了一个智能配送的实例，以加深读者从概念到实际运用的理解。最后，补充了近年来出现的一些新兴技术（包括物联网和云计算等）对物流带来的深刻影响和最新变化。

引导案例

依托“人工智能＋大数据”的百度外卖

在“互联网＋”的浪潮下，多种生活服务业态发生着颠覆性的变化，这些变化不仅满足了消费者的需求，也让人们的生活更加便捷、舒适。作为生活服务新业态的代表，外卖O2O近年来风头正劲，不仅方便了用户点餐，而且传统餐饮企业也可以更加精准地服务好每一位用户，有效提升了运营效率。

然而，餐饮外卖市场火热的同时也暴露了物流建设上的一些问题，比如配送人员不足、配送速度慢，物流配送服务少，影响点餐体验等。为此，各大外卖平台都在通过种种措施提升配送体验，以百度外卖为例，依托人工智能(AI)、大数据等优势，目前每一单的配送时长已经降低至32分钟，配送准时率达到了98.78%。那么，百度外卖是如何做到98.78%的订单都可以准时送达呢？

“大数据”精准预估餐厅出餐时间

在很多人的印象中，外卖是一个“跑腿儿”的体力活，其中并不涉及高深的“秘密”。然而当订单量呈指数级增长时，如何能够保证配送效率成为困扰很多外卖平台的大难题。针对这一问题，百度外卖结合了百度在人工智能领域的积累，尤其是在deep learning方面的深厚功底，目前对一个商户出餐时间的预估差值已经降低到7分钟，在O2O和人工智能的深度结合方面做出了有益探索。

成立两年多以来，百度外卖平台积累了海量的历史数据记录，能够分析出餐厅出餐时间的具体分布，随着数据积累越来越多，可以更加精准地预估出餐时间。此外，百度外卖还用更多维度因子进行机器学习拟合曲线，整合自身的数据资源，确定更多的模型，通过机器学习寻找规律。也就是说，百度外卖给用户送餐一定是在一个合理的稳定预期范围内，并且随着时间的推移，数据会越来越丰富，送餐也会越来越快、越来越准时。

智能调度系统4.0规划最优配送路线

物流配送时长大体上包含餐厅出餐时间和骑士配送时间两个部分。除餐厅出餐时间外，骑士配送时间成为影响送餐速度的关键。为此，百度外卖独立设计开发了物流界第一套智能调度系统，目前已经升级为“调度系统4.0”，申请了30项专利，实现了业界至今唯一的全自动化智能调度，可以实现订单最优的自动化分配，以及骑士路线的最优化规划。

当某个区域有新的订单产生时，系统会结合百度地图显示该区域的骑士分布，安排给就近的骑士配送员，而且每个骑士当前所派送的订单数目会在后台可视化屏幕上进行标记，如果某个骑士的订单量已经满负荷，则会人工干预安排给附近的另一个骑士，从而保证配送速度，让每一个订单能够以最快的速度送到用户手中。在智能调度系统的支撑下，百度骑士每天可以比同行多派送30%的订单，而配送时间可以减少25%，大大提升了配送效率。

除智能调度系统作为保障之外，百度外卖还形成了一套完整的骑士管理流程。首先，百度外卖骑士全部为专职送餐员，并且必须持有健康证；其次，每一名骑士都要统一着装，甚至在与用户沟通时的话术也要尽量统一，以保障服务体验；最后，百度外卖通过后台系统，可以随时监测骑士的配送路线、地理位置，还可以追溯骑士送过的每一个餐品，对骑士也形成了一种约束监督机制，可以确保餐品品质和服务品质。

“懒人经济”催热了外卖市场，而想要抓住这一市场，则需要通过完善服务，提高配送速度和准时率来实现。百度外卖通过“人工智能＋大数据”的双核驱动，目前已经形成了强大的“最后一公里”即时配送能力。依托这一优势，未来百度外卖有望实现全品类配送，深入拓展本地社区O2O市场，打造千亿级同城物流与交易平台。

这就是智能配送系统的一个实例，那么智能配送系统是如何完成一系列功能的，我们将在本章中进行讲述。

资料来源：“依托人工智能＋大数据，百度外卖配送准时率达到98.78%”，数盟，2016年9月2日，http://www.sohu.com/a/113352558_164987。

6.1　智能配送系统简述

智能配送系统是指利用系统集成技术，使物流系统能够模仿人的智能，具有思维、感知、学习、推理判断和自行解决物流经营问题的能力，从而使物流系统高效、安全地处理复杂问题，为客户提供方便、快捷的服务。

1. 智能配送系统的产生

在实际运用中，我们将商品的移动称为输送，而其中短距离、少量的输送被我们称为配送，一般配送的有效距离最好在50千米半径以内。若以物流中心为据点来划分，由工厂将商品送到物流中心的过程称为输送，属于少品种、大量、长距离的运送；而由物流中心将商品送到客户手中的活动称为配送，属于多频率、多样少量、短距离的运送。输送较重视效率，即尽可能以装载率优先，希望每次装载愈多愈有利；而配送则多以服务为目标，在许可能力下以满足客户服务要求为优先。

在物流经营管理系统比较单一的条件下，高投资的智能技术的使用只能大幅增加物流经营成本。而当中国加入WTO后，经济的全球化将对物流的国际化产生重大影响，将扩大物流服务的地域、数量、经营项目等方面的范围，刺激我国物流业的快速发展，同时也加大了物流系统管理的难度。为此，产生了对具备模仿人的智能，具有思维、感知、学习、推理判断和自行解决物流经营问题能力的物流系统的需要。

经过三十多年的改革开放和经济的持续快速发展，我国物流业目前已初步具备了发展智能配送系统的经济环境和市场条件。

(1) 市场供求关系已发生重大变化，市场竞争进一步加剧，为企业加强科学管理，发展智能配送系统提供了良好的经济环境条件。随着经济体制市场化改革的深入，中国经济保持了多年的持续快速增长态势，商品市场的供求关系发生了根本性变化，打破了长期以来商品供不应求的市场格局，初步形成了供求平衡或供过于求的买方市场格局。

(2) 企业改革日益深化，为智能配送系统发展培育了必要的微观基础。推进企业改革，着力培育市场主体是市场化改革进程中的一个重要方面，其主要的进展体现在对国有企业放权让利及建立现代企业制度方面，使国有企业从计划的执行者逐步转变为市场主体。全国30多万家国有企业中，绝大多数实现了市场化经营，承担国家计划的企业只有

10 000 多家。14 000 多家国有大中型企业中,1/3 以上实行了公司化改造,国有小企业完成改组、改制的已达 50%—70%。与此同时,由于所有制理论的突破和改革开放政策的引导,特别是近年来大力发展中小企业的政策,使得一大批非国有经济市场主体迅速成长起来,成为我国经济发展中不容忽视的经济力量。

(3) 现代信息技术和现代商品物流技术的进步为我国智能配送的快速发展准备了充分的技术基础。智能配送系统中需大量使用先进的信息技术和商品物流技术,这些技术在西方发达国家已日趋完善。目前,已有相当多的智能配送技术开始进入我国,并在企业中得到越来越广泛的应用,例如条形码技术、计算机支持的信息管理技术、通信技术、传感器技术、全球卫星定位(GPS)系统、LBS 技术、地理信息(GIS)系统等。

2. 智能配送系统的基础

智能配送系统建立在物流信息技术的发展基础之上,物流信息技术主要由通信、软件、面向行业的业务管理系统三大部分组成。包括基于各种通信方式基础上的移动通信手段、全球卫星定位技术、地理信息技术、计算机网络技术、自动化仓库管理技术、智能标签技术、条形码及射频技术、信息交换技术等现代尖端科技。在这些尖端技术的支撑下,形成了以移动通信、资源管理、监控调度管理、自动化仓储管理、业务管理、客户服务管理、财务处理等多种信息技术集成的一体化现代物流管理体系。譬如,运用全球卫星定位技术,用户可以随时看到自己的货物状态,包括运输货物车辆所在的位置(某个城市的某条道路上)、货物名称、数量、重量等,大大提高了监控的透明度。如果需要临时变化线路,也可以随时指挥调动,大大降低货物的空载率,做到资源的最佳配置。

物流信息技术通过切入物流企业的业务流程来实现对物流企业各生产要素(车、仓、驾等)的合理组合与高效利用,降低经营成本,直接产生明显的经营效益。它有效地把各种零散数据变为商业智慧,赋予了物流企业新型的生产要素——信息,大大提高了物流企业的业务预测和管理能力,通过"点、线、面"的立体式综合管理,实现了物流企业内部一体化和外部供应链的统一管理,有效地帮助物流企业提高了服务素质,提升了物流企业的整体效益。

而智能配送系统与物流信息化的最大区别是,物流信息化强调用信息技术代替人的部分手工工作,而智能配送系统强调用信息技术辅助人脑进行决策,帮助管理者发掘埋藏在数据海洋里的知识,为顾客提供最合适的物流服务。

3. 智能配送系统的技术支持

智能技术已被广泛应用于各个领域,其中也包括物流领域。但是,智能配送系统并不单纯是智能技术在物流系统中的应用,而是将物流技术、人工智能技术、计算机网络技术及其他相关技术(自动识别技术、传感器技术、通信技术、全球卫星定位系统、地理信息系统、EDI 技术、LBS 技术、电子自动订货系统、销售时点信息系统、货物跟踪系统、自动分拣系统)用系统工程的方法有机地结合起来。因此,智能配送系统应该具有思维、感知、学习、推理判断和自行解决问题的能力。

4. 智能配送系统的人力支持

智能配送系统的建立需要高素质的计算机技术人才与熟知物流活动规律的经营人才

的协同努力。智能配送系统是由 Internet/Intranet 组成的网络平台和各功能模块形成的。网络平台使异地间的实时信息交换和通信往来成为现实。在智能配送系统中，计算机网络技术起着关键性作用，因为任何物流活动的顺利进行均需要快速传送大量信息，这无不依赖于网络通信系统的发展。同时，网络信息平台还可为物流经营提供大量有用的信息，不但能拓宽物流企业的业务范围，还可扩大服务领域。但是实践证明，若无熟知物流活动规律的经营人才的共同努力，大量信息的筛选、分析乃至应用将无从入手。

6.2　智能配送系统的主要技术

由智能配送的简述可知，智能配送系统必须在物流技术、智能技术、计算机网络技术及其他相关技术的支持下才能得以实现，它是这些技术系统化的有机结合。因此，要进行智能配送系统规划，必须了解它所应用的主要技术（主要应用到的技术如图 6-1 所示）。

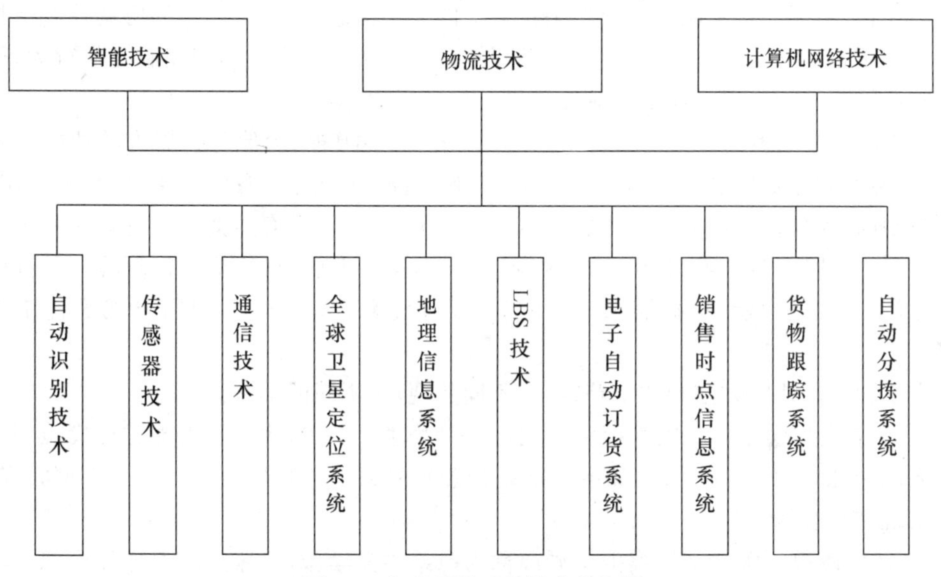

图 6-1　智能配送系统技术结构图

6.2.1　人工智能

人工智能的学科范畴很广，因为，人的智能体现在思维、感知、行为三个层次，而人工智能要模拟、延伸、扩展人的智能，所以，其主要研究内容可分为三个层次：

(1) 机器思维与思维机器。机器思维，具体地说是计算机思维，如专家系统、机器学习、计算机下棋、计算机作曲、计算机绘画、计算机辅助设计、计算机证明定理、计算机自动编程等。

思维机器，或者说是会思维的机器。现在的计算机能否称之为会思维的电脑还是有争议的问题。因为现有的计算机做任何事情，都需要人发出指令、编写程序，否则，它什么也不会做。一台计算机接上电源，它自己既不会想做什么，也不会想如何做，更不会想为什么要做，所以，现在的计算机是一种不会思维的机器。但是，现有的计算机可以在人脑的指挥和控制下，辅助人脑进行思维活动和脑力劳动，如医疗诊断、化学分析、知识推理、定理证明、产品设计等，实现某些脑力劳动自动化或半自动化。从这种观点也可以说，目前的计算机具有某些思维能力，只不过现有计算机的智能水平还不高。所以，需要研究更聪明的、思维能力更强的智能计算机或脑模型。

(2) 机器感知与感知机器。机器感知或机器认知研究如何用机器或计算机模拟、延伸和扩展人的感知或认知能力，包括机器视觉、机器听觉、机器触觉等，如计算机视觉、模式(文字、图像、声音等)识别、自然语言理解等，都是人工智能领域的重要研究内容，也是在机器感知或机器认知方面高智能水平的计算机应用。

感知机器或认知机器，研制具有人工感知或人工认知能力的机器。包括视觉机器、听觉机器、触觉机器等，如文字识别机、感知机、认知机、工程感觉装置、智能仪表等。

(3) 机器行为与行为机器。机器行为或计算机行为研究如何用机器去模拟、延伸、扩展人的智能行为，如自然语言生成器用计算机等模拟人说话的行为，机器人行动规划模拟人的动作行为，倒立摆智能控制模拟杂技演员的平衡控制行为，机器人的协调控制模拟人的运动协调控制行为，工业窑炉的智能模糊控制模拟窑炉工人的生产控制操作行为，轧钢机的神经网络控制模拟操作工人对轧钢机的控制行为等。

行为机器指具有人工智能行为的机器，或者说，能模拟、延伸与扩展人的智能行为的机器。例如，智能机械手、机器人、操作机；自然语言生成器；智能控制器，如专家控制器、神经控制器、模糊控制器等。这些智能机器或智能控制器，具有类似于人的智能行为的某些特性，如自适应、自学习、自组织、自协调、自寻优等，因而能够适应工作环境的条件的变化，通过学习改进性能，根据需求改变结构，相互配合、协同工作，自行寻找最优工作状态等。

人工智能的研究方法和技术路线，有不同的观点、不同的学派：

- 功能模拟学派。功能模拟学派或称为符号主义学派，主张从功能方面模拟、延伸、扩展人的智能，他们认为，人脑和电脑都是物理符号系统。其代表性成果有启发式程序、专家系统、知识工程等。

- 结构模拟学派。结构模拟学派或称为联结主义学派，主张从结构方面模拟、延伸、扩展人的智能，用电脑模拟人脑神经系统的联结机制。其代表性成果有 M-P 神经细胞模型、BP 神经网络模型、Hop field 神经网络模型等。

- 行为模拟学派。行为模拟学派或称为行为主义学派，主张从行为方面模拟、延伸、扩展人的智能，他们认为，智能可以不需要知识。其代表性成果是麻省理工学院的布鲁克斯研制的智能机器人。

上述不同学派，从不同的观点，用不同的方法，在不同的层次上，对人的智能进行了研究和模拟，各有所长，各有所短。应当相互结合，取长补短，从功能、结构、行为多方面、多层次，对人的智能进行全面的、综合的研究，将有助于人工智能学科的发展。例如，专家系统与神经网络相结合的混合式智能系统、基于知识的机器人行动规划系统、基于神经网络的机器人智能控制系统的研究等。

综上所述，人工智能是从思维、感知、行为三个层次，机器智能、智能机器两方面，研究模拟、延伸、扩展人的智能的理论、方法、技术及其应用的技术学科。

下面将分别从智能控制、智能管理、智能 CAD、智能交通四个方面来说明人工智能在控制、管理、制造、运输领域的应用。

1. 智能控制

人工智能在控制领域中的应用，发展出了新一代的控制技术——智能控制，如专家控制、知识控制、神经控制、模式控制等。智能控制为解决常规控制难以胜任和应用的问题提供了新途径，例如缺乏准确数据、完备信息的难以建立数学模型的不确定、不确知的系统就可以通过智能控制的方法来解决。

智能控制比常规控制具有更高的智能水平，例如具有自适应、自寻优、自学习、自识别、自组织、自协调等智能特性。

2. 智能管理

人工智能在管理领域中的应用，发展出了智能管理新技术和新一代的计算机管理系统——智能管理系统(IMS)。

智能管理系统是管理信息系统(MIS)、办公自动化系统(OAS)、决策支持系统(DSS)智能化、集成化、协调化的产物，具有更高的智能水平，可以为非结构化半结构化的管理决策提供信息服务和决策支持；而且具有更全面的管理功能，可同时具备信息管理、事务处理、决策支持等多种功能，可以用下面的式子表示：

$$\mathrm{AI}+(\mathrm{MIS}+\mathrm{OAS}+\mathrm{DSS})=\mathrm{IMS}$$

或者

$$\mathrm{IMIS}+\mathrm{IOAS}+\mathrm{IDSS}=\mathrm{IMS}$$

3. 智能 CAD

计算机辅助设计(CAD)是计算机应用的重要领域，因而，也是人工智能的重要应用场合。

传统的 CAD 技术只是辅助设计人员进行绘图方面的工作，可以实现某些绘图业务的半自动化。智能 CAD 系统应用了人工智能的方法和技术，提高了 CAD 系统的智能水平。智能 CAD(intelligent CAD)是 AI 和 CAD 技术相结合的一门综合性研究技术，它在 CAD 之中运用了 AI 的理论和技术，使 CAD 系统能够在某种程度上具有设计师一样的智能和思维方法，从而把设计自动化引向了 CAD 技术在学术上深化的一个重要方向。

设计型专家系统是 AI 介入 CAD 形成智能 CAD 系统的重要形式，是利用已有的专家系统工具，开发针对某种设计的专家系统。专家系统开发工具是一个提供知识表达方法、知识库的管理系统，一个提供推理机制及学习功能的计算机软件系统，当用户用所提供的知识表达方法恰当地表达出某一领域的知识时，专家系统开发工具就可以自动生成一个可以解决该特定领域问题的专家系统。但是，这种使用经常局限在设计某一个以逻辑思维为主的局部，如对某一个问题和指标的咨询，或某一个过程的步骤的规划，这是因为目前的专家系统建立在逻辑推理的基础之上，而对于设计的核心问题——形状的综合，尚缺乏有效的处理方法。因此，设计型专家系统还需要进一步发展，才能应用到 CAD 过程的核心环节中去。图 6-2 给出了面向 Agent 技术的智能 CAD 系统的总体结构。

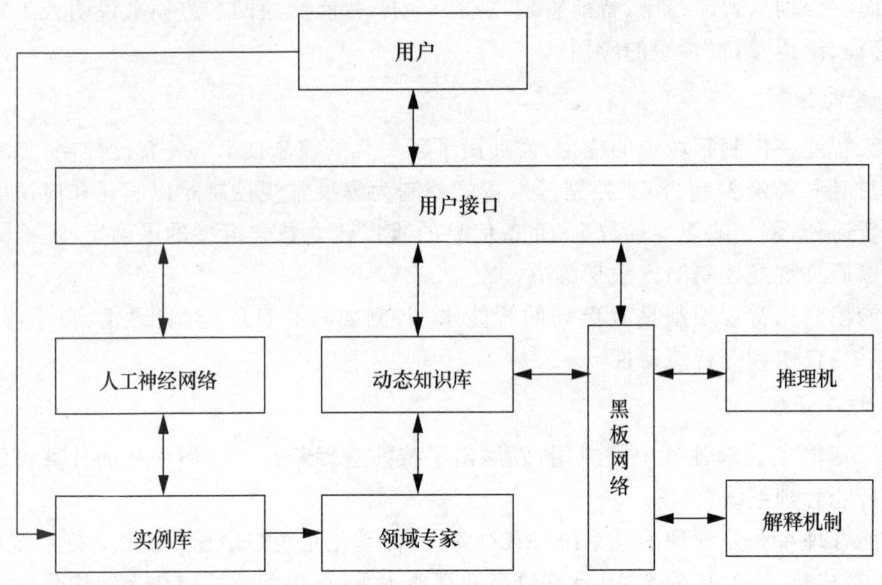

图 6-2　面向 Agent 的智能 CAD 系统的总体结构

(1) 基于人工神经网络的智能 CAD 部分。首先用实例来训练神经网络,以获得人工神经网络的权值矩阵,然后该部分可以用于工程设计。在使用过程中,可以把遇到的新问题作为学习样本来对神经网络的权值矩阵进行修正。为了系统的稳定性,在系统运行一段时间后,需要用积累了一定数量的学习样本来修正权值矩阵。

(2) 基于 Agent 的智能 CAD 部分。在这部分里,当系统接到新的设计任务后,可通过组织有效的智能体集合来完成设计任务。实现途径有两种:一是通过 Agent 创造子来创造新的 Agent,一旦完成任务,可通过 Agent 析构子取消相应的 Agent;二是利用空闲的 Agent 来构成执行任务的 Agent 集合。另外,还可以通过不断地、周期性地根据变化的任务资源、外部信息及系统的历史行为,改变系统的 Agent 的类型和数目,达到重构组织的目的。

需要说明的是,尽管当前智能 CAD 系统水平有待提高,但我们并不认为智能程度(或自动化程度)越高越好。

4. 智能交通

智能交通是利用计算机技术和通信技术来管理交通事务,以提高道路的通行能力,舒缓交通阻力,提高道路通行的安全系数,加强紧急事故的处理能力等。其中,GIS 软件在该应用中起到了至关重要的作用,它能够通过图形的形式记述查询道路的通行状况,迅速定位事故点,调度抢修车辆,提供交通疏散的方案等。这一软件近年来在国内外的交通管理部门得到了大量应用,如北京交通管理局、欧洲公路管理信息系统、芝加哥铁路局、密歇根州交通管理局等。

因为交通运输是智能配送系统环节中的重要一环,下面对智能交通系统(ITS)做一个比较详细的介绍。

(1) 智能交通系统的起源。为解决车和路的矛盾,常用的有两个办法,一是控制需求，最直接的办法就是限制车辆的增加；二是增加供给，也就是修路。但是，这两个办法都有其局限性，经济的发展必然带来出行的增加，因此限制车辆的增加不是解决问题的好办法。所以长期以来，国外在车与路的矛盾中无一例外地采取了增加供给，即大量修筑道路基础设施的办法。但随着经济与技术的发展，它已不是解决交通运输紧张的唯一办法，面对越来越拥挤的交通，有限的资源和财力以及环境的压力，建设更多的基础设施将受到限制。

在研究这一问题的过程中，世界各国发现，电子信息技术被越来越多地引入了运输系统，这不但有可能解决交通的拥堵问题，而且对交通安全、交通事故的处理与救援、客货运输管理、高速公路收费系统等方面都会产生巨大的影响，因此他们不断扩大研究、开发和试验的范围，智能运输系统便应运而生。

目前，国内外对智能运输系统的理解不尽相同，但不论从任何一个角度出发，有一点是共同的：ITS 是运用各种高新技术，特别是电子信息技术，来改善交通效率、安全和环境保护的。

(2) 智能交通系统的概念。ITS 是英文 intelligent transportation systems 的缩写，即为智能交通系统。ITS 是一个广泛包括各种技术的统称，它为许多交通问题提供了解决的方案。ITS 包含了许多技术，如信息处理技术、通信技术、控制技术和电子技术等。将这些技术应用于我们的交通系统可以挽救生命，节省时间和金钱，ITS 的前景十分广阔。当然 ITS 不只是未来的事物，一些真实的系统、产品和服务在有些发达国家已经十分普遍。ITS 能够使得人和物以更快、更安全的方式进行空间的移动。

(3) 智能交通系统包括的内容。

• 先进的交通信息服务系统(ATIS)。先进的交通信息服务系统是建立在完善的信息网络基础之上的，交通参与者通过装备在道路上、车辆上、换乘站上、停车场上及气象中心的传感器和传输设备，可以向交通信息中心提供各处的交通信息；该系统得到这些信息并通过处理后，实时向交通参与者提供道路交通信息、公共交通信息、换乘信息、交通气象信息、停车场信息及与出行相关的其他信息；出行者根据这些信息确定自己的出行方式、选择路线。更进一步，当车辆上装备了自动定位和导航系统时，该系统可以帮助驾驶员自动选择行使路线。

随着信息网络技术的发展，科学家们已经提出将 ATIS 建立在因特网上，并采用多媒体技术，这将使 ATIS 的服务功能大大加强，汽车将成为移动的信息中心和办公室。

• 先进的交通管理系统(ATMS)。这个系统有一部分与 ATIS 共用信息采集、处理和传输系统，但是 ATMS 主要是给交通管理者使用的，它将对道路系统中的交通状况、交通事故、气象状况和交通环境进行实时的监视，根据收集到的信息，对交通进行控制，如信号灯、发布诱导信息、道路管制、事故处理与救援等。

• 先进的公共交通系统(APTS)。这个系统的主要目的是改善公共交通的效率(包括公共汽车、地铁、轻轨交通、城郊铁路和城市间的公共汽车)，提供便捷、经济的、运量大的公交系统。

• 先进的车辆控制系统(AVCS)。AVCS 目前还处于研究试验阶段，从当前的发展来看，可以分为两个层次：

第一个层次为车辆辅助安全驾驶系统，该系统有以下几个部分：车载传感器（微波雷达、激光雷达、摄像机、其他形式的传感器等）、车载计算机和控制执行机构等，行驶中的车辆通过车载的传感器测定出与前车、周围车辆及与道路设施的距离和其他情况，车载计算机进行处理，对驾驶员提出警告，在紧急情况下强制车辆制动。

第二个层次为自动驾驶系统，装备了这种系统的汽车也称为智能汽车，它在行驶中可以做到自动导向、自动检测和回避障碍物；在智能公路上，能够在较高的速度下自动保持与前车的距离。智能汽车在智能公路上使用才能发挥出全部功能，如果在普通公路上使用，它仅仅是一辆装备了辅助安全驾驶系统的汽车。

• 货运管理系统（FMS）。这里的货运管理系统是指以高速道路网和信息管理系统为基础，利用物流理论进行管理的智能化的物流管理系统。其综合利用全球卫星定位系统、地理信息系统、物流信息及网络技术有效地组织货物运输，提高了货运效率。

• 电子收费系统（ETC）。公路收取通行费，是公路建设资金回收的重要渠道之一，但是随着交通量的增加，收费站开始成为道路上的新瓶颈。电子收费系统就是为解决这个问题而开发的，使用者可以在高速公路公司或银行预交一笔通行费，领到一张内部装有电子线路的通行卡，将其安装在自己汽车的指定位置，这样当汽车通过收费站的不停车收费车道时，该车道上安装的读取设备与车上的卡进行相互通信，自动在预交账户上将本次通行费扣除。在现有的车道上安装电子不停车收费系统，可以使车道的通行能力提高3—5倍。

• 紧急救援系统（EMS）。紧急救援系统是一个特殊的系统，它的基础是ATIS、ATMS和有关的救援机构和设施，通过ATIS和ATMS将交通监控中心与职业的救援机构联成有机的整体，为道路使用者提供车辆故障现场紧急处理、拖车、现场救护、排除事故车辆等服务。

6.2.2 计算机网络

人类社会已进入信息时代，世界各国开始积极建设信息高速公路，计算机网络是信息高速公路的基础，Internet最终将改变我们的生活方式。

现在计算机网络广泛应用于办公自动化、电子数据交换、电子商务、远程教育、电子银行、证券和期货交易、远程交换、电子公告板系统（BBS）等，各行各业及社会的各个方面都在经历着网络带来的挑战和机遇。

计算机网络技术的发展，也为物流发展提供了强有力的支撑，使物流向信息化、网络化、智能化方向发展。这不仅使物流企业和工商企业建立了更为密切的联系，同时也使物流企业为各客户提供了更高质量的物流服务，特别是20世纪90年代电子商务的发展，将像杠杆一样，撬起传统产业和新兴产业，成为企业决胜未来市场的重要工具。

1. 计算机网络的定义、演变和发展

计算机网络就是利用通信设备和线路将地理位置不同、功能独立的多个计算机系统互联起来，以功能完善的网络软件，即网络通信协议、信息交换方式、网络操作系统等，实现网络中资源共享和信息传递的系统。

如图 6-3 所示，计算机网络由用户资源网和通信子网组成，用户资源网又由主机(Host)和终端(T)组成，而通信子网由通信链路组成。网络节点有分组交换设备(PSE)、分组装/卸设备(PAD)、集中器(C)、网络控制中心(NCC)、网间连接器(G)，统称为接口处理机(IMP)。

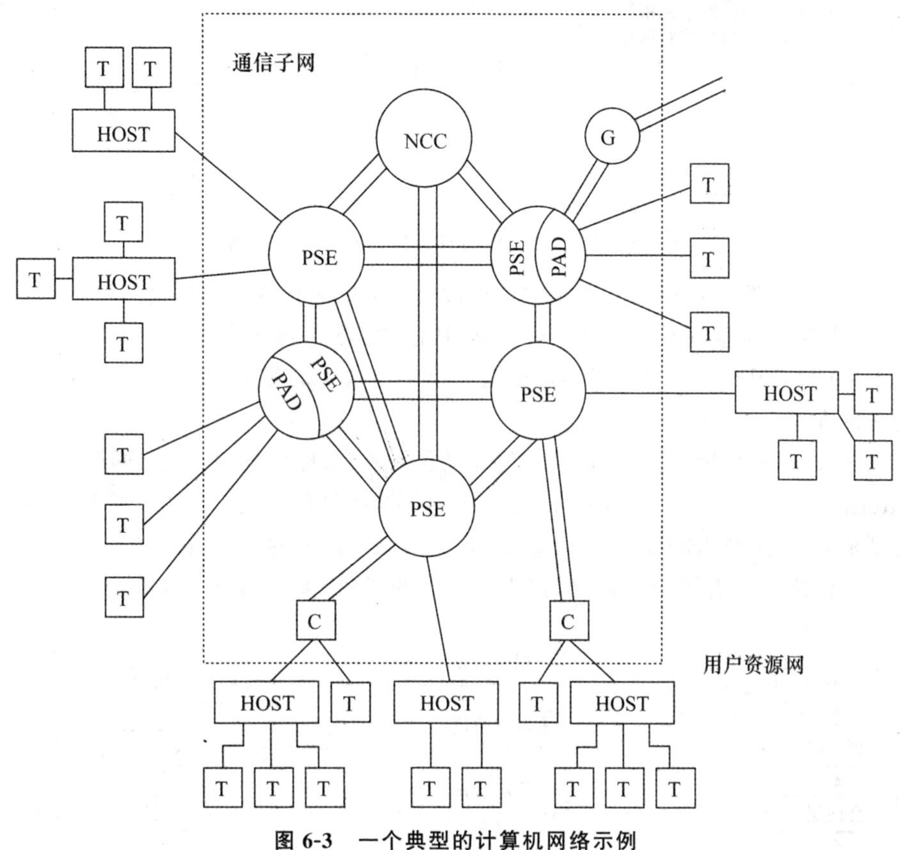

图 6-3　一个典型的计算机网络示例

计算机网络的主要功能就是实现计算机硬件资源、软件资源的共享，用户间信息的交换。

网络发展分为三个阶段：面向终端的计算机网络、计算机-计算机网络、开放式标准化网络。

• 面向终端的计算机网络。以单个计算机为中心的远程联机系统，构成面向终端的计算机网络。用一台中央主机连接大量的地理上处于分散位置的终端，如 20 世纪 50 年代初美国的 SAGE 系统。

如图 6-4 所示，为减轻中心计算机的负载，在通信线路和计算机之间设置了一个前端处理机(FEP)或通信控制器(CCU)专门负责与终端之间的通信控制，使数据处理和通信控制分工。在终端机比较集中的地区，采用了集中管理器(集中器或复用器)用低速线路把附近群集的终端连起来，通过调制解调器及高速线路与远程中心计算机的前端机相连。这样的远程联机系统既提高了线路的利用率，又节约了远程线路的投资。

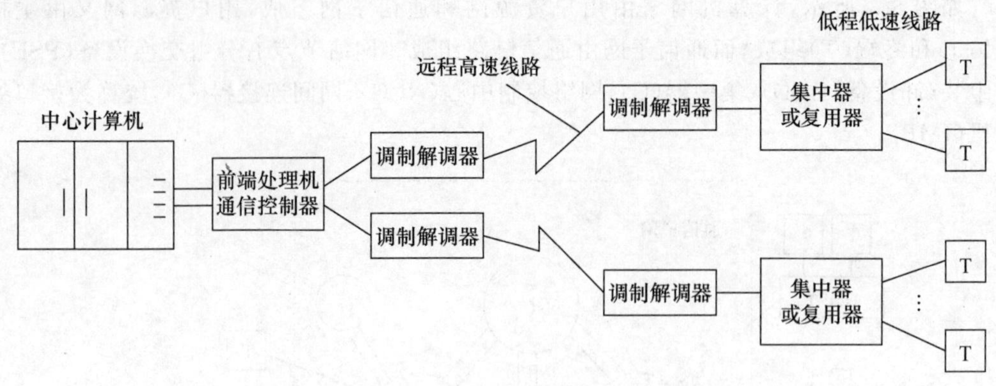

图 6-4　以单个计算机为中心的远程联机系统

• 计算机-计算机网络。20 世纪 60 年代中期，出现了多台计算机互连的系统，开创了计算机-计算机通信时代，并存多个处理中心，实现了资源共享。美国的 ARPA 网、IBM 的 SNA 网、DEC 的 DNA 网都是成功的典例。这个时期的网络产品是相对独立的，没有统一标准。

• 开放式标准化网络。由于相对独立的网络产品难以实现互连，国际标准化组织 ISO(International Standards Organization)于 1984 年颁布了一个称为开放系统互连基本参考模型的国际标准 ISO 7498，简称“OSI/RM”，即著名的 OSI 七层模型(如图 6-5 所示)。从此，网络产品有了统一标准，促进了企业的竞争，大大加速了计算机网络的发展。

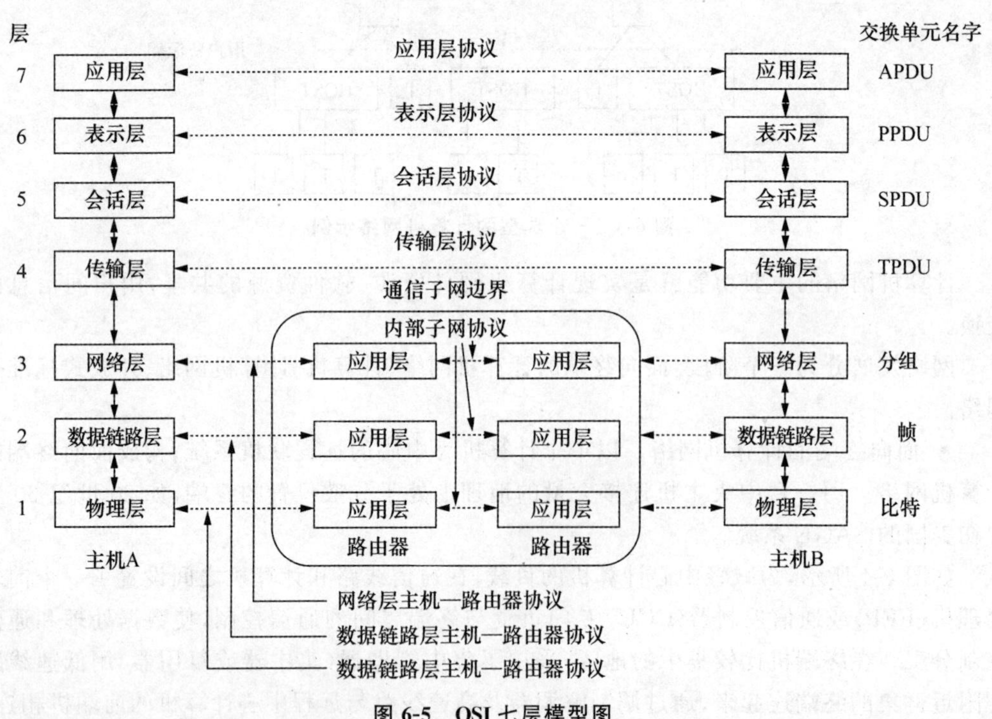

图 6-5　OSI 七层模型图

2. 计算机网络实例简介

• Internet。Internet，也叫做国际互联网，是当今世界上最大的连接计算机的电脑网络通信系统。它是全球信息资源的公共网，受到了用户的广泛使用。该系统拥有成千上万个数据库，所提供的信息包括文字、数据、图像、声音等形式，信息属性有软件、图书、报纸、杂志、档案等，其门类涉及政治、经济、科学、教育、法律、军事、物理、体育、医学等社会生活的各个领域。Internet 成为无数信息资源的总称，它是一个无级网络，不为某个人或某个组织所控制，人人都可以参与，人人都可以交换信息，共享网上的资源。它的发展历程为：1969 年——ARPANET，ARM 模型，早于 OSI 模型，低三层接近 OSI，采用 TCP/IP 协议；1988 年——NSFNET，OSI 模型，采用标准的 TCP/IP 协议，成为 Internet 的主干网。

• 公用数据网 PDN(public data network)。计算机网络中负责完成节点间通信任务的通信子网称为公用数据网。如英国的 PSS、法国的 TRANSPAC、加拿大的 DATA-PAC、美国的 TELENET、欧洲共同体的 EURONET、日本的 DDX-P 等都是公用数据网。我国的公用数据网 CHINAPAC(CNPAC)于 1989 年开通服务。

这些公用数据网对外部用户提供的界面大都采用了国际标准，即国际电报电话咨询委员会(CCITT)制定的 X.25 建议。规定了用分组方式工作和公用数据网连接的数据终端设备 DTE 和数据电路终端设备 DCE 之间的接口。在计算机接入公用数据网的场合下，DTE 就是指计算机，而公用数据网中的分组交换节点就是 DCE。

X.25 是为同一个网络上用户进行相互通信而设计的，而现在的 X.75 是为各种网络上用户进行相互通信而设计的，X.75 取代了 X.25。

• SNA(system network architecture)。SNA 是 IBM 公司的计算机网络产品设计规范。1974 年，SNA 适用于面向终端的计算机网络；1976 年，SNA 适用于树型(带树根)的计算机网络；1979 年，SNA 适用于分布式(不带根)的网络；1985 年，SNA 可支持与局域网组成的任意拓扑结构的网络。SNA 虽早于 OSI，但底层却很相似。

3. 网络拓扑结构

网络拓扑结构是抛开网络电缆的物理连接来讨论网络系统的连接形式，是指网络电缆构成的几何形状，它能表示出网络服务器、工作站的网络配置和互相之间的连接。

网络拓扑结构按形状可分为六种类型，分别是星型、环型、总线型、树型、总线/星型及网状拓扑结构。

• 星型拓扑结构。星型布局是以中央节点为中心与各节点连接而组成的，各节点与中央节点通过点与点方式连接，中央节点执行集中式通信控制策略，因此，中央节点相当复杂，负担也重。目前流行的 PBX 就是星型拓扑结构的典型实例，如图 6-6 所示。

以星型拓扑结构组网，其中任何两个站点要进行通信都必须经过中央节点控制。中央节点的主要功能有：为需要通信的设备建立物理连接；为两台通信过程中的设备维持这一通路；在完成通信或不成功时，拆除通道。

在文件服务器/工作站(file servers/workstation)局域网模式中，中心点为文件服务器，存放共享资源。由于这种拓扑结构，中心点与多台工作站相连，为便于集中连线，目前

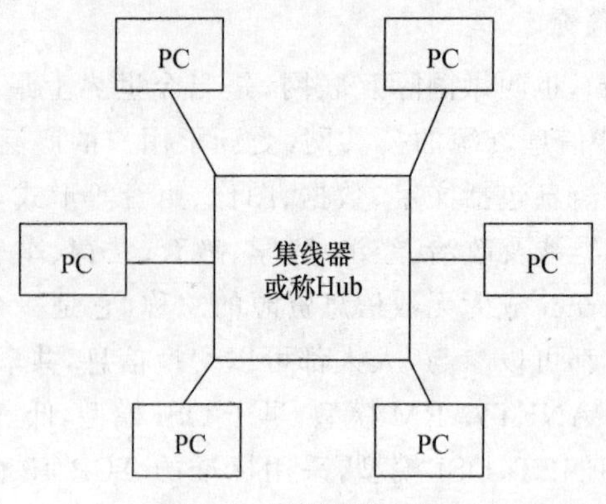

图 6-6　星型拓扑结构

多采用集线器(HUB)。HUB 具有信号再生转发功能,通常有 4 个、8 个、12 个、16 个、24 个端口等规格,每个端口相对独立。

星型拓扑结构的特点是:网络结构简单,便于管理、集中控制,组网容易;网络延迟时间短,误码率低,网络共享能力较差,通信线路利用率不高,中央节点负担过重,可同时连双绞线、同轴电缆及光纤等多种媒介。

• 环型拓扑结构。环形网中各结点通过环路接口连在一条首尾相连的闭合环形通信线路中,环路上任何节点均可以请求发送信息。请求一旦被批准,便可以向环路发送信息。环形网中的数据可以是单向也可是双向传输。由于环线公用,一个节点发出的信息必须穿越环中所有的环路接口,信息流中目的地址与环上某节点地址相符时,信息被该节点的环路接口所接收,而后信息继续流向下一环路接口,直到流回发送该信息的环路接口节点,如图 6-7 所示。

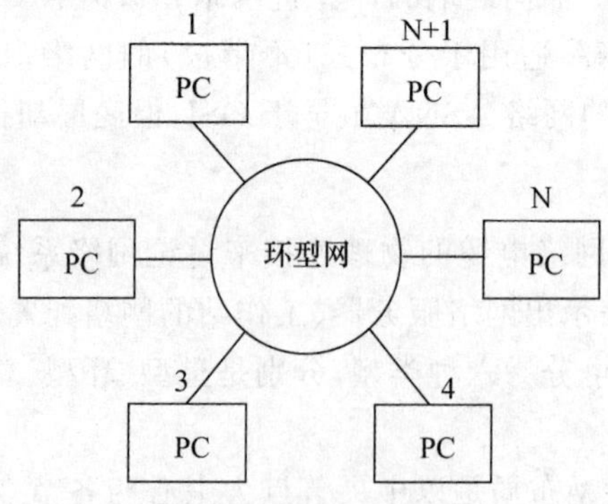

图 6-7　环型拓扑结构

环形网的特点是:信息在网络中沿固定方向流动,两个节点间仅有唯一的通路,大大简化了路径选择的控制;某个节点发生故障时,可以自动旁路,可靠性较高;由于信息是串行穿过多个节点环路接口,当节点过多时,影响传输效率,使网络响应时间变长。但当网络确定时,其延时固定,实时性强;由于环路封闭故扩充不方便。

环形网也是微机局域网常用的拓扑结构之一,适合信息处理系统和工厂自动化系统。1985 年 IBM 公司推出的令牌环形网(IBM token ring)是其典范。在 FDDI(光纤分布式数据接口)得以应用推广后,这种结构会进一步得到采用。

• 总线型拓扑结构。用一条称为总线的中央主电缆,将相互之间以线性方式连接的工作站连接起来的布局方式,称为总线形拓扑,如图 6-8 所示。

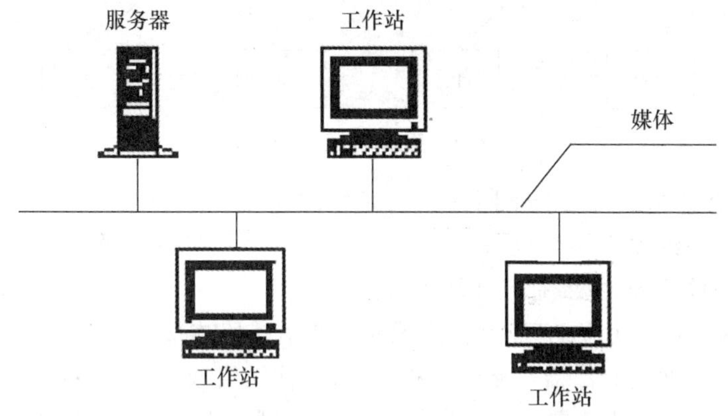

图 6-8 总线拓扑结构

在总线结构中,所有网上微机都通过相应的硬件接口直接连在总线上,任何一个结点的信息都可以沿着总线向两个方向传输扩散,并且能够被总线中的任何一个节点接收。由于其信息向四周传播,类似于广播电台,故总线网络也被称为广播式网络。总线有一定的负载能力,因此,总线长度有一定限制,一条总线也只能连接一定数量的结点。

总线布局的特点是:结构简单灵活,非常便于扩充;可靠性高,网络响应速度快;设备量少、价格低、安装使用方便;共享资源能力强,特别便于广播式工作,即一个节点发送所有节点都可接收。在总线两端连接的器件称为端结器(末端阻抗匹配器或终止器),主要与总线进行阻抗匹配,最大限度地吸收传送端部的能量,避免信号反射回总线产生不必要的干扰。

总线型拓扑结构是目前使用最广泛的结构,也是最传统的一种主流网络结构,适用于信息管理系统、办公自动化系统领域的应用。

• 树型拓扑结构。树型拓扑结构是总线型拓扑结构的扩展,它是在总线网上加上分支形成的,其传输介质可有多条分支,但不形成闭合回路,树型网是一种分层网络,其结构可以对称,联系固定,具有一定的容错能力,一般一个分支和节点的故障不影响另一分支节点的工作,任何一个节点送出的信息都可以传遍整个传输介质,也是广播式网络。一般树型网上的链路相对来说具有一定的专用性,无须对原有网络做任何改动就可以扩充工作站。

• 总线/星型拓扑结构。用一条或多条总线把多组设备连接起来,相连的每组设备呈星型分布。采用这种拓扑结构,用户很容易配置和重新配置网络设备。总线采用同轴电缆,星型配置可采用双绞线,如图 6-9 所示。

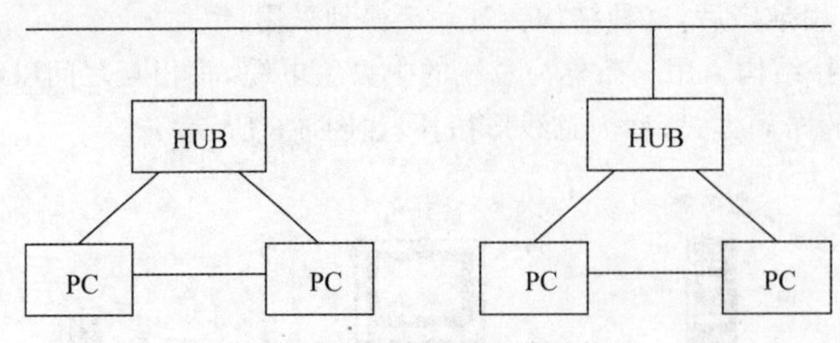

图 6-9　总线/星型拓扑结构

• 网状拓扑结构。将多个子网或多个局域网连接起来构成网状拓扑结构。在一个子网中,集线器、中继器将多个设备连接起来,而桥接器、路由器及网关则将子网连接起来。根据组网硬件不同,主要有三种网状拓扑结构:

(1) 网状网。在一个大的区域内,用无线电通信连路连接一个大型网络时,网状网是最好的拓扑结构。通过路由器与路由器相连,可以让网络选择一条最快的路径传送数据。

(2) 主干网。通过桥接器与路由器把不同的子网或 LAN 连接起来形成单个总线或环型拓扑结构,这种网通常采用光纤做主干线。

(3) 星状相连网。利用一些叫作超级集线器的设备将网络连接起来,由于星型结构的特点,网络中任何一处的故障都可容易查找并修复。

应该指出,在实际组网中,拓扑结构不一定是单一的,通常是几种结构的混用。

以上是计算机网络的一种分类方法,即根据网络的拓扑结构分类。其实,计算机网络还可以根据网络的分布范围(广域网 WAN、局域网 LAN、城域网 MAN)、网络的交换方式(电路交换、报文交换、分组交换)、网络的传输媒体(双绞线、同轴电缆、光纤、无线)、网络的信道(窄带、宽带)、网络的用途(教育、科研、商业、企业)进行分类。

6.2.3　自动识别技术

现代物流已不仅仅是实物的流动,而是一个实物流、信息流统一的综合服务领域。众所周知,信息在计算机及其网络中流动最有效、最快捷、最安全,但实物往往要通过装卸、配送运输、仓储等许多物理环节才能从源头流向终点。实现信息流、实物流互连,就需要依靠自动识别技术。近年来,物品的自动识别技术在服务领域、生产领域、流通领域、包装技术领域等得到了快速的普及和推广。

自动识别技术(auto identification)在物流过程中,具有信息获取和信息录入功能,是指通过自动(非人工手段)获取项目标识信息并且不使用键盘即可将数据实时输入计算机、程序逻辑控制器或其他微处理器控制设备的技术。

1. 自动识别技术

自动识别技术是对字符、影像、条码、声音等记录数据的载体进行自动的机器识别,在获取被识别物品的相关信息后,提供给后台的计算机处理系统来完成相关后续处理的一种技术。一般来说,自动识别系统由标签、标签生成设备、识读器及计算机等设备组成。其中,标签是信息的载体,识读器可获取标签装载的信息,并自动转换为与计算机兼容的数据模式传入计算机,实现信息的自动识别以及信息系统的自动数据采集。

物流过程中，标签装载着物流信息，并附着于物流单元上，保证标识信息与实物同步，识读器则成为物流单元与信息系统的纽带。自动识别技术在物流中的作用显而易见。例如，配送中心的交接运输过程是这样的：货物进入配送中心的入口端时，工作人员需要一面卸货，一面根据订货单要求对货物进行调配，并确定货物的出货模式及目的地，最终从配送中心的出货端将货物运出。如果不使用自动识别技术，物与信息完全分离，货物卸货后，工作人员只能坐等货物信息和货物处理指示信息，因为没有这些信息，工作人员无法得知哪个箱子与哪个订货单对应；各箱子是要通过常规渠道运输，还是要进行其他处理；运输的目的地是哪里。如果使用自动识别技术，工作人员收到货物的同时，利用识读器可获取随货物同时到达的物流信息，并传入信息系统，从而获得货物处理指示，按照要求卸货，货物顺利流向下一环节，既减少了仓库存储空间的占用，也减少了出货调配用的单据数量，消除了人工处理产生的费时和人为错误问题，还能动态了解物品运行全过程情况。

自动识别技术家族中，非接触的射频识别(RFID)技术，即智能标签(smart tag)技术已经逐步地取代了条形码技术，成为自动识别技术的主导。有一批基于不同原理的自动识别技术，包括条形码技术、IC卡技术、射频识别技术、智能标签技术、磁识别技术、声音识别技术、图形识别技术、光字符识别技术和生物识别技术等。各种自动识别技术间没有优劣之分，只能根据具体应用确定最适合的自动识别技术。目前，在物流应用中常用的自动识别技术是条形码技术和IC卡技术。

自动识别技术具有：

- 准确性：自动数据采集，彻底消除人为错误；
- 高效性：信息交换实时进行；
- 兼容性：自动识别技术以计算机技术为基础，可与信息管理系统无缝联结。

自动识别技术大大增加了物流过程的自动化、现代化，是物流过程重要的支持技术之一。图6-10为常见的射频识别技术设备。

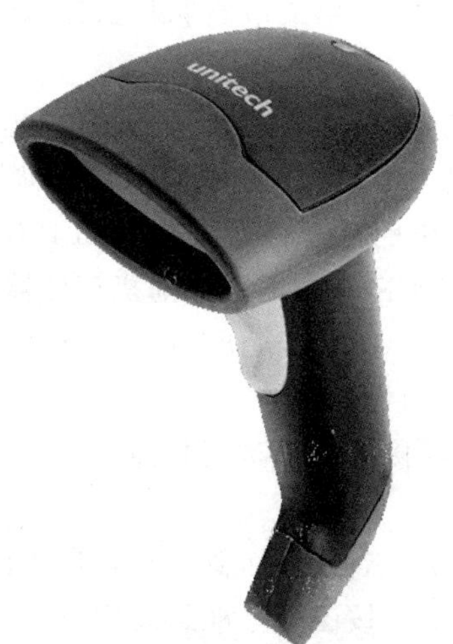

图6-10　射频识别技术设备

2. IC 卡技术

在现代人的生活与工作中,需要各类证件与卡片,如身份证、驾驶证、通行证、病历卡、住宿卡、储蓄卡、会员卡、借书卡等。随着科学技术的进步,尤其是计算机网络技术的发展,这些证件与卡片的形式与功能发生了巨大的变化。自 20 世纪 70 年代起,这些证件开始采用条形码卡、穿孔卡,而如今则广泛使用磁卡与集成电路卡,来替代印在纸上的证件与卡片。智能卡技术是正在迅速替代磁卡的一种先进的技术,它已广泛地进入我们的社会生活。图 6-11 为生活中常见的 IC 卡应用。

图 6-11　IC 卡应用

(1) IC 卡简介。智能卡的英文名称有 smart card 与 integrated circuit card,后者经常译作集成电路卡,简称"IC 卡"。它把集成电路芯片封装入塑料基片中,外形与普通磁卡做成的信用卡相似,厚度为 0.76—0.80 mm。

IC 卡芯片可以写入数据与存储数据,根据芯片功能的差别,可以将其分为三类:

• 存储型。卡内集成电路为电可擦的可编程只读存储器(EEPROM)。

• 逻辑加密型。卡内集成电路具有加密逻辑和 EEPROM。

• CPU 型。集成电路包括 CPU、EPROM、随机存储器(RAM)以及固化在只读存储器(ROM)中的卡内操作系统 COS(chip operating system)。

从对 IC 卡上信息进行存储和处理的方式来看,可以分为接触卡和感应卡。前者通过读写设备接触片上的触点相接触接通电路进行信息读写,后者通过非接触式的技术进行信息读写。

(2) IC 卡的优点。由于在 IC 卡问世前,磁卡在全世界已得到广泛应用,因此通常 IC 卡仍然保留磁卡的功能,即 IC 卡上按磁卡标准封装磁条,可以与磁卡兼容使用。IC 卡与磁卡、凸字卡等相比,具有如下四大优点:

• 内含存储容量大。IC 卡内有 RAM,ROM,EPROM,EEPROM 等。存储器的存储容量可以从几个字节到几兆字节;而且存储器可以分为多个应用区以实现一卡多用,便于使用与保管。

• 高安全性。IC卡通过卡中的CPU或存储器及卡上操作系统等多方面来设置安全措施，信息加密后不可复制，而且卡上存储器具有控制密码，如遇到非法解密，卡片即行自毁，使之不能再行读写。

• 使用可靠。IC卡的读写设备较为简单，而且对计算机网络的实时性要求不高。因为卡内存储器内包含账上余额等信息，可以在脱机方式下工作，不需要等待银行中心的确认即可操作。

• 使用寿命长。IC卡在原理上与制作工艺上，对磁场静电等干扰的抗御能力远优于传统磁卡，而且可重复读写十万次以上，使用寿命很长。

(3) IC卡的应用。智能卡的应用领域可分为两大类：金融业与非金融业。现代经济活动中，购买过程采用大量的现金支付方式已不能满足人们的需要，无现金交易方式逐渐替代现金交易。金融卡作为一种无现金交易的凭证而被大量发行。金融卡有信用卡(credit card)和借记卡(debit card)等。信用卡主要由银行发行与管理，持卡人用它作为消费时的支付工具，可以在世界范围内按预先设定的透支金额进行支付。而借记卡可用作电子存折和电子钱包，可以快速而直接地支付中等量的交易款，同时也可以代替支付小额现金，通常借记卡是不允许透支的。由于IC卡具有高可靠性与高安全性的特点，因而在金融业中得以广泛使用。IC卡在非金融业领域的应用更为广泛。

若按其用途罗列出来，可以看出它已渗入我们生活的各个角落：

• 身份证明卡。卡上存储的内容可包含持卡人的全部履历档案与生理档案，如指纹、声音、视网膜等。可供个人身份的证明与进入通道管制区域或考勤等使用。

• 健康保险卡。卡上存储的内容可包含持卡人的身份、健康保险投保公司、医疗服务机构、个人健康数据及医疗费用支付等信息，主要供医疗与保险管理之用。

• 电话卡。用IC卡代替电话磁卡，可以不必一再地购买新磁卡，IC卡在专用的IC卡电话机上作为一种电子货币被逐渐地消费，即使在通话过程中发生电子货币耗尽的情况也不必担心，在一定的范围内允许善意透支，只要以后在这一卡号上再存入钱款即可。另外，在某些移动电话中含有一张IC卡，用于信息加密、用户授权和用户自用信息(如呼号、快速拨号、付费等)，可以使用户不限于只能使用某一特定的话机。凭借IC电信卡，用户可以在世界上任何地方使用移动通信设备，而且电话传送的信息可以加密传送，不被截取，同时也可以杜绝非授权者使用他人的通信工具。

• 校园卡。校园卡是一种在特定区域内使用的多功能卡，称之为校园卡似乎不太确切，因为在许多大公司内部、俱乐部或商住楼内也采用这类多功能卡，以满足区域内人们的需要。在校园内，校园卡广泛使用于教师、学生及职工的工作与生活之中，如食堂就餐、小卖部购物、图书馆借书、体育场地预定、电脑与复印机使用、教室及会场预定、停车场使用等，都可以采用IC卡进行持卡人身份确认、费用结算和事务管理。

• 其他。在公用设施的预定登记中采用IC卡，可以有效地使用有限的设施资源，避免发生争执。区域内的费用结算采用IC卡，可以减少现金交易，缩短等候时间，提高事务管理的工作效率与质量。

IC卡技术是正在迅速替代磁卡的一种先进的技术，已广泛地进入我们的社会生活，自动化技术在智能卡中有广阔的前景。

6.2.4 传感器技术

1. 传感器技术的概念

国家标准GB/T 7665—2005对传感器的定义是“能感受被测量并按照一定的规律转换成可用于输出信号的器件或装置”。

传感器的含义有广义和狭义之分，广义的传感器是指可以感知某一物理量、化学量、生物量等信息，并能将其转变为有用的信息的装置。狭义的传感器是指能将各种非电量转化成电信号的部件。在现代化技术中，电信号是最适合传输、转换、处理和定量运算的物理量，特别是在电子计算机作为处理信号的基本工具的时代，总是把各种被测量的物理量通过传感器最终转换成电信号进行处理。

传感器技术与通信技术、计算机技术构成了信息产业的三大支柱。传感器技术是测量技术、半导体技术、计算机技术、信息处理技术、微电子学、光学、声学、精密机械、仿生学、材料科学等众多学科相互交叉的综合性高新技术密集型前沿技术之一。传感器的种类非常繁多，按用途大致可分为以下主要几类：磁敏传感器(电量传感器)、温度传感器(热敏传感器)、湿度传感器、气敏传感器、光敏传感器、压力传感器、深度传感器、力矩扭矩传感器、速度传感器、加速度传感器、位移传感器、流量传感器、物性量传感器。

2. 传感器技术的发展方向

随着科学技术的不断发展，特别是微加工技术(包括微电子和微机械加工技术)的快速发展，以及信息产业的飞速发展和环保生态产业的兴起，微型化、集成化、多功能化、智能化、网络化、系统化、低功耗、无线、便携式已成为国内外新型传感器的特点。近年来，传感器技术发展的主要趋势表现在：

(1) 新材料、新功能的开发应用。传感器技术的重要基础是传感器材料，无论是哪一种传感器，都要选择恰当的材料来制作才能发挥出传感器的功能，而且要求所使用的材料具有优良的机械特性，不能存在材料上的缺陷。近年来，应用在传感器技术领域的新型材料主要有：

• 半导体硅材料。包括单晶硅、多晶硅、非晶硅、硅蓝宝石等。由于硅材料的相互兼容性、优良的电学特性和机械特性，因此，采用硅材料研制的硅微结构传感器还是非常多的。

• 石英晶体材料。包括压电石英晶体和熔凝石英晶体(又称石英玻璃)，其具有极高的机械品质和非常好的温度稳定性。同时，天然的石英晶体还具有良好的压电特性。因此，主要采用石英晶体材料来研制微小型化的高精密传感器。

(2) 传感器的多功能化发展。一般的传感器都是测量单个参数的传感器，但近年来，也出现了利用一个传感器实现多参数测量的多功能传感器。如一种同时检测Na^+、K^+和H^+离子的传感器，可用于检测血液中的钠、钾和氢离子的浓度，这对诊断心血管疾患意义重大，可以实现直接用导管送到心脏内的检测。

在多功能方面的进步最具代表性的是气体传感器。现在一种多功能气体传感器能够同时测量 H_2S、C_8H_{18}、$C_{10}H_{20}O$、NH_3 四种气体，该传感器的敏感结构共有六个用不同敏感材料制成的部分，它们分别对这四种被测气体均有响应，但由于其相应的灵敏度差别很大，利用这种从不同敏感部分输出的差异，即可测出被测气体的浓度。

(3) 传感器的智能化发展。随着微处理器技术的进步，传感器技术正向智能化方向发展，这是信息技术发展的必然趋势。所谓智能化传感器就是将传感器获取信息的功能与专用的微处理器的信息分析、处理等功能结合在一起的传感器。由于微处理器具有计算与逻辑判断功能，我们就可以方便地对数据进行滤波、变换、校正补偿、存储记忆、输出标准化等；同时也可以实现自诊断、自检测以及通信与控制等功能。图 6-12 展示的是 RFbeam 24 GHz 频段短距离车载雷达传感器。

图 6-12　RFbeam 24 GHz 雷达传感器

智能配送系统中常用的传感器主要有磁性传感器(检测车辆的偏移)、图像传感器、雷达检测器(车速、交通量等参数)、超声波传感器(存在和相对位置)和红外传感器。近年来传感器技术得到了较大的发展，同时也有力地推动着物流配送技术领域的发展与进步。当传感器技术产生较快的发展时，必将为智能配送技术带来新发展、新进步带来新动力与新活力。

6.2.5　通信技术

1. 通信方式

通信按信息交换时双方所处的状态，可分为固定通信和移动通信，即通信双方均处于固定状态的为固定通信，通信双方至少有一方是在移动中进行信息交换的为移动通信。

由于通信手段和介质的不同，通信可有以下三种形式：

• 微波通信:利用特有的设备,使用频率为 0.3—300Ghz 的电磁波构成的通信方式。其通信方式如图 6-13 所示。

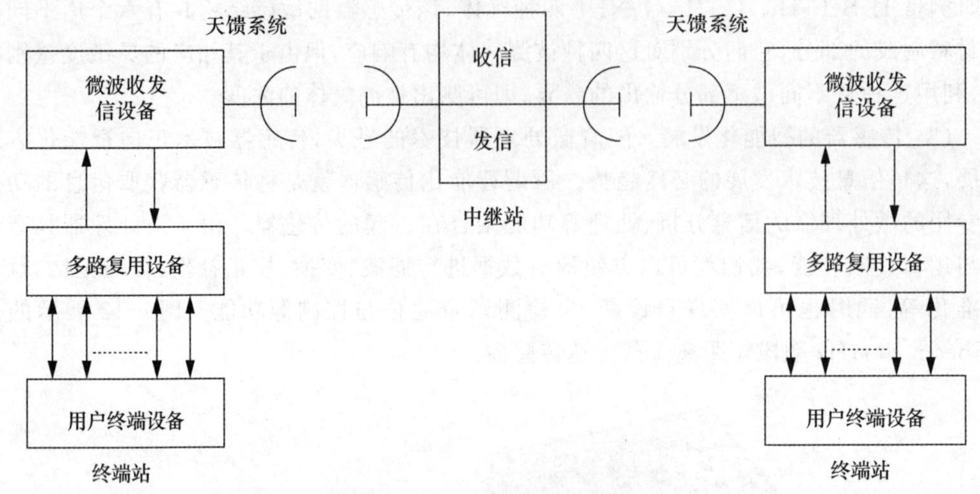

图 6-13　微波通信系统示意图

• 光纤通信:光纤即光导纤维的总称,光纤通信是以光波为载频、以光导纤维为介质的一种通信方式。光纤通信的设备如图 6-14 所示。

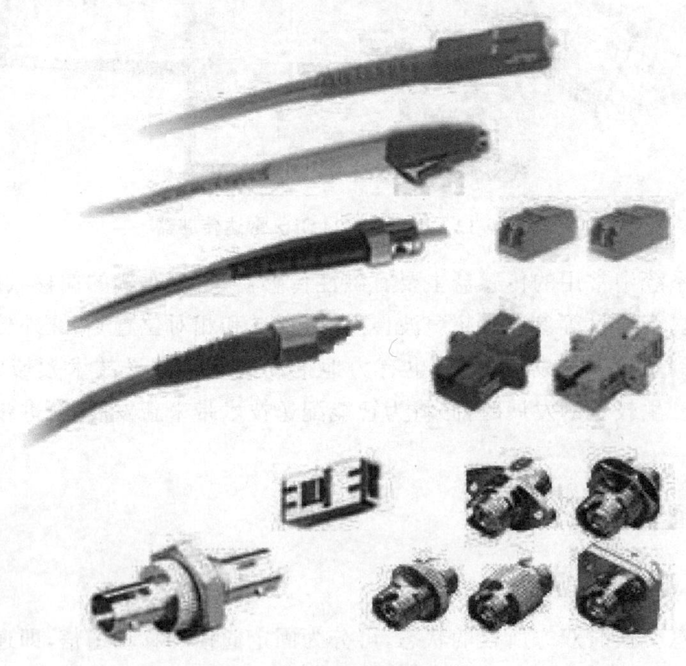

图 6-14　光纤通信的设备

• 卫星通信:是以人造地球卫星为中继站,转发无线电信号,在多个地球站之间进行的通信。卫星通信方式如图 6-15 所示。

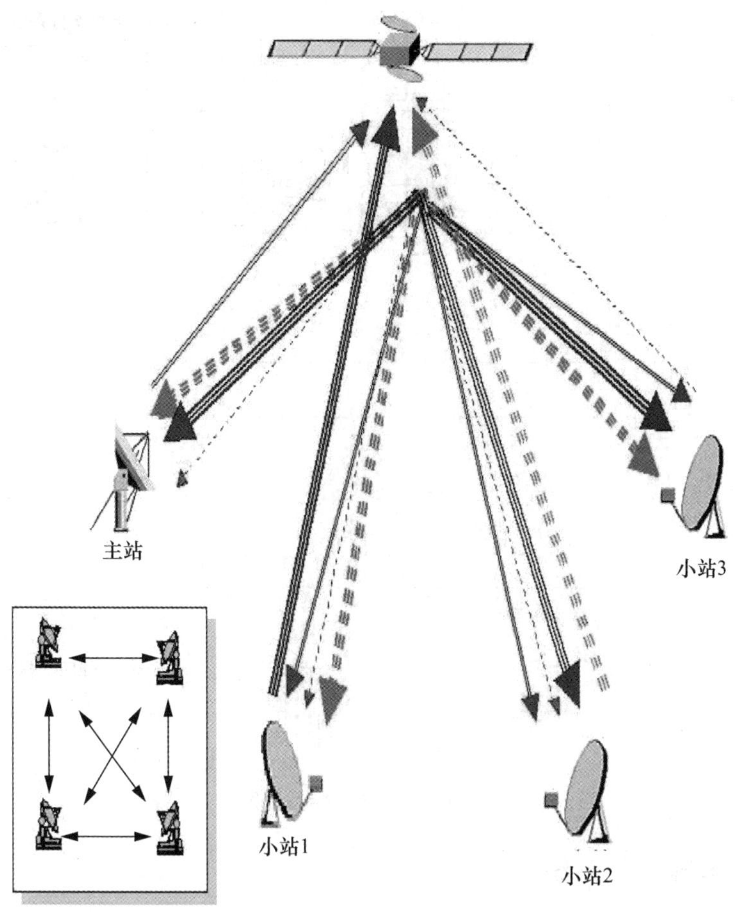

图 6-15　卫星通信方式示意图

2. 公共数据通信网

公共数据通信网是在一国范围或国际间提供公用数字化信息服务的数据通信网，主要用于计算机数据的传输与处理。公共数据通信网分为基础网络、信息网络和增值网络平台。其中，基础网络包括共用数字数据网(DDN)、共用分组交换网(PAC)、共用帧中继宽带业务网(FRN)和综合业务数字网(ISDN)；信息网络包括计算机互联网(NET)和公众多媒体通信网，可以提供丰富的网上信息资源和各种信息服务；增值网络平台能提供电子信箱(MAIL)、传真存储转发(FAX)和电子数据交换(EDI)等多种功能。

3. 公共移动通信网

公共移动通信网普遍采取蜂窝拓扑，基于提高频率、减少相互干扰和增加系统容量的考虑，公共移动通信网分为模拟蜂窝网和数字蜂窝网。

数字移动通信网有两种体制：一种是时分制的 GMS 系统，GSM 结构示意图如图 6-16 所示；一种是码分制的 CDMA 系统。两者都是蜂窝结构，并采取数字无线传输和蜂窝之间的先进切换方法，因此获得了比模拟蜂窝系统更好的频谱利用率，也提高了系统容量，值得推广。

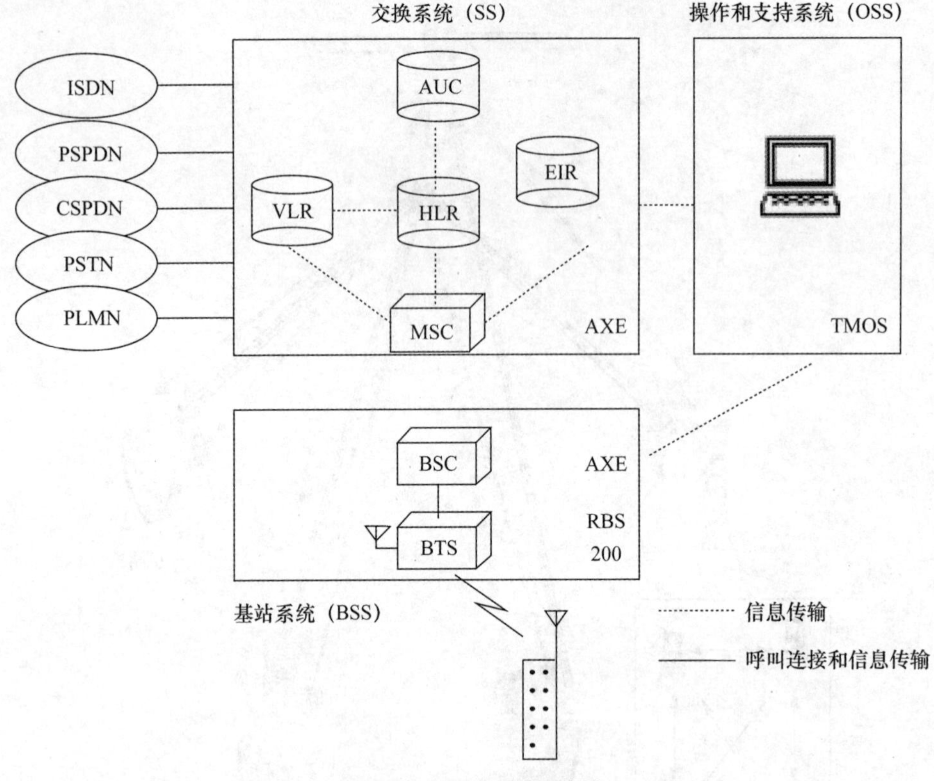

图 6-16　GSM 结构示意图

6.2.6　全球定位系统

GPS 是 global positioning system 的简称，即全球卫星定位系统。全球卫星定位系统是 20 世纪 70 年代由美国陆海空三军联合研制的新一代空间卫星导航定位系统。当时的主要目的是为陆、海、空三大领域提供实时、全天候和全球性的导航服务，主要用于情报收集、核爆监测和应急通信等一些军事目的，是美国独霸全球战略的重要组成。通常意义上的 GPS 是指美国全球卫星定位系统。其原理是，24 颗 GPS 卫星在离地面 12 000 千米的高空上，以 12 小时的周期环绕地球运行，使得使用者在任意时刻，在地面上的任意一点都可以同时观测到 4 颗以上的卫星。由于卫星的位置是精确可知的，所以在 GPS 观测中，我们就可以得到卫星到接收机的距离，利用三维坐标中的距离公式及 3 颗卫星，我们就可以组成 3 个方程式，解出观测点的位置。考虑到卫星的时钟与接收机的时钟之间存在误差，所以实际上就有 4 个未知数，因而需要引入第 4 颗卫星，形成 4 个方程式进行求解，从而得到观测点精确的经纬度和高程。

事实上，接收机往往可以锁住 4 颗以上的卫星的位置，这时，接收机可按卫星的星座分布将其按每组 4 颗的方式，分成若干组，然后通过算法挑选出误差最小的一组用作定位，从而提高精度。由于卫星运行轨道、卫星时钟存在误差，大气对流层、电离层对信号的影响，使得民用 GPS 的定位精度只有 100 米。为提高定位精度，普遍采用差分 GPS 技术，建立基准站（差分台）进行 GPS 观测，利用已知的基准站精确坐标，与观测值进行比较，从而得出一个修正数，并进行发布。接收机收到该修正数后，与自身的观测值进行比较，消去大部分误差，得到一个比较准确的位置。实验表明，利用差分GPS，定位精度可提高到5米。

GPS系统提供了两种定位信号，一种是C/A编码，由标准定位信号经干扰而成，定位精度在100米左右，以供民间用户使用；另一种即所谓的P码，经加密后播放，以供军用，定位精度在3米以内。对于民用的C/A码，可利用基站差分技术将其中的干扰滤掉，使其精度达到10米左右。GPS接收设备包括GPS手持机，与手持电话体积相当。其计算机接口包括GPS接收卡或外接设备，由天线、接收单元和电源组成，体积很小，可方便地装载在汽车等航行器上。GPS最初只是应用于军事领域。目前，GPS已被广泛应用于交通行业，它利用GPS的定位技术结合无线通信技术(GSM或CDMA)、地理信息管理系统(GIS)等高新技术，实现对车辆的监控，经过GSM网络的数字通道，将信号输送到车辆监控中心，监控中心通过差分技术换算位置信息，然后通过GIS将位置信号用地图语言显示出来，最终可通过服务中心实现车辆的定位导航、防盗反劫、服务救援、远程监控、轨迹记录等功能。

GPS由空间卫星系统、地面监控系统、用户接收系统三大子系统构成，具有全球性、全能性(陆地、海洋、航空与航天)、全天候的优势，GPS导航定位、定时、测速系统目前已广泛应用于军事和民用等众多领域。在一些发达国家，GPS技术已经开始应用于公交、地铁、私家车等各方面，目前，国内GPS的应用还处于萌芽状态，但发展势头迅猛，交通运输行业已充分意识到其在交通信息化管理方面的优势。

在我国交通运输和道路工程中，GPS技术的应用已经开始得到重视和发展，并开始步入深层和普遍应用阶段。许多城市的出租车、租车、物流配送等行业已经开始利用GPS技术对车辆进行跟踪、调度管理，合理分布车辆，以最快的速度响应用户的乘车请求，降低能源消耗，节省运行成本。在车辆导航方面，通过GPS系统，我们在城市中建立了数字化交通电台，实时发播城市交通信息，车载设备通过GPS进行精确定位，结合电子地图以及实时的交通状况，自动匹配最优路径，并实行车辆的自主导航。民航运输还通过GPS接收设备，使驾驶员着陆时能准确地对准跑道，同时还能使飞机紧凑排列，提高机场利用率，引导飞机安全进离场。综上所述，GPS技术在交通运输和道路工程中的应用主要表现在公路测量、物流配送、汽车导航定位及城市交通管理等方面。

1. GPS技术给测绘界带来了一场革命

与传统的手工测量手段相比，GPS技术有着巨大的优势，利用载波相位差分技术(RTK)，能实时处理两个观测站的载波相位，在测量上可以达到厘米级的精度，并同时具有操作简便、仪器体积小便于携带、全天候操作、观测点之间无须通视、测量结果统一在坐标下及信息自动接收、存储，减少烦琐的中间处理环节等特点。现在，GPS技术已广泛应用于大地测量、资源勘查、地壳运动、地籍测量等测绘领域中。

在道路工程中，GPS目前主要用于建立各种道路工程控制网及测定航测外控点等。高等级公路的迅速发展对勘测技术提出了更高的要求，由于线路长、已知观测点少，因此，用常规测量手段进行测绘不仅布网困难，而且难以满足高精度的要求。我们可以采用GPS技术先建立线路首级高精度控制网，然后用常规方法布设导线加密。实践证明，采用这种方法,在几十公里范围内的定点误差只有2厘米左右,达到了常规方法难以实现的精度,同时大大提前了工期。

GPS测量的信息包含三维信息,可用于数字地面模型的数据采集、中线放样以及纵断面测量。在中线平面位置放样的时候,即可获得纵断面,在中线放样中需实时把基准站的数据,由数据链传输到移动站,从而可以提供移动站的实时位置。由于GPS仪器不像经纬仪那样可以指示方向,因此,需要与CAD系统相结合,从而可以在计算机屏幕上看到目前位置与设计坐标之间的差异,能够取得良好的效果。

GPS技术同时也被应用于特大桥梁的控制测量中。由于无须通视,即可构成较强的网形测绘结构,这对于提高定位精度、检测常规测量的支点也非常有效。GPS检测精度达到了毫米级,因此它在隧道测量中也具有广泛的应用前景,使用其进行测量,减少了常规方法的中间环节,速度快、精度高,具有明显的经济和社会效益。

实时动态定位(RTK)系统由基准站和流动站组成,所以建立无线数据通信是实时动态测量的保证,其原理是取点位精度较高的首级控制点作为基准点,安置一台接收机作为参考站,对卫星进行连续的观测,流动站上的接收机在接收卫星信号的同时,也通过无线电传输设备接收基准站上的观测数据,随后计算机根据相对定位的原理实时计算并显示出流动站的三维坐标和测量精度。这样用户就可以实时监测待测点的数据观测质量和基线解算结果的收敛情况,根据待测点的精度指标,确定观测时间,从而减少冗余观测,提高工作效率。

2. GPS为“零库存”带来了可能

据统计,在我国120多万公里的公路上跑动着的1 200多万辆民用车辆中,居然有将近一半是空车,全国货运空驶率平均为49%;数以万计的运输公司,在混乱的竞争中,不断陷入困境。刚刚兴起的国内物流业尚处于“小、多、散、弱”和服务功能单一的状态,社会化、专业化程度低,物流效益差,物流成本费用高,物流费用占商品总成本的比重高达40%;而西方发达国家的物流费用一般占商品总成本的10%左右;美国有代表性的运输公司车辆空驶率在10%以内。

为什么国外的空驶率能够达到这么低?国内专家通过对美国和欧洲一些发达国家进行考察发现:在差不多十几年前,美国公路的空驶率在20%左右,后来降到了10%以下,其中的奥秘就在于他们应用了信息管理技术,通过卫星定位系统对车辆进行有效的调度,GPS在此又展现了它的魅力。

美国高通(QUALCOMM)公司的OmniTRACS移动信息管理系统是高通公司利用其CDMA的专利技术开发的基于卫星的双向移动通信和自动跟踪系统,该系统使运输公司和物流管理公司等能够实时地获得每个移动目标的业务状态和性能信息,有效地监控、管理其车、船队,以较低的运行费用,大大提高其对资产和人员的利用效率;而广大的货主,也能通过Internet等信息渠道了解其货物的运动状态,有利于安排生产,为逐步走向“零库存”生产提供必要的条件。如果这类系统的普遍使用能使我们的空驶率降低10%,则仅此一项每年可为国家节省过百亿元的投资。

随着国内物流业的发展,对货物的跟踪服务需求越来越大,国内已经或正在开发此项技术的企业将随着激烈的市场竞争使该项技术日趋完善。

3. 功能强大的 GPS 导航系统

三维导航是 GPS 的首要功能，飞机、船舶、地面车辆及步行者都可利用 GPS 导航接收器进行导航。汽车导航系统是在 GPS 的基础上发展起来的一门新技术。它由 GPS 导航、自律导航、微处理器、车速传感器、陀螺传感器、CD-ROM 驱动器、LCD 显示器组成。

GPS 导航由 GPS 接收机接收 GPS 卫星信号(3 颗以上)，得到该点的经纬度坐标、速度、时间等信息。为提高汽车导航定位的精度，通常采用差分 GPS 技术。当汽车行驶到地下隧道、高层楼群、高速公路等遮掩物处而捕捉不到 GPS 卫星信号时，系统可自动导入自律导航系统，此时由车速传感器检测出汽车的行进速度，通过微处理单元的数据处理，从速度和时间中直接算出前进的距离，陀螺传感器直接检测出前进的方向，陀螺仪还能自动存储各种数据，即使在更换轮胎暂时停车时，系统也可以重新设定。

由 GPS 导航系统和自律导航系统所测到的汽车位置坐标、前进的方向与实际行驶的路线轨迹存在一定误差，为修正这两者间的误差，使之可以在电子地图上的路线统一，需采用地图匹配技术，加一个地图匹配电路，以对汽车行驶的路线与电子地图上道路的误差进行实时匹配，并做出自动修正，同时，地图匹配电路通过微处理单元的整理程序进行快速处理，得到汽车在电子地图上的正确位置，这样可以指示出正确的行驶路线。GPS 导航系统中的 CD-ROM 用于存储道路数据等信息，LCD 用于显示导航的相关信息，GPS 天线是内置的，可以接收到来自环绕地球的 24 颗 GPS 卫星中的至少 3 颗所传递的数据信息，结合储存在 GPS 导航系统内的电子地图，通过 GPS 卫星信号确定的位置坐标与此相匹配，以确定汽车在电子地图中的准确位置，这就是平常所说的定位功能。

在可以进行定位的基础上，可以通过多功能显示器，提供最佳行车路线，前方路况以及最近的加油站、饭店、旅馆等信息。假如不幸 GPS 信号中断，也不用担心，因为 GPS 系统中已记录了你的行车路线。当然，这些功能都离不开已经事先编制好的使用地区的地图软件。

导航系统与电子地图、无线电通信网络及计算机车辆管理信息系统相结合，可以实现多种功能，如车辆跟踪、出行路线的规划和导航、信息查询、话务指挥、紧急援助等。图 6-17 是 GPS 系统的界面图。

• 车辆跟踪。利用 GPS 和电子地图可以实时显示出车辆的实际位置，并任意放大、缩小、还原、换图；可以随目标移动，使目标始终保持在屏幕上；还可以实现多窗口、多车辆、多屏幕同时跟踪，利用该功能可对重要车辆和货物进行跟踪服务。车载 GPS 还有一个功能就是防盗，分为静态防盗和动态追踪两种。前者是指车主离开汽车后，停泊的车辆遭遇偷盗、毁坏、移动时，车辆会通过自身的监控系统向 GPS 监控中心发出警报，并自动与车主手机联系、电话报警等；后者则可对行使中的被盗车辆进行定位跟踪、车况监听、车迹记录，甚至控制车辆断电、断油等。

现在一般的中高档车上都装有 GPS 系统，随着这项技术的不断发展以及服务提供的不断完善，越来越多的人将会享受到 GPS 带来的便捷。

• 出行路线的规划和导航。规划出行路线是汽车导航系统的一项重要辅助功能，包括自动线路规划和人工线路设计：自动线路规划由驾驶员确定起点和终点，由计算机软件按照要求自动设计最佳行驶路线，包括最快的路线、最简单的路线、通过高速公路路段次

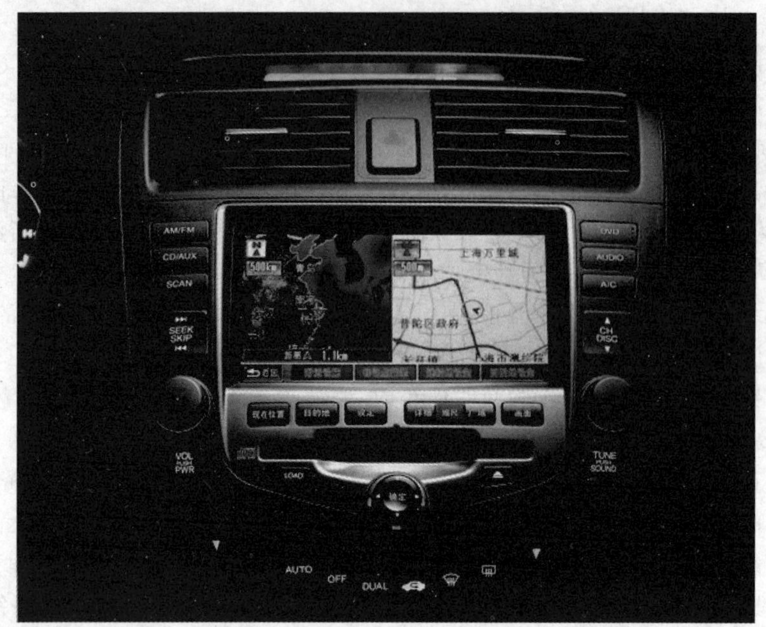

图 6-17　GPS 系统的界面图

数最少的路线等;人工线路设计由驾驶员根据自己的目的地设计起点、终点和途经点等,自动建立线路库。线路规划完毕后,显示器能够在电子地图上显示设计路线,并同时显示汽车运行路径和运行方法。

• 信息查询。为用户提供主要物标,如旅游景点、宾馆、医院等数据库,用户能够在电子地图上根据需要进行查询。查询资料可以文字、语言及图像的形式显示,并在电子地图上显示其位置。同时,监测中心可以利用监测控制台对区域内任意目标的所在位置进行查询,车辆信息将以数字形式在控制中心的电子地图上显示出来。

• 话务指挥。指挥中心可以监测区域内车辆的运行状况,对被监控车辆进行合理调度。同时,也可以随时与被跟踪目标通话,实行管理。

• 紧急援助。通过 GPS 定位和监控管理系统可以对遇险或发生事故的车辆进行紧急援助。监控台的电子地图可显示求助信息和报警目标,规划出最优援助方案,并以报警声、光提醒值班人员进行应急处理。

近些年来,国外研制了各种用于车辆诱导的系统,其中对车辆位置的实时确定主要依靠惯性测量系统以及车轮传感器。随着技术的发展,GPS 大有取代之势。用于城市车辆诱导的 GPS 定位一般是在城市中设立一个基准站,车载 GPS 实时接收基准站发射的信息,经过差分处理便可计算出实时位置,把目前所处的位置与所要到达的目标在道路网中进行优化计算,便可在道路电子地图上显示出到达目标的最优化路线,为公安、消防、抢修、急救等车辆服务。

4. *GPS 在交通领域的应用前景*

在未来的 20—30 年内,导航定位系统将向全球性、全天候、高精度、连续、实时的全球卫星导航系统方向发展,包括 GNSS 及其增强系统。GPS 人为降低精度的选择可用性技术(SA 技术)已经取消,民用码(C/A 码)的定位精度可达 20—30 米;GPS 系统将发展为由多种导航设备组合到一起的组合导航系统,采用数据融合技术,包括全球卫星导航、惯性导航及其天文导航在内的组合导航系统,成为集通信、导航、识别等多种功能于一体的综合导航系统。

而目前在我国,交通领域对 GPS 的应用还处于比较初级的阶段,仅仅是简单地利用 GPS 的定位系统,通过与其他智能交通系统结合,达到应用目的,生硬的组合使 GPS 在运用过程中吸纳、处理信息的能力受到了限制。所以,从技术上来看,目前主要是解决如何将卫星定位系统(GPS)、地理信息系统(GIS)和无线数字通信技术(TelCom)三项高新技术融合为一体,优化 GPS 应用,使 GPS 应用不再是单一性的,尽量减少硬件设施的投入。随着 GPS 应用技术的发展,GPS 技术将被人们更进一步地开发,并且在硬件设施、运行环境和运用软件方面能与很多智能化技术结合起来,出现更多的 GPS 实用技术。

6.2.7　地理信息系统

在信息的诸多类型中与空间相关的信息是十分重要的一类,如何利用计算机处理这类信息是地理信息系统(GIS)产生和发展的原动力。GIS 技术在国防、城市规划、交通运输、环境监测和保护等领域的成功应用,极大地刺激了 GIS 技术的发展,使之成为世界各国激烈竞争的高科技热点之一。

GIS 是计算机科学、地理学、测量学、地图学等多门学科综合的技术。要给出 GIS 的准确定义是困难的,因为 GIS 涉及的面太广,站在不同的角度,给出的定义就不同。通常可以从四种不同的途径定义。

- 面向功能的定义。GIS 是采集、存储、检查、操作、分析和显示地理数据的系统。
- 面向应用的定义。根据应用领域的不同,将 GIS 分为各类应用系统,如土地信息系统、城市信息系统、仓库规划信息系统等。
- 工具箱定义方式。GIS 是一组用来采集、存储、变换和显示空间数据的工具的集合。
- 基于数据库的定义。GIS 是这样一类数据库系统,它的数据有空间次序,并且提供了一个对数据进行操作的操作集合,用来回答对数据库中空间实体的查询。

我们认为,虽然 GIS 是一门多学科综合的边缘学科,有多种定义方式,但其核心是计算机科学,基本技术是数据库、地图可视化及空间分析;因此,可以这样定义:GIS 是处理地理数据的输入、输出、管理、查询、分析和辅助决策的计算机系统。

GIS 研究的内容非常广泛,主要有输入、存储、地理数据的操作和分析,输出等四个方面的内容。目前 GIS 总体上主要呈现网络化、开放性、虚拟现实、集成化、空间多维性等发展趋势。

1. 输入

地理数据如何有效地输入到 GIS 中是一项琐碎、费时、代价昂贵的任务,大多数的地理数据是从低质地图输入 GIS,常用的方法是数字化和扫描。数字化是先对地图进行数字化处理,再把处理完成后的地理数据输入到 GIS 中。数字化的主要问题是低效率和高代价。扫描输入则是直接把地图通过扫描仪输入到 GIS 中。此时,面临另一个问题,扫描得到的栅格数据如何变换成 GIS 数据库通常要求的点、线、面、拓扑关系属性等形式，就这一领域目前的研究进展而言，全自动的智能地图识别在短期内没有实现的可能。因而，矢量化方法中，交互式的地图识别是一种较为现实的途径，在 GIS 输入中常采用交互式的地图识别方法，即 GIS 中的地图数据和图形可以通过友好的人机界面进行交互修改和补充。

目前，GIS 的输入正在越来越多地借助非地图形式，遥感(RS)就是其中的一种形式，它已经成为 GIS 的重要数据来源，与地图数据不同的是遥感数据输入到 GIS 较为容易，遥感数据获取手段近年来得到了迅猛发展。航空航天遥感传感器数据获取技术趋向三多和三高：三多是指多平台、多传感器、多角度，三高是指高空间分辨率、高光谱分辨率和高时相分辨率。作为遥感的平台有地球同步轨道卫星(35 000 km)，太阳同步卫星(600—1 000 km)，太空飞船(200—300 km)，航天飞机(240—350 km)，探空火箭(200—1 000 km)，高、中、低空飞机，升空气球，无人飞机等；传感器有框幅式光学相机、全景相机、光机扫描仪、光电扫描仪、面阵扫描仪、微波散射计、雷达测高仪、激光扫描仪和合成孔径雷达等，这些平台让我们几乎覆盖了所有可透过大气窗口的电磁波段。但如果通过对遥感图像的解释来采集和编译地理信息则是一件较为困难的事情。因此，GIS 中开始大量融入图像处理技术，许多成熟的 GIS 产品，如 MAPGIS 中都具有功能齐全的图像处理子系统，遥感样图如图 6-18 所示。

图 6-18　北京局部遥感图

地理数据采集的另一项主要进展是 GPS 技术，GPS 可以准确、快速地定位在地球表面的任何地点，可为 GIS 提供准确的地理数据。GPS 由空间部分、地面监控部分和用户接收机三大部分组成，如图 6-19 所示。地面监控部分包括四个监控站、一个上行注入站和一个主控站。监控站设有 GPS 用户接收机、原子钟、传感器和计算机，监控站的任务主要是取得卫星观测数据并将这些数据传送至主控站。主控站对地面监控部分实行全面控制，主控站的主要任务是收集各个监控站对 GPS 卫星的观测数据，利用这些数据计算每一颗 GPS 卫星的轨道和卫星钟改正值。上行注入站的任务主要是在每颗卫星运行至上空时把导航数据及主控站发出的指令注入卫星。这种注入对每颗 GPS 卫星每天进行一次，并在卫星离开注入站作用范围之前进行最后的注入。

图 6-19　GPS 卫星系统

GPS 具有性能好、精度高、应用广的特点，是迄今最好的导航定位系统。随着 GPS 的不断改进，对其硬、软件的不断完善，应用领域正在不断地拓展，目前已普及到国民经济的各个部门，并开始逐步深入人们的日常生活，使人们的日常生活中也能运用到这项技术。

GIS 发展的重要趋势是与 GPS 和 RS 的集成，从而构成实时的、动态的 GIS。GPS 为 GIS 的快速定位和更新提供手段，RS 多谱段、多时相、多传感器和多分辨率的特点，为 GIS 不断注入“燃料”，反过来又可利用 GIS 支持从遥感影像数据中自动提取语义和非语义信息。

2. 存储

地理数据存储是 GIS 中最低层和最基本的技术，它直接影响其他高层功能的实现效率，从而影响整个 GIS 的性能。基于 PC 平台的 MAPGIS 能够快速、高效地处理多达上万幅的海量地图库，较好地解决了地理数据的存储问题。在 GIS 中，人们将复杂的地表现象抽象，以数字数据的形式表现了现实世界中的客观对象(公路、土地利用、海拔)。用数学表达分为四大类：数字线划数据、影像数据、数字高程模型和地物的属性数据。现实世界中的客观对象可以被划分为两个抽象概念：离散对象(如房屋)和连续的对象领域(如降雨量或海拔)。这两种抽象体在 GIS 系统中存储数据时主要的两种方法为栅格(网格)

和矢量。地理数据示例如图 6-20 所示。

GIS 对数据的存储采用了分层技术，即根据地图的某些特征，把它分成若干层，整张地图是所有层叠加的结果。在与用户的交换过程中只处理涉及的层，而不是整幅地图，大大提高了 GIS 数据存储速度，因而能够对用户的要求作出快速反应。GIS 通过执行数据重构来把数据转换成不同的格式。例如，GIS 可以通过在具有相同分类的所有单元周围生成线，同时确定单元的空间关系，如邻接和包含，将卫星图像转换成向量结构的数据。由于数字化的数据以不同的方法收集和存储，两种数据可能会不完全兼容。因此 GIS 必须能够将地理数据从一种结构转换成另一种结构。

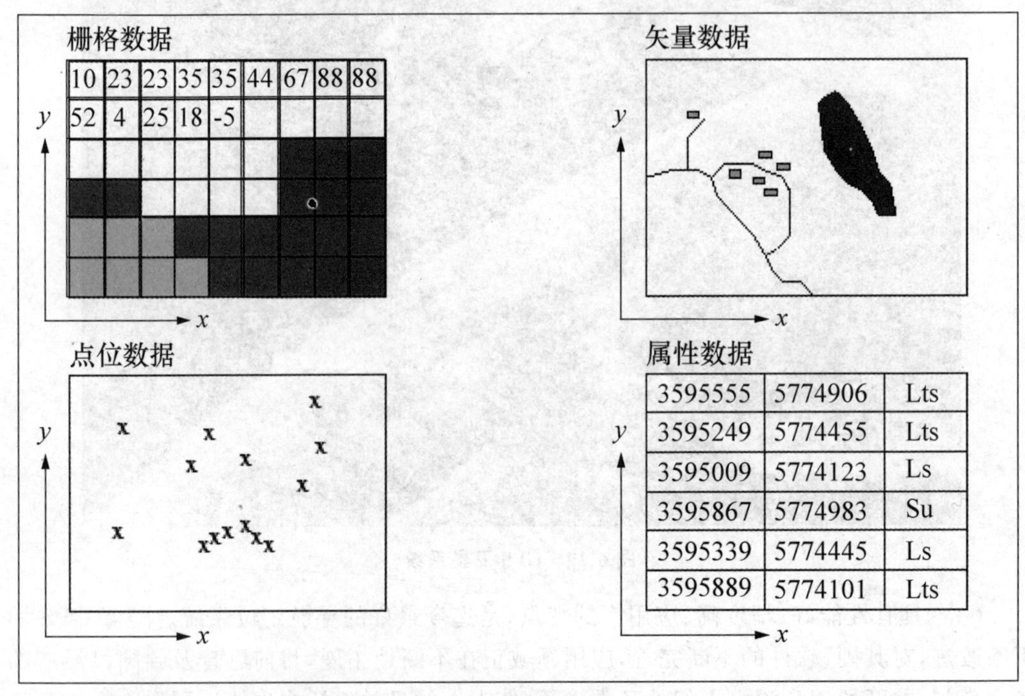

图 6-20　地理数据示例

3. 地理数据的操作和分析

GIS 中对数据的操作提供了对地理数据有效管理的手段，对图形数据(点、线、面)和属性数据的增加、删除、修改等基本操作大多可以借鉴 CAD 和通用数据库中的成熟技术，有所不同的是，GIS 中图形数据与属性数据紧密地结合在一起，形成了对地物的描述，对其中一类数据的操作势必影响到一致性和操作效率问题，这是 GIS 数据操作的主要问题。

GIS 的分析功能，即空间分析，是 GIS 得以广泛应用的重要原因之一。通过 GIS 提供的空间分析功能，用户可以从已知的地理数据得出隐含的重要结论，这对许多应用领域是至关重要的。GIS 的空间分析分为矢量数据空间分析和栅格数据空间分析两类。仓库参谋人员在 GIS 中的地图上划定一个范围，就可以得到该范围内仓库物资库存情况等信息，为仓库参谋人员的决策分析提供依据。空间分析示意图如图 6-21 所示。

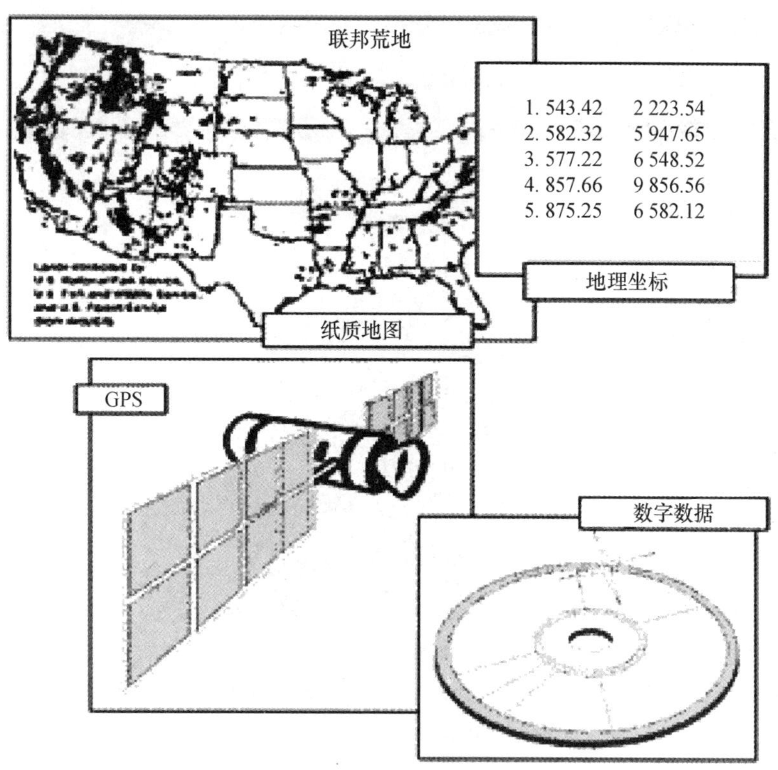

图 6-21　空间分析示意图

4. 输出

将用户查询的结果或者是数据分析的结果以文本、图形、多媒体、虚拟现实等合适的形式输出，是 GIS 问题求解过程的最后一道工序。输出形式通常有两种：在计算机屏幕上显示或通过绘图仪输出。对于一些对输出精度要求高的领域，高质量的输出功能对 GIS 是必不可少的。这方面的技术主要包括数据校正、编辑、图形整饰、误差消除、坐标变换、出版印刷等。其中，地图图形输出是地理信息系统产品的主要表现形式。

(1) 空间信息输出系统：一般地理信息系统软件都为用户提供三种图形、图像输出方式及数据属性报表输出。

• 屏幕显示。屏幕显示方式主要用于系统与用户交互时的快速显示，是比较廉价的输出产品，需以屏幕摄影方式制作硬拷贝来保存资料，可用于日常的空间信息管理和小型科研成果输出，其优点是代价低、速度快，色彩鲜艳，且可以动态刷新；缺点是非永久性输出，关机后无法保留，而且幅面小、精度低、比例不准确，不宜作为正式输出设备。但值得注意的是，目前，也往往将屏幕上所显示的图形采用屏幕拷贝的方式记录下来，以在其他软件支持下直接使用。计算机屏幕上显示地图的方式如图 6-22 所示。

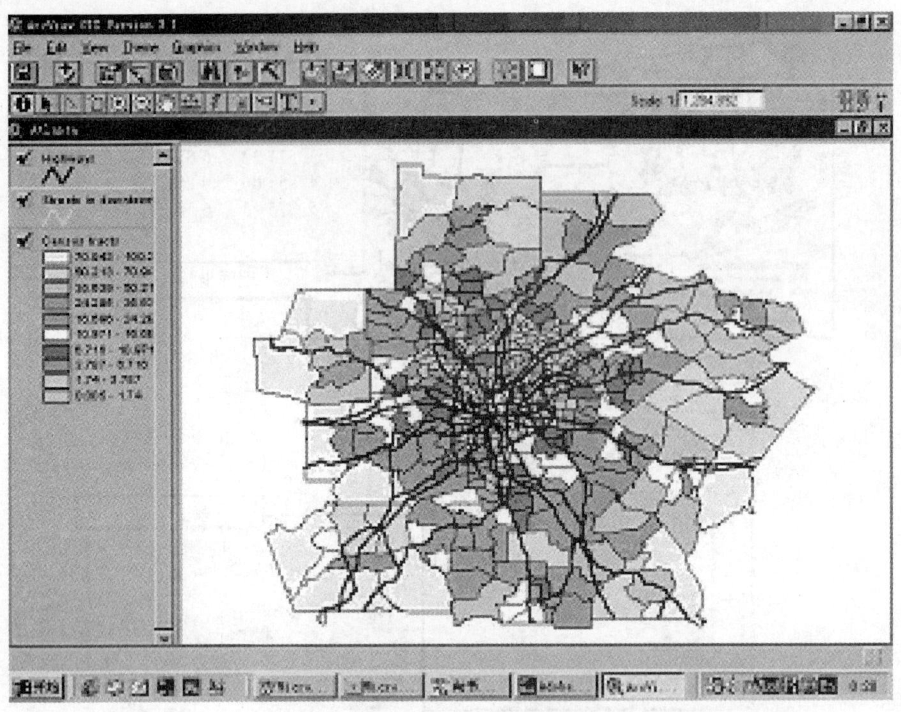

图 6-22　计算机屏幕上显示地图

• 矢量绘图。矢量绘图仪制图用来绘制高精度的比较正规的大图幅图形的产品。矢量制图通常采用矢量数据方式输入，根据坐标数据和属性数据将其符号化，然后通过制图指令驱动制图设备。

• 打印输出。喷墨打印机，特别是高品质的激光打印机已经成为当前地理信息系统地图产品的主要输出设备。打印输出可利用行式打印机、点阵打印机、喷墨打印机及激光打印机几种打印机。喷墨绘图机如图 6-23 所示。

图 6-23　喷墨绘图机

(2) 输出产品的类型。

• 地图。地图是空间实体的符号化模型,是地理信息系统产品的主要表现形式,根据地理实体的空间形态,常用的地图种类有点位符号图、线状符号图、等值线图、三维立体图、晕渲图等。图像也是空间实体的一种模型,它不采用符号化的方法,而是采用人的直观视觉变量(如灰度、颜色、模式)表示空间位置实体的质量特征。

• 统计图表。非空间信息可采用统计图表表示。统计图将实体的特征和实体间与空间无关的相互关系用图形表示,它将与空间无关的信息传递给用户,使得用户对这些信息有全面、直观的了解。统计图常用的形式有柱状图、扇形图、直方图、折线图和散点图等。

随着数字图像处理系统、地理信息系统、制图系统、各种分析模拟系统及决策支持系统的广泛应用,数字产品成为广泛采用的一种产品形式,使信息可作进一步分析和输出,综合多种系统的功能。数字产品的制作是将系统内的数据转换成其他系统采用的数据形式。

6.2.8 LBS技术

1. LBS技术的概念

据统计,在人们的日常生活中,有80%的信息与位置相关,为了寻找某个人、某个地点,常常会耗去大量的精力。伴随现代生活节奏的不断加快,实时地理位置信息正在成为人们最渴求的信息之一,而LBS正好可以满足人们的这种需要。

位置信息通常可以归纳为两大类:

• 移动位置信息。主要是指车辆和人的实时位置,通常以平面坐标方式标记,或者以附近最具代表性的地物、单位名称为标记。

• 固定位置信息。也称为地图类信息,是指重要或明显地区、建筑、机构的详细属性(方位、距离、到达路线等)。

LBS系统是定位服务,也称为基于位置服务(location based service),就是服务提供商为处于移动状态中的客户(包括手机和移动台客户)提供的,基于该移动客户实时地理位置数据的服务,这类服务一般都具备非常强的位置相关性,所以具有广阔的市场前景。

LBS技术的发展应追溯到1996年,当时美国联邦通信委员会(FCC)公布了E-911定位需求,要求在2001年10月1日前,网络运营商必须能对发出E-911紧急呼叫的移动设备用户提供精度在125公尺以内的定位服务。它需要网络运营商提供呼叫者的方位、回电的号码,还要一并提供公共紧急服务。紧接着欧洲和日本也提出了类似的要求,这最终促成了LBS——基于呼叫设备的地理位置的服务的出现。而后随着定位系统、通信技术和GIS领域的发展刺激了该行业从业者对LBS的想象力。电信公司开始广泛利用该项服务,依照移动用户的地理位置为其提供量身定制的服务。

举例来说,你正在一个不熟悉的商场购物,你希望找到附近的一家经济实惠的餐厅用餐,这时你需要从你所在的城市1 600平方千米范围内的2 000家餐馆里找出方圆1公里之内的餐馆的名称和地址,可谓是大海捞针。然而,假如这个时候你的手机具备了LBS技术,这个看似复杂的任务就会变得轻而易举。基于位置的手机服务就像是玩捉迷藏游戏一样,在一个陌生的地点,拿着手机按图索骥,就可以找到你中意的饭店或酒吧,这将会给你带来出人意料的惊喜和便利。

LBS是基于地理信息技术将物理位置在电子地图上定位，并以此为基础而提供的空间信息服务。例如，客户地址、商家位置、服务与销售区域等位置数据提供了大量的诸如客户购买力、竞争对手影响力、本地企业、人口、居民生活方式、交通状况甚至是更多的有价值的信息。合理地分析、整合这些信息并将之传达给决策人，譬如策略制定人和计划制订者、市场和销售人员、客户服务代表等，即可帮助企业各个部门提高决策能力。

LBS与基于GPS系统的GIS又有所区别，CIS强调的是地理信息的处理分析能力，LBS不再以地理信息的处理和分析为核心，而是将地理信息技术有机地融入其他信息系统当中，以业务决策支持为核心。LBS的重点在于将地理信息系统与其他信息系统的集成和融合能力以及业务决策分析能力集于一身，是对GIS概念和内涵的延伸。LBS是地理信息技术与无线通信技术的结合，开始从企业级的应用向社会化的应用过渡。

2. LBS技术的发展

尽管LBS已经存在了相当长的一段时间，然而，却是高带宽移动网络的到来才使它们充分发挥出了原有的潜力。大量有用的信息可被重新用于无线互联网的目的，再加上根据用户的实际位置对内容进行过滤和个性化处理，提供了引人瞩目的商业机会，还能通过提高效率节省商业资金。

目前，网络运营商已将LBS技术应用于众多领域。识别方位的功能将使无线行业客户的付费方式产生根本性的变革，原因是运营商将收费的模式由统一收费改为按地区差异收费，本地用户可以在他们的居住区域内享受到较为优惠的费率；通过远程跟踪出租车或货车的位置进行货运管理将成为司空见惯的方式，人们可以知道他们的货车或包裹所在的位置，甚至在未来几年里，还能够跟踪他们的货物所在的具体方位；随着改进的位置服务的应用，道路救援和驾驶方向指示将更为普及。今后，复杂的位置服务将为驾驶者提供具体细致的指导。如果你正驾车前往一家剧院，中途发现汽油不够了，你的手机就会告诉你前面隔三个街区的马路右侧有一个加油站；它会显示出通往剧院的方向，甚至能提醒你，如果你想把你的票换成靠近乐池的位置，你可以在几分钟后提出要求。如果你是一位业余的高尔夫球手，就可以通过一个卫星发射器了解你在打出每一杆前后，你的球所在的方位。相关的方位数据会被发射到卫星里并进行跟踪。当你回到家里以后，就可以在网页上查看高尔夫成绩，并浏览高尔夫球场的地图，上面标注着打出球的落点。

3. LBS技术的具体应用

一个完整的LBS系统由四个部分组成：定位系统、移动服务中心、通信网络及移动智能终端，如图6-24所示。

其中，定位系统包括全球卫星定位系统和基站定位系统两个部分。空间定位技术是整个LBS系统的核心技术，这一部分正在不断完善当中，移动运营商可以选用单一定位技术或者组合定位技术，来获得适当的定位精度。

移动服务中心负责与移动智能终端的信息交互和各个分中心（定位服务器、内容提供商等）的网络互连，完成各种信息的记录、分类、转发及分中心之间业务信息的流动，并对整个网络状态进行监控。

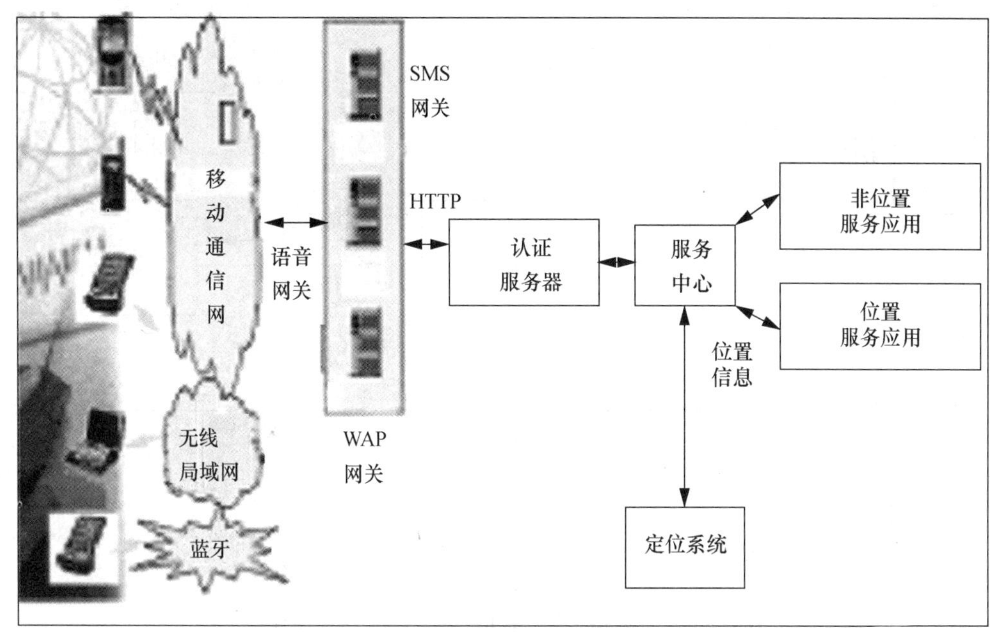

图 6-24　LBS 的结构示意图

通信网络用于连接用户和服务中心，要求实时、准确地传送用户的请求及服务中心的应答。通常可选用 GSM、CDMA、GPRS(general packet radio service)、CDPD(cellular digital packet data)等无线通信手段，在此基础上依托 LBS 体系发展无线增值服务。另外，国内已建成很多无线通信专用网，还有有线电话、寻呼网、卫星通信、无线局域网、蓝牙技术等都可以成为 LBS 的通信链路，在条件允许可接入 Internet 网络时，可以更大容量的传输数据或下载地图数据。

移动智能终端是用户接触的唯一部分，手机、平板电脑均可能成为 LBS 的用户终端。但是出于更完善的考虑，它要求有完善的图形显示能力、良好的通信端口、友好的用户界面以及完善的输入方式(手写板输入、键盘控制输入、语音控制输入等)，因此平板电脑以及一些手机可以成为个人 LBS 终端。

LBS 系统工作的主要流程如下：用户通过移动终端发出位置服务申请，申请经过各种通信网关后，移动定位服务中心接受申请，经过审核认证后，服务中心调用定位系统获得用户的位置信息，服务中心根据用户的位置，对服务内容进行响应，如发送路线图等，具体的服务内容将由内容提供商提供，图 6-25 就是该过程的主要信息流程。另一种情况是，用户配有 GPS 等主动定位设备，这时就可以通过无线网络主动将位置参数发送给服务中心。LBS 系统的种类可大致分为四种，如图 6-26 所示。

精度水平对于不同的基于位置的应用也是不同的。例如，对于航船来说，它们到海岸的距离及海水的深度等数据都要求一定的精度，而人群的定位精度能够达到 100 米以内就可以接受了。

在 SARS 病毒肆虐期间，中国香港特别行政区一家移动电话公司 Sunday Communications 抢先推出了文本信息服务，可以让手机订户知道他们正在接近 SARS 患者居住或

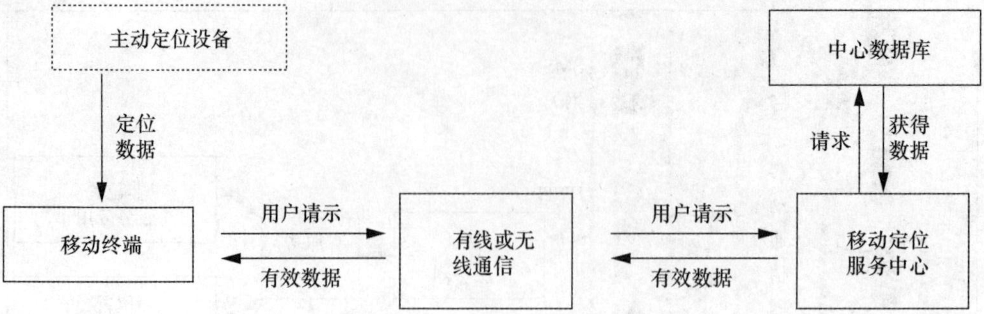

图 6-25 LBS 系统工作流程

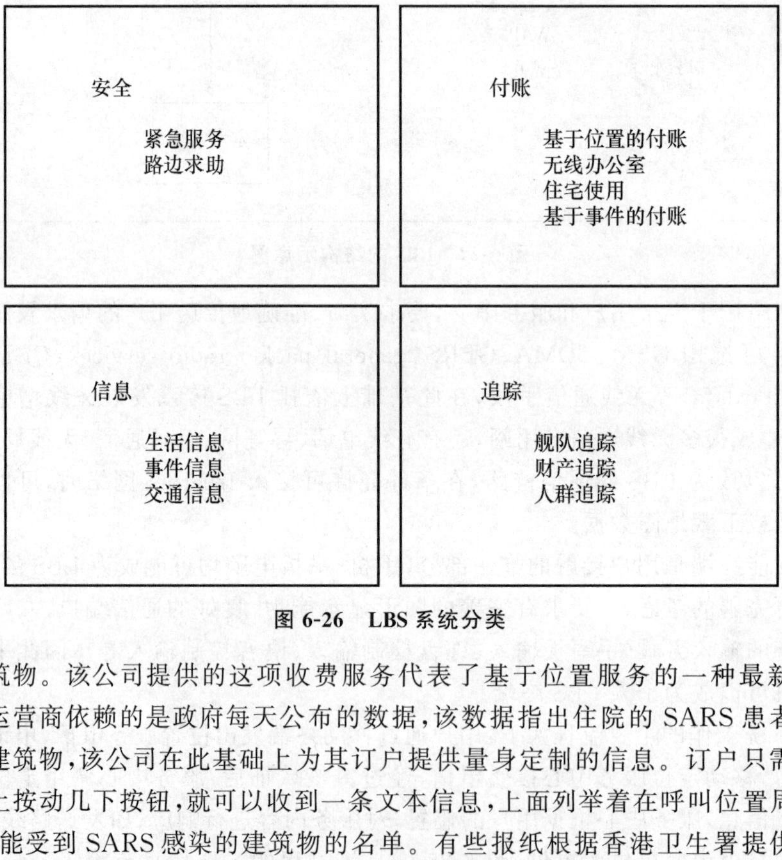

图 6-26 LBS 系统分类

工作的建筑物。该公司提供的这项收费服务代表了基于位置服务的一种最新的应用方式。无线运营商依赖的是政府每天公布的数据,该数据指出住院的 SARS 患者在前十天逗留过的建筑物,该公司在此基础上为其订户提供量身定制的信息。订户只需在他们的手机键盘上按动几下按钮,就可以收到一条文本信息,上面列举着在呼叫位置周围一公里内,所有可能受到 SARS 感染的建筑物的名单。有些报纸根据香港卫生署提供的免费信息绘制了地图,香港特别行政区政府也在网站上发布了公告,罗列了 100 多个相关地址。对于普通人群来说,移动服务使用起来则更为方便。在伦敦也有公司提供了类似的文本信息服务,它可以及时对所在区域发生了恐怖主义袭击的用户提出警告。

中国移动曾通过 STK 卡来提供位置服务,经过一年多的实践,发现这种 STK 卡方案有着诸多技术上的限制以及使用上的不方便性,实际使用流量也非常小。因此,他们把目光投向了支持所有手机的基于网络的位置服务解决方案。目前,北京移动的用户可以通过移动梦网享受到基于位置的服务,服务内容包括紧急救援、亲友定位、跟踪导航、位置广告、基于位置的计费、随身黄页、交通监控等。如果遇到交通事故或者野外事故，又不知道自己所处的位置，使用中国移动的位置紧急救援服务，就可以使移动通信公司通过移动电话呼叫救援中心明确自己的位置，从而实施快速、有效的救援工作；定制位置跟踪导航服务的企业客户，可使用 GSM 取代 GPS 进行精确定位，指挥大规模交通导航系统及物流配送；定制交通监控服务的客户，可获得移动公司向在交通干线上的客户提供的诸如交通阻塞情况、平均车流、干线上的汽车占有量等相关交通信息。

LBS 与目前已在国内广泛应用的 GPS 车辆监控系统相比较，其服务对象既包括车辆也包括人，其核心思想是"无论何时何地、以何种方式，都能方便地获取地理信息服务"。从潜在需求和市场前景来看，针对个人和公众的位置信息服务量将远远超过车辆数。

随着联通 CDMA 1X 网络的商用，LBS 已经初步拥有大众网络通道，因而这一市场已经初步热起来。通过拥有 LBS 功能的手机，普通用户只需支付很小的一笔费用，就可以在高清晰度的彩屏手机上，依据自身的位置找到自己需要的目的地。

6.2.9　电子自动订货系统

1. 电子自动订货系统(EOS)的概念

EOS 是结合电脑与通信方式，并采用电子资料交换方式，取代传统商业下单/接单以及相关作业的自动化订货系统，它由零售店的电脑终端机，将订货资料输入订货系统报表，并转换成标准格式经由通信网络传送到网络中心，再转送给供应商进行自动订货作业。

EOS 是指企业间利用通信网络(WAN 或互联网)和终端设备以在线连接(On-Line)方式进行订货作业和订货信息交换的系统。EOS 按应用范围可分为企业内的 EOS 系统(如连锁店经营中各个连锁分店与总部之间建立的 EOS 系统)，零售商与批发商之间的 EOS 系统，以及零售商、批发商和生产厂家之间的 EOS 系统。EOS 的基本框架如图 6-27 所示。

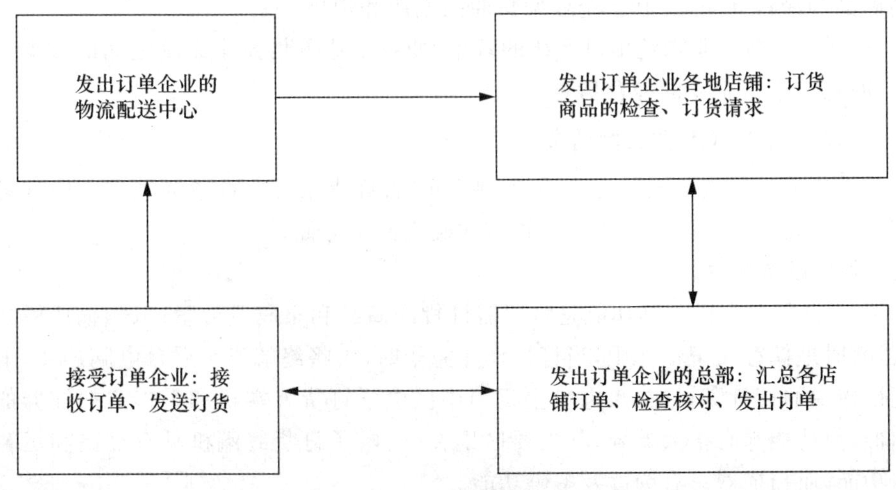

图 6-27　EOS 框架

根据电子订货系统的整体运作程序来划分，大致可以分为以下三种类型。

第一，连锁体系内部的网络型。即连锁门店内设有电子订货配置，连锁总部有接单电脑的系统，并用即时、批次或电子信箱等方式传输订货信息。这是"多对一"与"一对多"相结合的初级形式的电子订货系统。

第二，供应商对连锁门店的网络型。其具体形式有两种：一种是直接的"多对多"的方式，即众多的不同连锁体系下属的门店对应供应商，由供应商直接接单并发货至门店；另一种是以各连锁体系内部的配送中心作为间接的"多对多"，即连锁门店直接向供应商订货，并告知配送中心有关订货信息，供货商按商品类别向配送中心发货，并由配送中心按门店订单组配货品后向门店送货，这可以说是中级形式的电子订货系统。

第三，众多零售系统共同利用的标准网络型。其特征是利用标准化的传票和社会配套的信息管理系统来完成订货作业，具体形式有两种：一是区域性社会配套的信息管理系统网络，即成立由众多的中小型零售商、批发商构成的区域性社会配套的信息管理系统营运公司和地区性的咨询处理公司，以为本地区的零售业服务，来支持本地区 EOS 的运行；二是专业性社会配套的信息管理系统网络，即按商品的性质划分专业，从而形成各个不同专业的信息网络。这是高级化的电子订货系统，以统一的商品代码、统一的企业代码、统一的传票和订货的规范标准的建立为前提条件。

2. EOS 系统的作用

EOS 系统能及时准确地交换订货信息，它在企业物流管理中的作用如下：

• 对于传统的订货方式，如上门订货、邮寄订货，电话、传真订货等，EOS 系统可以缩短从接到订单到发出订货的时间，缩短订货商品的交货期，减少商品订单的出错率，节省人工费。

• 有利于减少企业的库存水平，提高企业的库存管理效率，同时也能防止商品特别是畅销商品缺货现象的出现。

• 对于生产厂家和批发商来说，通过分析零售商的商品订货信息，能够准确地判断出畅销商品和滞销商品，有利于企业调整商品生产和销售计划。

• 有利于提高企业物流信息系统的效率，使各个业务信息子系统之间的数据交换更加便利和迅速，丰富企业的经营信息。

3. 企业在应用 EOS 系统时的条件

无论采用何种形式的电子订货系统，皆以门店订货系统的配置为基础。门店订货系统的配置包括硬件设备配置与电子订货方式确立两个方面。

(1) 硬件设备配置。

• 电子订货终端机。其功能是将所需订货的商品和条码及数量；以扫描或键入条码的方式，暂时地储存在记忆体中，当订货作业完毕时，再将终端机与后台电脑连接，取出储存于记忆体中的订货资料，存入电脑主机当中。电子订货终端机和手持式扫描器的外形有些相似，但功能却有很大差异，其主要区别在于：电子订货终端机具有存储和运算等电脑基本功能，而扫描器只有阅读及解码功能。

• 数据机。它是用于传递订货主与接单主电脑信息资料的主要通信装置，其功能是将电脑内的数据转换为线性脉冲资料，通过专有的数据线路，将订货信息从门店传递给商品供货方的数据机，供货方以此为依据来发送商品。

• 其他设备。如个人电脑、价格标签及条码的印制设备等。

(2) 电子订货方式确立。EOS 的运作除硬件设备外，还必须配备记录订货情报的货架卡和订货簿，确立电子订货方式。常用的电子订货方式有三种：

• 电子订货簿。即用于记录商品代码/名称、供应商代号/名称、进/售价等商品资料的书面表式。利用电子订货簿订货，由订货者携带订货簿及电子订货终端机直接到现场巡视缺货状况，再由订货簿寻找商品，对条码进行扫描并输入订货数量，然后直接接上数据机，通过电话线传输订货信息。电子订货簿可以与货架卡并用。

• 货架卡。即设在货架槽上的一张商品信息记录卡，显示内容包括中文名称、商品代码、条码、售价、最高订量、最低订量、厂商名称等信息。利用货架卡订货，不需要携带订货簿，而只需手持电子订货终端机，一边巡货一边订货，订货手续就完成了，然后再直接接上数据机将订货信息传输出去。

• 低于安全存量订货法。即将每次进货数量都输入电脑，销售时电脑会自动地扣减库存，当库存量低于安全存量时，系统会自动打印货单或直接将订货信息传输出去。

(3) 订货业务作业的标准化。订货业务作业的标准化是有效利用 EOS 系统的前提条件。

(4) 商品代码的设计。在零售行业的单品管理方式中，每一个商品品种对应一个独立的商品代码，商品代码一般采用国家统一规定的标准。对于统一标准中没有规定的商品则采用本企业自己规定的商品代码。商品代码的设计是应用 EOS 系统的基础条件。

(5) 订货商品目录账册(order book)的设计和运用。订货商品目录账册的设计和运用是 EOS 系统成功的重要保证。计算机以及订货信息输入和输出终端设备的添置和 EOS 系统设计是应用 EOS 系统的基础条件，需要制定 EOS 系统应用手册并协调部门间、企业间的经营活动。

6.2.10 销售时点信息系统

现代社会的商业零售企业的竞争已经不仅仅是价格的竞争、服务的竞争，而是管理上的竞争、应用现代化工具和手段的竞争、企业规模和效益的竞争。随着企业规模的扩大及实现连锁经营，企业将面临如何降低管理费用、降低经营成本、科学合理地订货、快捷地配送等问题，以提高商品的周转率、降低库存，提高资金的利用率，避免出现组织机构庞大、机构重叠及人员编制不合理等现象。

大型连锁商业商务信息系统正是为了解决这些问题而建立的，它可以应用于超级市场、折扣店和各种专卖店(如书店和家具店)等。但是，在高度竞争的零售环境中，零售商和供应商需要合作才能取得共同的成功。而解决问题的唯一办法就是创造一个双赢的局面，并且不断进行监控，来完善这种双赢。而要达到这个目标，就只有通过使用恰当的信息技术基础设施来实现。销售时点信息(point of sale，POS)系统是指通过自动读取设备(如收银机)在销售商品时直接读取商品销售信息(如商品名、单价、销售数量、销售时间、销售店铺、购买顾客等),并通过通信网络和计算机系统传送至有关部门进行分析加工以提高经营效率的系统。POS系统最早应用于零售业,以后逐渐扩展至其他如金融、旅馆等服务行业,POS系统的使用范围也从企业内部扩展到了整个供应链。图6-28是一体化POS机的实例。

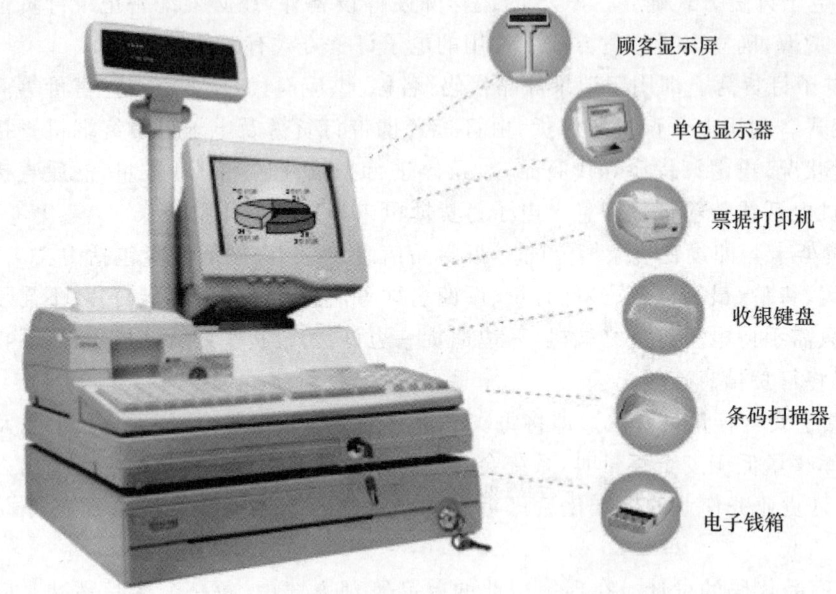

图6-28　一体化POS机

1. POS系统的作业水平

• 收银台业务的省力化。商品检查时间缩短,高峰时间的收银作业变得容易,输入商品数据的出错率大大降低,职工培训教育时间缩短,店铺内的票据数量减少,现金管理合理化。

• 数据收集能力大大提高。可以提高收银台的管理水平,信息发生时点收集信息的可信任增强,使数据收集省力化、迅速化和实时化。

2. POS系统的店铺营运水平

• 店铺作业的合理化。可以提高收银台的管理水平,贴商品标签和价格标签、改变价格标签作业迅速化、省力化,销售额和现金额随时把握,检查输入数据作业简便化,店铺内票据减少。

• 店铺营运的效率化。能够把握库存水平,使人员配置效率化、作业指南明确化,销售目标的实现程度变得容易测定,销售报告容易做成,能够把握畅销商品和滞销商品的信息,货架商品陈列、布置合理化,发现不良库存,对特殊商品进行单品管理成为可能。

3. POS系统的企业经营管理水平

• 资本周转率。可以提前避免出现缺货现象,使库存水平合理化,商品周转率提高。

• 商品计划的效率化。促进销售方法的效果分析,把握顾客购买动向,按商品品种进行利益管理,基于销售水平制订采购计划,有效管理店铺空间,基于时间段分析广告促销活动。

6.2.11　货物跟踪系统

货物跟踪系统是指物流运输企业利用物流条形码和 EDI 技术及时获取有关货物运输状态的信息(如货物品种、数量,货物在途情况,交货期间,发货地和到达地,货物的货主,送货责任车辆和人员等),提高物流运输服务水平的方法。具体来说就是,物流运输企业的工作人员在向货主取货时、在物流中心重新集装运输时、在向顾客配送交货时,利用扫描仪自动读取货物包装或者货物发票上的物流条形码等货物信息,通过公共通信线路、专用通信线路或卫星通信线路把货物的信息传送到总部的中心计算机进行汇总整理,这样所有被运送的货物的信息都集中在中心计算机里。货物跟踪系统提高了物流企业的服务水平,其具体作用表现在以下四个方面。图 6-29 为货物车辆全程跟踪解决方案示意图。

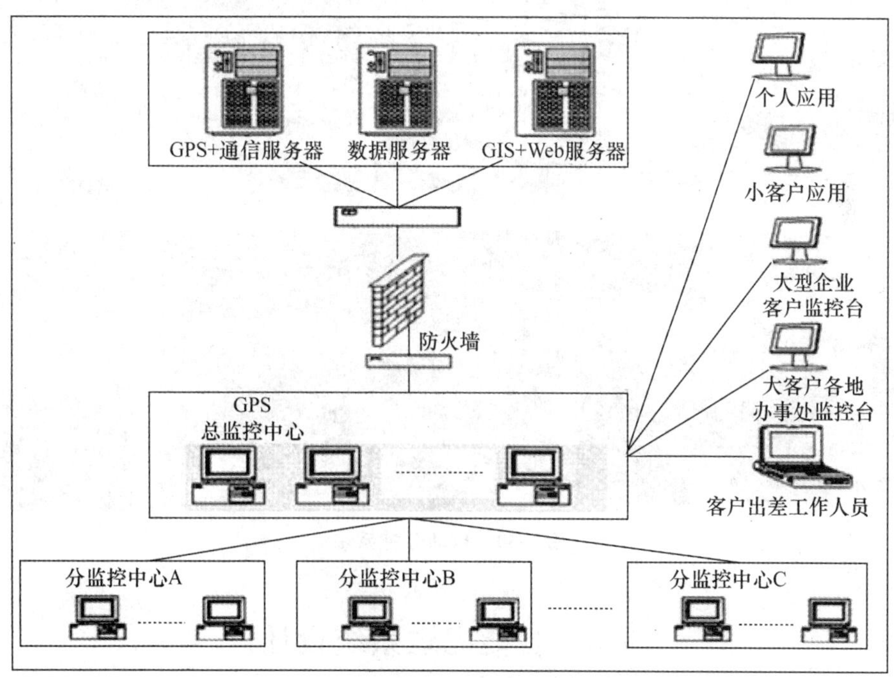

图 6-29　货物车辆全程跟踪解决方案

(1) 当顾客需要对货物的状态进行查询时,只要输入货物的发票号码,马上就可以知道有关货物状态的信息。查询作业简便迅速,信息及时准确。

(2) 通过货物信息可以确认是否在规定的时间内将货物运送到了顾客手中,能即时发现没有在规定的时间内把货物交付给顾客的情况,便于马上查明原因并及时改正,从而提高了运送货物的准确性和及时性,提高了顾客服务水平。

(3) 作为获得竞争优势的手段,货物跟踪系统提高了物流运输效率,提供了差别化的物流服务。

(4) 通过货物跟踪系统所得到的有关货物运送状态的信息丰富了供应链的信息分享源,有关货物运送状态信息的分享有利于顾客预先做好接货以及后续工作的准备。

建立货物跟踪系统需要较大的投资,如购买设备、标准化工作、系统运行费用等。因此只有有实力的大型物流运输企业才能够应用货物跟踪系统。但是,随着信息产品和通信费用的低价格化以及互联网的普及化,许多中小型物流运输企业也开始应用货物跟踪系统。在信息技术广泛普及的美国,物流运输企业建立了本企业的网页,通过互联网从事物流运输业务,顾客通过互联网与物流运输企业建立联系。

6.2.12 自动分拣系统

完整的自动分拣系统如图 6-30 所示。自动分拣系统的文字描述在本书第 5 章"配送中心的设施设备"中已有详细介绍,在此不再赘述。

图 6-30 自动分拣系统

6.3 智能配送系统设计

现代物流的根本宗旨是提高物流效率、降低物流成本、满足客户需求,并越来越呈现出智能化、信息化、网络化、柔性化、标准化和社会化的特征。其中,智能化是现代物流的核心,只有实现了智能化,才能有效地实现物流的网络化、系统化和柔性化,物流企业才能有效地提高物流效率,为客户提供优良的物流服务。

6.3.1 智能配送系统的结构设计

根据设计目的,可以从不同角度确定智能配送系统的结构。

1. 物流社会化的角度

从物流社会化的角度可以将智能配送系统分为社会化物流系统、非社会化物流系统。社会化物流系统,也可称为第三方物流系统,即物流活动由专业的物流公司来完成,它们不参与商品的买卖，只提供专业的物流服务，是独立于买方和卖方之外的第三方；非社会化物流系统是指归属于某个行业或企业，为其产业活动服务，如企业集团内部的物流系统。

由于社会化物流系统一般拥有为数众多的服务对象，建议首先进行需求分析，根据客户实际需要进行设计（如智能配送系统、智能化信息平台等），以便用最少的资金，最大幅度地提高物流系统整体的智能化水平。对于非社会化物流系统，建议重点针对产业活动特性和商品物流特性，进行关键物流要素的智能化设计。

2. 物流企业的角度

从物流企业的角度可以将智能配送系统分为物流企业系统和企业物流系统。物流企业系统是指为满足物流需求，以提供有偿物流服务为目的的物流系统；企业物流系统是指包括企业内部从原材料采购到将产品送达客户的全部物流活动的物流系统。

对于物流企业的智能配送系统设计，应该以提高物流水平为目标，首先要具备完善的信息通信网络，有条件的物流企业应该构建 EDI 系统，以便及时、准确地收集各种信息，物流企业的智能配送系统中，需要具备电子订货功能、自动集配功能、货物跟踪功能等；对于企业物流的智能配送系统设计，应该注意使企业的物流活动与采购、生产、销售等活动相互协调，紧密联系，以降低企业的经营管理成本。企业物流的智能配送系统应在完善的企业内部信息网络的基础上，具备自动分选、自动补货、自动识别等功能。

3. 物流作用的角度

从物流作用的角度可以将智能配送系统分为供应物流、生产物流、销售物流与回收物流四类。

- 供应物流。供应物流是指生产企业、流通企业购入原材料、零部件或成品的物流活动全过程。对于供应与销售物流，应该注意批发商与零售商的物流系统具有不同的特点。批发商的物流特点是物流是主业，商流是先导，大批量进小批量出，委托型物流有进一步发展的趋势；零售商的物流特点是以集配货物为主，需要固定的配送中心及运输设施，兼有保管、流通加工等功能。在设计智能配送系统的过程中，应提高物流活动的快速反应能力，建设具有规模效应的现代化物流及信息设施。
- 生产物流。生产物流是指从工厂的原材料购进起，直到产成品出厂的物流活动全过程。对于生产物流，应该注意其特点是物流处于企业的"后勤"位置，以原材料、半成品、产成品的厂内物流为主，大多需要仓库或物流中心。在设计智能配送系统的过程中，应该通过设计自动输送、自动分拣、自动包装等功能，实现物流过程与生产过程的有效衔接。
- 销售物流。销售物流是指生产企业、流通企业将商品送达客户的物流活动过程。对于销售物流，应该侧重物流流通的快速、及时、高效，因此在设计智能配送系统的过程中，应当充分利用 GPS、GIS 和 LBS 等技术。
- 回收物流。回收物流是指对生产及流通活动中对可以进行再利用的材料进行回收的物流活动过程。对于回收物流，由于其具有品种繁多、流通渠道不规则、多有变化、管理和控制难度较大等特点，故在设计智能系统的过程中，需要建立完善的回收物流信息系统，实现对回收作业的实时监控，以提高运输车辆的利用率，降低作业成本。

6.3.2 智能配送系统的技术选择

由上节所述的智能配送系统简述和所涉及的技术可知,智能配送系统只有在物流技术、智能技术、计算机网络技术与相关技术的支持下才能得以实现,因此,要进行智能配送系统的设计,必须了解它所应用的主要技术。

智能技术是指用于模拟、延伸和扩展人的智能的技术,一般通过机器(计算机等)得以实现,应用于通信、检测、遥感等许多领域。物流系统的功能要素是指物流系统所具备的基本能力,包括运输、仓储、包装、装卸搬运、流通加工和物流信息处理等,这些基本能力有机地结合在一起,便能有效地实现物流系统目标。表 6-1 展示了各个物流功能要素中可以应用的智能技术及相关技术。

智能技术与功能要素是交互式联系的,其关系可以表述为:某一技术可以应用于多个物流功能要素。比如,传感器技术既可以应用于运输中的车辆检测、车辆识别和分类、车辆控制、环境信息检测和危险驾驶警告,也可以应用于存储保管中货物的检验及分类;某一物流要素可以采取多种技术实现同一目的。比如运输过程中车辆的识别,既可以使用传感器技术,也可以采用智能卡(如 IC 卡)技术。

因此,在物流功能要素上应用智能技术时,应该遵循以下原则:一是在实现同一功能要素中的某项作业时,要在不影响实施效果的前提下,尽量采取简便易行、投入成本较小的技术;二是在选择智能技术时,要尽量选择多功能的技术,即选择可以用于多种物流功能要素的技术,这样可以减少引进或研发成本,节约时间,很快适应市场。

只有做到上述两点,即在设计中寻求最优化的物流功能要素和智能技术的组合,才能实现智能配送系统的最优化,达到以最小投入,获得最大产出的效果。

表 6-1 智能技术与物流功能要素关系表

要素名称	服务功能	主要技术
运输	在途驾驶员信息 路径引导 电子付费服务 运输车辆服务 紧急事件与货物安全 危险预警 货物跟踪	地理信息系统、条形码技术、电子数据交换、计算机网络、射频技术、全球定位系统、IC 卡技术、传感器技术、全球移动通信系统等
仓储	货位管理 自动补货 存储安全	条码技术、计算机网络、传感器技术、射频技术等
包装	自动识别 自动包装	条码技术、计算机网络等
装卸搬运	自动分拣 自动分货	条码技术、计算机网络、人工智能等
流通加工	作业管理	计算机网络等
物流信息	订单管理 客户管理 设备管理	计算机网络、电子数据交换、人工智能、全球移动通信系统、客户管理系统等

6.3.3　智能配送系统的实施

智能配送系统在实施过程中仅仅依赖智能技术是远远不够的，这一概念是在物流的基础上得以存在的。在智能配送系统的实施过程中，应该把智能技术和物流技术及其相关技术有机结合，系统才能得以实现，系统的目的才能达到，智能配送系统才能真正存在，并且具有存在的作用和意义。

图 6-31 表示了智能配送系统的实施框架，框架图第三层结构中的物流技术和智能技术是同样重要的，它们与第二层结构中的智能配送系统的子系统为交互式的隶属关系，是各个子系统功能得以实现的基础，只有子系统实现了，整个智能配送系统才能实现。

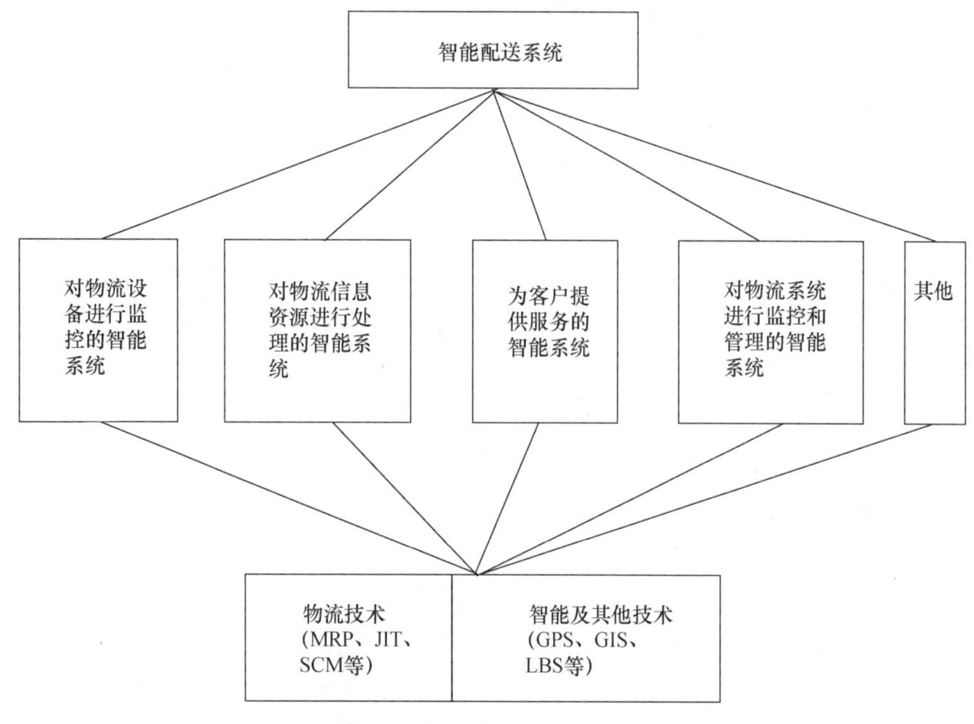

图 6-31　智能配送系统实施框架

1. 具体的实施过程

首先，由物流设计单位与物流实施单位的项目负责人组成项目实施小组，共同制定实施细则和流程，协调实施过程中可能遇到的问题，准备实施过程中可能应用到的技术支持。

然后，由物流设计单位的设计人员与物流实施单位的各业务部门的业务骨干理清各部门、各环节的业务需求，细致调查了解各部门、各业务角色的应用特点，在此基础上进行流程设计和管理模块的定义，既保证系统中功能和属性的定义符合业务的实际状况，又参考国内同行业先进的管理规范，用现有的物流技术、智能技术，对公司原有的体制和流程进行调整，以实现管理的创新和流程的优化、智能化。在界定公司工作流程的过程中，明确项目实施中涉及的各业务部门的责任，为后面的系统安装调试做好准备。

模块功能初步确定后，物流设计单位的工程师开展具体的程序设计工作，在设计过程中，不断地和物流实施单位的相关业务负责人进行沟通，边设计边完善系统内容，直到完成一个可以测试的全面方案。

在系统安装调试阶段，根据业务模块的划分和确定的流程，将公司以前积累的大量客户信息全面导入新系统，并实际应用新系统来进行实际测试。在此基础上，对系统进行修改调整。

在进行安装调试的同时开展应用培训工作。由于员工的计算机应用水平参差不齐，对智能技术应用的程度不同，各部门涉及的业务应用也不尽相同，项目实施小组对各部门员工应进行分批培训工作，直到所有系统应用人员都能理解新系统的功能并进行熟练操作。

2. 实施的例子

对于智能配送的应用的实际例子现在在国内还是比较少的，下面介绍几种智能配送系统实施的方案模型。

模型一：基于电子商务的铁路物资智能配送系统

基于电子商务的铁路物资智能配送是指网络平台将采用网络化的信息技术、现代化的作业设备及智能化的管理手段，按用户要求，进行一系列自动的分拣、配货等工作，高效地将货物输送给用户的过程。铁路物资智能配送系统可采用长远规划、逐步实施的改造过程。具体来说，需要建立一个基于电子商务的网络平台、完整的智能配送体系和铁路物资配送中心（如图 6-32 所示）。

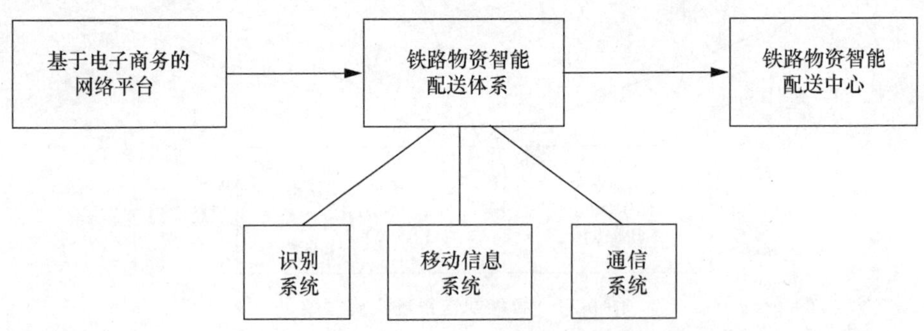

图 6-32　基于电子商务的铁路物资智能配送系统

（1）基于电子商务的网络平台。根据国内外物流配送业的发展情况，在电子商务时代，信息化、现代化、社会化的铁路物流网的特征可归纳为以下几点：

• 物流业务反应速度快。物流中心对上下游的物流需求反应速度、物流配送速度加快，前置时间、配送时间变短；商品周转次数越来越多。

• 物流配送功能集成化。网络平台着重于将物流与供应链的其他环节进行集成，包括物流渠道与商流渠道的集成、物流渠道之间的集成、物流功能的集成、物流环节的集成等。

• 物流配送服务系列化。网络平台将强调物流服务的恰当定位与完善化、系列化，除了传统的仓储、运输、包装、流通加工等服务，还在外延上扩展至市场调查与预测、采购及订单处理；向下延伸至物流配送咨询、物流配送方案的选择与规划、库存控制策略建议、货款回收与结算等增值服务，在内涵上提高了以上服务对决策的支持作用。

- 物流配送作业规范化。网络平台将强调作业流程、作业过程、运作管理的标准化和程序化，使复杂的作业流程变得简单易推广。
- 物流配送目标系统化。网络平台将从系统角度统筹规划各种物流活动，处理好物流活动与商流活动之间的关系。

(2) 铁路物资智能配送体系。智能配送系统是通信系统、信息系统与配送系统的有机结合。铁路物资智能配送系统既意味着运输组织优化，如防止空载，提高满载率，也意味着人员和物流设施效益优化。为实现智能配送，铁路物流网需要形成如下体系：

- 移动信息系统。为了将移动的车辆信息纳入网络平台，需建立移动信息系统。该系统和网络平台的地面信息系统构成统一的整体，将合同信息、路线信息、车辆信息和行驶信息等进行收集、储存、交换、处理，随时了解车辆所在位置，帮助物流中心人员做好车辆调度，满足顾客需求。
- 识别系统。借助电子识别系统，使配送中的物资可通过条码加以区别，并跟踪、监控其作业地点、时间。识别系统是实现智能配送的重要手段，被用来控制物流作业流程中的各阶段，如出入库、运输、仓储等。
- 通信系统。在网络平台中，信息通过远程输送设施得到交换，需使用标准化数据结构、标准化输送程序和统一的接口。网络平台可充分利用现有的铁路通信网络，以加速信息流通，降低手工输入错误率，减少传送货单的纸张需求等。

为了实现智能配送，网络平台应优化作业流程、改善配送计划和实行实时监控；使用专为智能配送设计的、由信息技术支持的电子调度台，根据工作岗位的数目配备计算机。

(3) 铁路物资智能配送中心。铁路物资供应网络如果实行基于电子商务的配送制，需有建立覆盖全国的配送网络，保证及时、准确、安全、经济地将物资运往需求者。从目前的情况来看，要达到上述要求，需要对现有的供应网点进行合理规划和技术改造。

从区域内产需的角度区分，配送中心可主要分为资源型和供应型两种。资源型配送中心的功能是吸收分散的资源，形成供应能力，一般设在资源集中的地区；供应型配送中心的功能是供应用户，与用户的衔接十分重要，一般设在用户集中的地区；铁路物资总公司所属企业大都分布全国各大工业城市，可成为资源型综合配送中心；铁路局系统、工程总公司系统等可建成供应型专业配送中心。资源型和供应型配送中心要合理布局，形成区域铁路物资配送网络。

模型二：某大型企业的智能配送及物流管理信息系统解决方案

企业的智能配送及物流管理信息系统由物流业务管理系统、物流企业管理系统、物流电子商务系统和客户服务系统等四部分组成，如图6-33所示。

(1) 物流业务管理系统。物流业务管理系统由11个子系统组成，分别是配送管理信息系统、货代管理信息系统、仓储管理信息系统、运输管理信息系统、结算管理信息系统、客户管理信息系统、报关管理信息系统、数据交换信息系统、合同管理信息系统、采购管理信息系统、调度管理信息系统。各系统功能简述如下：

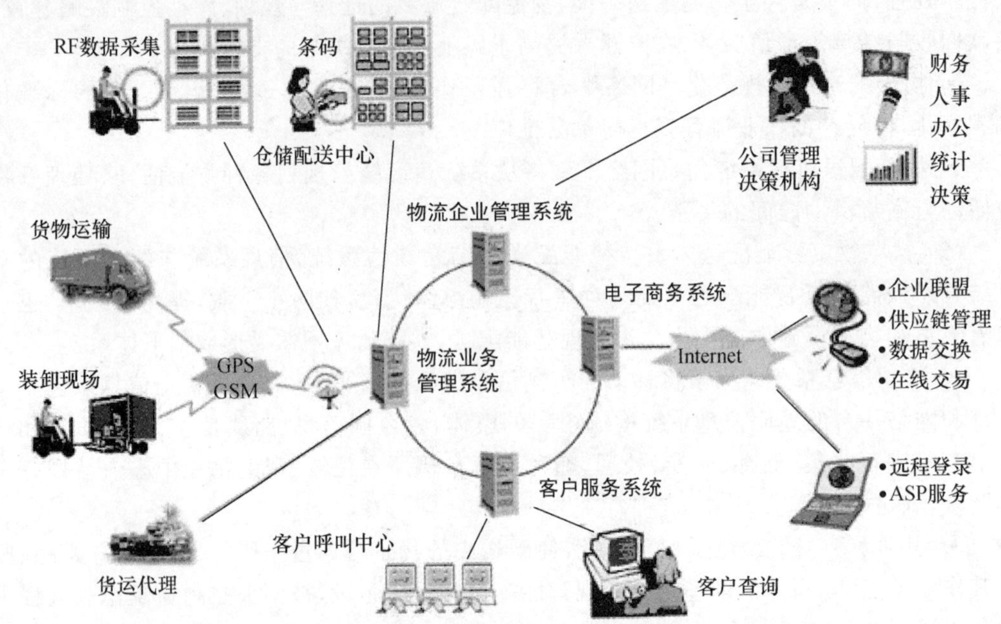

图 6-33 某大型企业的智能配送及物流管理信息系统框架图

• 配送管理信息系统。按照即时配送(JIT)原则,满足生产企业零库存生产的原材料配送管理,满足商业企业小批量、多品种的连锁配送管理,满足共同配送和多级配送管理。支持在多供应商和多购买商之间的精确、快捷、高效的配送模式;支持以箱为单位和以部件为单位的灵活配送方式;支持多达数万种配送单位的大容量并发配送模式;支持多种运输方式,跨境跨关区的跨区域配送模式。结合先进的条码技术、GPS/GIS 技术和电子商务技术,实现智能化配送。

• 货代管理信息系统。满足国内一级货运代理的要求,完成代理货物托运、接取送达、订舱配载、多式联运等多项业务需求。支持航空、铁路、公路和船务运输代理业务。配合物流的其他环节,实现物流的全程化管理,实现门对门,一票到底的物流服务。

• 仓储管理信息系统。可以对所有的包括不同地域、不同属性、不同规格、不同成本的仓库资源,实现集中管理。采用条码、射频等先进的物流技术设备,对出入仓货物实现联机登录、存量检索、容积计算、仓位分配、损毁登记、简单加工、盘点报告、租期报警和自动仓租计算等仓储信息管理。支持包租、散租等各种租仓计划;支持平仓和立体仓库等不同的仓库格局,并可向客户提供远程的仓库状态查询、账单查询和图形化的仓储状态查询。

• 运输管理信息系统。可以对所有的运输工具,包括自有车辆和协作车辆以及临时车辆实行实时调度管理,提供对货物的分析、配载的计算以及最佳运输路线的选择。支持全球定位系统和地理信息系统,实现车辆的运行监控、车辆调度、成本控制和单车核算,并提供网上车辆及货物的跟踪查询。

• 结算管理信息系统。对企业所有的物流服务项目实现合同价格一条龙管理,包括多种模式的仓租费用、运输费用、装卸费用、配送费用、货代费用、报关费用、三检费用、行政费用、办公费用等费用的计算;根据规范的合同文本、货币标准、收费标准自动产生结算凭证,为客户以及物流企业(仓储、配送中心、运输等企业)的自动结算提供完整的结算方案。

• 客户管理信息系统。通过对客户资料的收集、分类、存档、检索和管理，全面掌握不同客户群体、客户性质、客户需求、客户信用等客户信息，以提供最佳客户服务为宗旨，为客户提供方案、价格、市场、信息等各种服务内容，及时处理客户在合作中遇到的各类问题，妥善解决客户合作中发生的问题，培养长期的忠诚的客户群体，为企业供应链的形成和整合提供支持。

• 报关管理信息系统。集报关、商检、卫检、动植物疫检等功能的自动信息管理于一体，满足客户跨境运作的需求。系统支持联机自动生成报关单、报检单，自动产生联机上报的标准格式，自动发送到相关的职能机构，并自动收取回执，使跨境物流信息成为无缝物流信息传递，使报关、报检业务迅速、及时、准确，为物流客户提供高效的跨境物流服务。

• 数据交换信息系统。系统提供电子商务化的 WEB-EDI 数据交换服务，通过电子商务网站或者基于 Internet 的数据交换通道，提供标准的 EDI 单证交换，实现与供应链上下游合作伙伴之间低成本的数据交换，为供应链企业数据交换、电子商务数据交换以及未来开展电子支付、电子交易创造条件。

• 合同管理信息系统。合同是商务业务和费用结算的依据，系统通过对合同的规范化、模式化和流程化，合理地分配物流服务的实施细则和收费标准，并以此为依据，分配相应的资源，监控实施的效果和核算产生的费用，并可以对双方执行合同的情况进行评估以取得客户、信用、资金的相关信息，交给客户服务和商务部门作为参考。

• 采购管理信息系统。采用规范化的企业采购模式和管理流程，满足企业开放式或供应链采购方式，包括网上招标、供应商管理、采购计划管理、需求管理、报价管理、审批管理、合同管理、订货管理、补货管理、结算管理、信用管理、风险管理等功能，从成本降低、效率提高和流程控制等不同方面为企业创造价值。

• 调度管理信息系统。用于大型物流企业的业务集中调度管理，适用于网状物流、多址仓库、多式联运、共同配送、车队管理等时效性强、机动性强、需要快速反应的物流作业管理，以应付客户的柔性需求，减少部门之间的沟通环节，保证物流作业的运作效率。

(2) 物流企业管理系统。物流企业管理系统由五个子系统组成，分别是商务管理信息系统、财务管理信息系统、统计管理信息系统、行政管理信息系统和决策支持信息系统。

• 商务管理信息系统。物流企业专业营销管理，包括物流市场预测、物流营销策划、物流项目论证、物流资源整合、物流方案设计、价格政策制定、物流绩效评估等，结合合同管理和客户管理系统，准确地把握企业的市场方向、政策动向和客户需求，灵活地制定营销策略，实现企业发展战略目标。

• 财务管理信息系统。结合成熟的财务管理理论，针对物流企业财务管理的特点，根据财务活动的历史资料进行财务预测和财务决策，运用科学的物流成本核算、作业绩效评估手段，从财务分析的角度，对企业发展战略、客户满意度、员工激励机制、企业资源利用，企业经济效益等方面进行分析，并得出有关财务预算、财务控制和财务分析报告，为实现企业价值最大化提供决策依据。

• 统计管理信息系统。统计工作作为企业管理的基础，按照物流行业的标准，针对物流企业的经营管理活动情况进行统计调查、统计分析、统计监督，并提供统计资料。按照物流企业的统计要求，应对物流企业的各项经营指标及经营状况进行分类统计和量化管理。

• 办公管理信息系统。以降低管理成本、提高管理效率为目的，为物流企业的规范化、流程化和科学化管理提供包括办公管理、项目管理、资源管理、人事管理、知识管理在内的统一的企业管理平台，通过电子公文传递、资源动态分配、多方网络会议、邮件自动管理、定位信息传呼等实现企业的无纸化办公。

• 决策支持信息系统。及时地掌握商流、物流、资金流和信息流所产生的信息并加以科学地利用，在数据仓库技术、运筹学模型的基础上，通过数据挖掘工具对历史数据进行多角度、立体的分析，实现对企业中的人力、物力、财力、客户、市场、信息等各种资源的综合管理，为企业管理、客户管理、市场管理、资金管理等提供科学决策的依据，从而提高管理层决策的准确性和合理性。

(3) 物流电子商务系统。物流电子商务系统的功能主要有：实时查询（客户在网上实时查询库存情况、运输情况和账单），清单录入（客户可以直接录入作业指令单，订车单，订仓单等），网上下单（客户可以直接输入物流服务的需求），信息反馈（客户对物流服务提出建议或投诉），网上报价（客户可以在线发出询价请求并得到报价回复），网上交易（物流服务项目的在线查询、交易撮合和电子签约），网上联盟（通过联盟的形式整合社会物流资源），数据交换（通过 EDI 方式实现异构信息系统的数据对接），信息外包（以 ASP 方式实现远程物流信息系统功能外包），项目招标（通过电子招标的形式获得最佳的供货方）等。

(4) 客户服务系统。系统实现的客户服务内容包括流程查询（查询有关作业的流程状态），在库查询（查询有关的库存状况），在途查询（查询运输途中货物的状况），定制查询（按照客户的要求选择查询内容），账单下载（在线获取结算清单），实时跟踪（查询有关货物的地理位置图形），定制信息（按照需要发出客户指定的专业信息），咨询服务（在线解答客户在物流活动中的疑难问题）等。

企业的智能配送及物流信息系统各子系统的功能划分如图 6-34 表示。

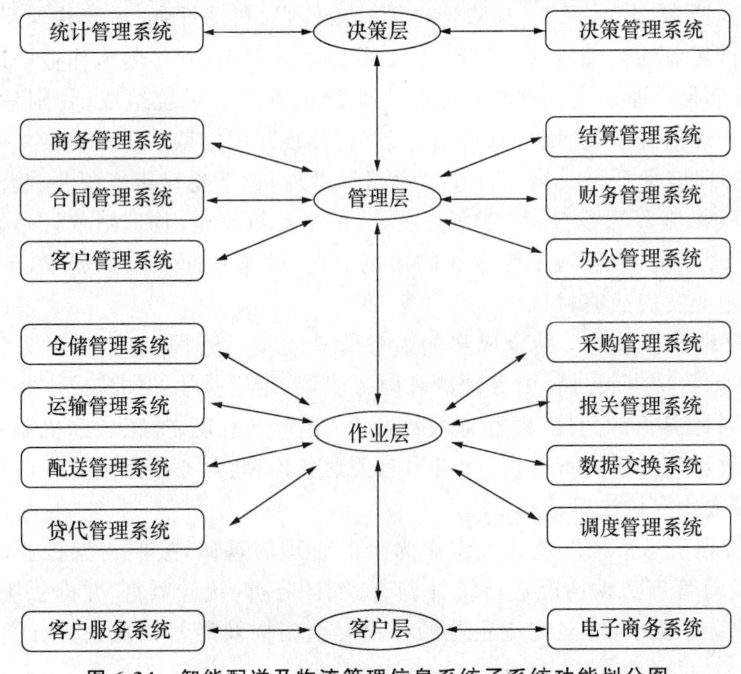

图 6-34　智能配送及物流管理信息系统子系统功能划分图

6.4　物联网技术

物联网(internet of things,IOT)是继计算机、互联网和移动通信之后的又一次信息产业革命。它将有力带动传统产业转型升级,引领战略性新兴产业的发展,实现经济结构的升级和调整,提高资源利用率和生产力水平,改善人与自然界的关系,引发社会生产和经济发展方式的深度变革,具有巨大的增长潜能,是当前社会发展、经济增长和科技创新的战略制高点。目前,物联网已被正式列为国家重点发展的战略性新兴产业之一。物联网产业具有产业链长、涉及多个产业群的特点,其应用范围几乎覆盖了各行各业。

6.4.1　物联网的概念及特征

1. 物联网的概念

物联网的英文名称也称为“web of things”。由名称可知,物联网就是“物物相连的互联网”。它包含了两层含义:

(1) 物联网的核心和基础仍然是互联网,物联网就是互联网的延伸和扩展。

(2) 其延伸和扩展到了任何人和人、人和物、物和物之间进行的信息交换和通信。

因此,物联网是通过各种信息传感设备,按照约定的协议把任何物品与互联网连接起来进行信息交换、信息通信和信息处理,以实现智能识别、定位、跟踪、监控和管理的一种网络。它是在互联网基础上延伸和扩展的网络。

其常用的信息传感设备有射频识别装备、红外感应器、全球定位系统、激光扫描器、气体感应器等。其进行信息通信、交换和处理的网络协议有 LAN、GRPS、Wi-Fi、Bluetooth、ZigBee、UWB 等。

这里的“物”需满足以下条件才能够融入物联网,才能够具有“感知的神经”和“智慧的大脑”:

- 有相应的信息接收器;
- 有数据传输通路;
- 有一定的存储功能;
- 有 CPU;
- 有操作系统;
- 有专门的应用程序;
- 有数据发送器;
- 遵循物联网的通信协议;
- 在世界网络中有可被识别的唯一编号。

2. 物联网的其他定义

(1) 2005 年,国际电信联盟(ITU)在 *The Internet of Things* 报告中对物联网的概念进行了扩展,提出了任何时刻、任何地点、任意物体之间的互联,无所不在的网络和无所不在的计算的发展愿景,如图 6-35 所示。该图显示出 IOT 是在任何时间、环境下,任何物品、人、企业、商业，采用任何通信方式(包括汇聚、连接、收集、计算等)，以满足提供任何服务的要求。按照ITU给出的这个定义，物联网主要解决物品到物品(thing to thing，T2T)、人到物品(human to thing，H2T)、人到人(human to human，H2H)之间的互联。它与传统互联网最大的区别在于H2T与H2H：H2T是指人利用通用装置与物品之间的连接，H2H是指人与人之间不依赖于个人计算机而进行的互联。需要利用物联网才能解决的是传统意义上的互联网没有考虑到的、对于任何物品连接的问题。

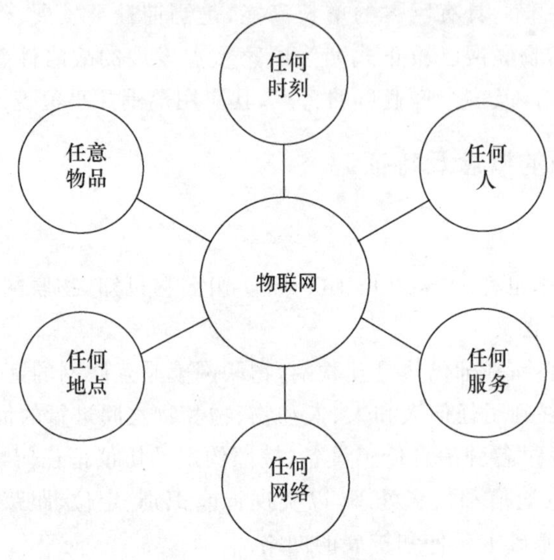

图6-35　物联网示意图

(2) 2008年5月，欧洲智能系统集成技术平台(EPoSS)*Internet of Things in 2020*的定义为：物联网是由具有标识、虚拟个性的物体或对象所组成的网络，这些标识和个性运行在智能空间，使用智慧的接口与用户、社会和环境的上下文进行连接和通信。

(3) 2009年9月，欧盟第七框架计划和互联网项目组报告中的定义为：物联网是未来互联网的整合部分，它是以标准、互通的通信协议为基础，具有自我配置能力的全球性动态网络设施。在这个网络中，所有实质和虚拟的物品都有特定的编码和物理特征，通过智能界面无缝连接，实现信息共享。

(4) 2009年9月，在北京举办的物联网与企业环境中欧研讨会上，欧盟委员会信息和社会媒体司RFID部门负责人劳伦兹·弗雷德里克(Lorent Ferderix)博士给出了欧盟对物联网的定义：物联网是一个动态的全球网络基础设施，它具有基于标准和互操作通信协议的自组织能力，其中物理的和虚拟的“物”具有身份标识、物理属性、虚拟的特性和智能的接口，并与信息网络无缝整合。物联网将与媒体互联网、服务互联网和企业互联网一道构成未来的互联网。

(5) 2010年3月，我国政府工作报告所附的注释中物联网的定义为：物联网是指通过信息传感设备，按照约定的协议，把任何物品与互联网连接起来，进行信息交换和通信，以实现智能化识别、定位、跟踪、监控和管理的一种网络。它是在互联网基础上延伸和扩展的网络。

3. 物联网概念的解析

(1) 狭义。连接物品到物品的网络,实现物品的智能化识别和管理。

(2) 广义。一种无处不在的、实现物与物之间及人与物之间的信息互联的网络,从而孕育出各种新颖的应用与服务。

(3) 外延。实现物理世界与信息世界的融合,将一切事物数字化、网络化,在物品之间、物品与人之间、人与现实环境之间实现高效的信息交互,是信息化在人类社会综合应用达到的更高境界。

(4) 技术理解。物联网是指物体的信息通过智能感应装置,经过传输网络,到达指定的信息处理中心,最终实现物与物、人与物之间的自动化的信息交互与处理的智能网络。

(5) 应用理解。物联网是指把世界上所有的物体都连接到一个网络中,形成"物联网",然后"物联网"又与现有的"互联网"结合,实现人类社会与物理系统的整合,达到以更加精细和动态的方式去管理生产和生活。

(6) 通俗理解。将 RFID 和 WSN(无线传感器网络)结合起来为用户提供生产生活的监控、指挥调度、远程数据采集和测量、远程诊断等方面的服务。

4. 物联网的特征

和传统的互联网相比,物联网有其鲜明的特征。

(1) 全面感知。它是各种感知技术的广泛应用。物联网上部署了数量巨大、类型繁多的传感器,每个传感器都是一个信息源,不同类别的传感器所捕获的信息内容和信息格式不同。传感器获得的数据具有实时性,传感器按一定的频率周期性地采集环境信息,不断地更新数据。

(2) 可靠传递。它是一种建立在互联网上的泛在网络。传感器采集的信息通过各种有线和无线网络与互联网融合,并通过互联网将信息实时而准确地传递出去。在物联网上的传感器定时采集的信息需要通过网络传输,由于其数量极其庞大,形成了海量信息,因此在传输过程中,为了保障数据的正确性和及时性,必须适应各种异构网络和协议。

(3) 智能处理。物联网不仅提供了传感器的连接,其本身也具有智能处理的能力,能够对物体实施智能控制。物联网将传感器和智能处理相结合,利用云计算、模式识别等各种智能技术,扩充其应用领域。从传感器获得的海量信息中分析、加工和处理有意义的数据,以适应不同用户的不同需求,发现新的应用领域和应用模式。

6.4.2 物联网的总体架构

物联网的总体架构如图 6-36 所示,从上到下依次为应用层、网络层、感知层和公共技术。

1. 应用层

应用层相当于人的社会分工,根据不同的功能需求,应用层提供不同的应用服务,如智能物流、智能交通、智能家居、远程医疗、环境监测等,不同的应用服务可能对应网络层及感知层的不同功能。例如在智能家居的应用中,用户可以通过布置在家里的温湿感知等节点实时查询家里的各项环境指标,基于查询的数据根据自己的需要控制家里的智能

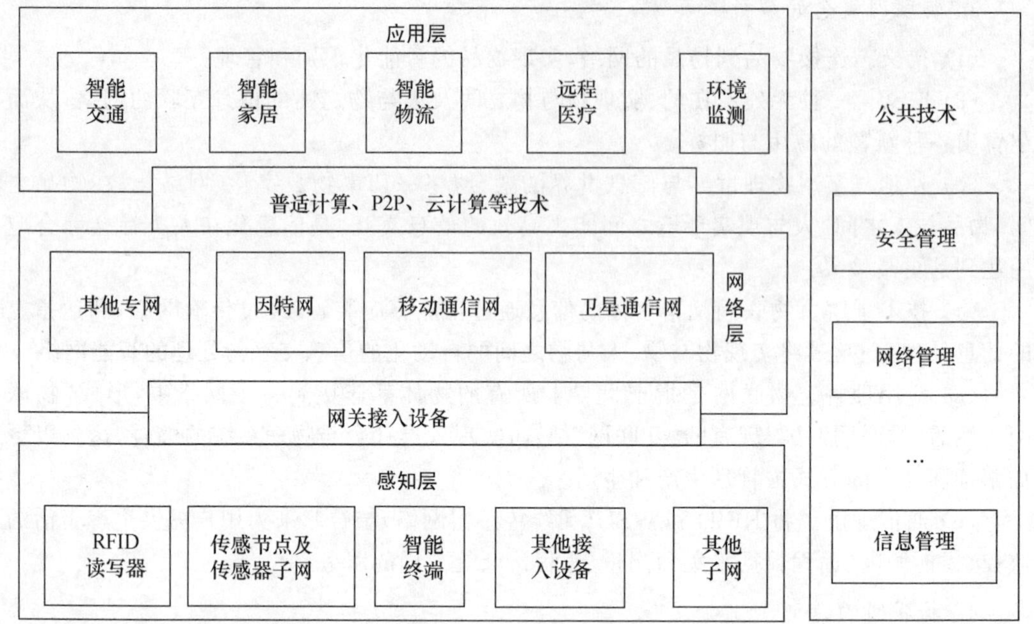

图 6-36　物联网总体架构

电器(例如装有智能控制系统的空调、冰箱等),这些都发生在户主不在家的时候,户主只需通过智能手机发出一些查询、操作指令就可以掌握和控制家里的电器。查询、操作指令通过移动通信网络发送到家里的家居终端,从而可以对其进行远程控制。如果在家中的门窗上安装红外感应装置,那么就可以对室内安全进行监控,防止有强盗或外人闯入,一旦红外感应装置感应到有人闯入,就可以立即向房屋主人报告(例如可以发送短信给屋主告知有人在没有授权的情况下私自进入住宅)。

2. 网络层

网络层相当于人的神经中枢和大脑,主要以因特网、移动通信网、卫星网等为主。网络层负责为信息的传输提供载体,实现更加广泛的互联功能,能将感知层采集的数据信息进行高效、可靠、安全的传递,提供异构网络设备接入接口,实现网络层与感知层的融合。由于移动通信网及因特网等已应用发展多年,相应的网络技术及信息安全技术已发展得较为成熟,能够给物联网信息的传输提供坚实的基础。虽然这些技术已较为成熟,基本上能够满足物联网的数据传输需求,但是为了支持未来物联网新的业务特征,现在的因特网、移动通信网、卫星网可能需要做一些优化。

3. 感知层

感知层相当于人体的五官及皮肤,用于察觉外界的数据信息。感知层包括 RFID、传感器节点、摄像头等数据采集设备,也包括由传感器节点组成的子网等。根据应用层不同的应用服务,感知层可能采用不同的感知设备。例如在环境检测的应用中,感知节点应该是在特定地点放置的温度感知节点、识读感知节点及其他环境监测所需指标的相应感知节点;在远程医疗的应用中,就会用到血氧感知节点、血压感知节点等;而在智能交通的应用中，需要给高速公路上的汽车配置相应的 RFID 标签。感知层是物联网信息的起点，与接入物联网中的“物”紧密相连。正是各类传感器、RFID 及其他感知设备才使得物体能够自己“说话”。

4. 公共技术

公共技术不属于物联网的某个特定层面，但与物联网架构的其他三个层面都有关系，能提供标识与解析、安全管理、网络管理和信息管理等技术。信息管理中心负责存储感知层采集的感知数据，设计物联网数据的查询、分析、挖掘以及基于感知数据做出决策和行为理论的技术。例如在远程医疗的应用中，病人通过携带医疗传感节点向异地的信息存储中心实时传递身体各项指标的数据信息，信息管理中心可以把获得的数据信息分类上传至“医疗专家系统”，并实时做出决策，给病人提出相应的建议。由此可知，信息管理中心不仅提供对数据的存储服务，更重要的是还对数据进行智能化的分析，并给服务对象提出有价值的意见。网络管理中心负责保证网络稳定、安全地运行，需要对服务对象进行身份认证，具有鉴权机制及计费等功能。

6.4.3 物联网对物流各个环节的影响

物联网技术在物流运作各个环节的推广和应用，使得传统的物流运作流程面临局部改良或彻底重组，物流运作效率将会得到极大提升。

1. 运输环节

运输环节是物流系统中比较重要的一个环节，涉及的要素包括员工、货物、运输路线、装载环境和运输工具等。现阶段，物流行业缺乏对这些要素的实时、有效监控。如果不能及时协调、处理运输及存储过程中的隐患因素，将会给企业带来巨大的损失。

物联网技术可以通过在运输车辆上嵌入射频标签、摄像头等方式合理安排运输过程中的调度问题。在运输途中，货物的相关信息能够实时传送到数据中心。同时，数据中心可以实时分析获取的相关信息，并根据货物运输的实际情况向货车司机及时地反馈各种信息，从而为企业减少不必要的损失。

2. 仓储环节

仓储环节涉及供应链的各个环节，由于商品的特殊性，不同商品对保管和存储的要求不同，例如，药品的储存和保管对温度和湿度的要求比较苛刻。如果在储存这些商品的仓库中采用物联网技术，则可以通过数据感应识别系统将商品的储存环境及商品自身的品质信息实时传输给数据中心，由数据中心及时对反馈回来的信息进行综合分析和处理，然后将相关保管和储存的改进建议反馈给仓库。这种智能化的管理只有通过物联网技术才能够实现，也能够为企业带来可观的经济效益。

3. 装卸搬运环节

在装卸搬运环节，电子标签可以识别货物的种类，从而实现货物在装卸搬运过程中的井然有序。物联网的智能化技术能够记录货物移动的相关内容，这些内容反馈到数据中心，管理者就很容易掌握货物的库存量情况，借此可以提高整个库存管理的效率。在搬运设备上安装一些自动识别传感设备，能够在搬运过程中自动识别、搬运和存放货物，这种自动化的装卸搬运，不仅能够减少一些人力物力，也避免了一些人为原因造成的错误。

4. 包装和流通加工环节

在包装、流通加工环节，商品不同，包装与加工的要求也不同，例如药品对环境有着较高的要求，易燃、易爆物品在流通加工和包装过程中容易造成安全隐患，这一环节在引入物联网技术后，可以智能提醒商品的包装及加工要求，这样既省时省力又安全可靠。

5. 配送环节

在配送环节，首先要根据用户下达的出库订单将货物下架、分拣和理货。在物联网环境下，等待配装的货物的信息实时录入物流信息平台，后台运算处理中心进行快速配送规划运算后将指令下达给调度员，调度员再根据指令上的配装货物分配明细和匹配的运输车辆完成配货和装车的调度任务。每辆车的送货员则根据信息平台下达的配送路线图在规定的时间将货物准时送到用户手中。在整个配送作业流程中，要快捷且经济地完成配送任务，最为关键的一环就是根据配送任务和配送资源制定出最优化的运输规划，而这正是物联网环境下物流信息平台最大的优势之一。这一优势可以充分保证数据中心实时读取货物信息，合理匹配货物和车辆，更加准确、高效地将货物送达。

6. 信息服务环节

数据中心的信息包括库存信息、存储信息和销售信息，数据中心综合处理这些信息之后，制造商、零售商和消费者都可以登录数据中心来进行查询，制造商可以借此及时规划生产进度，零售商可以借此实时调整进货计划，消费者可以通过物品上的标签，登录数据中心追溯产品的生产和物流信息。

6.4.4 物联网在物流行业中的应用

1. 智能交通管理

为了减少交通拥堵现象，必须利用智慧的道路监控系统掌握实时的交通信息，但目前还缺乏对货物、商品、行人和车辆在市内的具体移动状况的了解。因此，获取数据是重要的一步，通过在路边随处安置的传感器来获取实时的路况信息，并据此调整路线，协助监督和控制交通流量，可以避免拥堵。未来将建成智能化的高速公路，利用车辆与网络相连，通过指引车辆更改路线或优化行程来改善交通状况和提高交通效率。同时在道路收费时，可以通过利用路边的激光、照相机和RFID等先进技术来无缝地检测、标识车辆，并自动收取费用。

2. 智能仓储物流管理

智能仓储物流管理系统是利用电子产品代码(electronic product code，EPC)技术和无线传感器网络(wireless sensor networks，WSN)技术进行整合，在EPC系统中，RFID技术可以与WSN相结合互补，或者集成传感器技术，在利用移动式或固定式阅读器读取货物RFID标签信息的同时，阅读器也可以作为WSN的节点，把收集到的信息发送给数据管理中心，最后数据管理中心系统对数据进行分析后发出调度指令；车载阅读器既可以读取电子标签中物品的信息，同时也可作为WSN的中心节点接收环境检测数据，实现特定目标监控、环境数据监控和仓储应用管理。通过 WSN 技术和基于 RFID 技术的 EPC 系统的有效结合,使整个仓储物流管理系统向真正的智能化方向发展。

3. 智能冷链物流管理

冷链物流管理在食品、药品的生产运输过程中有着非常广泛的应用,我国政府相继出台了相关的食品安全监管法律法规来规范冷链供应链的管理。而现阶段我国冷链管理的主要症结是:大多人工测量和纸面记录无统一数据系统支持,存在实时性差、监管脱节、取证困难、无法确定责任等问题。而在智能冷链物流管理中,冷库中装有 RFID 读取器,通过贴有 RFID 感温标签的货物,能定时通过库中的感温装置采集存储环境的温湿度,同时采集的频率可以调节。读取器的数据通过有线或者无线网络传输,通过 RFID 中间件服务器对输入数据进行过滤、整理,并向后台管理系统输送数据。而在运输时,当物品被转入冷藏车后,包装上的感温标签同样定时采集车中的储藏温湿度,车内安装有同车载 GPS 相联的 RFID 读取装置,定时读取的数据通过 GPS 卫星传输到中间件服务器中。企业及用户可以通过各种终端,如 PC、手机、平板电脑等多种方式进行管理、分析和指令下达等作业。

4. 智能集装箱运输管理

在集装箱运输中,采用物联网技术可以对运输集装箱进行智能的识别和跟踪,利用物联网的 RFID 技术和互联网技术,可以实现运输与堆存状态下集装箱自动识别、信息互联的智能管理。一方面,利用集装箱智能管理系统可以动态记录集装箱运输中的箱、货、流的信息,使集装箱物流过程变得透明,帮助货主及时掌控运输动态、降低物流成本、提高经济效益。另一方面,系统还可以提高集装箱运输过程中的安全性,能够记录合法开箱的时间和地点、非法开箱的时间等,提高集装箱物流中各环节的安全系数,使集装箱运输具有可追溯性;防止货物丢失和盗窃,提高货物全程运输的质量。通过智能的集装箱运输管理系统,实现了与集装箱物流相关的承运人、托运人、监管人等相关人从过去被动地接收信息到主动地获取信息的转变。另外,从行政监管层面来说,可有效增强国家行政部门对集装箱物流全过程的监管,防止人员偷渡和走私,提高国家监管水平。

5. 智能危险品物流管理

我国在危险品物流管理过程中存在物流效率低、监管不明确、危险品物流企业现代化水平低等因素,这些因素成为事故发生的隐患,阻碍了危险品物流的发展。而利用 RFID 技术对危险品物流管理进行监控,可综合运用 GPS、GIS、RFID、智能传感等先进信息技术,建立危险品物流监控系统,实现危险品安全报警、实时位置跟踪、状态监测及危险品物流过程信息追溯等功能。当把危险品货物装上车以后,监控系统就开始工作,信息采集终端会实时采集集装箱内温度、湿度、倾角、加速度、烟雾等状态信息,并同时把信息数据发送给车载终端和远程的监控中心,使驾驶员和远程的监控中心能够实时掌握运输情况。远程监控中心可以实现全部信息的接收、存储,并将获取的信息以可视化的形式表现出来或以查询的方式实现,实时地与运输人员进行交互,同时远程控制中心也可以利用网络摄像机对车厢内的设施进行操作,从而使危险品的运输环境最优化。

6. 智能电子商务物流

与发达国家相比，我国的电子商务物流起步较晚、基础设施落后、理论研究及人才培养相对匮乏。而物联网技术的出现和发展，将为我国的电子商务物流超过发达国家提供一次新的发展机会。利用基于 RFID 的物联网技术，可以在产品生产的时候，就把 EPC 标签嵌入产品，通过标签与 RFID 阅读器的配合，记录产品生产、包装、存储、零售、配送等整个生产流通过程的信息，并把这些信息上传到互联网上。消费者在网络购物时，只要根据网络商家所提供的产品 EPC 标签代码信息，就可以通过互联网查询到产品从原材料采购到成品的生产，再到销售的整个生产流通过程及相关的信息，从而做出判断决定是否购买。在电子商务物流中，通过 RFID 阅读器读取 EPC 标签信息，并传输到处理中心供企业和消费者查询，可实现对物流过程的实时监控。物联网技术的应用可以使电子商务物流变得更强大、更方便、更快捷。

6.5 云 物 流

云物流是一种面向服务、高效智能和集成的现代物流运作模式，以客户的一体化物流需求为基点，融合了供应链管理、物流专业化分工、资源整合、服务外包、虚拟经营等管理技术以及云计算、物联网、语义 Web、高性能计算、数据挖掘等信息技术，通过各类物流资源的虚拟化和物流能力的服务化，以物流服务链的方式进行统一的智能化管理和运营，实现了智能化、高效的信息共享与过程协同，为物流的全过程提供了可按需获取和使用、安全可靠以及有质量保证的物流服务。

6.5.1 云物流的概念

云物流是一个综合的概念，它首先表现为一种现代物流的运作模式，是现代物流发展的新阶段，是一种整合了各种管理理念的新物流管理和运作理念；其次，是各种先进的信息技术在物流领域应用的一个完整的体现，在原有物流信息化运作的基础上，集成了当前最新的物联网、云计算等信息技术，是一个高大集成的技术应用体系；最后，是一个现代物流运作的重要平台和载体，基于云物流平台，物流企业能够根据市场的需求，按需动态地为客户提供一种安全可靠以及有质量保证的“一揽子”物流综合解决方案。

云物流是云计算在物流行业的应用服务，即云计算派生出了云物流。云物流利用云计算的强大通信能力、运算能力和匹配能力，集成众多的物流用户的需求，形成了物流需求信息集成平台。用户利用这一平台，可以最大限度地简化应用过程，实现所有信息的交换、处理、传递，用户只需专心管理物流业务。同时，云物流还可以整合零散的物流资源，实现物流效益最大化。

从长远来看，云物流具有广阔的发展前景。计算机的信息系统支撑起了物流系统的运营，发挥着物流系统中枢神经的作用。在充分利用云计算的基础上，云物流有可能使物流的许多功能发生质的变化。

快递业提出云物流概念的本质是，利用云计算数据共享的特性，把快递行业的数据进行集合、整理，并用整理后的数控指导、控制快递公司的业务运作，最终提高快递的运输效率。云物流与云计算相仿，是实践在前，提出概念在后。物流领域中常常见到的第三方物流、第四方物流，从概念上来说应该是云物流的雏形，物流终端用户并不直接管理物流的中间过程，而是交由专业的物流公司运作。这些专业的物流公司所承揽的业务特别是大型复杂的物流业务，并不一定是由一家物流公司完成的，多数情况下要由几家不同的专业物流公司配合完成，而终端用户不需要了解这些情况，他们只关心业务完成的最终结果。这与云计算的特征非常相似。这就促使人们在思考云物流的时候，不仅仅是局限在利用云计算技术开展物流运行，而是在更高的层次思考云物流的发展。如利用云计算的网络与成果，研究完善云物流的概念，尽快发展与云物流相关的实体经济。

6.5.2　云物流的体系结构

为了实现云物流的资源共享，为客户提供一体化的物流服务，本小节提炼了云物流的体系结构，如图 6-37 所示。云物流的体系结构是云物流信息平台支撑下的一个层次化的体系框架，从下向上依次分为六个层次：资源层、虚拟化和感知层、服务层、核心功能层、应用模式层和平台服务层。

1. 资源层

资源层涵盖了云物流运作过程中涉及的各类物流资源和物流能力，提供了客户一体化物流服务解决方案中的各类基本物流资源和增值物流服务资源，包括各类物流装备资源、物流软件资源、物流人力资源、物流方案策划资源、物流公共服务与政策资源等，并进行了详细的分类，可以为不同资源和能力进行虚拟化和服务化提供基础。

2. 虚拟化和感知层

虚拟化和感知层支持各类物流资源的虚拟化及物流能力的服务化，通过虚拟化、服务化、屏蔽物流资源的物理异构性，能够使物流资源和服务以标准的接口进行交互和协同；同时，通过 RFID、GPS、传感器等传感装置，支持各类物流软硬件资源接入云物流平台的信息处理中心，通过对物流资源的感知、识别、信息采集和处理，能够实现云物流平台对资源的智能化识别和管理控制。

3. 服务层

服务层包括物流基本服务和增值服务。物流基本服务涉及订单服务、运输服务、仓储服务等，物流增值服务涉及信息服务、金融服务、咨询服务等。

4. 核心功能层

核心功能层运作云物流的各种功能，包括服务注册发布、服务部署、服务搜索、服务匹配、服务组合、服务调用、服务调度、服务监控、服务评价管理、服务交易过程管理、服务计费等各项功能。

5. 应用模式层

应用模式层根据不同的业务需求，可以为客户和物流服务提供商提供不同模式的云物流运作方式，具体包括基于公有云的物流应用模式、基于私有云的物流应用模式和基于混合云的物流应用模式。

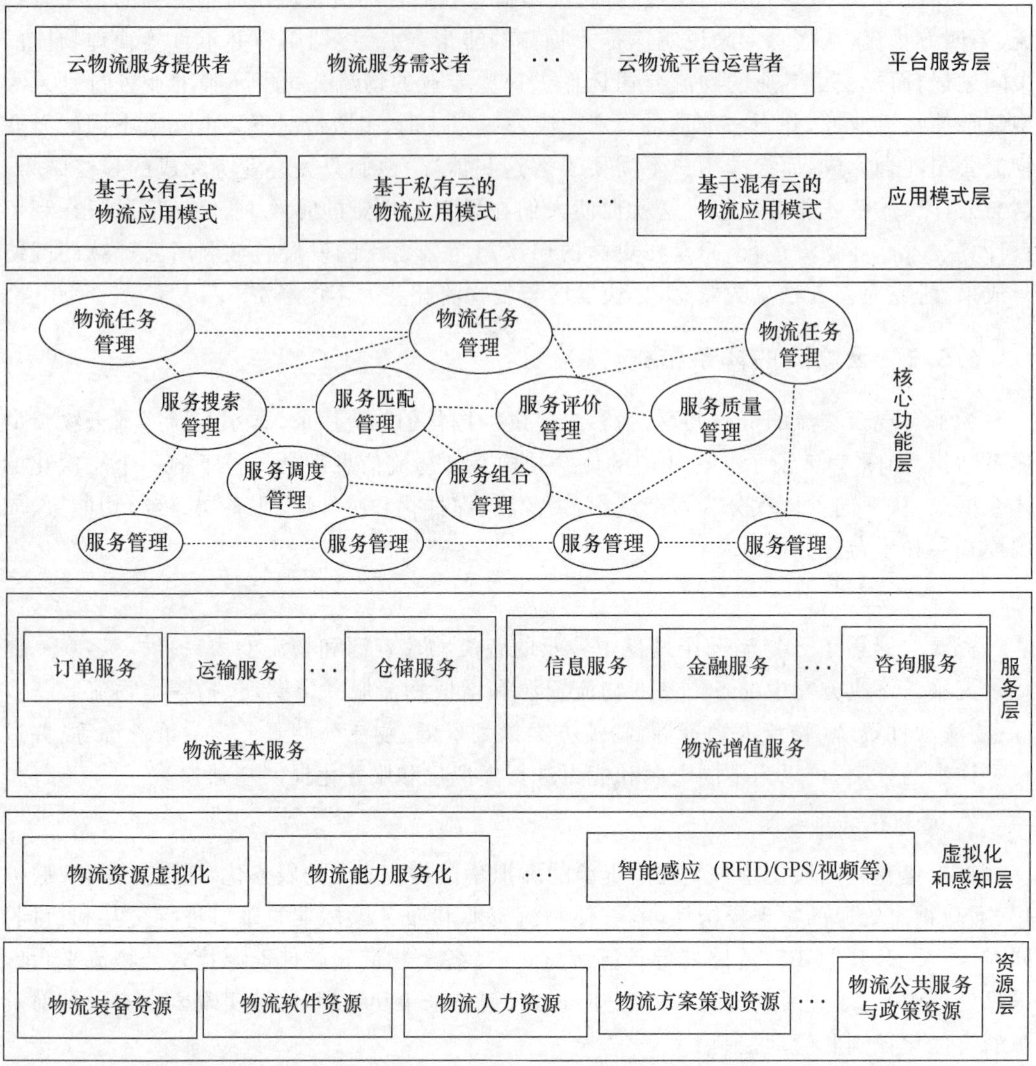

图 6-37　云物流体系结构

6. 平台服务层

平台服务层为云物流的相关参与者提供多种模式的接入方式，具体包括网站门户接入、智能终端接入、PDA 接入及系统的集成界面接入等。其中，云物流的相关参与者包括云物流服务提供商、物流服务需求者、平台运营商。云物流服务提供商，如运输公司、仓储公司、第三方物流企业、物流方案咨询商、银行及保险公司等；物流服务需求者主要是具有单一物流服务或一体化物流服务需求的客户；平台运营商可以是专业的平台运营商或电信运营商。

6.5.3 云物流关键技术

云物流是一种新型的现代物流运作模式，其实现是一项复杂的系统工程，涉及产业经济学、服务科学与工程、运筹优化、信息技术等多学科的理论和技术，本小节主要从信息技术的层面对云物流涉及的相关关键技术进行分析。

1. 云物流运作总体技术

云物流运作总体技术主要包括云物流的商业模式、组织模式和交易模式等管理模式和技术，云物流平台的体系结构、运作模式及平台的开发和应用实施的相关标准和规范等。具体包括支持多客户和物流服务提供商协同运作的面向服务的云物流平台体系结构，云物流平台支撑下的物流服务协同、共享、互操作规范和标准以及云物流服务虚拟化、服务化、云端接入、云物流服务访问协议等标准和规范。

2. 云物流服务链运作管理技术

基于服务链的运作管理是云物流运作的主要形式之一，也是为客户提供一体化物流解决方案的主要组织形式。云物流服务链运作管理技术包括基于客户需求的云物流服务链建模技术、云物流服务搜索技术、智能匹配和评价技术、云物流服务调度技术、云物流服务链管理和监控技术以及云物流服务绩效评价技术等，贯穿于为客户服务的全生命周期。

3. 云物流服务智能感知技术

通过RFID/无线传感网络、3G/GPRS等通信网络，以及海量情景感知数据的动态采集、分析与预处理技术，能够实现物流服务情景数据的实时采集、传输和处理；同时，通过建模、情景获取、情景分析和情景控制等情景管理技术，能够实现物流服务运作过程中智能化的管理和控制。

4. 云物流安全技术

安全是云物流运作的基本要求，也是决定云物流模式能否推广应用的核心因素之一。云物流的安全技术主要研究支持安全。可靠云物流运作的相关技术，具体包括云物流数据的安全技术、云物流终端的可信接入、云物流网络的安全技术、云物流运营管理的安全技术及云物流服务提供商系统和服务的可靠性技术等多个方面。

5. 云物流服务虚拟化和云端接入技术

云物流服务虚拟化是通过物联网、信息物流系统、计算虚拟化等技术，把物理上的物流资源全面互联、感知和控制，并转化成逻辑上的物流服务，规划化、资源化的描述方法，实现了各类物流资源和服务在云物流平台的注册、发布，并支持物流服务的搜索、智能匹配和组合，为客户提供多样化、一体化的物流服务；同时，基于SOA架构，以松散耦合的方式，采用标准化的接口将地理上分布的物流服务联系起来，通过接口与服务的动态绑定接入云端，可动态访问云物流平台。

6.5.4 云物流的应用模式

云物流作为一种新型的现代物流运作模式,其核心是在云计算、物联网等先进信息技术和供应链管理等先进管理理念的支持下,整合社会物流资源,创新物流服务模式,满足客户多样化的物流服务需求,为客户提供"一站式"、一体化的高质量物流服务。客户对物流服务的需求大体上可以分为基本物流服务(如仓储、运输、流通加工、装卸等),增值物流服务(如物流信息服务、物流金融服务、物流方案咨询服务等),以及整合了各类基本服务和增值服务的物流一体化综合服务。

在云物流的环境下,根据云物流平台的构建方式及服务提供方式的不同,上述物流服务基本上由以下三种模式实现,即基于公有云的物流服务模式、基于私有云的物流服务模式和基于混合云的物流服务模式。

基于公有云的物流服务模式是一种基于公共的云物流信息平台的物流服务模式，服务提供商把物流服务注册和发布在公共云物流平台上，客户则把物流服务需求发布在云物流平台上,通过云物流平台的供需匹配、交易管理、物流方案设计和优化、业务协同、过程监控、信用管理等功能,以物流服务链的模式为客户提供高质量的物流服务。由于较好地整合了社会的物流资源，能够为客户提供多样化的物流服务,包括专业的第三方物流服务和第四方物流服务。但是,由于涉及众多的服务提供商和客户,运作的商业模式较复杂,同时涉及商业信誉、信息安全等问题,其运作模式还在不断地探索中。

基于私有云的物流服务模式是物流企业信息化的进一步深化和拓展,物流企业按照云计算的技术架构进行企业信息系统的应用和部署,主要围绕着物流企业所提供的物流资源和能力开展信息化的运作和管理,根据物流企业提供的专业化物流服务的不同,基于私有云的物流服务模式也有所不同。基于私有云的物流服务信息平台运作模式较为简单,一般以客户的物流服务订单为驱动,以企业提供的自有专业物流服务为核心,服务质量可控性强,但由于没有有效整合社会物流资源,与基于公有云的物流服务相比,提供的服务相对单一,且需要大量的投资,一般适用于大型的综合性物流企业或具有一定规模的第三方专业物流服务提供商。

基于混合云的物流服务模式是一种复合的云物流服务模式,一般由核心物流企业的私有云物流平台和整合社会物流资源的公有云物流平台组成,核心物流企业处于盟主地位,通过设计物流解决方案和外包物流服务,以供应链一体化的集成运作模式为客户提供物流服务解决方案。基于混合云的物流服务模式具备基于公有云物流服务和基于私有云物流服务模式的优点,对物流业承接大型制造企业的物流服务外包具有重要的作用。但对核心物流企业的要求较高,同时,核心物流企业的私有云物流平台需要与公有云物流平台实现无缝集成。

基于云计算的物流公共信息平台建设是物流信息化及物流服务创新的发展趋势,其运作模式还有待进一步探索和演变。

本章小结

城市配送是商品市场发展的产物，随着少批次、大批量的物流配送活动逐步被多批次、小批量的物流配送活动所取代，现在的市场需求逐渐倾向个性化、多样化，这样才能越来越占有更多的市场份额，城市配送已成为电子商务时代物流活动的中心环节和最终目的。

因此，物流活动中的主体——物流企业都应面向配送、面向市场、面向客户，建立自己的智能配送系统。城市配送行业是一个服务密集型行业，企业要发展就要把服务做好，跟上市场的发展。这就需要一个完善的物流运作模式，一套信息化的智能配送系统。从整体来看，国内的城市配送公司大多在配送信息化方面缺乏配套的智能配送系统。智能配送系统不仅要对配送业务施以合理化管理以快速响应市场需求，在最短的时间内满足客户需要，从而降低原有的人工配送成本，而且还要有助于树立企业形象和提高客户忠诚度，进一步为扩大配送的服务范围寻取更大的商机。

智能配送系统所应用的技术现在已经能够全面解决智能配送系统的问题，但是还是会随着这些技术的发展和完善而有很大的发展空间，让我们拭目以待。

思考题

1. 智能配送系统的组成结构是什么？
2. 智能配送系统的主要技术有哪些？
3. GPS 的概念和主要实现方法是什么？
4. 计算机网络是如何分类的？
5. 人工智能的概念是什么？
6. 自动识别技术的概念和实现的方式是什么？
7. GIS 的概念和 GIS 产品的输出是什么？
8. 物联网对物流各个环节的影响是怎样的？
9. 试阐述云物流的体系结构。

第7章

配送绩效管理

教学目的

- 配送绩效管理的特征和目标
- 配送绩效管理的步骤和基本指标
- 配送作业绩效评价的步骤和指标
- 配送员工绩效评价的步骤和基本内容
- 配送管理中的绩效评价方法

众所周知,对企业一定经营时期的配送活动的经营业绩和效率进行定量及定性对比分析,获取有关任务完成水平、取得效益、付出代价的信息,进而在管理活动中利用这些信息不断控制和修正工作,通过这样持续的动态管理过程可以使配送成本最小化、组织利润最大化和顾客服务水平最高三者达到最优平衡状态,这就是配送绩效管理的主要内容。本章试图从配送绩效管理的含义、基本原则、特征、目标、基本步骤和基本指标,配送作业绩效评价的步骤和指标,配送员工绩效评价的步骤和基本内容,以及配送管理中的绩效评价方法等方面介绍配送绩效管理的理论和方法。

引导案例

顺丰如何让数万快递小哥心甘情愿拼命

一直以来，快递行业关于快递员的有效激励都受到企业的关注，仅仅靠计件工资制这种薪酬激励是否能真正激发快递员的工作积极性，进而提高工作绩效呢？快递行业的代表性企业顺丰，通过“精神上重视你，物质上不亏待你”的双重激励，赢得了数万快递小哥的心。

精神激励、高绩效、高薪资、将加盟制变为直营制，采用承包和计件工资制，顺丰的管理制度和企业文化值得每一位管理者学习。由于快递员的工作环境和工作时间的特殊性，员工离职率很高，单纯的高薪往往也很难留住快递员。顺丰对员工的激励和关怀让数万快递员甘愿为之拼命工作。其激励制度真正地做到了“精神上重视，物质上不亏待”。通过信念的共振，从内部驱动员工。这种共振体现在早期顺丰传递的情怀，即“人无我有，人有我优”。在这种精神共振的基础上，每个人不仅仅是为了“五斗米”而工作，而是为了自身的信仰和梦想而工作。

华恒智信人力资源顾问有限公司认为，快递行业应该建立健全快递员的全面薪酬体系，包括直接薪酬和福利两方面，其中，直接薪酬又包括工资和奖金，福利又包括经济性福利和非经济性福利。在全面薪酬体系设计过程中应注意以下几点：

首先，要保证直接薪酬的内部公平性和外部竞争性。在直接薪酬设计过程中要贯彻多劳多得的原则，实行绩效工资，设置合理的绩效考核指标，如业务量、客户满意度、快件投递准确率等。考虑到快递员工作性质的特殊性可以，提高浮动工资的比例以保证快递员的工作效率。同时可以设置季度奖金、年终奖等，对优秀员工给予精神上的表扬和物质奖励，留住优秀员工。

其次，要完善福利制度，保障快递员的工作环境。经济性福利方面，要针对快递员恶劣的作业环境提供人文关怀的经济性福利，比如提供高温高寒补助，夜班人员提供夜班补助，饭补等。非经济性福利方面，要充分尊重员工，通过提供弹性工作制、提供更多的内部晋升机会等方式满足其更高层次的需求。

最后，要充分利用企业文化，激发员工的内部动机。利用企业文化的人文关怀和企业愿景的构建，让员工感觉到自己不仅仅是一个快递员，而是受到企业精神层面的重视，为企业愿景一起努力的必不可少的一员。

顺丰的案例也启示我们，要做到精神上重视每一位员工，切实提高配送绩效管理效率。那么配送绩效管理是如何进行的，有哪些具体的内容、评价指标和评价方法，我们将在本章中进行讲述。

资料来源：“顺丰 HR 是如何让数万快递小哥心甘情愿拼命的?”，HR 互助联盟，2017 年 8 月 9 日，http://www.sohu.com/a/163404766_693843。

7.1　配送绩效管理概述

目前对“绩效”的定义仍存在争议，还没有统一起来。根据《韦伯斯特新世界词典》的解释，绩效的意思是：① 正在执行的活动或已完成的活动；② 重大的成就，正在进行的某种活动或者取得的成绩。绩效管理是使用绩效评价信息来实现组织文化、体制、过程的积极变化，帮助组织设定一致的绩效目标，合理分配资源，分享绩效成效。

7.1.1　配送绩效管理的含义、基本原则与特征

1. 配送绩效管理的含义

配送绩效是指在一定经营期间内物流配送的运行效率和取得的财务效益等经营成果。配送绩效分析与评价就是运用科学、规范的评价方法，对企业一定经营时期内配送活动的经营业绩和效率进行定量及定性的对比分析，以获取有关任务完成水平、取得效益、付出代价的信息，进而在管理活动中利用这些信息不断控制和修正工作的一个持续的动态管理过程。建立明确的切实可行的指标体系是做好绩效管理的关键，也是一项系统工程。所以，配送绩效管理是指通过对配送活动的有效管理，使配送成本最小化、组织利润最大化和顾客服务水平最高三者达到最优平衡状态所进行的计划、组织和控制的过程及对获得的结果进行衡量的一项管理活动。

2. 配送绩效管理的基本原则

在进行绩效管理时，应遵循以下原则：

(1) 将过程管理与结果管理有机结合。绩效管理更加深刻的内涵在于过程，在于对行为的管理，而绩效评价的含义则相当局限，侧重于对结果的评价。在绩效管理工作中，如果仅仅实施和关注绩效评价这一个环节的工作，特别是仅关注结果，而不注重对过程的管理和评估，就容易使我们的关注点出现偏差。绩效管理不仅强调结果导向，而且重视达成目标的过程。

(2) 将短期目标与长远发展有机结合。从绩效管理实践来看，仅关注和追求短期财务指标、追求短期产出的行为，会带来对组织战略的长远发展和核心能力建设关注的不足，如品牌建设、客户服务、人才培养等各个方面。同样，仅强调管理过程中的某一个方面或矛盾的某个侧面，如客户、质量或流程等，都可能会在整体上妨碍组织实现更为远大的目标。因此，绩效管理强调用一种全面的、长远的、平衡的管理观点来代替任何具体的、短期的、单一的衡量尺度。

(3) 将个体绩效与组织绩效有机结合。绩效包括个体绩效与组织绩效。通常人们将个体绩效理解为职务绩效，即限定在岗位说明书规定的范围之内的活动的绩效；但对组织绩效而言，对团队合作和创新作出巨大贡献的除了个体绩效，还应包括涉及职责范围外自愿从事的有利于组织和他人的活动的绩效，即周边绩效。绩效评价容易使员工过于单纯地关注个体绩效，对考核范围外的工作不够关注，而对组织绩效漠不关心。绩效管理就是

要突破绩效评价的误区，将个体绩效与组织绩效有机结合起来，实现个体与组织的双赢。

3. 配送绩效管理的特征

绩效管理强调的是对过程的监控，通过对行动过程中各项指标的观察与评估，保证战略目标的实现。它不是基于目标的管理，而是基于事实的绩效管理，使企业战略不再是企业决策层少数几个人的任务，而是成为从CEO到每一位员工所有人的事。

配送绩效管理作为绩效管理的一个具体运用，不仅具有绩效管理的一般特点，同时具有其自身不同于其他绩效管理的特点，绩效管理首先是管理，它的职能涵盖计划、组织、领导、协调、控制，因此，绩效管理本身就是管理者日常管理的一部分。

7.1.2 配送绩效管理的目标、内容与基本步骤

1. 配送绩效管理的目标

配送绩效管理的目标是按计划完成配送的经营目标，保持并逐步提高对客户和其他部分适度的服务水平，控制成本，最终达到企业的战略规划和远景目标，提高员工的绩效水平以及员工的自我管理意识和能力。

以顾客为中心的公司在注重公司利润的同时，还关注更好地为顾客服务。他们知道只有听取顾客的意见，满足顾客的需求，才能获得更多的利润，占据更大的市场份额。这些公司的主要做法如下：

(1) 全体员工对客户礼貌、热情；

(2) 雇佣和培训员工，这是成功营造服务导向的公司文化的第一步；

(3) 公司赏识那些既能保证工作效率又能使客户满意的员工；

(4) 公司经理们的注意力放在支持员工做好工作上，这样就可以使员工集中精力满足顾客的需求；

(5) 好的服务和资历是职位提升的根据；

(6) 对员工进行技术和人际交往方法的培训；

(7) 所有员工都知道他们的顾客是谁(内部的和外部的)，而且明白怎样使他们成为顾客链中的一员；

(8) 人人参与公司的管理；

(9) 管理者在做任何决定前，都要听取顾客的反馈意见；

(10) 考虑公司的长远利益。

2. 配送绩效管理的内容

配送绩效管理包括商品销售绩效管理、作业处理绩效管理、仓库保管效率管理、配送效率管理、机具设备使用管理等。

(1) 商品销售绩效管理。包括商品毛利计算，商品周转率、周转时间计算，商品销售总数统计，各种商品所占经营比例分析，各种商品总销售利润比例分析，退货订单统计，退货金额与总销售金额比例分析，退货商品与销售商品数量比较分析，退货商品排行，退货原因分析等。

(2) 作业处理绩效管理。包括作业人员作业促销量统计,作业人员负责的进销订单与退货订单金额比例分析,作业人员呆账及销售金额比例分析,作业人员账款期票长短分析,订单处理人员失误率分析,订单处理人员每日订单处理数量统计,出货人员失误率分析,出货人员每日订单处理数量统计,客户联络费用统计等。

(3) 仓库保管效率管理。包括保管容量效率,渠道商品处理容量比例,每人每月的处理比例,保管效率分析,仓库周转率,库存月差比率,合同仓库利用率,单位出入库的装卸费,出入库人员生产力评估,仓库使用容量高低峰比例,缺货率管理等。

(4) 配送效率管理。包括单位时间配送量、空车率、输送率、装载率、配送次数管理等。

(5) 机具设备使用管理。包括码头使用率,码头高峰率,搬运设备使用率,流通加工所产生的商品报废率,流通加工使用材料金额统计,包装容器使用率,包装容器损坏率,机具设备损坏率分析等。

3. 配送绩效管理的基本步骤

配送绩效管理的基本步骤主要分为绩效计划、绩效实施与管理、绩效评价、绩效反馈四步,其过程通常被看作是一个循环。如图 7-1 所示。

第一步:绩效计划。

绩效计划发生在新的绩效周期开始时,制订绩效计划的主要依据是工作目标和工作职责。在绩效计划阶段,管理者和被管理者之间需要在对被管理者绩效的期望问题上达成共识,这是制订绩效计划的基础。在共识的基础上,被管理者对自己的工作目标作出承诺。在该环节中,管理者有一项至关重要的工作就是要设定关键绩效指标,这是在未来进行绩效考核的重要依据。

第二步:绩效实施与管理。

绩效实施与管理是绩效管理流程中的第二步,在第一步制订绩效计划的基础上,被评估者要开始按照绩效计划开展工作。在工作的过程中,管理者要对被评估者的工作进行指导和监督,对发现的问题及时予以解决,并对绩效计划进行调整。

第三步:绩效评价。

在绩效管理周期结束时,依据预先制订好的计划,主管人员对下属的绩效目标完成情况进行评价。绩效评价的依据,就是在绩效管理周期开始时双方达成一致意见的关键绩效指标。同时,在绩效实施与管理过程中,所收集到的能够说明被考评者绩效表现的数据和事实,可以作为判断被考评者是否达到关键绩效指标要求的证据。

第四步:绩效反馈。

绩效管理的过程并不是到绩效考评时就打出一个分数、给出一个结论就结束了,主管人员还需要给予下属反馈。通过反馈,可以使下属了解主管对自己的期望,了解自己的绩效,认识自己有待改进的方面;并且下属也可以提出自己在完成绩效目标中遇到的困难,请求主管人员给予指导。

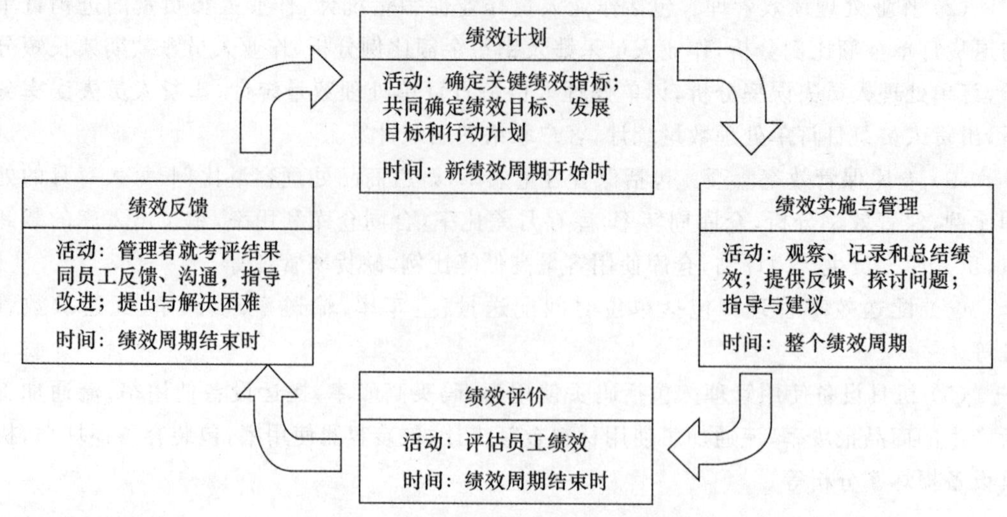

图 7-1 配送绩效管理的基本步骤图

7.1.3 配送绩效管理的意义与基本指标

1. 配送绩效管理的意义

配送绩效管理的意义在于，通过物流绩效的管理，对物流作业进行监督、控制和指挥，以达到物流资源(人力、设施、装备、外包业务和资金)的有效、合理配置，并且向客户提供达到或者超过协议服务水平的有效服务。具体来说，包含以下几点：

(1) 帮助企业实现快速反应，实现其绩效的持续发展；

(2) 帮助企业控制和降低系统的配送成本；

(3) 促进配送质量管理水平的提高；

(4) 促进形成一个更加绩效导向的企业文化；

(5) 激励员工，使他们的工作更加投入，促使员工开发自身的潜能，提高他们的工作满意度；

(6) 增强团队的凝聚力，改善团队绩效；

(7) 通过不断的工作沟通和交流，发展员工与管理者之间建设性的、开放的关系；

(8) 给员工提供表达自己的工作愿望和期望的机会。

2. 配送绩效管理的基本指标

(1) 物流成本考核。配送中心独立成为利润中心后，物流成本考核更为直接地与产品事业部门或销售部门挂钩。为考核产品事业部门或销售部门所发生的物流成本，公司物流绩效最直接的衡量指标便是物流成本率。

$$物流成本率=(年物流成本总额/销售额)\times 100\%$$

(2) 库存周转率。其值越高说明销售情况越好、库存占压资金越少。

$$库存周转率=(年销售量/平均库存水平)\times 100\%$$

(3) 顾客服务水平。主要是指事业部门或销售部门的考核指标。

(4) 订货的满足率。即对于顾客订单所要的货物，现有的库存能履行订单的比率。各配送中心的存货应达到 95％的满足率。

订货的满足率＝(现有库存能满足订单的次数/顾客订货总次数)×100％

(5) 订单与交货的一致性。订单与交货的一致性无论是在生产型的企业还是服务型的企业中都被认为是最重要的因素。主要的指标是无误交货率。

无误交货率＝(当月准确按照顾客订单发货次数/当月发货总次数)×100％

(6) 交货及时率。交货及时率是指给客户及时交货的比率。

交货及时率＝(当月汽车准时送达车数/当月汽车送货车数)×100％

(7) 货物的破损率。这个指标用来衡量在向顾客配送过程中货物的破损率，一般最高限额是 5％。破损状况很多是在装卸过程中发生的。

货物破损率＝(当月破损商品价值/当月发送商品总价值)×100％

(8) 投诉次数。应提高顾客忠诚度，降低投诉次数。

(9) 运营费用比率。是指运营费用与支出总额之比，用来反映企业资金运营周转的情况。

运营费用比率＝(所支付的仓库租金和运费/支出总额)×100％

7.2　配送作业绩效评价

7.2.1　配送作业绩效评价的概念

1. 配送作业绩效评价的含义

配送是从配送中心将货物送达客户处的活动。有效率的配送作业需要适量的配送人员、适合的配送车辆及每趟车最佳的配送路线来配合才能达到。因此，对配送作业绩效可从人员负担指标、车辆负荷指标、配送时间效率指标、配送成本指标和配送服务质量指标五个层面进行评价。

配送作业的绩效评价是配送绩效管理的主要环节，对不同时期配送过程的效果进行评价，将有助于企业分析实际经营水平，提高经营能力，进而增加企业及整个供应链的整体效益。

2. 配送作业绩效评价的作用

配送作业绩效评价的作用具体如下：

(1) 提供管理决策依据。评价配送企业整体运行效果，了解其在同行业竞争中的优劣地位，为拟订和调整企业战略、目标、计划、投入预算等提供决策依据。

(2) 促进企业绩效持续改进。评价配送企业内部流程作业和外部客户服务绩效，及时发现存在的问题，持续改变流程安排和作业方式、方法和条件；评价和反馈员工的业绩和行为，帮助员工提高工作绩效。

(3) 用于责任考核和激励。评价员工和团队对企业的贡献，为企业实施奖惩、调整薪酬、变动职务等提供客观依据；激发员工潜能，提高工作满意度，增强团队凝聚力，促进形成以绩效为导向的企业文化。

(4) 用于其他人力资源安排。发现员工和团队培训和教育需要,修订员工职业生涯规划,作出招聘选择和工作分配决策,为人力资源规划提供有用信息。

7.2.2 绩效评价的原则与步骤

1. 绩效评价的原则

绩效评价的原则具体如下:

(1) 绩效评价必须是定量的;
(2) 绩效评价指标必须易理解;
(3) 绩效评价指标必须有利于扬长避短;
(4) 绩效评价结果必须是完全公开的;
(5) 绩效评价指标必须得到众人共识;
(6) 绩效评价指标必须是多方面的;
(7) 绩效评价必须要抓住关键环节;
(8) 绩效评价必须能够增加经济效益;
(9) 绩效评价必须能够增进相互信任。

2. 绩效评价的步骤

第一步:确定评价指标体系。

从事任何一项工作都有一定的目的性,为了判断这项工作的存在价值,要对该活动所产生的经济效果进行度量和评价。同样,对物流配送活动的评价也是一个非常重要的问题,对物流配送的评价首先必须做的就是确定配送作业绩效评价标准。

配送绩效评价标准一般包括客户服务水平指标、配送成本指标、配送效率指标和配送质量指标。

第二步:制定评价工作方案。

根据经理要求及评价重点,确定评价指标体系,安排工作进程和时间表,确定评价的原则和方法,以及人员分工等。

第三步:收集整理数据。

根据评价工作方案的要求及评分的需要收集、核实和整理基础资料和数据,包括评价方法、评价准则、连续3年的会计决算报表,以及有关统计数据和定性评价的基础资料,制定各种调查表,分发给调查对象,并提出填写要求,然后及时收回,并对数据进行分类、登记。

第四步:统计计分。

运用计算机软件计算评分指标的实际分数,这是绩效评价的一个关键步骤。

第五步:评价结论。

将绩效评价得分与配送同行业及同规模的最高分数进行比较,将各个作业环节的分析系统与相同行业的分析系统进行对比,对配送绩效进行分析判断,形成综合评价结论,并听取企业有关方面负责人的意见,然后对结论进行适当的修订和调整。

第六步:撰写评价报告。

评价报告的主要内容包括评价结果、评价分析、评价结论和相关附件。

7.2.3　配送作业绩效评价指标

1. 配送作业绩效评价指标的概念

配送作业绩效评价指标是反映配送流程作业环节及其整体作业效率与效果，衡量配送作业管理水平高低的尺度，是配送企业对内加强流程作业管理，对外提高客户服务水平的重要工具。

2. 配送作业绩效评价指标的建立流程

第一步：确定企业级关键绩效指标(KPI)。

在明确配送企业战略目标的基础上，找出企业的业务重点，也就是企业价值评估的重点，然后找出这些关键业务领域的 KPI。

第二步：KPI 细化分解。

确定企业级 KPI 相关要素目标，分析绩效驱动因素(技术、组织、人)，确定实现企业目标的部门分解目标。各部门主管再将 KPI 进一步细化分解为各岗位的业绩衡量指标，作为员工考核的要素和依据。

第三步：绩效特征分析。

可以使用图标标出各指标要素的绩效特征，按评价的需要程度分档，例如可以按必须评价、非常需要评价、需要评价、需要评价程度低、几乎不需要评价五档对上述指标要素进行评估，根据少而精的原则按照不同的权重进行选择。

第四步：理论验证。

依据绩效评价的资本原理与原则，对所设计的绩效评价要素指标进行验证，保证其能有效、可靠反映评价对象绩效特征和评价目的要求。

第五步：要素调查以确定指标。

根据初步确定的要素，灵活运用多种方法进行要素调查，最后确定绩效评价指标体系，确保指标体系更加准确、完善、可靠。

第六步：指标修订。

为了使确定好的指标更趋合理，还应对其进行修订。修订分为两种：一种是考核前修订，即通过专家调查法，将所确定的考核指标提交领导、专家会议及咨询顾问，征求意见，修改、补充、完善绩效考核指标体系；另一种是考核后修订，即根据考核结果及考核指标应用之后的效果等情况进行修订，使考核指标体系更加理想和完善。

3. 配送作业绩效评价指标的构成

(1) 人员负担指标。配送车辆的合理利用，即车辆的配载问题，也是物流优化中一个很重要的部分，往往用车辆配送对配送作业的人员负担进行评价，有利于评估配送人员的工作分摊及作业贡献度，以衡量配送人员的能力负荷与作业绩效，同时有利于判断是否应增添或删减配送人员数量。人员负担指标具体包括如下四项指标，其具体内容如表 7-1 所示。

- 平均每人的配送量；

• 平均每人的配送距离；
• 平均每人的配送重量；
• 平均每人的配送车次。

表 7-1 人员负担指标

序号	指 标	计算公式
1	平均每人的配送量	平均每人的配送量＝出货总量/配送人员数
2	平均每人的配送距离	平均每人的配送距离＝配送距离/配送人员数
3	平均每人的配送重量	平均每人的配送重量＝配送总重量/配送人员数
4	平均每人的配送车次	平均每人的配送车次＝配送总车次/配送人员数

(2) 车辆负荷指标。对配送车辆的产能负荷进行评估，有利于判断是否应增减配送车辆数。车辆负荷指标具体包括如下三项指标，其具体内容如表 7-2 所示。

• 平均每车次配送吨公里数；
• 平均每台车配送重量；
• 空车率。

表 7-2 车辆负荷指标

序号	指 标	计算公式
1	平均每车次配送吨公里数	平均每车次配送吨公里数＝配送总距离×配送总量/配送总车次
2	平均每台车配送重量	平均每台车配送重量＝配送总重量/自有车重＋外车重
3	空车率	空车率＝空车行驶距离/配送总距离×100％

(3) 配送时间效率指标。配送时间效率指标具体包括如下两项指标，其具体内容如表 7-3 所示。

• 配送平均速度；
• 单位时间生产力。

表 7-3 配送时间效率指标

序号	指 标	计算公式
1	配送平均速度	配送平均速度＝配送总距离/配送总时间
2	单位时间生产力	单位时间生产力＝配送营业额/配送总时间

(4) 配送成本指标。配送成本指标主要用于考核、分析配送过程中发生的成本费用。它主要包括如下四项指标，其具体内容如表 7-4 所示。

• 每吨重配送成本；
• 每容积货物配送成本；
• 每车次配送成本；
• 每公里配送成本。

表 7-4　配送成本指标

序号	指　　标	计算公式
1	每吨重配送成本	每吨重配送成本＝(自车配送成本＋外车配送成本)/配送总重量
2	每容积货物配送成本	每容积货物配送成本＝(自车配送成本＋外车配送成本)/配送总容积
3	每车次配送成本	每车次配送成本＝(自车配送成本＋外车配送成本)/配送总车次
4	每公里配送成本	每公里配送成本＝(自车配送成本＋外车配送成本)/配送总距离

(5) 配送服务质量指标。配送服务质量指标可用配送延迟率来分析，其具体内容如表 7-5 所示。

表 7-5　配送服务质量指标

序号	指　　标	计算公式
1	配送延迟率	$\text{配送延迟率}=\frac{\text{配送延迟车次}}{\text{配送总车次}}$

7.2.4　案例——隆兴公司的困境[①]

宁波隆兴储运有限公司(以下简称“隆兴公司”)从事仓储运输业务已有 15 年，是当地颇具影响力的储运行业龙头之一。2013 年，隆兴公司开始涉足工业品配送业务，五年战略目标是以低成本、优质服务成为本地市场占有率最大的工业品配送企业。凭借多年积累下来的丰富企业关系资源，公司初期的业务扩展非常顺利。但是，随着公司配送业务量的剧增，内部管理问题逐渐显露，客户投诉越来越频繁。尤其是近年来竞争对手逐渐增多，本公司客户流失现象严重，一连三个季度营业额下降明显。公司沈总意识到公司面临的形势严峻，便亲自带队拜访新老客户，调研客户流失原因。经了解，客户的抱怨概括如下：

(1) 常有送货延迟情况，影响正常生产；

(2) 竞争对手收费更低；

(3) 出现单货不符与货损、货差情况；

(4) 货损后要求退、换货，长时间得不到处理结果。

沈总立即就以上问题展开内部调研，不曾想员工们的抱怨更多：

(1) 送货车队成本独立核算，司机抱怨频繁出车会增加空载油耗，而等待充分配载又需要时间，尤其是拣货效率很低，另外积载不当、送货路线设计不好也常常导致送货延误；

(2) 拣货人员埋怨人手紧缺，尤其是上午十点左右，月台挤满了等货的车辆，拣货匆忙、交接仓促，难免出错；

---

① 资料来源：沈文天，《配送作业管理》，北京：高等教育出版社，2012 年，第 288—293 页。

(3) 打包工人认为货损不应算到他们身上，因为谁也不知道包装损坏是装卸时还是送货时发生的；

(4) 订单部反映某“优秀员工”领导加班时他都在，领导对其印象很好，而平时上班常溜号，同事对此不满；

(5) 前台客服人员抱怨经常接到一些怒气冲冲的电话要求退换货，每次均需要向经理反映，但经理经常出差不在。

沈总调研发现，每个部门都摆出了工作成绩和困难，但都相互推诿责任；员工们埋怨辛苦，要求提高待遇，但事实上企业业绩却在不断下滑。

该公司的战略目标缺乏完善的管理支持体系，对存在的问题无流程性评价，顾客满意度不高，部门间目标不协调，各环节的工作表现无法衡量，员工行为缺乏动态审查，岗位职责设置不合理。该公司要实现企业战略目标，必须明确每一个岗位的职责和目标，提高每一个配送环节的作业绩效，从而提高顾客满意度，最紧迫的任务是建立和实施科学合理的作业绩效评价机制。

7.3 配送员工绩效评价

7.3.1 配送员工绩效评价概述

1. 配送员工绩效评价的概念

所谓的配送员工绩效评价，即为员工绩效考核，它是一种对员工的业绩考核，具体来说是指用科学的方法将集体或者个人在某一段时期内的工作进行检验、评价并与标准进行核对的工作，可以通过平衡计分卡系统的方法及原理来评定和测量员工在职务上的工作行为和工作成果。所以，绩效考核是企业管理者与员工之间的一项管理沟通活动，应当围绕员工的工作能力、工作态度、所承担工作的实际效果是否符合企业要求等方面来进行考核。绩效考核的结果可以直接影响到薪酬调整、奖金发放及职务升降等诸多员工的切身利益。

但员工绩效考核并不是为了惩罚绩效低劣者，而是督促行动。让员工保持他们好的做法，改变不良的行为，激励员工更加积极努力工作，为企业作出更大的贡献。所以，员工绩效考核的目的在于：

(1) 可以作为绩效改进与制订培训计划的主要依据；

(2) 可以作为薪资调整和绩效奖金分配的直接依据，与薪酬制度接轨；

(3) 可以为员工的职务调整提供依据；

(4) 让员工清楚企业对自己的真实评价；

(5) 让员工清楚企业对他的期望；

(6) 企业可以及时准确地获得员工的工作信息，为改进公司政策提供依据；

(7) 记人员工发展档案，为制定员工职业生涯发展规划提供依据。

2. 配送员工绩效评价的现状和存在的问题

虽然现在企业的优化管理意识已经有了很大的加强，企业都开始在其运作过程中进行员工绩效评价工作，但在实施的过程中还是存在很多问题。

(1) 企业员工绩效评价的目的不够明确，最后利用评价结果对员工的奖惩大都体现在薪资上，忽略了员工的其他需求，无法更好地激发员工的工作热情和提高其主观能动性；

(2) 有些企业的员工绩效评价多讲究形式，执行度不够；

(3) 企业管理者和员工之间缺乏有效沟通，绩效评价标准无法得到员工的认可，使得运行起来难度较大；

(4) 高层管理者对员工绩效评价工作的重视度不够；

(5) 员工绩效评价工作的进行没有与企业价值观相结合，推广度不够；

(6) 只有对一线员工的绩效评价标准，缺乏对中层管理者的评价管理；

(7) 缺乏客观公正的绩效评价标准，或者绩效评价标准的可行性有待考量，盲目追求指标的多样性。

7.3.2　配送员工绩效评价的原则和步骤

1. 配送员工绩效评价的原则

配送部门在进行员工的绩效考核时，应当遵循绩效考核应有统一标准、考核标准应体现企业不同岗位的需求和特点、要有确定的考核机制等原则。

(1) 绩效考核应有统一的标准。绩效考核必须公正才有可能有效，而公正的重要因素就是考核必须有正式规定的统一标准，不能以考核者的印象、好恶为考核依据。考核者必须先制定出各岗位统一的考核标准，这种标准应通过对每一工作岗位的工作方法进行深入研究后制定而成，要尽可能的量化、可操作化和文字化，并通告所有将被考核的企业员工。同一岗位员工的工作成绩应由同一套标准来判定。

(2) 考核标准应体现企业不同岗位的需求和特点。配送部门各岗位员工的工作内容和工作方法一般都是不相同的。因此，制定考核标准的第一步就是科学地划分配送部门内存在哪些不同的岗位，然后根据不同岗位各自的特点制定不同的考核标准。

(3) 要有确定的考核机制。对企业配送员工的考核不能随意进行。如果配送管理人员有时间则组织考核，没时间则长期疏于考核，这样考核工作就无法起到鞭策、督促、激励员工的积极作用。因此，考核工作必须要有确定的考核机制，主要包括以下内容：

• 绩效考核工作的间隔时间，即多长时间进行一次。如果考核时间间隔太长，则容易着重于企业员工的最近表现，而忽略他们的整体表现；如果考核时间间隔太短，则容易使烦琐的考核工作成为例行公事。因此，应根据员工在企业工作时间的长短及不同的工作性质和不同的考核内容来确定考核时间。一般来说，配送员工的日常考核每月进行一次比较适宜，再配合进行半年考核、年考核，这样就会得到比较好的效果。

• 由谁来进行考核。对企业配送员工的考核不能仅由配送主管一个人来进行，而应该选拔有各种代表性的一组人组成考核工作组来进行，这样才能保证考核的公正性。通常，工作组中应包括被考核者的直接上级、主管、配送经理和员工代表等人员。

• 考核方法的确定。首先，考核的信息来源，比如对企业员工工作表现的评价是来自员工个人的总结，还是同事的评语，抑或来自外界的反映。其次，考核是由全体员工讨论评定还是制定表格计分，或是累计员工平日业绩，这些事情都必须事先确定，并让每一位企业员工明了。

• 考核必须与奖惩相结合。考核的目的是使好的工作态度、工作方法得到宣传和效法，使不好的工作态度、不合乎要求的工作方法得到批评和纠正。所以，考核只是达到这一目的的手段之一，必须附以相应的奖励和惩罚措施才能产生更好的效果。

2. 配送员工绩效评价的步骤

第一步：进行充分的准备。

成功的关键在于充分的准备。在配送员工绩效管理中，准备就意味着首先要制定工作目标，并且要确保企业员工们都明确他们各自工作目标的具体内容。

工作目标就好比路线图上的方向标，企业组织结构就好比路线图，只有在明确了目标的前提下，企业员工的工作才会有方向性。如果员工在他自己的工作中都找不到方向，那么管理者就无法期望他达到目标，控制他的工作进程。而让员工自己制定他们的工作目标又是促使员工提高效率完成目标的关键。所以，在自我约束下，企业员工们会更加地努力以达到自己的目标。

第二步：对企业员工业绩的评估和反馈。

尽量快速、准确地对员工的业绩做出评估和反馈，被证明在提升员工的业绩方面是最有效的，这也是企业管理者关键的职责。如果在一项工作结束数周以后，企业管理者才和员工进行交流，那么这项工作他做得如何糟糕，或者是如何出色，对于员工而言都是非常不公平的，也是非常低效的。所以，尽快地让员工了解他们的工作状况，可以帮助他们及时地找出问题、复制成功，从而提高绩效。

其实，在开展员工绩效考核工作的过程中，企业管理者最担心出现的情况是员工的敌对和不理解，害怕引起员工的敌对情绪。管理者们把绩效考核看作是一场他们与员工之间的斗争，这也是管理者与员工之间缺乏沟通的一个结果。

如果绩效考核工作成了管理者与员工沟通他们工作方式和进展的唯一途径，特别是如果员工认为这样的考核将会对他们薪酬的调整带来重大的影响时，考核工作将会占用管理者和员工的大量时间。

当被问及这样一年一度的考核会让人联想到什么的时候，绝大多数的员工都把其看作是"一次到负责人办公室的旅行"。那么，减少绩效考核工作参与人员的恐惧和焦虑，管理者和员工之间的沟通是关键。

当面对考评结果，管理者和企业员工都认为是在情理之中，并没有感到任何奇怪，这才是我们最期望的结果。尽管我们很想了解每一位员工的工作方式和业绩，但并不是每一个人都喜欢被众人关注，特别是当他们对以往的工作没有任何机会去改进的时候，他们不希望在这最后的时刻来集中对他们的过往评头论足。

企业员工们希望成为企业绩效考核工作的合作者，得到他们应有的尊重。所以，对员工的工作成绩及时地评估和反馈是降低员工对绩效不理解和敌对情绪的关键。一般情况下，对考评结果的不理解会招致员工的敌对情绪，而良好持续的沟通是防止这种情况出现的良好方式。

第三步：回顾与配送员工绩效考核相关的文件。

在和企业员工共同开展绩效考核工作之前，应回顾一下这一年来所有的文件。回顾一下在年初与企业员工共同制定的工作目标、工作计划书等，以及这一年来与员工相关的所有记录文件。

企业管理者需要翻阅查看这一年来所有与员工开会的会议记录，起草一份有关员工绩效的总结文件。同时，也要给每一位员工一个机会，让他们能够总结评估一下自己这一年来的绩效成果。然后，在正式的绩效评估开始之前，企业管理者和员工首先要讨论一下这一年来企业员工所取得的所有进步，这样就可以使得企业员工在整个绩效考核过程中保持积极乐观的态度，并且可以让他感受到他将接受的是一个公平、公正的考核评估。

第四步：选择合适的配送员工绩效评价地点。

在与企业员工沟通评估的工作过程中，考核评价地点的选择至关重要。而通常企业管理者选择的沟通地点就是他们的办公室，而这恰恰也是最坏的地点。因为企业管理者的办公室不能体现沟通双方的平等性。

一般情况下，企业的会议室是最好的选择。但是如果争取不到会议室作为考核评价的地点，也可以找一些其他地方，但是一定要有创造力。比如，自助餐厅不会像是一个私人的领地，在进餐时间，在一个角落里找一张隔离的桌子，坐下来进行交流是一个很好的方式。企业管理者应使你的员工尽可能放松，不要增加他们的顾虑。

然而，餐厅并不都是一个理想的地方。也有一些企业管理者会选择在午餐的时间与员工进行交流。如果是奖赏职员，那么这是一个好方法，但是如果进餐时间的餐厅没有任何私人空间，甚至因为他们讨论的话题而影响到员工的食欲，则不算是一个好方法。

如果企业员工的办公室有独立的空间，那么企业管理者可以考虑在他们的办公室里进行；或者可以考虑借用同事的办公室。事实表明，不在企业管理者的办公室里进行会议，在时间的控制上似乎更加容易。

第五步：员工绩效评价信息的清楚传递。

企业管理者对员工的评价结果，应该用最简洁的语言传递给他，不要用任何的专业术语，也不要琐碎冗长。即使评价的结果很可能会让员工失望，但是千万不要回避，不要用含糊不清的语句。如果让员工感到你对你做出的评估的准确性并不是很自信，他会认为他现在还有改进的机会，而事实并非如此，因为年初你们所商定的工作目标和标准并不会因此而改变。

不管员工绩效评价的结果是好是坏，企业管理者都必须清楚地反馈给员工。有的管理者会考虑到，如果有一天你因为某种原因必须辞退一名员工，而他以往绩效评价的结果是非常不错的，那么到时该怎样找一个合适的理由，于是，他们会选择在一开始就不告诉员工他们的绩效评价结果。

但一般情况下，现实中出现的更多情况是企业管理者喜欢隐藏听起来不那么好的员工绩效评价结果。因为他们怕伤害到企业员工的感情，不希望因此而引起和员工之间的争论，或者，他们根本不喜欢去谈论员工的缺点。在一些管理者看来，企业员工的业绩达不到他们的期望值，是他们管理失败的表现，所以，他们不愿意谈论这些方面；而当员工取得了骄人的成绩，他们往往会把这些归功于员工自己的努力、公司的支持和他们的帮助，因而也愿意与员工一起分享这样的成绩。

如果企业管理者在一年中能够与员工保持不断的、良好的沟通，对他们的工作情况进行及时的评估和反馈，那么就可以大大降低在年终绩效考核会议中发生冲突和争论的可能性。所以一定要直接告诉你的企业员工，他哪些地方做得比较好，值得别人进行学习和借鉴，哪些方面还有待改进。他们会因此而更加尊敬你、信任你和理解你，会更加心甘情愿地服从你的领导和指挥。

第六步：督促鼓励企业员工。

年度绩效考核总结会议意味着这一年的绩效考核工作的结束，同时也意味着下一轮绩效考核工作的开始。所以在这个会议上，管理者的工作就是要督促激励员工，充分调动他们的积极性，激励他们发展优势、改进不足。而对于那些考核结果不是很理想的企业员工，应该要进一步建立他们的信心，肯定他们的自身价值，明确你在今后的工作中将给予他们大力的支持和帮助。

同时，企业管理者需要制订下年度关于企业员工职业发展的计划。这体现出管理者对员工的帮助，让企业员工们能感受到你在时间上、培训的资源上给予他们的支持和帮助。让你的员工相信他们有能力做得更好，加上你的帮助和支持，他们将取得更好的成绩。

另外，在实施配送员工绩效评价的过程中，应注意考核评价方法的适用性，运用科学的方法来检查和评定员工对所在岗位所规定职责的履行程度，以确定其工作的业绩；应注意评估标准的合理性，绩效评价考核标准应该要全面，标准之间要协调，关键标准要贯通，标准尽可能量化、有针对性；应注意评价员工的工作业绩、在团队中的投入程度、对企业的贡献程度等，做到公正、合理、公开，这样才能起到正面的激励作用，最终提升企业员工对企业的满意程度。

7.3.3 配送员工绩效评价的基本内容和主要方法

1. 配送员工绩效评价的基本内容

配送员工绩效评价的基本内容主要包括员工的工作能力、工作态度、所承担工作的实际效果，看其是否符合企业要求等方面来进行考核。具体内容如图 7-2 所示。

2. 设定绩效评价指标数值

绩效评价目标体系包括两个方面：硬指标体系和软指标体系。硬指标体系主要是指部门或个人业绩指标。软指标体系主要是指管理体系，包括顾客满意度、质量合格率、维修返工率、技能提升等。所以，在设立绩效评价目标时应着重贯彻以下三个原则：

(1) 导向原则。依据公司总体目标及上级目标设立部门或个人目标。

(2) SMART 原则。即目标要符合具体的(specific)、可衡量的(measurable)、可达到的(attainable)、相关的(relevant)、基于时间的(time-based)五项标准。

(3) 承诺原则。上、下级共同制定目标，并形成承诺。

3. 对配送员工绩效考核的主要方法

对配送员工绩效考核的主要方法具体如下：

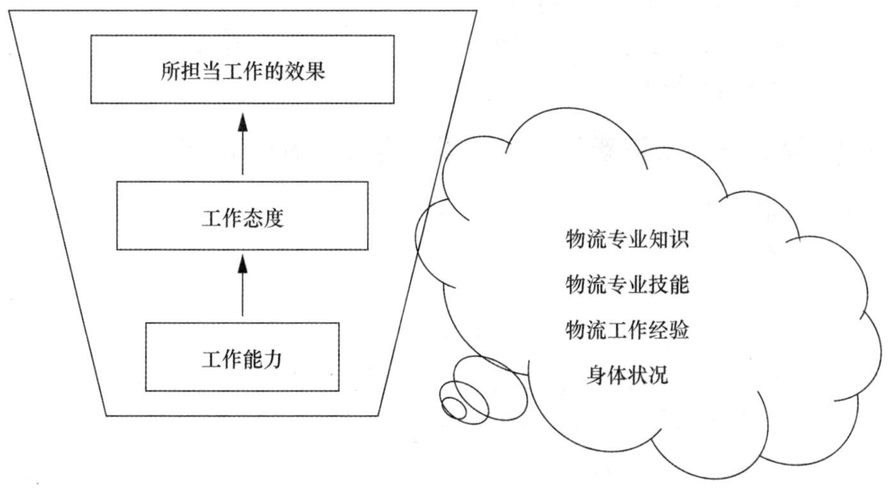

图 7-2　配送员工绩效评价的基本内容

（1）自我评定考核法。配送管理人员及负责考评的人员将业绩考评的内容以问题的形式向员工提出来，让员工自己作出报告。这种方法为员工反思、总结自己过去所做的工作提供了机会。员工在经过系统地思考以后可以比较容易地发现自己的成绩和存在的不足，甚至可以发现企业配送管理中存在的问题。所以，这种方法在业绩考评工作中应用得比较广泛，并经常与为企业提合理化建议的工作一起进行。

自我评价法的局限性也是显而易见的。个人对自己的评价有时不够客观、全面，有时故意回避某些情况。所以，自我评价的结果并不能作为业绩考评的唯一标准。

（2）面谈考核法。自我评定考核法虽然有一定的缺点，但它可以使配送管理人员事先对自己的工作成绩进行研究，可以使考绩面谈取得最佳的效果。由于员工在“自我评定报告”中已反映出了其最敏感的问题是什么，也鉴定出了自己存在的弱点，因此负责考核的配送管理人员可以在面谈中把精力集中在其他方面，而不需再重复缺点。

考核表。为了使面谈能够顺利进行，不出现离题、跑题等现象，配送管理人员应准备一份设计完善的考核表。表格的设计应取决于评定的目的，至少应包括以下内容。

• 员工基本情况，包括姓名、工作时间、担任的工作等；

• 考评报告，包括知识、技能、知识应用能力、计划与组织能力、与他人共事的能力、指导他人的能力；

• 在本职岗位上的培训需求；

• 潜能；

• 培训发展需求；

• 参考性工资推荐意见。

在进行面谈时，管理人员应注意不要发生以下情况。

• 谈话仓促进行，让人感到此事毫不重要，只不过是为了完成工作程序的一环而应付差事；

• 事先预定谈话结果，面谈之前就把表格填好，谈话时，以“印证自己的主观印象”为目的提出问题，迫使接受面谈人“就范”；

- 照表宣读，不用自己的语言解释评语；
- 夸夸其谈或随意聊天。

7.3.4 案例——上海新华发行集团配送中心的员工管理

上海新华发行集团成立于2000年6月，在原新华书店上海发行所的基础上，由上海书城等20家连锁店共同组建而成。其中，上海书城占地3713平方米，总建筑面积约4万平方米。一至六层用于图书零售，七层为展览中心，八层以上为写字楼。上海书城总营业面积为1万余平方米，是上海第一家超大型零售书店，经营全国500多家出版社的各类图书、音像制品和电子出版物，品种达12万余种，覆盖了实用生活、中外文学、社会科学、文化教育、少儿读物、科学技术、艺术书籍等各大门类，于2001年年初通过了2000版ISO/FDIS 9001国际质量管理体系认证。

上海书城等20家连锁店的配送业务由发行集团的配送中心承担。配送中心为四层楼库建筑，每层建筑面积为4000平方米，共16000平方米，其中仓储区共10000平方米，待运区、收货区各800平方米，其余为打包区、整理区等。

配送中心的组织机构如图7-3所示。

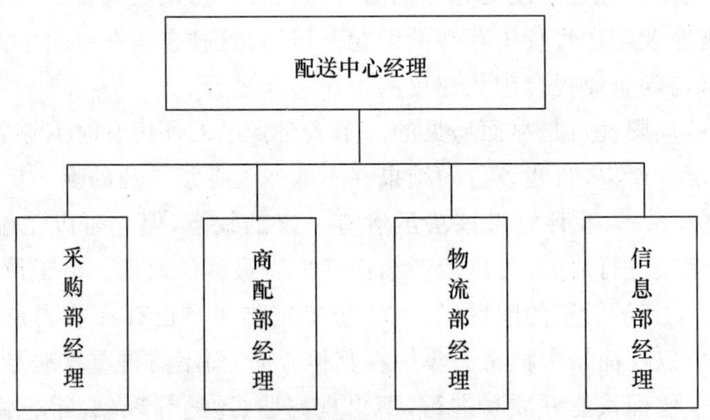

图7-3 配送中心组织结构示意图

配送中心的客户管理、优质服务和快速高效反应都需要全体员工的努力，因此，上海书城对配送中心员工的任职要求制定了明确的标准。表7-6是各部门经理的任职要求。

表7-6 上海书城配送中心部门经理的任职要求

岗　位	文化程度	工作经历及职称	知识与能力
配送中心经理	大专或大专以上文化程度	从事图书发行工作十年以上，具有中级或中级以上职称	1. 对中心工作定位、分析、管理和组织的能力 2. 对员工激励的能力 3. 良好的语言表达能力和公关能力 4. 良好的市场意识和经营管理能力 5. 计算机应用能力

（续表）

岗　位	文化程度	工作经历及职称	知识与能力
信息部经理	大专或大专以上文化程度	从事图书发行工作十年以上，具有中级或中级以上职称	1. 信息技术分析、管理和组织的能力 2. 熟悉业务流程 3. 激励能力 4. 良好的语言文字表达能力 5. 良好的协调能力 6. 较强的开拓创新意识 7. 驾驭整个信息系统运作的能力
采购部经理	大专或大专以上文化程度	从事图书发行工作十年以上，具有中级或中级以上职称	1. 分析捕捉市场热点的能力 2. 对门店、仓库的货源控制能力 3. 管理协调组织能力 4. 市场需求判断能力 5. 计算机应用操作能力 6. 语言、文字表达能力
商配部经理	大专或大专以上文化程度	从事图书发行工作十年以上，具有中级或中级以上职称	1. 管理协调组织能力 2. 熟悉部门内业务工作的流程 3. 门店图书销售业务能力 4. 市场需求判断能力 5. 计算机应用操作能力 6. 语言、文字表达能力
物流部经理	大专或大专以上文化程度	从事图书发行工作十年以上，具有中级或中级以上职称	1. 管理协调组织能力 2. 熟悉部门内业务工作的流程 3. 计算机应用操作能力 4. 语言、文字表达能力

除了明确任职要求外，配送中心的所有工作岗位都建立了规范的岗位职责。以配送中心经理为例，其岗位职责具体为：

(1) 汇报对象：主管领导。

(2) 职责阐述：

- 制订配送中心全年工作计划并安排实施；
- 组织召开部门每月(周)例会，向有关人员传达、贯彻上级指示及布置工作；
- 调研图书配送情况，平衡图书进、销、调、存、退；
- 了解、分析图书销售信息，撰写调研报告，为上级领导经营决策提供依据和材料；
- 加强经营管理，合理运作资金，降低经营成本，提高经济效益；
- 协助开发、完善计算机的配送程序；
- 开拓配送市场；
- 合理安排使用劳动力，协调员工在工作中的合作关系；
- 建章立制；
- 熟悉企业内业务工作流程，并提出改进、提高的建设性见解。

(3) 绩效考核指标：

- 与各部门之间的协调能力；

- 与各营业部、门店的沟通、协调能力；
- 配送计划决策与实施能力；
- 对配送市场的开拓能力；
- 员工满意度。

(4) 主要资源：

- 配送中心全体员工；
- 与配送中心有合作关系的业务部、配送专仓和有关出版社。

(5) 主要组织关系：

- 上海书城总经理室；
- 技术部部长；
- 采购部经理、商配部经理、物流部经理、信息部经理；
- 财务部经理。

(6) 工作项目清单：

- 召集每月(周)例会，传达上级指示及布置工作；
- 协调、处理配送工作中各环节的矛盾；
- 对各环节工作量与工作质量进行监控；
- 协调与其他部门的关系；
- 分析各时段图书销售的特点与走势，组织货源；
- 监控仓库、营业部图书的进、销、调、存、退；
- 对主配、添配、急件的配发及发货情况进行跟踪；
- 对发货数差异进行调整；
- 对发货、销货、退货进行结算；
- 调整、审核图书折扣，核对码洋账；
- 制作、统计各类报表；
- 开发、完善计算机配送程序，确保计算机规范、正常使用。

7.4 配送管理中的绩效评价方法

目前，国内外专家学者越来越重视物流绩效评价，尤其是在欧美等发达国家和地区，绩效评价已经成为企业管理的一项重要议程。配送绩效评价方法就是进行配送服务绩效评价指标要素的分析，确定各要素对配送绩效的影响。通过对配送服务绩效评价指标要素的比较和优化，依据企业发展配送服务的实际需要，形成一个完善的由各种评价方法构成的体系。目前，国内外广泛应用的配送绩效评价方法主要有：全方位绩效评价方法，以客户定位、员工驱动、数据为基础的原则绩效评价方法，层次分析法(analytic hierarchy process，AHP)，关键业绩指标(key performance indicators，KPI)，平衡计分法(balance score card，BSC)，标杆管理法(benchmarking)，模糊综合评价法，数据包络分析法(DEA)等。其中，全方位绩效评价方法是将绩效评价确定为一套完整的管理过程，把企业的策略目标变成有条理的绩效评价方式。这种方法主要有五个步骤：预备、访问记录、研讨会、完成、改进。以客户定位、员工驱动、数据为基础的原则绩效评价方法是通过确定各环节原则，然后进行设计、质量改进、人力资源整合等业务工作。本节重点介绍后续几种方法。

7.4.1 层次分析法

1. 层次分析法的概念及基本思想

层次分析法是美国运筹学家匹兹堡大学教授托马斯·萨蒂(Thomas Saaty)于 20 世纪 70 年代初为美国国防部研究“根据各个工业部门对国家福利的贡献大小而进行电力分配”课题时，应用网络系统理论和多目标综合评价方法，提出的一种层次权重决策分析方法。其基本思想是将一个复杂的多目标决策问题作为一个系统，将目标分解为多个目标或准则，进而分解为多指标(或准则、约束)的若干层次，通过定性指标模糊量化方法算出层次单排序(权数)和总排序，以作为目标(多指标)、多方案优化决策依据。这种方法比较适合具有分层交错评价指标的目标系统，而且目标值又难于定量描述的决策问题。其用法是构造判断矩阵，求出其最大特征值及其所对应的特征向量 W，归一化后，即为某一层次指标对于上一层次某相关指标的相对重要性权值。

这种方法利用层次分析法确定物流配送绩效指标的权重，借助成本仿真模型进行物流成本与物流配送绩效的综合分析，具有可操作性，但需要指出的是，对于每项指标的权重是根据专家来评判的，不同的专家对同一指标会给出不同的权重，因此，该方法具有一定的主观性。

2. 层次分析法的基本步骤

第一步：建立层次结构模型。

将决策的目标、考虑的因素(决策准则)和决策对象按它们之间的相互关系分为最高层、中间层和最低层，绘出层次结构图。

第二步：构造判断矩阵。

在确定各层次各因素之间的权重时，如果只是定性的结果，则常常不容易被他人接受，因而萨蒂等人提出了一致矩阵法，即不把所有因素放在一起进行比较，而是两两相互比较。对比时采用相对尺度，以尽可能减少性质不同因素相互比较的困难，提高准确度。

第三步：层次单排序。

所谓层次单排序是指，对于上一层某因素而言，本层次各因素的重要性的排序。

第四步：判断矩阵的一致性检验。

所谓一致性是指判断思维的逻辑一致性。如当甲比丙是强烈重要，而乙比丙是稍微重要时，显然甲一定比乙重要。这就是判断思维的逻辑一致性，否则判断就会存在矛盾。

第五步：层次总排序。

确定某层所有因素对于总目标相对重要性的排序权值过程，称为层次总排序。这一过程是从最高层到最底层依次进行的。对于最高层而言，其层次单排序的结果也就是总排序的结果。

3. 层次分析法的优点

具体来说,层次分析法的优点如下:

(1) 系统性的分析方法。层次分析法把研究对象作为一个系统,按照分解、比较判断、综合的思维方式进行决策,成为继机理分析、统计分析之后发展起来的系统分析的重要工具。系统的思想在于不割断各个因素对结果的影响,而层次分析法中每一层的权重设置最后都会直接或间接影响到结果,而且在每个层次中的每个因素对结果的影响程度都是量化的,非常清晰、明确。这种方法尤其可用于无结构特性的系统评价以及多目标、多准则、多时期等的系统评价。

(2) 简洁实用的决策方法。这种方法既不单纯地追求高深的数学,又不片面地注重行为、逻辑、推理,而是把定性方法与定量方法有机地结合起来,使复杂的系统分解,能够将人们的思维过程数学化、系统化,便于人们接受,且能够把多目标、多准则又难以全部量化处理的决策问题转化为多层次、单目标问题,通过两两比较确定同一层次元素相对上一层次元素的数量关系后,最后进行简单的数学运算。即使是具有中等文化程度的人也可了解层次分析的基本原理和掌握它的基本步骤,计算也较为简便,并且所得结果简单明确,容易为决策者了解和掌握。

(3) 所需定量数据信息较少。层次分析法主要是从评价者对评价问题的本质、要素的理解出发,比一般的定量方法更讲求定性的分析和判断。由于层次分析法是一种模拟人们决策过程思维方式的一种方法,其把判断各要素的相对重要性的步骤留给了大脑,只保留人脑对要素的印象,化为简单的权重进行计算。这种思想能够处理许多用传统的最优化技术无法着手的实际问题。

4. 层次分析法的缺点

层次分析法的缺点如下:

(1) 不能为决策提供新方案。层次分析法的作用是从备选方案中选择较优者。这个作用正好说明了层次分析法只能从原有方案中进行选取,而不能为决策者提供解决问题的新方案。这样,在应用层次分析法的时候,可能就会存在这样一种情况,就是我们自身的创造能力不够,造成了我们尽管在我们想出来的众多方案里挑选了一个最好的出来,但其效果仍然不如企业所做出来的效果好。而对于大部分决策者来说,如果一种分析工具能够帮助其分析出在已知方案里的最优者,然后指出已知方案的不足,又或者再提出改进方案的话,这种分析工具才是比较完美的。但显然,层次分析法还未能做到这一点。

(2) 定量数据较少,定性成分多,不易令人信服。在如今对科学方法的评价中,一般都认为一门科学需要比较严格的数学论证和完善的定量方法。但现实世界的问题和人脑考虑问题的过程很多时候并不能够简单地用数字来说明一切。层次分析法是一种带有模拟人脑决策方式的方法,因此必然带有较多的定性色彩。这样,当一个人应用层次分析法来做决策时,其他人就会说:为什么会是这样?能不能用数学方法来解释?如果不可以的话,你凭什么认为你的这个结果是对的?你说你在这个问题上认识得比较深,但我认为我的认识也比较深,可我和你的意见是不一致的,以我的观点做出来的结果也和你的不一致,这个时候该如何解决?

比如说，对于一件衣服，男士认为评价的指标是舒适度、耐用度，这样的指标对于女士们来说，估计是比较难以接受的。因为女士们对衣服的评价一般是美观度最主要，对耐用度的要求比较低，甚至可以忽略不计。她们认为，一件便宜又好看的衣服，就穿一次也值了，根本不考虑它是否耐穿就买了。这样，对于一个原本分析的“购买衣服时的选择方法”的题目，充其量也就只是“男士购买衣服的选择方法”了。也就是说，定性成分较多的时候，可能这个研究最后能解决的问题就比较少了。

(3) 指标过多时数据统计量大，且权重难以确定。当我们希望能解决较为普遍的问题时，指标的选取数量很可能也就随之增加。这就像系统结构理论里，我们要分析一般系统的结构，要搞清楚关系环时，就要分析基层次，而要分析基层次上的相互关系，我们要确定的关系就非常多了。指标的增加就意味着我们要构造层次更深、数量更多、规模更庞大的判断矩阵。那么，我们就需要对许多的指标进行两两比较。由于一般情况下，我们对层次分析法的两两比较是用 1—9 来说明其相对重要性的，如果有越来越多的指标，我们对每两个指标之间的重要程度的判断可能会就出现困难，甚至会对层次单排序和总排序的一致性产生影响，使一致性检验不能通过，也就是说，由于客观事物的复杂性或对事物认识的片面性，通过所构造的判断矩阵求出的特征向量(权值)不一定是合理的。不能通过，就需要调整，在指标数量较多的时候，这是一个很痛苦的过程，因为根据人的思维定式，如果认为这个指标应该比那个重要，那么就比较难以调整过来，同时，也不容易发现指标的相对重要性的取值里到底是哪个有问题，哪个没问题。这就可能是花了很多时间，但仍然不能通过一致性检验，而更糟糕的是根本不知道哪里出现了问题。

(4) 特征值和特征向量的精确求法比较复杂。在求判断矩阵的特征值和特征向量时，所用的方法和我们多元统计所用的方法是一样的。在二阶、三阶的时候，我们还比较容易处理，但随着指标的增加，阶数也随之增加，在计算上也变得越来越困难。

7.4.2　关键绩效指标(KPI)法

1. *关键绩效指标法的概念及工作原理*

关键绩效指标是指把对绩效的评估简化为对几个关键指标的考核，将关键指标当作评估标准，把员工的绩效与关键指标作出比较的评估方法，其在一定程度上可以说是目标管理法与帕累托定律的有效结合。

具体来说，关键绩效指标法是通过对组织内部流程的输入端、输出端的关键参数进行设置、取样、计算、分析，衡量流程绩效的一种目标式量化管理指标；是把企业的战略目标分解为可操作的工作目标的工具；是企业绩效管理的基础。关键绩效指标法可以使部门主管明确部门的主要责任，并以此为基础，明确部门人员的业绩衡量指标。建立明确的切实可行的关键绩效指标体系，是做好绩效管理的关键。关键绩效指标是用于衡量工作人员工作绩效表现的量化指标，是绩效计划的重要组成部分。

关键绩效指标法符合一个重要的管理原理——“二八原理”。在一个企业的价值创造过程中，存在着“80/20”的规律，即 20％的骨干人员创造企业 80％的价值；而且在每一位员工身上“八二原理”同样适用，即 80％的工作任务是由 20％的关键行为完成的。因此，必须抓住 20％的关键行为，对之进行分析和衡量，这样就能抓住业绩评价的重心。其中，抓取的关键指标必须符合 SMART 原则：

(1) S 即 specific。代表具体的，指绩效考核要切中特定的工作指标，不能笼统；

(2) M 即 measurable。代表可度量的，指绩效指标是数量化或者行为化的，验证这些绩效指标的数据或者信息是可以获得的；

(3) A 即 attainable。代表可实现的，指绩效指标在付出努力的情况下可以实现，要避免设立过高或过低的目标；

(4) R 即 relevant。代表相关性的，指年度经营目标的设定必须与预算责任单位的职责紧密相关，它是预算管理部门、预算执行部门和公司管理层经过反复分析、研究、协商的结果，必须经过他们的共同认可和承诺；

(5) T 即 time-bound。代表有时限的，要注重完成绩效指标的特定期限。

2. 关键绩效指标法的特征

关键绩效指标是对组织运作过程中关键成功要素的提炼和归纳。一般有如下特征：

(1) 具有系统性。

关键绩效指标是一个系统。公司、部门、班组有各自独立的关键绩效指标，但是必须由公司远景、战略、整体效益展开，而且是层层分解、层层关联、层层支持。

(2) 可控与可管理性。绩效考核指标的设计是基于公司的发展战略与流程，而非岗位的功能。

(3) 价值牵引和导向性。下道工序是上道工序的客户，上道工序是为下道工序服务的，内部客户的绩效链最终体现在为外部客户的价值服务上。

3. 确定关键绩效指标的一般过程

确定关键绩效指标一般遵循以下过程：

(1) 建立评价指标体系。可按照从宏观到微观的顺序，依次建立各级的指标体系。首先，要明确企业的战略目标，找出企业的业务重点，并确定这些关键业务领域的关键业绩指标，从而建立企业级关键绩效指标。接下来，各部门的主管需要依据企业级关键绩效指标建立部门级关键绩效指标。然后，各部门的主管和部门的关键绩效指标人员一起再将 KPI 进一步分解为更细的关键绩效指标。这些业绩衡量指标就是员工考核的要素和依据。

(2) 设定评价标准。一般来说，指标指的是从哪些方面来对工作进行衡量或评价；而标准指的是在各个指标上分别应该达到什么样的水平。指标解决的是我们需要“评价什么”的问题，标准解决的是“被评价者怎样做，做多少”的问题。

(3) 审核关键绩效指标。对关键绩效指标进行审核的目的主要是为了确认这些关键绩效指标是否能够全面、客观地反映被评价对象的工作绩效、以及是否适合评价操作。

4. 建立关键绩效指标的要点

建立关键绩效指标的要点在于流程性、计划性和系统性。首先，要明确企业的战略目标，并在企业会议上利用头脑风暴法和鱼骨分析法找出企业的业务重点，也就是企业价值评估的重点。然后，再用头脑风暴法找出这些关键业务领域的关键业绩指标，即企业级关键绩效指标。接下来，各部门的主管需要依据企业级关键绩效指标建立部门级关键绩效指标，并对相应部门的关键绩效指标进行分解，确定相关的要素目标，分析绩效驱动因数（技术、组织、人），确定实现目标的工作流程，分解出各部门级的关键绩效指标，以便确定评价指标体系。

然后，各部门的主管和部门的关键绩效指标人员一起再将关键绩效指标进一步细分，分解为更细的关键绩效指标及各职位的业绩衡量指标。这些业绩衡量指标就是员工考核的要素和依据。这种对关键绩效指标体系的建立和测评过程本身，就是统一全体员工朝着企业战略目标努力的过程，也必将对各部门管理者的绩效管理工作起到很大的促进作用。

指标体系确立之后，还需要设定评价标准。一般来说，指标指的是从哪些方面衡量或评价工作，解决的是"评价什么"的问题；而标准指的是在各个指标上分别应该达到什么样的水平，解决的是"被评价者怎样做，做多少"的问题。

最后，必须对关键绩效指标进行审核。比如，审核这样一些问题：多个评价者对同一个绩效指标进行评价，结果是否能够取得一致？这些指标的总和是否可以解释被评估者80%以上的工作目标？跟踪和监控这些关键绩效指标是否可以操作？审核主要是为了确保这些关键绩效指标能够全面、客观地反映被评价者的绩效，而且易于操作。

需要注意的是，每一个职位都影响着某项业务流程的一个过程，或影响着过程中的某一个节点。在订立目标及进行绩效考核时，应考虑职位的任职者是否能够控制该指标的结果，如果任职者不能控制，则该项指标就不能作为任职者的业绩衡量指标。比如，跨部门的指标就不能作为基层员工的考核指标，而应作为部门主管或更高层主管的考核指标。

5. 关键绩效指标法的优点

关键业绩指标法的优点如下：

(1) 目标明确，有利于公司战略目标的实现。关键绩效指标是企业战略目标的层层分解，通过关键绩效指标的整合和控制，使员工绩效行为与企业目标要求的行为相吻合，不至于出现偏差，能有利地保证公司战略目标的实现。

(2) 提出了客户价值理念。关键绩效指标提倡的是为实现企业内外部客户价值的思想，对于企业形成以市场为导向的经营思想有一定的提升。

(3) 有利于组织利益与个人利益达成一致。策略性地指标分解，使公司战略目标成了个人绩效目标，员工个人在实现个人绩效目标的同时，也是在实现公司总体的战略目标，达到了二者和谐、公司与员工共赢的结局。

6. 关键绩效指标法的缺点

关键绩效指标法的缺点如下：

(1) 关键绩效指标比较难界定。关键绩效指标更多的是倾向于定量化的指标，这些定量化的指标是否真正对企业绩效产生了关键性的影响，如果没有运用专业化的工具和手段，是很难界定的。

(2) 关键绩效指标会使考核者误入机械的考核方式。过分地依赖考核指标，而没有考虑人为因素和弹性因素，会产生一些考核上的争端和异议。

(3) 关键绩效指标法并不对所有岗位都适用。关键绩效指标法在具体指标上常常看起来令人满意，但实际上这种方法扭曲了真实的绩效。因此，关键绩效指标法常与其他方法结合起来使用，比如平衡计分法。

7.4.3 平衡计分法

1. 平衡计分法的概念

平衡计分法即平衡计分卡方法，是近几年在美国许多公司中兴起的业绩评价方法。它把股东满意、员工学习和成长等绩效考核目标与财务目标结合起来，进一步把业绩评价指标与公司战略相联系，使之不仅仅局限于成本和利润这些传统指标，还包括创新能力等。平衡计分法最突出的特点是：将企业的愿景、使命和发展战略与企业的业绩评价系统地联系起来，它把企业的使命和战略转变为具体的目标和评测指标，以实现战略和绩效的有机结合。自平衡计分法提出之后，其对企业全方位的考核及关注企业长远发展的观念受到了学术界与企业界的充分重视，许多企业尝试引入平衡计分卡作为企业管理的工具。

2. 平衡计分法的指标体系

平衡计分法的指标体系为：

(1) 财务。净资产收益率、总资产周转率、资本增值率。

(2) 顾客。顾客满意率、合同准时率、优质项目率、投诉降低率。

(3) 内部经营过程。技术、生产效率、设备利用率、学习与创新(产品与服务的创新与员工能力提高)、员工满意度、员工保持率、创新数目、合理化建议数。

(4) 综合评价。将每一项指标的实际值与目标值相比较，得到个体指数，加权平均后，算出综合指数。

3. 平衡计分法的原理

在信息时代里，传统的绩效管理方法有待改进，组织必须通过在客户、供应商、员工、内部业务流程、技术革新等方面的投资，才能获得持续发展的动力。基于这样的认识，平衡计分法认为，组织应从财务、顾客、内部经营、学习与成长四个角度审视自身业绩。

(1) 财务方面。公司财务性绩效指标能够综合地反映公司的业绩，可以直接地体现股东的利益，因此财务指标一直被广泛地用来对公司的业绩进行控制和评价，并在平衡计分法中予以了保留。常用的财务性绩效指标主要有利润和投资回报率。

(2) 客户方面。顾客就是上帝，以顾客为核心的思想应该在企业业绩的考核中有所体现，即强调“顾客造就企业”。平衡计分法中客户方面的指标主要有客户满意程度、客户保持程度、新客户的获得、客户获利能力和市场份额等。

(3) 内部经营方面。公司财务业绩的实现、客户各种需求的满足和股东价值的追求，都需要靠企业内部的良好经营来支持。内部经营过程又可细分为创新、生产经营和售后服务三个具体过程。

• 创新过程。公司创新主要表现为确立和开拓新市场、发现和培育新客户、开发和创造新产品与服务，以及创立新的生产工艺技术和经营管理方法等。永无止境地创新是保证企业在激烈的市场竞争中制胜的法宝。平衡计分法中用来衡量创新能力的指标大致有：新产品开发所用的时间、新产品销售收入占总收入的比例、损益平衡时间、一次设计就能完全达到客户对产品性能要求的产品百分比、设计交付生产前需要被修改的次数等。

• 生产经营过程。生产经营过程是指从接受客户订单开始到把现有产品和服务生产出来并提供给客户的过程。实现优质经营是这一过程的重要目标,评价其业绩的指标主要有时间、质量和成本,可以进一步细分为产品生产时间、经营周转时间,产品质量、服务质量,产品成本和服务成本等指标。

• 售后服务过程。售后服务是指在售出和支付产品和服务之后,给客户提供的服务活动过程。它包括提供保证书、修理、退货和换货,以及管理支付手段(如管理信用证)等。

上述内部经营过程可以使经营单位了解到在目标市场中吸引和保持客户所需的价值观念以及满足股票持有者对更好的财务收益的期望。

(4) 学习与成长方面。企业的学习和成长主要依赖三个方面的资源,即人员、信息系统和企业流程。前述的财务、客户和内部经营目标通常显示出了企业现有的人员、信息系统和流程能力与企业实现其期望业绩目标所需能力之间的差距,为了弥补这些差距,企业需要投资于员工培训、信息系统改进与提升及企业流程的优化。从本质上来来看,企业的学习与成长是基于员工的学习与成长,因而可以考虑采用如下评价指标:员工培训支出、员工满意程度、员工的稳定性、员工的生产率等。

平衡计分卡的四个方面既包含结果指标,也包含促成这些结果的先导性指标,并且这些指标之间存在着因果关系。平衡计分卡的设计者认为,企业的一项战略就是关于因果的一系列设想,企业所采用的成功的绩效评价应当明确规定各个不同方面的目标和衡量方法之间的逻辑关系,从而便于管理它们和证明其合理性。

由于平衡计分卡的构成要素选择和评价过程设计都考虑了上述因果逻辑关系链,所以其四个评价维度是相互依赖、支持和平衡的,能够形成一个有机统一的企业战略保障和绩效评价体系。

4. 平衡计分法的特点

平衡计分卡的特点主要体现在其平衡性,目的在于确保企业的均衡发展。

(1) 财务指标和非财务指标的平衡。企业考核的一般是财务指标,而对非财务指标(客户、内部经营、学习与成长)的考核很少,即使有对非财务指标的考核,也多是定性的说明,缺乏量化和系统性的考核,而平衡计分卡是从四个维度全面地考察企业,实现了绩效考核过程中财务指标与非财务指标之间的平衡。

(2) 企业长期战略目标和短期经营目标之间的平衡。平衡计分卡从企业的战略开始,也就是从企业的长期目标开始,逐步分解到企业的短期经营目标。在关注企业长期发展的同时,平衡计分卡也关注了企业目标的完成,使企业的战略规划和年度计划很好地结合起来,解决了企业战略规划可操作性差的缺点,实现了战略目标与经营目标之间的平衡。

(3) 企业外部和企业内部之间的平衡。平衡计分卡中,股东与客户为外部群体,员工和内部业务流程是内部群体,平衡计分卡认识到,在有效实施战略的过程中非常有必要平衡这些群体间可能发生的冲突利益。

(4) 领先指标与滞后指标之间的平衡。财务、客户、内部流程、学习与成长这四个方面包含了领先指标和滞后指标。财务指标是滞后指标,它只能反映公司上一年度的财务情况,不能指导企业如何改善业绩。平衡计分卡对领先指标(客户、内部经营、学习与成长）的关注，使得企业更加重视过程，而不仅仅是结果，从而达到了领先指标与滞后指标之间的平衡。

7.4.4 标杆管理法

1. 标杆管理法的概念

标杆管理起源于20世纪70年代末80年代初。在美国学习日本的运动中，首先开辟标杆管理先河的是施乐公司，后经美国生产力与质量中心系统化和规范化。标杆管理的概念可概括为：不断寻找和研究同行业一流公司的最佳实践，并以此为基准与本企业进行比较、分析、判断，从而使自己的企业得到不断改进，进入或赶超一流公司，创造优秀业绩的良性循环过程。其核心是向业内或业外最优秀的企业学习。对于标杆管理法，在具体实施的时候，并不是照搬照抄标杆，而是应该建立一个有明确目标、可达途径、可采用的方法，是可行可信的指导体系，使企业最终实现绩效的改良。

2. 标杆管理的要素及分类

（1）标杆管理的要素。标杆管理的要素是界定标杆管理定义、分类和程序的基础。标杆管理主要有以下三个要素：

• 标杆管理实施者，即发起和实施标杆管理的组织；

• 标杆伙伴，也称标杆对象，即定为“标杆”被学习借鉴的组织，是任何乐于通过与标准管理实施者进行信息和资料交换，而开展合作的内外部组织或单位；

• 标杆管理项目，也称标杆管理内容，即存在不足，通过标杆管理向他人学习借鉴以谋求提高的领域。

（2）标杆管理的分类。根据标杆伙伴选择的不同，通常可将标杆管理分为五类。

• 内部标杆管理。标杆伙伴是组织内部其他单位或部门，主要适用于大型多部门的企业集团或跨国公司。由于不涉及商业秘密的泄露和其他利益冲突等问题，容易取得标杆伙伴的配合，简单易行。另外，通过开展内部标杆管理，还可以促进内部沟通和培养学习气氛。但是其缺点在于视野狭隘，不易找到最佳实践，很难实现创新性突破。

• 竞争性标杆管理。标杆伙伴是同行业直接竞争对手。由于同行业竞争者之间的产品结构和产业流程相似，面临的市场机会相当，竞争对手的作业方式会直接影响企业的目标市场，因此竞争对手的信息对于企业进行策略分析及市场定位有很大的帮助，收集的资料具有高度相关性和可比性。但正因为标杆伙伴是直接竞争对手，信息具有高度商业敏感性，难以取得竞争对手的积极配合，获得真正有用或是准确的资料，从而极有可能使标杆管理流于形式或者失败。

• 非竞争性标杆管理。标杆伙伴是同行业非直接竞争对手，即那些由于地理位置不同等原因虽处同行业但不存在直接竞争关系的企业。非竞争性标杆管理在一定程度上克服了竞争性标杆管理资料收集和合作困难的弊端，继承了竞争性标杆管理信息相关性强和可比性强的优点。但可能由于地理位置等原因造成资料收集成本增大。

• 功能性标杆管理。标杆伙伴是不同行业但拥有相同或相似功能、流程的企业。其理论基础是任何行业均存在一些相同或相似的功能或流程，如物流、人力资源管理、营销手段等。跨行业选择标杆伙伴，双方没有直接的利害冲突，更加容易取得对方的配合；另外可以跳出行业的框框约束，视野开阔，能够随时掌握最新经营方式，成为强中之强。但是其缺点在于投入较大，信息相关性较差，最佳实践需要较为复杂的调整转换过程，实施较为困难。

• 通用性标杆管理。标杆伙伴是不同行业具有不同功能、流程的组织，即看起来完全不同的组织。其理论基础是即使完全不同的行业、功能、流程也会存在相同或相似的核心思想和共通之处。如多米诺比萨公司通过考察研究某医院的急救室来寻求提高送货人员流动性和工作效率的途径，以提高员工的应急能力。从完全不同的组织学习和借鉴会最大限度地开阔视野，突破创新，从而使企业绩效实现跳跃性的增长，大大提高企业的竞争力，这是最具创造性的学习。但其信息相关性更差，企业需要更加复杂的学习、调整和转换过程才能在本企业成功实施学到的最佳实践，因此困难更大。企业最好的选择就是根据需要实施综合标杆管理，即将各种标杆管理方式根据企业自身条件和标杆管理项目的要求相结合，取长补短，以取得高效的标杆管理。

3. 标杆管理的实施步骤

具体说来，一个完整的内外部综合标杆管理的程序通常分为五步：

第一步：计划。

(1) 组建项目小组，担当发起和管理整个标杆管理流程的责任；

(2) 明确标杆管理的目标；

(3) 通过对组织的衡量评估，确定标杆项目；

(4) 选择标杆伙伴；

(5) 制定数据收集计划，如设置调查问卷，安排参观访问，充分了解标杆伙伴并及时沟通；

(6) 开发测评方案，为标杆管理项目赋值以便于衡量比较。

第二步：内部数据收集与分析。

(1) 收集并分析内部公开发表的信息；

(2) 遴选内部标杆管理合作伙伴；

(3) 通过内部访谈和调查，收集内部一手研究资料；

(4) 通过内部标杆管理，可以为进一步实施外部标杆管理提供资料和基础。

第三步：外部数据收集与分析。

(1) 收集外部公开发表的信息；

(2) 通过调查和实地访问收集外部一手研究资料；

(3) 分析收集的有关最佳实践的数据，并与自身绩效计量相比较，提出最终标杆管理报告。

标杆管理报告揭示了标杆管理过程的关键收获，以及对最佳实践调整、转换、创新的见解和建议。

第四步：实施与调整。

这一步是前几步的归宿和目标所在。根据标杆管理报告，确认正确的纠正性行动方案，制订详细的实施计划，在组织内部实施最佳实践，并不断地对实施结果进行监控和评估,及时作出调整,以最终达到增强企业竞争优势的目的。

第五步:持续改进。

标杆管理是持续的管理过程,不是一次性行为,因此,为便于以后继续实施标杆管理,企业应维护好标杆管理数据库,制订和实施持续的绩效改进计划,以不断学习和提高。

4. 成功的标杆管理活动应具备的基本要求

研究表明,成功的标杆管理活动应具备以下基本要求:

(1) 高层管理人员的兴趣与支持;

(2) 对企业(产业或国家)运作和改进要求的充分了解;

(3) 接受新观念改变陈旧思维方式的坦诚态度;

(4) 愿意与合作者分享信息;

(5) 致力于持续的标杆管理;

(6) 有能力把企业(产业或国家)运作与战略目标紧密地结合起来;

(7) (企业)能将财务和非财务信息集成供管理层和员工使用;

(8) (企业)有致力于与顾客要求相关的核心职能改善的能力;

(9) 追求高附加价值;

(10) 避免讨论定价或竞争性敏感成本等方面的内容;

(11) 不向竞争者索要敏感数据;

(12) 未经许可,不分享所有者信息;

(13) 选择一个无关的第三者在不公开企业名称的情况下来集成和提供竞争性数据;

(14) 不基于标杆数据向外界贬低竞争者的商务活动。

5. 标杆管理的局限性

虽然作为一种管理方法或技术,标杆管理可以有效地提升企业(产业或国家)的竞争力,但是企业(产业或国家)实施标杆管理的实践业已经证明,仅仅依赖标杆管理未必就一定能够将竞争力的提高转化为竞争优势,有的企业甚至陷入了"标杆管理陷阱"之中。这就意味着标杆管理还存在许多局限之处,以企业为例,我们可以进行实证。

(1) 标杆管理导致企业竞争战略趋同。标杆管理鼓励企业相互学习和模仿,因此,在奉行标杆管理的行业中,可能所有的企业都企图通过采取诸如提供更广泛的产品或服务以吸引所有的顾客细分市场等类似行动来改进绩效,以在竞争的某个关键方面超过竞争对手。模仿使得从整体上看企业运作效率的绝对水平大幅度提高,然而企业之间的相对效率差距却日益缩小。普遍采用标杆管理的结果必然使各个企业战略趋同,各个企业的产品、质量、服务甚至供应销售渠道大同小异,市场竞争趋向于完全竞争,从而造成在企业运作效率上升的同时,利润率却在下降。

(2) 标杆管理陷阱。由于科技的迅速发展,使得产品的科技含量和企业使用技术的复杂性日益提高,模仿障碍提高,从而对实施标杆管理的企业提出了严峻的挑战:能否通过相对简单的标杆管理活动就能获得、掌握复杂的技术和跟上技术进步的步伐?如果标杆管理活动不能使企业跨越与领先企业之间的"技术鸿沟",单纯为赶超先进而继续推行标杆管理,则会使企业陷入繁杂的"落后—标杆—又落后—再标杆"的"标杆管理陷阱"之中。例如 IBM、通用电器公司和柯达等公司在复印机刚刚问世时,曾标杆复印机领先者施乐公司,结果 IBM 和通用电器陷入了无休止地追赶游戏之中,无法自拔,最后不得不退出复印机市场。

7.4.5　模糊综合评价法

1. 模糊综合评价法的概念

模糊综合评价是对受多种因素影响的事物作出全面评价的一种多因素决策方法,在模糊的环境中,考虑了多种因素的影响,是出于某种目的对某事物作出的综合决断或决策。采用模糊综合评价法是一种行之有效的方法。对于定性指标常采用专家评分或者问卷调查法来评价,具有一定的主观性,通过对评价指标赋予相应的权数进行综合评价,这样得到的评价结果更接近现实,更加合理。模糊综合评价法具有结果清晰,系统性强的特点,能较好地解决模糊的、难以量化的问题,适合各种非确定性问题的解决。

2. 术语定义

为了便于描述,依据模糊数学的基本概念,对模糊综合评价法中的有关术语定义如下:

(1) 评价因素(F)。是指对招标项目评议的具体内容,例如价格、各种指标、参数、规范、性能、状况等。

为便于权重分配和评议,可以按评价因素的属性将评价因素分成若干类(例如,商务、技术、价格、伴随服务等),把每一类都视为单一评价因素,并称之为第一级评价因素(F_1)。第一级评价因素可以设置下属的第二级评价因素(F_2)(例如,第一级评价因素"商务"可以有下属的第二级评价因素交货期、付款条件和付款方式等)。第二级评价因素可以设置下属的第三级评价因素(F_3)。依此类推。

(2) 评价因素值(F_v)。是指评价因素的具体值。例如,某投标人的某技术参数为120,那么,该投标人的评价因素值为 120。

(3) 评价值(E)。是指评价因素的优劣程度。评价因素最优的评价值为 1(采用百分制时为 100 分);欠优的评价因素,依据欠优的程度,其评价值大于或等于零、小于或等于1(采用百分制时为 100 分),即 $0 \leqslant E \leqslant 1$(采用百分制时 $0 \leqslant E \leqslant 100$)。

(4) 平均评价值(E_p)。是指评标委员会成员对某评价因素评价的平均值。

$$平均评价值(E_p)=全体评标委员会成员的评价值之和/评委数$$

(5) 权重(W)。是指评价因素的地位和重要程度。

第一级评价因素的权重之和为 1;每一个评价因素的下一级评价因素的权重之和为 1。

(6) 加权平均评价值(E_{pw})。是指加权后的平均评价值。

$$加权平均评价值(E_{pw})=平均评价值(E_p)\times 权重(W)$$

(7) 综合评价值(E_z)。是指同一级评价因素的加权平均评价值(E_{pw})之和。综合评价值对应的也是上一级评价。

3. 模糊综合评价法的显著特点

模糊综合评价法的最显著特点是：

(1) 相互比较。以最优的评价因素值为基准，其评价值为 1；其余欠优的评价因素依据欠优的程度得到相应的评价值。

(2) 可以依据各类评价因素的特征，确定评价值与评价因素值之间的函数关系(即隶属度函数)。确定这种函数关系(隶属度函数)的方法有很多种，例如，F 统计方法，各种类型的 F 分布等。当然，也可以请有经验的评标专家进行评价，直接给出评价值。

在招标文件的编制中，应依据项目的具体情况，有重点地选择评价因素，科学地确定评价值与评价因素值之间的函数关系以及合理地确定评价因素的权重。

4. 模糊综合评价法的一般步骤

第一步：模糊综合评价指标的构建。

模糊综合评价指标体系是进行综合评价的基础，评价指标的选取是否适宜，将直接影响综合评价的准确性。进行评价指标的构建应广泛涉猎该评价指标体系的行业资料或者相关的法律法规。

第二步：权重向量的构建。

通过专家经验法或者 AHP 层次分析法构建好权重向量。

第三步：评价矩阵的构建。

建立适合的隶属函数从而构建好评价矩阵。

第四步：评价矩阵和权重的合成。

采用适合的合成因子对评价矩阵和权重进行合成，并对结果向量进行解释。

7.4.6 数据包络分析法

1. 数据包络分析法的概念

数据包络分析法是一个对多投入、多产出的多个决策单元的效率评价方法。它是 1986 年由美国著名运筹学家查恩斯和库柏等学者创建的，可广泛用于业绩评价。

数据包络分析法以相对效率为基础，根据多指标投入与多指标产出对相同类型的决策单元(DMU)进行相对有效性评价。应用该方法进行绩效评价不需要以参数形式规定生产前沿函数，并且允许生产前沿函数可以因为单位的不同而不同，不需要弄清楚各个评价决策单元的输入与输出之间的关联方式，只需要最终用极值的方法，以相对效益这个变量作为总体上的衡量标准，以决策单元各输入输出的权重向量为变量，从最有利于决策的角度进行评价，从而避免了因人为因素确定各项指标的权重而使得研究结果的客观性受到影响。这种方法采用数学规划模型，对所有决策单元的输出都“一视同仁”。这些输入输出的价值设定与虚拟系数有关，有利于找出那些决策单元相对效益偏低的原因。该方法以经验数据为基础，逻辑上合理，故能够衡量各决策单元由一定量的投入产生预期的输出的能力，并且能够计算在非 DEA 有效的决策单元中，投入没有发挥作用的程度。最为重要的是应用该方法还有可能进一步估计某个决策单元达到相对有效时，其产出应该增加多少、输入可以减少多少等。

2. 数据包络分析法的特点

数据包络分析法的特点为：

(1) 适用于多输出—多输入的有效性综合评价问题，在处理多输出-多输入的有效性评价方面具有绝对优势。

(2) 数据包络分析法并不直接对数据进行综合，因此决策单元的最优效率指标与投入指标值及产出指标值的量纲选取无关，应用数据包络分析法建立模型前无须对数据进行无量纲化处理。

(3) 无需任何权重假设，以决策单元输入输出的实际数据求得最优权重，排除了很多主观因素，具有很强的客观性。

(4) 数据包络分析法假设每个输入都关联到一个或者多个输出，且输入输出之间确实存在某种联系，但不必确定这种关系的显示表达式。

本章小结

配送绩效管理是近年来研究的一个热点问题，即如何通过科学、规范的评价方法，对企业一定经营时期的配送活动的经营业绩和效率进行定量及定性对比分析，获取有关任务完成水平、取得效益、付出代价的信息，进而在管理活动中利用这些信息不断控制和修正工作，使配送成本最小化、组织利润最大化和顾客服务水平最高三者达到最优平衡状态。本章详细地介绍了该问题，首先介绍了配送绩效管理的基本概念、特征、基本指标等；其次重点从配送作业绩效评价和配送员工绩效评价两个方面详细介绍了如何进行配送绩效的评价；最后给出了配送管理中的绩效评价方法：全方位绩效评价方法，以客户定位、员工驱动、数据为基础的原则绩效评价方法，层次分析法，关键业绩指标法，平衡计分法，标杆管理法，模糊综合评价法，数据包络分析法等。

思考题

1. 配送绩效管理指的是什么？
2. 配送绩效管理的基本指标有哪些？
3. 配送绩效管理的特征有哪些？
4. 配送作业绩效评价的基本内容和主要方法有哪些？
5. 如何进行配送员工绩效评价？
6. 配送管理中的绩效评价方法有哪些？

参 考 文 献

[1] 李勇、屈亚琴、王慧娟,《现代物流管理》,北京:清华大学出版社,2016 年。

[2] 郑湘丽,"基于 GIS 先验知识的智能配送优化及实现",《计算技术与自动化》,2011 年第 30 卷第 4 期,第 111—114 页。

[3] 张春梅,"基于末端物流配送和社会服务平台的城市共同配送案例分析",《物流技术》,2013 年第 18 期,第 43—46 页。

[4] 葛显龙,"面向云配送模式的车辆调度问题及算法研究",《重庆大学》,2011 年。

[5] 王汉新,"中国城市绿色配送体系的构建途径与未来趋势",《贵州财经大学学报》,2014 年第 32 卷第 6 期,第 101—106 页。

[6] 许胜余,《配送与配送中心》,北京:电子工业出版社,2010 年。

[7] 谢声等,《现代物流配送中心运营与管理》,广州:暨南大学出版社,2006 年。

[8] 孙红、冯江华、孙杨,《现代物流管理基础》,上海:立信会计出版社,2006 年。

[9] 丁立言、张铎,《物流基础》,北京:清华大学出版社,2000 年。

[10] 储雪俭等,《现代物流管理教程》,上海:上海三联书店,2002 年。

[11] 丁立言、张铎,《物流系统工程》,北京:清华大学出版社,2000 年。

[12] 张维明,《信息系统原理与工程》,北京:电子工业出版社,2002 年。

[13] 白世贞,《物流运筹学》,北京:中国物资出版社,2006 年,第 101—126 页。

[14] 李云清,《物流系统规划》,上海:同济大学出版社,2004 年,第 86—104 页。

[15] 程国全、王转、鲍新中,《现代物流网络与设施》,北京:首都经济贸易大学出版社,2004 年,第 28—30,34—39,41—45 页。

[16] 彭扬、伍蓓,《物流系统优化与仿真》,北京:中国物资出版社,2007 年,第 96—99,106—110,126—126,333—337,362—367 页。

[17] 牛玉玲、范玉妹、徐尔,"条式配装集装箱的方法初探",《物流技术》,2014 年第 5 期,第 48—49 页。

[18] 姜福川、吕传红,"基于节约法在优化配送路线的研究",《辽宁工程技术大学学报》,2003 年第 5 期,第 54—56 页。

[19] 丁源、李引珍,"物流配送(集货)中运输车辆优化的 Greedy Sweep 算法",《兰州交通大学学报》,2004 年第 6 期,第 140—141 页。

[20] 周程.,"物流配送路径优化策略研究",《武汉理工大学学报》,2005 年第 5 期,第 798—799 页。

[21] 王素云、李军,"基于遗传算法的物流配送车辆优化调度",《商场现代化》,2006 年第 481 期,第 119—120 页。

[22] 毛禹忠,《物流加工与包装》,杭州:浙江大学出版社,2011 年。

[23] 曹瑾鑫,《仓储与配送管理》,北京:中国传媒大学出版社,2013 年。

[24] 傅莉萍、姜斌远,《配送管理》,北京:北京大学出版社,2014 年。

[25] 王丽娟,《配送管理实务》,北京:中国财富出版社,2014 年。

[26] 于宝琴,《现代物流技术与应用》,重庆:重庆大学出版社,2017 年。

[27] 郑丽,《仓储与配送管理实务》,北京:清华大学出版社,2004 年,第 202 页。

[28] 李陶然,《仓储与配送管理实务》,北京:清华大学出版社,2012 年,第 272 页。
[29] 关杰,《物流配送与仓储实务》,重庆:重庆大学出版社,2011 年,第 243—245 页。
[30] 欧阳泉、刘智慧,《仓储与配送》,上海:上海交通大学出版社,2006 年,第 263—265 页。
[31] 李朝敏,《物流配送运作与实训》,北京:中国物资出版社,2012 年,第 121—124 页。
[32] 朱占峰,《配送中心管理实务》,武汉:武汉理工大学出版社,2008 年,第 200—202 页。
[33] 殷裕品、兰凤云、刘芳,《流企业绩效分析与评论》,北京:北京大学出版社,2013 年,第 213—214 页。
[34] 罗松涛,《配送与配送中心管理》,北京:对外经济贸易大学出版社,2008 年,第 154—158 页。
[35] 汝宜红、宋伯慧,《配送管理》,北京:机械工业出版社,2006 年,第 237—239 页。
[36] 沈文天,《配送作业管理》,北京:高等教育出版社,2012 年,第 288—293 页。
[37] 郑丽,《仓储与配送管理实务》,北京:清华大学出版社,2014 年,第 204—205 页。
[38] 俞仲文、陈代芬,《物流配送技术与实务》,北京:人民交通出版社,2002 年,第 194—208 页。
[39] 汝宜红、田源,《配送中心规划》,北京:北京交通大学出版社,2002 年,第 49—62,80—89,114—136 页。
[40] 郝渊晓,《现代物流配送管理》,广州:中山大学出版社,2001 年,第 103—111 页。
[41] 鲍吉龙、江锦祥,《物流信息技术》,北京:机械工业出版社,2003 年,第 172—176 页。
[42] 李卫红、任平国,《物流系统规划与设计》,西安:西北工业大学出版社,2012 年,第 139—142 页。
[43] 王成林,《配送中心规划与设计》,北京:中国财富出版社,2014 年,第 33—39 页。
[44] 朱华,《配送中心管理与运作》,北京:高等教育出版社,2008 年。
[45] 吴斌,《配送管理实务》,北京:科学出版社,2007 年,第 106—111 页。
[46] 张超,《地理信息系统实习教程》,北京:高等教育出版社,2007 年。
[47] 李冬航、罗宁,"技术和应用让 LBS 动起来",《计算机世界报》,2007 年第 32 期。
[48] 汝宜红,《配送管理》,北京:机械工业出版社,2007 年。
[49] 周万森,《仓储配送管理》,北京:北京大学出版社,2007 年。
[50] 刘彦平,《仓储和配送管理》,北京:电子工业出版社,2007 年。
[51] 朱近之等,《智慧的云计算:物联网的平台(第 2 版)》,北京:电子工业出版社,2011 年。
[52] 王献美,"基于大数据的智慧云物流理论、方法及其应用研究",《浙江理工大学》,2015 年。
[53] 王琦峰、吕红波、江瑜,"云物流体系结构与应用模式研究",《电信科学》,2012 年第 3 期,第 126—131 页。
[54] 高连周,"大数据时代基于物联网和云计算的智能物流发展模式研究",《物流技术》,2014 年第 33 卷第 6 期,第 350—352 页。
[55] 薛燕红,《物联网技术及应用》,北京:清华大学出版社,2012 年。
[56] 王汝传等,《物联网技术导论》,北京:清华大学出版社,2011 年。
[57] 杨志华,"物联网技术及其在智能物流中的应用研究",《鄂州大学学报》,2012 年第 19 卷第 2 期,第 18—30 页。
[58] 梁洪波,"云物流和大数据对物流模式的变革",《中国流通经济》,2014 年第 5 期,第 41—45 页。
[59] 周品,《云时代的大数据》,北京:电子工业出版社,2013 年。
[60] 孙志伟,"大数据时代物流行业的 O2O 应对策略",《物流科技》,2014 年第 9 期,第 70—73 期。
[61] 叶斌、黄文富、余真翰,"大数据在物流企业中的应用研究",《物流技术》,2014 年第 33 卷第 8 期,第 22—24 页。

教师反馈及教辅申请表

北京大学出版社本着“教材优先、学术为本”的出版宗旨，竭诚为广大高等院校师生服务。为更有针对性地提供服务，请您认真填写以下表格并经系主任签字盖章后寄回，我们将按照您填写的联系方式免费向您提供相应教辅资料，以及在本书内容更新后及时与您联系邮寄样书等事宜。

书名		书号	978-7-301-	作者	
您的姓名				职称职务	
校/院/系					
您所讲授的课程名称					
每学期学生人数	______人_____年级			学时	
您准备何时用此书授课					
您的联系地址					
邮政编码		联系电话（必填）			
E-mail（必填）		QQ			
您对本书的建议：				系主任签字 盖章	

我们的联系方式：

北京大学出版社经济与管理图书事业部
北京市海淀区成府路 205 号，100871
联 系 人：徐冰
电　　话：010-62767312 / 62757146
传　　真：010-62556201
电子邮件：em_pup@126.com　　em@pup.cn
Q　　Q：5520 63295
新浪微博：@北京大学出版社经管图书
网　　址：http://www.pup.cn